HISTOIRE ECCLÉSIASTIQUE

DU

DIOCÈSE DE COUTANCES

ÉVREUX, CH. HÉRISSEY, IMPRIMEUR

HISTOIRE ECCLÉSIASTIQUE
DU
DIOCÈSE DE COUTANCES

PAR

RENÉ TOUSTAIN DE BILLY
CURÉ DU MESNIL-OPAC

TOME III

PUBLIÉ POUR LA PREMIÈRE FOIS

PAR A. HÉRON

ROUEN
CH. MÉTÉRIE, SUCCESSEUR DE A. LE BRUMENT
LIBRAIRE DE LA SOCIÉTÉ DE L'HISTOIRE DE NORMANDIE
RUE JEANNE-D'ARC, N° 11

M DCCC LXXXVI

EXTRAIT DU RÈGLEMENT

Art. 16. — Aucun volume ou fascicule ne peut être livré à l'impression qu'en vertu d'une délibération du Conseil, prise au vu de la déclaration du Commissaire délégué et, lorsqu'il y a lieu, de l'avis du comité intéressé portant que le travail *est digne d'être publié*. Cette délibération est imprimée au verso de la feuille de titre du premier volume de chaque ouvrage.

Le Conseil, vu la déclaration de M. le Marquis DE BLOSSEVILLE, *président de la Société, portant que l'édition du* 3º *volume de l'*HISTOIRE ECCLÉSIASTIQUE DU DIOCÈSE DE COUTANCES, *par* RENÉ TOUSTAIN DE BILLY, *préparée par* M. A. HÉRON, *lui a paru digne d'être publiée par la* SOCIÉTÉ DE L'HISTOIRE DE NORMANDIE, *après en avoir délibéré, décide que cet ouvrage sera livré à l'impression.*

Fait à Rouen, le 1ᵉʳ *février* 1886.

LE SECRÉTAIRE DE LA SOCIÉTÉ,

A. BLIGNY.

AVANT-PROPOS

DU TROISIÈME VOLUME

DE L'HISTOIRE ECCLÉSIASTIQUE DU DIOCÈSE DE COUTANCES

La publication de l'Histoire ecclésiastique du Diocèse de Coutances, *commencée par M. F. Dolbet, s'achève, ainsi que le témoigne le titre du troisième volume, sous le nom d'un autre éditeur. Nul, plus que ce dernier, ne regrette que les occupations du savant archiviste de la Manche ne lui aient pas permis de mener cette publication à bonne fin. Mais les réclamations pressantes des membres de la* Société de l'Histoire de Normandie, *désireux de recevoir, sans plus de retard, le troisième volume d'un ouvrage dont le premier a paru en* 1874 *et le second en* 1880, *l'impossibilité où se trouvait M. Dolbet de répondre, aussi promptement qu'il l'eût souhaité, à l'impatience de ses collègues, ont mis le Conseil d'administration de la Société dans la nécessité de s'adresser à un autre éditeur, qui,* à défaut de la science consommée qu'on a pu apprécier dans la publication des deux premiers tomes, s'est du moins efforcé d'apporter à l'achèvement de cette œuvre le concours de sa bonne volonté.

On remarquera que cette publication, toujours annoncée jusqu'ici comme devant comprendre quatre volumes, se termine avec le troisième. L'œuvre même de Toustain de Billy se trouve ainsi complètement éditée. Il ne manque que le recueil de pièces et de documents auquel le savant curé du Mesnil-Opac renvoie souvent, mais qui paraît avoir disparu depuis longtemps. Il eût été possible sans doute de le reconstituer, à l'aide de recherches faites dans les divers dépôts d'archives, mais nous avons cru devoir nous dispenser d'entreprendre ce travail pour deux raisons. Toustain de Billy cite d'ordinaire les passages de ces pièces qui lui semblent indispensables pour éclairer son récit, et, d'autre part, M. Dolbet paraît avoir dessein, ainsi que l'atteste sa correspondance avec notre Compagnie, de publier le Cartulaire du diocèse de Coutances. Il eût été pour nous bien téméraire d'aborder une entreprise qui sera plus tard, nous voulons l'espérer, accomplie de main de maître.

Pour établir le texte de ce troisième volume, nous nous sommes servi de deux manuscrits : 1° le manuscrit de la Bibliothèque nationale, *nouvelles acquisitions françaises, n°s 124-127, et 2° le manuscrit appartenant actuellement à M. Mahaut, libraire-éditeur à Briquebec. Nous donnons la description de ces deux manuscrits dans l'introduction générale qui paraît avec ce volume, mais qui est destinée à être placée en tête du premier tome. Nous dirons seulement ici que nous avons désigné dans nos notes le manuscrit de Paris par la lettre P, et par la lettre M le manuscrit qui nous a été communiqué si obligeamment par M. Mahaut.*

L'établissement du texte n'a pas été sans présenter de sérieuses difficultés. Les manuscrits que nous avons eus à notre disposition sont en général très incorrects; non-seulement le texte de Toustain de Billy a subi de graves atteintes, mais encore les citations empruntées par l'auteur à des pièces manuscrites ou à des ouvrages publiés, ont été souvent étrangement défigurées. Nous nous sommes efforcé, sans pouvoir toujours le faire, de les rectifier d'après les textes originaux. Heureusement ces deux manuscrits, provenant de copies différentes, se redressent et se complètent quelquefois l'un l'autre. C'est ainsi que M nous a permis de combler plus d'une lacune de P. Malheureusement les noms de personnes et de lieux ont été très souvent altérés; il en est auxquels nous avons pu, mais non sans beaucoup de peine, restituer leur véritable orthographe. Quant aux noms portés par des personnages qui n'ont été mentionnés que par Toustain de Billy, nous n'avions nul moyen de contrôle, et nous réclamons, pour des erreurs que nous ne pouvions même soupçonner, toute l'indulgence du lecteur.

Pour les citations relatives à la province de Normandie empruntées au Gallia christiana mais pour celles-là seulement, nous nous sommes servi de la réimpression Victor Palmé.

Nous avons été heureux d'obtenir de divers lieux des renseignements dont nous indiquons la source dans nos notes; mais nous remercions ici d'une façon toute spéciale M. Ch. de Beaurepaire, le savant archiviste de la Seine-Inférieure, des secours que nous a fournis sa vaste érudition. Nous devons à cette aide bienveillante d'avoir rempli moins mal une tâche que nous aurions voulu accomplir à l'entière satisfaction de la Société qui nous l'avait confiée.

4 octobre 1886.

INTRODUCTION

L'*Histoire ecclésiastique du Diocèse de Coutances* par René Toustain de Billy, curé du Mesnil-Opac, est une des premières œuvres qui aient attiré l'attention de la Société de l'Histoire de Normandie. Dans la séance du 6 novembre 1871, lecture était donnée au Conseil d'administration d'une lettre de M. Dubosc, alors archiviste de la Manche, dans laquelle notre savant confrère signalait, comme une publication pleine d'intérêt, cette histoire restée, à part quelques emprunts faits par différents auteurs, presque complètement inédite [1]. Le Conseil prenait note de cette communication. Le 8 janvier 1872, il arrêtait définitivement la publication de cet ouvrage que Mgr Bravard, évêque de Coutances, honorait immédiatement d'une souscription importante [2].

L'œuvre de Toustain de Billy a depuis longtemps

[1] *Bulletin de la Société de l'Histoire de Normandie*, années 1870-75, p. 5.
[2] *Ibidem*, 2° Bulletin, p. 2.

fixé l'attention des érudits, et l'obligation où nous sommes de faire connaître ici et l'auteur et ses travaux se trouve singulièrement facilitée par les études qui lui ont été déjà consacrées. Nous aurons recours principalement à la notice [1] pleine de faits, mais un peu confuse, que M. Georges Le Gorgeu, de Vire, a écrite sur la vie et les ouvrages du curé du Mesnil-Opac, et plus particulièrement encore au mémoire [2] excellent que M. Matinée [3] a rédigé au moment où la Société d'archéologie de la Manche s'apprêtait à faire sceller l'épitaphe de Toustain de Billy, restituée par ses soins, dans le chœur de la petite église qu'il a desservie pendant trente-trois ans et tout près du tombeau où il repose. Nous userons largement de la liberté que M. Matinée a bien voulu nous accorder

---

[1] *Notice biographique et bibliographique sur messire René Toustain de Billy, prêtre, docteur en théologie, historien, curé du Mesnil-Opac (Manche), né à Bény-Bocage (près Vire, Calvados)*, par Georges Le Gorgeu, docteur en droit, Virois. Vire, typ. A. Adam, octobre 1883. In-8°, 183 p.

[2] *René Toustain de Billy, historien du Cotentin......* Saint-Lo, le 2ᵉ jeudi de mai 1883.

[3] Ancien proviseur du Lycée Corneille, très prospère sous son habile direction, M. Matinée, en quittant Rouen, s'est retiré à Saint-Lo, où il occupe maintenant ses loisirs à de savantes recherches sur les hommes et les choses du département de la Manche. Outre son travail sur Toustain de Billy, nous citerons une étude d'un haut intérêt publiée sous ce titre : *Anecdotes de la Révolution de Saint-Domingue, racontées par Guillaume Mauviel, évêque de la colonie (1799-1804)*, par M. A. Matinée, Saint-Lo, 1885. In-8, 451 p. (G. Mauviel était né à Fervaches, dép. de la Manche).

de faire des emprunts à son travail. Ne serait-il pas aventureux de chercher à mieux faire ce qu'il a si bien fait[1] ?

René Toustain de Billy, le futur auteur de l'*Histoire ecclésiastique du Diocèse de Coutances* et des *Mémoires sur le Cotentin*, naquit en 1642 ou 1643[2] de François Toustain, sieur de la Vallette, et de Madeleine de Baudre de Soubressin.

Il appartenait à une famille d'ancienne noblesse qui portait d'argent à deux fasces d'azur, accompagnées de trois merlettes de sable, deux en chef et l'une entre les deux fasces.

Aucun indice ne permet de rattacher cette famille à l'un des personnages assez nombreux du nom de Toustain qui sont mentionnés en Normandie pendant le cours du moyen âge[3], mais on donne comme le premier auteur des Toustain de Billy, Guillaume Toustain, écuyer, sieur de Formentin, vicomte d'Auge en 1417. Il appartenait à la famille des Toustain, sieurs de Millouet, de la paroisse de Saint-Désir de

---

[1] M. Hippolyte Sauvage a donné aussi une notice biographique et bibliographique sur Toustain de Billy en publiant l'*Histoire de Mortain*, extraite des *Mémoires sur le Cotentin*.

[2] D'après son acte de décès, il était âgé de 66 ans quand il mourut le 17 avril 1709. On en a conclu qu'il était né en 1643; mais il pouvait avoir accompli sa 66e année avant le 1er janvier 1709, ce qui reporterait sa naissance à 1642.

[3] V. M. Le Gorgeu, *Notice biographique*, etc., p. 148-149.

Lisieux, et avait épousé Marguerite de Castillon [1].

Un de ses descendants, son petit-fils peut-être, Guillaume Toustain, fils de Guillaume Toustain, sieur de Millouet, et de Jeanne de La Rivière, fille du sieur du Pré d'Auge, fut maintenu dans ses droits à la noblesse lors de la recherche de Monfaut en 1463 [2].

Ce Guillaume Toustain épousa Marguerite de Gisay, sœur du sieur de Bois-Normand, et de cette union naquit Jean Toustain qui eut de Marie de Montaigne, sa femme, Gabriel Toustain, sieur de Billy, le premier, paraît-il, de sa race qui ait porté ce titre. On ignore d'où il le tirait.

La Recherche des élus de Lisieux de 1540 ne fait pas mention de Gabriel Toustain de Billy. On en conclut qu'il habitait alors en dehors des limites de cette élection [3]. S'était-il fixé au Bény [4] où nous allons ren-

---

[1] V. M. Le Gorgeu, *Notice biographique*, etc., p. 151 ; *Tableau généalogique de la famille Toustain de Billy, dressé sur les preuves*. Cabinet des titres. Pièces originales, vol. 2872.

[2] Ms. de la Bibl. publique de Rouen, fonds Martainville, Y 83 : *Cy sont les nóms, surnoms et demeures des nobles personnes du duché de Normandie, certifiez et trouvez estre tels par Remon Montfaut, commissaire du Roy*, etc. F° 3, v° : « Sergenterie de Lisieux. — Guillaume Toustain de S. Desir. »

[3] M. Le Gorgeu, *Notice biographique*, etc., p. 152.

[4] La paroisse du Bény, aujourd'hui le Bény-Bocage, canton de Vire, dép. du Calvados, faisait partie du doyenné de Vire, diocèse de Bayeux. Elle était comprise dans la généralité de Caen, élection de Vire, sergenterie du Tourneur.

contrer ses descendants? on l'ignore. Mais ce qu'il y a de certain, c'est que nous trouvons, en 1598 ou 1599, le fils de Gabriel Toustain et de Marguerite Bouvey, Jacques Toustain, sieur de Billy, domicilié dans la paroisse du Bény[1], où devait naître plus tard le futur historien du Cotentin.

Jacques Toustain épousa Mlle Jeanne Le Chartier et en eut deux fils, Charles et François, nés tous deux avant l'année 1599[2].

---

[1] « Jacques Tostain, fils Gabriel, sr de Villy (sic), demeurant au Bény, sergenterie de Tourneur, arrest aux aydes du 21 novembre 1592, a pour fils Charles et François qui demeurent avec lui. Jouïra. » Ms. de la Bibl. publique de Rouen, fonds Martainville Y 92, p. 118, n° 570 : *Registre des personnes qui se sont trouvées nobles ès neuf élections de la généralité de Caen, sur la visitation de leurs titres et enseignements qui en a été faite par Mre Jacq. de Mesmes, chevalier, seigneur de Roissy, ...ez années 1598 et 1599.*

[2] La généalogie des Toustain de Billy s'établit par le passage suivant du *Procès-verbal de M. d'Aligre faict en l'année 1634 sur la recherche des nobles ès Elections cy après : Coutances, Avranches, Mortaing, Vire et Condé*, ms. de la Bibl. publique de Rouen, fonds Martainville Y 44 : « Veu les tiltres présentés par Charles Tostain, sr de la Gauderie, et pour Jean et Jacques, ses fils, de la paroisse de Tourneur, et encor pour François, son frère, Charles et Gaston, enfans dudit François, de la parroisse du Bény. Lesdits Charles et François, enfans de Jacques, fils Gabriel, fils Jean, fils Guillaume, fils autre Guillaume Tostain. Arrest de la cour des Aydes du 29 (sic) novembre 1592 avec les parroissiens du Bény, par lequel Jacques est maintenu en la qualité de la noblesse. M. de Roissy. Jouiront. »

Ce document est d'accord avec le *Tableau généalogique* cité plus haut. Remarquons seulement que cette généalogie dit que Gabriel Toustain, sieur de Billy, épousa Marguerite Bonnet, fille du sieur de la Motte-Montgomery, que nous trouvons désignée sous le nom de « demoiselle Margueritte Bouvey » dans la *Recherche de noblesse de M. Chamillard, faite en 1666 et années suivantes*, p. 431 du ms. de la Bibl. publique de Rouen, fonds

Charles Toustain porta le titre de sieur de la Goderie et fut la souche d'une branche dont nous n'avons pas à nous occuper.

C'est François Toustain, sieur de la Vallette[1], qui fut le père de notre historien.

Il avait épousé, le 20 août 1623, dans la paroisse du Tourneur « damoiselle Magdalaine de Baudre, fille de feu noble hôme Guillaume de Baudre, sieur de Soubressain »[2], et de Jacqueline Le Boucher, dont l'union remontait à l'année 1591.

Sept enfants naquirent de ce mariage : cinq fils, Charles, Gaston, Jacques, René et Jean-Baptiste, et deux filles, Madeleine et Isabelle. L'existence de Charles et de Gaston est établie à la date du 11 mai 1635 par le *Procès-verbal de M. d'Aligre*, etc.[3]. Ils moururent avant 1666, puisqu'à cette date la *Recherche de Chamillard* ne fait aucune mention de ces deux frères, et désigne Jacques, René et Jean-Baptiste comme les trois fils alors existants de François Toustain. Jacques, auquel ce même document donne les

---

Martainville, Y 38, qui porte à la fin la mention suivante : « Collationné et vérifié par moi d'Hozier de Serigny. »

[1] Acte de mariage extrait des registres du Tourneur, publié par M. Le Gorgeu, *Notice biographique*, etc., p. 11.

[2] V. p. v, note 2.

[3] La terre de la Goderie était située dans la paroisse du Tourneur et celle de la Vallette, qui lui était contiguë, dans celle de Saint-Denis-Maisoncelles.

titres d'écuyer, sieur de Billy, et l'âge de vingt-cinq ans, était né en 1641 ; il est dit « originaire de la paroisse de Bény, élection de Vire, sergenterie du Tourneur. » Il fournit ses preuves de noblesse pour lui et pour son plus jeune frère Jean-Baptiste. Quant à notre René, nous avons dit plus haut qu'il naquit en 1642 ou 1643.

On ne connaît pas d'une manière précise le sort des frères du curé du Mesnil-Opac. D'après des recherches faites par M. Voisin, ancien professeur à Vire[1], deux d'entre eux, on ne dit pas lesquels, « périrent au champ d'honneur, l'un officier du maréchal de Turenne. » Quant à Jacques Toustain, il mourut le 28 décembre 1676, et fut inhumé dans l'église du Mesnil-Opac, dont son frère venait d'être nommé curé ; sa tombe fut placée du côté de l'épitre auprès de celle de sa mère décédée la même année. Les registres de la paroisse du Mesnil-Opac contiennent son acte de décès[2] qui porte les qualifications suivantes : « Jacques Toustain, esc., sieur de Billy, capitaine de chevaulx-léger, major de brigade et depuis brigadier de gendarmerie de la garde ordinaire du Roy... »

Quant au dernier frère, Jean-Baptiste, il devait être

---

[1] V. M. Le Gorgeu, *Notice biographique*, p. 158-159.
[2] Publié par M. Le Gorgeu, *ibid.*, p. 9, note 1.

mort en 1697, puisqu'en cette même année René Toustain de Billy est seul mentionné dans l'Armorial général[1]. Ce qu'il y a de certain, c'est qu'à la date du 28 novembre 1703, René Toustain se déclare seul et unique héritier de François Toustain, sieur de la Vallette, dans l'acte par lequel il vend à Thomas Vivien sa ferme du Hamel-Aumont[2].

Des deux filles de François Toustain, l'aînée, « Magdalaine Toustain » épousa le 26 août 1653, dans l'église de Sainte-Honorine du Bény, M⁰ Gilles Eudeline, licencié aux lois, avocat à Thorigny; la cadette, Isabelle, fut mariée au même lieu, le jeudi 6 mai 1666, à M⁰ Jean Le Forestier, sieur du Berquet, seigneur des Besaces et des Essarthiers[3].

René Toustain était sans doute bien jeune, quand il perdit son père. Le sieur de la Vallette mourut probablement avant 1651, puisque les registres de la paroisse du Bény, qui ne remontent pas au delà de cette époque, ne font aucune mention de son décès. Il peut, à la vérité, être mort ailleurs qu'au milieu des siens, mais il est à remarquer que l'acte de mariage de sa fille aînée, en 1653, mentionne le nom de la mère, Madeleine de Baudre, sans dire, il est vrai,

---

[1] M. Le Gorgeu, *Notice biographique*, p. 156.
[2] *Ibid.*, p. 19.
[3] *Ibid.* Extraits des registres du Bény, p. 14.

qu'elle soit veuve, mais ne parle nullement du père, François Toustain, d'où l'on peut conclure qu'il était mort. En 1664, René contracte personnellement deux emprunts avec hypothèque sur le Hamel-Aumont, ce qu'il n'aurait pu faire du vivant de son père. Toutefois, le premier acte où Madeleine de Baudre soit déclarée veuve, est l'acte de mariage de sa seconde fille Isabelle en 1666[1].

La famille de Baudre, à laquelle René Toustain se rattachait, du chef de sa mère, était également d'ancienne noblesse; elle était divisée en plusieurs branches, dont celle des sieurs de Soubressin tirait son nom d'une terre située dans la paroisse du Tourneur.

Madeleine de Baudre mourut le 29 septembre 1676, à l'âge de 72 ans, et fut inhumée dans le chœur de l'église du Mesnil-Opac, du côté de l'épitre[2]. Elle était donc née en 1604 et n'avait que dix-neuf ans, quand elle épousa François Toustain le 20 août 1623.

René Toustain appartenait donc par son père et par sa mère à des familles de noblesse ancienne et bien établie. En conçut-il un orgueil peu compatible avec l'esprit du sacerdoce ? M. Matinée l'en justifie en ces termes :

---

[1] V. M. Le Gorgeu, *Notice biographique*, etc., p. 24, note 2.
[2] *Ibid.*, acte de décès, registres du Mesnil-Opac.

« Est-il vrai, à ce propos, dit-il, que René Toustain n'ait pas su contenir dans de justes limites le sentiment de sa noble extraction, et convient-il de chercher à surprendre la vanité du gentilhomme sous quelques expressions échappées à la plume de l'écrivain ou consacrées par l'usage ? Il dit du P. Eudes, à l'égard duquel il ne se montre pas dégagé de toute prévention, qu'il était d'une naissance assez médiocre. On a pris la peine de l'excuser sur ce qu'il était de son temps et ne pouvait prévoir le bouleversement social opéré par la Révolution de 1789. L'atténuation ne serait guère moins compromettante que le grief. Heureusement, l'une et l'autre sont de peu de valeur. Toustain se sert de la même expression en parlant du bienheureux Thomas Hélye, de Biville, dont il exalte les vertus avec autant de zèle que s'il s'était proposé d'établir que la grandeur morale ne dépend en rien de l'illustration de la naissance. On lit dans la vie de saint Romphaire : « Il était de parents nobles, mais
« il les *ennoblit encore davantage* par la grandeur de
« sa piété et de ses mérites ; » et plus loin : « Ce ne
« fut pas l'antiquité de la noblesse de ses pères, ni les
« recommandations mendiées des princes qui lui
« ouvrirent la voie de l'épiscopat ; mais la vertu qui,
« l'ayant toujours accompagné, l'éleva enfin sur ce
« dernier degré d'honneur. » Donc, si Toustain a été

satisfait de son origine, elle ne l'a pas rendu injuste à l'égard de ceux que la naissance avait moins favorisés ; et, s'il estimait la noblesse, il ne la mettait pas au-dessus de tout.

« On a jugé aussi, d'après quelques actes de tabellions, qu'il aimait à se qualifier *noble homme, messire Toustain, écuyer, sieur de Billy*. C'est accorder à cette sorte de documents une importance très différente de celle qui leur revient rigoureusement. On trouve l'expression *noble homme* dans une lettre écrite aux chanoines de Coutances. Une autre adressée à M. Foucault, intendant à la Généralité de Caen, est signée simplement : Billy, curé du Mesnil-Opac. Dans son testament, on ne voit paraître que Toustain, prêtre, curé du Mesnil-Opac. Il est vrai que cette pièce est datée du 4 avril, douze ou treize jours avant sa mort, et que, si près de la fin, on doit se sentir peu disposé à nourrir quelque illusion sur le prix des honneurs et des distinctions de ce monde [1]. »

Nous ne savons que bien peu de chose de la vie de Toustain de Billy, et c'est même indirectement et par déduction que l'on peut établir la date de sa naissance. Frédéric Pluquet et après lui Ed. Frère, l'ont fait naître à Maisoncelles-le-Jourdain ; c'est une assertion qui ne

---

[1] *René Toustain de Billy, historien du Cotentin*, p. 3 et 4.

repose sur aucun fondement. Tout atteste au contraire qu'il naquit au Bény. Jacques Toustain, son grand père, François Toustain, son père, y avaient leur demeure, ainsi que l'attestent, pour le premier, un arrêt de la cour des Aides du 21 novembre 1592; pour le second, son acte de mariage. C'est au Bény que se marièrent les deux sœurs de René; son frère Jacques, né un an avant lui, est dit originaire de cette paroisse; les Toustain possèdent un banc d'honneur dans l'église du Bény; enfin René Toustain, avant d'être curé du Mesnil-Opac, exerce au Bény plusieurs actes de son ministère, et il y conserve plus tard des relations [1].

« Il nous apprend lui-même qu'il avait étudié à Caen avec le neveu du P. Eudes. Il était docteur en théologie, grade que ses confrères se plaisaient à faire valoir en toute occasion, mais qu'il paraît avoir porté avec beaucoup de modestie. Parlant quelque part [2] d'une assemblée tenue en Hongrie au sujet du schisme des Hussites, il dit avec une fine pointe d'ironie : « On y disputa. Qu'est-ce qu'auraient fait tant de docteurs [3] ? »

---

[1] V. M. Le Gorgeu, *Notice biographique*, etc., p. 15, et M. Matinée, *René Toustain de Billy, historien du Cotentin*, p. 2 et 3.

[2] *Histoire ecclésiastique du Diocèse de Coutances*, t. II, p. 237.

[3] M. Matinée, ouvrage cité, p. 5.

C'est en 1676 que Toustain de Billy fut pourvu de la cure qu'il desservit pendant trente-trois ans. « Comment devint curé du Mesnil-Opac, au diocèse de Coutances, ce gentilhomme de l'élection de Vire ? Ici la conjecture prend un tel degré de probabilité qu'elle équivaut presque à un témoignage direct. Les marquis de Renty, seigneurs du Bény, étaient, en même temps, seigneurs et patrons du Mesnil-Opac, de Saint-Romphaire et autres lieux voisins. Sans doute ils avaient le droit de pourvoir les cures de ces paroisses, et c'est à l'un d'eux que Toustain aura dû sa nomination. Il occupa ce poste à la suite d'une vacance pendant laquelle le service religieux avait été confié à un desservant. Le premier acte signé de son nom sur les registres conservés à la mairie est du 6 février 1676.

« Ces mêmes registres ont gardé trace des libéralités dont le nouveau curé combla son église. En 1677, c'est-à-dire l'année qui suit son installation, il fait bâtir une sacristie à ses frais ; ce sont des ouvriers du Bény qui exécutent la maçonnerie. En 1679, il fait peindre, toujours à ses frais, le retable. En 1680, on fait de neuf le bois de la nef ; les matériaux sont fournis par les principaux paroissiens ; mais la main d'œuvre est payée en partie par le curé. La même année fut accomplie une entreprise dont la hardiesse nous frappe encore aujourd'hui, en dépit des surprises que le progrès de l'architecture nous a rendues en quelque sorte familières. Elle nous donne une haute idée, non seulement de la générosité de Toustain, mais aussi de son esprit d'initiative, de la variété de ses aptitudes et de la sûreté de son coup d'œil.

« Item cette mesme année, le clocher, qui estait
« au milieu de l'église, *a été transporté tout entier, et*
« *sans qu'il s'en soit détaché une seule ardoise*, au
« bas de la nef, au lieu où il est, par le moyen de
« leviers. » Il est vraisemblable que les ouvriers du Mesnil-Opac, à la fin du dix-septième siècle, ne disposaient que d'engins tout à fait élémentaires, de connaissances plus insuffisantes encore. Ce fut donc le génie du bon curé qui assura tout le succès de l'opération. Au reste, Toustain, qui cite volontiers partout ailleurs les noms des peintres, menuisiers et maçons qu'il emploie comme collaborateurs, fait une exception en cette circonstance. Est-il besoin d'ajouter que ce tour de force est resté légendaire dans le pays[1] ? »

Docteur en théologie, savant et lettré comme il l'était, René Toustain aurait pu, sans doute, prétendre à des fonctions plus relevées que celles de desservant

---

[1] M. Matinée, ouvrage cité, p. 6 et 7.

d'une modeste cure de campagne. Il ne quitta pourtant jamais le Mesnil-Opac. C'est qu'il y trouvait les loisirs nécessaires, le calme indispensable aux travaux qu'il avait entrepris, car ce n'étaient certainement pas les avantages matériels qui pouvaient l'y retenir. A supposer même que la cure du Mesnil-Opac lui ait, dès cette époque, donné le revenu de 730 livres qu'elle recueillait en 1728[1], cette somme jointe aux 100 livres qu'il recevait pour toutes taxes de la chambre ecclésiastique, « pour me donner courage à travailler[2] », disait-il, était bien loin de pouvoir suffire aux dépenses de diverses natures que lui causaient nécessairement ses recherches. Aussi ne saurait-on s'étonner qu'il ait pu connaître la gêne.

Longtemps même avant d'être curé du Mesnil-Opac, il avait, le 15 et le 25 septembre 1664, contracté deux emprunts qu'il ne put rembourser que quarante ans après, en 1703, par la vente du Hamel-Aumont[3]. Ses derniers jours durent être attristés par la nécessité

---

[1] M. Matinée, ouvrage cité, p. 30.

[2] *Histoire ecclésiastique du Diocèse de Coutances*, t. III, p. 343.

[3] M. Le Gorgeu, ouvrage cité, p. 17 à 20. — Une des parcelles qui composaient cette terre portait le nom de Bois-la-Ville. De là le titre sous lequel notre historien est quelquefois désigné. Un ms. de la Bibl. publique de Rouen, fonds Coquebert de Montbret, Y 34, provenant de la bibliothèque de M. de Toustain-Richebourg porte pour titre : *La ville de Saint-Lo*, par M. Toustain Bois-la-Ville. — V. aussi M. Le Gorgeu, ouvrage cité, p. 19, note 3.

d'aliéner cette terre que son grand-père et son père avaient agrandie par des acquisitions successives, où lui-même était né et avait passé son enfance. Encore avait-il retenu la jouissance de cette maison et s'était-il réservé les meubles qui la garnissaient : il les vendit en novembre 1707. Enfin, le 8 décembre de la même année, il délaissa un autre débris de son patrimoine à l'un de ses parents René de Baudre pour le « payer et récompenser, disait-il, de plusieurs grands et importants services qu'il m'a rendus, et pour demeurer quitte envers luy de la somme de 50 livres que je luy debvais [1]... »

Nous n'avons d'ailleurs aucun renseignement bien précis sur sa vie privée. Quelques faits parvenus jusqu'à nous attestent qu'il pratiquait les vertus de son état ; ils nous le montrent en effet charitable envers les pauvres et attentif à rapprocher des frères divisés par des questions d'intérêt [2]. Il eut, dit-on, quelques différends avec son évêque : il aimait, paraît-il, la chasse [3],

---

[1] M. Le Gorgeu, ouvrage cité, p. 30.

[2] M. Matinée, ouvrage cité, p. 31-32. V. aussi le t. III de cette histoire, p. 343-344.

[3] J'emprunte ce qui suit à la *Notice biographique*, etc., de M. Le Gorgeu, p. 27, note 2 : « Le savant et vénéré de Gerville a possédé, nous a-t-il été affirmé, un *manuscrit autographe* de Toustain, qui serait, en ce moment, aux mains d'un érudit. Or, sur la 1re page de ce manuscrit, il existe une *petite notice* de Toustain lui-même : c'est là qu'est la raison de ses différends avec l'évêque : *la chasse.* »

et ce goût était, sans doute, un héritage qu'il tenait de ses nobles ancêtres. Ce grief, qui pourrait paraître aujourd'hui sérieux en raison de nos habitudes, était, de bonne foi, bien léger à cette époque si voisine du temps où des archevêques et des cardinaux dirigeaient eux-mêmes des opérations militaires. Toujours est-il que si Toustain de Billy eut à subir quelques réprimandes de la part de son évêque, il ne lui en garda nullement rancune ; car il eût été difficile de parler de lui avec plus d'effusion et d'abondance de cœur dans le chapitre qu'il lui consacre à la fin de son œuvre, tout en déclarant hautement qu'il ne serait pas d'humeur à faire un panégyrique, et en prononçant cette fière parole : *Je suis né libre*[1], pour bien faire sentir qu'il n'entend pas se plier à une molle complaisance.

Toustain de Billy était curé du Mesnil-Opac depuis trente-trois ans, quand il se sentit atteint vers le milieu de février 1709, de l'affection qui le mit au tombeau le 17 avril suivant. Le 9 de ce mois, la maladie l'obligeait à consentir à ce que le mariage d'un certain François Levallois, écuyer, fût célébré par un autre prêtre, vu son empêchement[2].

Dans son testament, daté du 4 avril 1709, où il se déclarait assez infirme depuis six semaines, après avoir

---

[1] T. III de cette histoire, p. 333.
[2] M. Le Gorgeu, ouvrage cité, p. 36.

protesté de sa fidélité à la religion catholique et imploré de Dieu le pardon de ses fautes, il demandait à être inhumé auprès de sa mère et chargeait « Mlle de Fortescu, épouse de Hervé de Fortescu, escuyer », du soin de ses funérailles. Il lui léguait à cet effet, et pour faire dire tous les ans six messes dans l'église du Mesnil-Opac pour lui et ses parents, 500 livres à prendre sur ses biens meubles et spécialement sur ses blés et grains. En outre 100 livres provenant également de ses grains et récoltes devaient être constituées « en cent sols de rente hypothèque, » destinés à faire célébrer deux services annuels pour le repos de son âme, le premier, le jour anniversaire de son décès, et le second, six mois après, à perpétuité [1].

Le 7 juin 1883, la Société d'agriculture, d'archéologie et d'histoire naturelle de la Manche a fait sceller, sur le mur méridional de l'église du Mesnil-Opac, du côté de l'épître, immédiatement au-dessous de la tombe de René Toustain de Billy, une plaque de marbre portant la restitution littérale de son inscription funéraire. Elle s'est honorée elle-même en rendant ce pieux hommage au savant « historien du Cotentin, de ses villes et de ses évêques ».

---

[1] M. Le Gorgeu a publié le texte de ce testament; ouvrage cité, p. 115-116.

[2] V. *Notice biographique*, etc., p. 40-41, la restitution de l'épitaphe et le procès-verbal de la cérémonie.

Cette formule que j'emprunte au procès-verbal de la cérémonie du 7 juin 1883, résume l'œuvre entière de Toustain de Billy, qui ne comprend que deux grands ouvrages : *Les Mémoires pour l'histoire du Cotentin*, auxquels se rattachent les *Recherches pour l'Histoire de la ville de Saint-Lo*, et l'*Histoire ecclésiastique du Diocèse de Coutances*.

Je ne donnerai aucun détail sur le premier de ces ouvrages, dont quelques fragments ont été publiés [1], et que MM. Matinée et Le Gorgeu font connaître suffisamment dans leurs intéressantes notices. Je dirai seulement que la Bibliothèque nationale possède, fonds français, n°ˢ 4899-4901, les manuscrits originaux de Toustain de Billy contenant les *Mémoires pour l'Histoire du Cotentin*, les *Recherches pour l'Histoire de la ville de Saint-Lo*, et un *Recueil de quelques pièces curieuses non imprimées* [2]. Ces manuscrits proviennent du cabinet de Foucault, intendant de la Généralité de Caen, auquel le curé du Mesnil-Opac les avait adressés.

Le manuscrit 4899, *Recherches pour l'Histoire de la*

---

[1] *Histoire civile du Cotentin et de ses villes*, publiée par la Société d'archéologie et d'histoire du département de la Manche, 1ʳᵉ partie Villes de Saint-Lo et de Carentan. Saint-Lo, 1864.
Histoire de Mortain, publiée par M. Hippolyte Sauvage. Mortain, 1879.

[2] M. Le Gorgeu, ouvrage cité, p. 54-55.

ville de Saint-Lo, contient, f. 395, la lettre dans laquelle Toustain annonçait à Foucault l'envoi de cet ouvrage [1]. Du cabinet de Foucault, ces manuscrits passèrent en la possession de M. de Boze qui les céda en 1728 à la Bibliothèque nationale.

Les bibliothèques de Caen, de Cherbourg et de Coutances, le British Museum possèdent des manuscrits des *Mémoires pour l'Histoire du Cotentin* ou de *l'Histoire civile du Cotentin*, car on trouve l'ouvrage désigné sous ces deux titres. Il existe à la Bibliothèque de Rouen, un manuscrit de l'*Histoire de la ville de Saint-Lo*. Mais ces divers manuscrits, quelques différences qu'ils puissent d'ailleurs présenter, offrent bien peu d'intérêt en présence des textes originaux que possède la Bibliothèque nationale. Nous nous dispenserons donc de les décrire, et nous nous bornerons à renvoyer aux détails que l'on trouve sur chacun d'eux dans la *Notice biographique* due à M. Le Gorgeu [2].

On ignore ce qu'est devenu le manuscrit original de l'*Histoire ecclésiastique du Diocèse de Coutances*. On n'en possède que des copies qui semblent d'ailleurs être assez nombreuses. Nous n'avons pas la prétention de les connaître toutes et nous ne parlerons que de celles

---

[1] Publiée par M. Le Gorgeu, *ibid.*, p. 65.
[2] Ouvrage cité, p. 46 et suiv.

que nous avons eues entre les mains ou dont nous trouvons la description dans les notices que nous avons déjà si souvent citées.

1° Manuscrit de la Bibliothèque nationale, nouvelles acquisitions françaises, n⁰ˢ 154-157. Ce manuscrit petit in-folio, papier fil, écriture du XIX° siècle, comprend 1756 pages réglées à 21 lignes; il est relié en quatre volumes portant les n⁰ˢ 154 à 157 et provient de M. Dubosc, ancien archiviste de la Manche. Il paraît identique au manuscrit qui appartient à M. F. Dolbet et qui lui a servi à éditer les deux premiers volumes de cette histoire. Nous l'avons suivi pour la publication de ce troisième volume, en le corrigeant et en le complétant à l'aide du manuscrit de M. Mahaut.

Le manuscrit de la Bibliothèque nationale se termine par trois pièces latines dont voici les titres :

Fondation de Robert d'Harcourt, omise en son rang, pages 1750 à 1754.

Autre extrait d'un certain livre dans les archives de Coutances appelé le petit ordinaire, etc., pages 1754 à 1755.

Autre extrait d'un certain chartrier étant dans les archives du chapitre de Coutances, 2° chartrier, feuillet 145°, pages 1755 à 1756.

Ces documents paraissent faire partie non pas de l'*Histoire ecclésiastique*, à la suite de laquelle ils sont ici copiés, mais bien du *Recueil de Chartes*, auxquelles Toustain de Billy renvoie si souvent et dont nous parlerons bientôt. C'est pour cette raison que nous avons cru pouvoir nous dispenser de les publier.

2° Manuscrit appartenant à M. Mahaut, libraire-éditeur à Bricquebec (Manche), petit in-folio de 1069 pages, plus une table des matières de 5 pages; écriture du xix° siècle, demi-reliure chagrin. Cette copie diffère de celle que possède la Bibliothèque nationale et la complète parfois heureusement. Elle présente cependant quelques lacunes, certaines citations latines ayant été omises.

3° Manuscrit de la Bibliothèque de Coutances, 930 pages, comprenant 1° l'*Histoire du Cotentin avec celle des villes*, 394 pages; 2° l'*Histoire Ecclésiastique du Diocèse de Coutances*, 536 pages[1].

4° Manuscrit harléïen du British Museum, n° 4599, petit in-folio, 316 feuillets, intitulé : *Histoire Ecclésiastique du Diocèse de Coûtances, contenant la vie des Evesques de ce lieu, et ce qui s'est passé de plus remarquable soubs l'Episcopat de chacun.*

On avait supposé que ce manuscrit pouvait renfermer le texte original de Toustain de Billy qu'on ne

---

[1] M. Le Gorgeu, ouvrage cité, p. 83.

retrouve nulle part, mais il résulte d'une lettre adressée à M. Le Gorgeu par sir E. Maunde Thompson, conservateur des manuscrits au British Museum, que ce manuscrit a été copié par diverses mains, ce qui exclut la susdite hypothèse [1].

5° L'auteur de la *Notice biographique*, etc., cite (pages 105-106) trois copies des œuvres de Toustain de Billy, appartenant à M. le comte de Toustain, et dont l'une au moins contient une copie moderne de l'*Histoire ecclésiastique*.

Quant au *Recueil de Chartes* dont nous parlons plus haut, il a disparu plus complètement encore que le manuscrit original de l'*Histoire ecclésiastique* puisqu'on n'en possède pas même de copie. L'éminent administrateur-général de la Bibliothèque nationale, M. Léopold Delisle, en croit retrouver la trace dans l'article suivant du catalogue de la bibliothèque de l'abbé de Rothelin, vendue en 1746.

N° 2954. *Recueil des Chartes, titres et Estats concernant les bénéfices, abbayes, prieurez, etc., du Côtantin et autres lieux de Normandie.* Manuscrit, 13 vol. in-4°.

M. L. Delisle ignore où est passé ce manuscrit « qui pourrait bien, dit-il, avoir été le fruit du travail de Toustain de Billy. Le fonds de la bibliothèque de l'abbé de Rothelin venait en grande partie de Foucault, par-

---

[1] M. Le Gorgeu, ouvrage cité, p. 49-54.

ticularité qui nous explique comment des manuscrits du curé du Mesnil-Opac pouvaient s'y trouver[1]. »

Il est facile de déterminer à quelle époque, Toustain de Billy entreprit d'écrire son *Histoire ecclésiastique du Diocèse de Coutances*. Presque au début du chapitre consacré à Charles-François de Brienne, il dit [2] : « Ainsi à l'heure que j'écris ceci qui est le 22° décembre 1708 », et un peu plus loin [3] : « Il y a quinze ans quand je pensai à cet ouvrage. » C'est donc en 1693 qu'il commença cette histoire, et cette date se trouve confirmée par le passage de la lettre d'août 1704, par laquelle il suppliait humblement « MM. les chantres et chanoines de l'illustre chapitre de Coutances » de lui fournir quelques-uns des anciens titres de leur chartrier « pour luy estre des témoins irrécusables de la vérité et de l'antiquité[4]. » Il travaille depuis plus de dix ans, dit-il, à écrire cette histoire et « l'ouvrage est, par la grâce de Dieu achevé. » Il voulait dire sans doute la partie qui s'arrête à l'épiscopat de Loménie de Brienne, car il écrivait en 1708 l'histoire de cet évêque que la mort l'empêcha de terminer. Il ne put revoir les dernières

---

[1] Lettre de M. L. Delisle, 23 mai 1884, publiée par M. Le Gorgeu, ouvrage cité, p. 173-174.

[2] T. III, p. 333.

[3] T. III, p. 343.

[4] M. Le Gorgeu a publié p. 59-61 de sa *Notice biographique*, etc., les textes latin et français de cette lettre.

pages qui sortirent de sa plume, comme l'attestent certaines constructions irrégulières qu'il n'aurait pas laissé subsister. D'ailleurs, l'œuvre s'arrête brusquement après la citation, non achevée, d'un mandement de Loménie de Brienne, et l'on sent que la maladie qui le surprit bientôt au mois de février 1709 est venue lui faire suspendre un travail qu'il ne devait plus reprendre.

Une première question se pose : Toustain de Billy a-t-il écrit son histoire en français et en latin? On peut le conclure du texte latin de la lettre qu'il a adressée au chapitre de Coutances : « ... exponit quod cùm a decem et amplius annis animum manumque adhibuerit qui ecclesiasticam totius hujusce diœceseos Constantiensis historiam *romano maternoque sermone* scriberet [1]... » En tout cas, si Toustain de Billy réalisa ce double dessein, il ne faut pas voir, dans le texte que nous publions, une traduction française, ainsi qu'on l'a prétendu, mais bien une œuvre originale, dont le texte latin n'aurait été que l'abrégé. Nous trouvons en effet dans la lettre de M. L. Delisle, que nous avons déjà citée, l'indication d'un manuscrit de la Bibliothèque de l'abbé de Rothelin, ainsi désigné [2] :

---

[1] M. Le Gorgeu, ouvrage cité, p. 62.
[2] M. Le Gorgeu, ouvrage cité, p. 173-174.

« N° 2954. *Renati Turstini BilLii* epitome *Historiæ ecclesiasticæ Constantiensis.* »

Toustain de Billy a divisé son ouvrage en cinq parties, en donnant pour point de départ à chacune, moins des faits relatifs à l'histoire même du diocèse, que des événements intéressant l'histoire générale de la province et de la nation. La première partie s'étend de l'établissement de l'épiscopat dans le diocèse de Coutances jusqu'au commencement du règne des Normands, l'an 912; la seconde va de 912 à 1204, durée du règne de leurs ducs en cette contrée; la troisième s'arrête en 1450, date de l'expulsion des Anglais; la quatrième conduit jusqu'au moment où naissent les troubles pour la religion en 1560; la cinquième enfin s'arrête à la mort de l'auteur. L'esprit qui a présidé à ces divisions montre que Toustain de Billy a cherché à rattacher l'histoire locale à l'histoire générale, ce qu'on peut d'ailleurs constater à chaque instant par la lecture de son ouvrage.

On ne contestera pas l'intérêt de l'histoire que nous devons aux recherches patientes de Toustain de Billy. A combien de faits, à combien de personnes ne touche-t-elle pas? Et que de renseignements utiles pourront y trouver ceux qui désirent connaître dans ses plus petits détails le riche passé de notre province? Ils permettront de compléter et même de rectifier sur plus d'un point les données du *Gallia christiana*. Nous ne nous engagerons point cependant sur la pente où glissent la plupart des éditeurs et nous nous garderons de surfaire les mérites de l'œuvre que nous publions. Elle nous semble avoir été appréciée à sa juste valeur dans la consciencieuse notice que nous devons à M. Matinée, et dans l'impuissance de mieux dire, nous lui emprunterons quelques passages dans lesquels le savant critique fait ressortir, avec un jugement sûr et mesuré, les qualités et les imperfections de notre historien.

Après avoir suivi Toustain de Billy dans le tableau qu'il présente de l'établissement du christianisme dans le diocèse de Coutances, des invasions barbares et de la fondation du duché de Normandie, M. Matinée continue en ces termes :

« On s'oublierait aisément à la suite de cet intrépide narrateur, qui, sans perdre de vue son sujet, prend un plaisir extrême aux excursions lointaines. Mais les bornes étroites d'une notice ne le permettent pas. Si j'ai insisté quelque peu sur l'époque normande, c'est, d'abord, qu'elle nous touche plus directement que les autres; ensuite, parce que l'établissement de nos ancêtres sur le sol français est le centre auquel Toustain rattache ses trois premières périodes dont les titres peuvent se ramener à ces trois mots : Avant, pendant, après la conquête normande. Enfin c'est ce qu'il y a de meilleur dans l'ouvrage qui nous occupe. Je voudrais en avoir dit assez pour mettre en lumière le système de composition dont notre écrivain ne se départira plus : développer l'histoire locale en la rattachant le plus possible à l'histoire générale. Mais c'est assurément la première qui demeure sa spécialité. Quand il s'agit de l'histoire nationale, des événements qui ont une grande publicité, suivant une expression qui lui est familière, Toustain ne se met nullement en peine de sa responsabilité. Il accepte les faits comme d'autres les ont présentés, sans songer même à les soumettre à l'examen. Il regarde comme avérés certains détails que nos historiens ne reproduisent pas aujourd'hui sans réserves; il a des sévérités que nous n'aurions plus pour les hommes et les choses du temps passé [1]...

« Il y a des rangs à observer en histoire comme partout. Tel brille au second, au troisième ou même encore plus bas, qui s'éclipse au premier. Toustain n'était pas l'homme qu'il faut pour écrire l'histoire au vol hardi, aux vastes aperçus ; quand il voit juste, c'est qu'il regarde de près. Les causes profondes, les

---

[1] *René Toustain de Billy, historien du Cotentin*, p. 18-19.

conséquences lointaines, les influences diverses qui façonnent le caractère des peuples et décident de leur rôle; les événements extraordinaires dont les autres ne sont souvent que les contre-coups; en un mot, la haute moralité de l'histoire lui échappe. Ce qui constitue son originalité, c'est qu'il demeure partout, avant tout Normand et Normand de son diocèse[1]...

« C'est quand il reprend pied sur le sol du Cotentin que Toustain de Billy se sent vraiment sur son terrain. A mesure que les évêques sont rendus à l'administration de leur diocèse, à mesure que leur influence s'y fait mieux sentir et que les riches conquérants multiplient les églises, les abbayes, les libéralités de toute sorte, notre infatigable chercheur redouble d'activité, accumule les documents, déterre les inscriptions et les chartes. Discuter, rectifier une date; voilà son triomphe. Il possède tant de points de repère et il pratique si bien l'art de s'en servir ! Il a bientôt fait de dépister une méprise, même dans les livres les plus autorisés. « Il y a de l'erreur, dit-il aussitôt; on va le voir évidemment. » Et il tient parole. Son habileté n'a d'égale que sa sincérité. Quand il a épuisé les ressources de l'argumentation, s'il reste encore quelque doute sur la question, il se

---

[1] *Ibid.*, p. 19-20.

fait un devoir d'ajouter : « Au reste, je donne ceci comme une construction ; si l'on trouve mieux, j'y acquiescerai. » Même quand ses conjectures lui paraissent le mieux fondées, il s'en remet encore au jugement des autres : « Le sage lecteur en sera juge. »

Ses pages fourmillent de citations et de traductions. Tantôt il emprunte aux écrivains les plus accrédités, tels que Sulpice Sévère, Grégoire de Tours, Venantius Fortunatus, Robert Cenalis, Orderic Vital, Froissart, Alain Chartier. Tantôt il puise à pleines mains dans la masse de documents qu'il s'est procurés en compulsant tous les cartulaires du diocèse, en s'adressant aux abbayes les mieux pourvues, notamment à celles de Saint-Wandrille et de Fécamp. Encore ne déploie-t-il qu'une partie de ce fonds inépuisable. Quand il sent que l'attention du lecteur aurait peine à se soutenir plus longtemps, il écarte le reste, « pour n'être pas ennuyeux. » On a dit de ses interprétations et de ses extraits qu'ils n'empêchent pas de désirer les textes eux-mêmes. Que Toustain ait hasardé quelques versions douteuses, incomplètes, erronées même, comment en être surpris? Il devait citer et traduire quelquefois de mémoire. D'ailleurs, est-ce que la tête la mieux faite serait assurée de ne pas éprouver parfois le vertige au milieu d'un pareil entassement de documents de toute sorte et de toute provenance? Mais ce qui ne saurait venir à la pensée de personne, c'est d'élever un doute sur la véracité de l'historien. Il a pris soin de se mettre à l'abri d'un pareil soupçon, en composant un recueil des actes qu'il avait sous les yeux; il y renvoie à tout instant. Malheureusement, on a perdu la trace de cet ouvrage qui serait si utile aujourd'hui [1]...

« Un flair délicat qui fait trouver sûrement les bons endroits, une patience infatigable, capable même de grandir avec les difficultés rebutantes de la tâche; ce sont là les conditions premières et indispensables pour être un compilateur de quelque mérite. Il y a une qualité sans laquelle les autres perdraient toute valeur; c'est une certaine sagacité naturelle, qui se perfectionne, s'affine par l'exercice, et devient d'une extrême habileté à discerner jusqu'aux moindres altérations subies par les textes. Sans elle, on court risque de tomber dans quelque erreur grossière, comme celle des transcripteurs du nécrologe de la Perrine, « qui font vivre un certain Gilles quarante ans après sa mort, et l'ont fait bienfaiteur d'une maison dont on ne parlait pas encore pendant sa vie. » Toustain possède au plus haut degré cette qualité maîtresse de la paléographie. Il s'est familiarisé de longue étude avec les *variæ lec-*

---

[1] *Ibid.*, p. 22-24.

tiones et les *errores librariorum*. Il connaît mieux que personne, pour l'avoir bien des fois constatée, l'ignorance ou la frivolité ou la malice de ces copistes de la fin du quatorzième siècle et du commencement du quinzième qui prennent les G pour les E, ou qui de la majuscule R font au hasard Robert, Raoul ou Richard ; de la majuscule H, Hugues ou Henri, de la lettre E, Egidius au lieu d'Eustachius. Il a horreur de ce qu'il nomme le galimatias et ne s'y laisse pas prendre.

« S'il y a une chose qui lui agrée aussi peu, c'est l'exagération, le manque de mesure [1]...

« Son style ne mérite pas d'éloges ; il est généralement négligé ; la construction grammaticale elle-même n'y trouve pas toujours son compte. La phrase est tantôt heurtée, tantôt traînante et surchargée d'incidences. Toustain avait conscience de ce qui lui manquait sous ce rapport. Dans la lettre déjà citée qui accompagnait l'envoi de l'Histoire de Saint-Lo, il dit à l'intendant Foucault : « J'espère que vous aurez la bonté d'excuser la grossièreté de mes expressions et de mon style. Je suis icy *rusticus inter rusticos* »; je n'y peux estre poli, n'y ayant de conversation qu'avec les bois, les rochers et les bestes sauvages. » C'est une réminiscence poétique, *stabula alta ferarum*, et il faut prendre les mots

[1] *Ibid.*, p. 25-26.

dans le sens qu'ils avaient au xvıı° siècle, pour ne pas juger Toustain un peu trop sévère contre lui-même. La vérité est que ce curieux prend tant de soin des choses qu'il ne lui reste pas le loisir de s'occuper des mots; ils s'arrangent comme ils veulent sous sa plume. Il affectionne outre mesure les tournures latines, avec lesquelles il est très familier, et prend souvent les termes dans une acception rigoureusement étymologique dont notre langue ne s'est pas toujours accommodée [1]...

« Ne cherchez pas dans Toustain l'art délicat des transitions. C'est ce dont il se met le moins en peine. Les années se suivent sans interruption aucune, et se ressemblent en ce qu'elles produisent toutes une moisson plus ou moins abondante de chartes et de fondations mêlées de quelques événements publics.

« Le récit est bref et s'étend rarement jusqu'à l'ampleur de la description. Cependant des pages telles que le naufrage de la *Blanche-Nef* sur les récifs de Barfleur ou la relation du siège de Saint-Lo, en 1574, prouvent que l'auteur pouvait réussir en ce genre.

« Il ne tenait certainement qu'à lui de polir et d'orner son style. Il s'était préparé à écrire par de solides études. C'est un humaniste de la bonne époque; il

---

[1] *Ibid.*, p. 27.

manie avec aisance la langue latine et devait être quelque peu helléniste; car, appréciant l'éloquence de M. de Brienne, il se sert du mot grec παρρησία, pour désigner le franc parler, le naturel. Il est même poète à ses heures; témoin la traduction ou mieux la paraphrase de l'épitaphe de l'évêque Algare. Ses vers sont un peu prosaïques et ne valent pas, malgré leur nombre, ou peut-être à cause de leur nombre, les huit vers latins de l'évêque Arnoul; mais, à tout prendre, on en a lu et imprimé de plus médiocres[1]. »

Nous n'ajouterons rien aux réflexions du savant critique auquel nous avons emprunté ces citations.

A la suite de l'œuvre de Toustain de Billy, nous publions en appendice une vie de Loménie de Brienne qui nous a été communiquée par M. Alphonse Le Marois, aujourd'hui décédé. (Il habitait le château du Lude à Saint-Sauveur-le-Vicomte.) L'auteur a tantôt reproduit exactement, tantôt abrégé ce que Toustain de Billy avait écrit de cet évêque; il a complété l'œuvre laissée inachevée par le curé du Mesnil-Opac en donnant deux mandements de Loménie de Brienne relatifs aux affaires du jansénisme.

On remarquera que la longue table de noms d'hommes, qui termine cet ouvrage, n'est pas construite,

---

[1] *Ibid.*, p. 27-28.

au moins pour les premiers siècles de cette histoire, d'après le plan suivi d'ordinaire. Ce n'est que vers le XIIIe siècle qu'on a adopté réellement l'usage de ce que nous appelons les noms de famille. Auparavant, les individus n'étaient désignés que par des prénoms, et c'est d'après ces prénoms que, pour ces temps reculés, on a l'habitude de classer les personnes. Nous eussions volontiers suivi cet exemple, mais il nous eût fallu changer de méthode pour les époques suivantes et conséquemment construire notre table sur un double plan. Nous avons pensé qu'il n'en pouvait être ainsi ; et, obligé de choisir entre deux méthodes, nous nous sommes arrêté à l'usage moderne. Nous espérons que cette table n'en rendra pas moins de services aux travailleurs qui auront besoin d'y recourir.

A. HÉRON.

25 octobre 1886

HISTOIRE ECCLÉSIASTIQUE

DU

DIOCÈSE DE COUTANCES

QUATRIÈME PARTIE

CHAPITRE IV

DE ADRIEN GOUFFIER, CARDINAL

L'auteur d'un livre qui a pour titre : *Remarques sur la noblesse Beauvoisine*[1], dit que la famille de Gouffier tire son origine et son nom du fameux Gouffier[2], troisième duc d'Aquitaine, si connu dans l'histoire du VIIIᵉ siècle par les guerres qu'il soutint contre le roi Pépin, spécialement depuis 758 jusqu'en 768.

Quoi qu'il en soit, cette famille, qui porte d'or à

---

[1] *Anciennes remarques de la noblesse beauvaisine*, par M. P. Louvet, advocat en parlement. Beauvais, veuve G. Vallet, 1640, in-8°.

[2] C'est celui que l'histoire connaît sous le nom de Waïfre ou Guaiffer. Est-il besoin de dire que la prétention de faire descendre les Gouffier de Waïfre ne s'appuie sur rien de sérieux ?

trois jumelles de sable, est très noble et très ancienne et originaire du Poitou. Elle est présentement éteinte, au moins quant à la branche aînée, et passée en la maison d'Aubusson par le mariage de Charlotte Gouffier[1], fille d'Arthur, deuxième du nom, duc de Roannez[2], laquelle, le 9e avril 1667, épousa François d'Aubusson, duc de la Feuillade, pair et maréchal de France.

Adrien Gouffier, dont nous avons à parler ici, était le troisième fils de Guillaume, seigneur de Boissy, Bonnivet, Oiron, Maulévrier, etc., sénéchal de Saintonge, premier chambellan de Charles VII[3] et gouverneur de Charles VIII, lorsqu'il était encore en son enfance. Sa mère était Philippine de Montmorency, fille de Jean, deuxième du nom, et veuve de Charles de Melun, seigneur de Nantouillet.

MM. Frizon[4], Aubery[5], de Sainte-Marthe, Moréri même, ont écrit la vie de notre Adrien, et plusieurs autres auteurs ont fait mention de lui. Nous tirerons d'eux et de nos registres ce que nous en dirons.

Il eut cinq frères : premièrement, Arthur Gouffier,

---

[1] Charlotte Gouffier était non pas la fille, mais la sœur d'Arthur Gouffier. Tous deux étaient nés de Henri Gouffier, qui fut tué en 1639, pendant la guerre de Trente ans.

[2] C'est à lui que Pascal adressa ses *Discours sur la condition des grands*.

[3] Les deux mss., d'après lesquels nous avons établi ce texte, portent *et fut*, ce qui donnerait à entendre qu'Adrien Gouffier fut gouverneur de Charles VIII. Il faut donc lire : premier chambellan de Charles VII et gouverneur de Charles VIII.

[4] *Gallia purpurata*,..... Lutetiæ Parisiorum, M. D. XXXVIII, p. 559-560.

[5] *Histoire générale des cardinaux dédiée à monseigneur l'éminentissime cardinal Mazarin*. Paris, 1614, 3e partie, p. 221-224.

comte d'Estampes, grand-maître de France, gouverneur de François Ier en sa jeunesse, et auquel presque seul, pendant sa vie, ce monarque confia l'administration de ses Etats; deuxièmement, Guillaume, très connu dans l'histoire sous le nom de l'amiral Bonnivet, tué à la funeste journée de Pavie; troisièmement, Aimard[1] qui, après avoir été pénitencier en notre église, fut évêque d'Albi après la mort d'Adrien, son frère; quatrièmement, Louis, abbé de Saint-Maixent, et [cinquièmement], Pierre, abbé de Saint-Denis. Presque tout ceci est contenu en l'épitaphe de ce Pierre, laquelle est gravée sur son tombeau en cette église de Saint-Denis, ce que Frizon rapporte en ces termes français : « Cy gist tres-noble et tres-illustre
« personne Monsieur Pierre de Gouffier dict de Boisy,
« en son vivant Abbé de ce Monastere, et frere de tres-
« nobles et tres-illustres personnes Mess. Artus Sieur
« de Boisy et grand Maistre de France, Adrian Cardinal
« et Legat en France, Guillaume Admiral de France,
« Emeric Evesque d'Alby et Maistre des Monasteres de
« ceans, de Cluny et sainct-Jouyn, qui deceda le VIII.
« jour de Janvier, l'année M. D. XVI. Priez Dieu pour
« luy[2]. »

Adrien fut destiné à l'église dès sa plus tendre jeunesse. Protonotaire apostolique dès l'âge de quatorze ans, il obtint dès lors dispense d'âge pour posséder

---

[1] Aimard ou Emery Gouffier fut reçu à un canonicat, à Rouen, le 22 janvier 1503. (Arch. de la Seine-Inf. G. 2147).

[2] Je donne d'après Frizon même cette épitaphe reproduite inexactement comme la plupart des documents cités par Toustain de Billy.

toutes sortes de bénéfices, dont, par la faveur de ses frères, il fut bientôt pourvu ; aussi fut-il abbé de Bourg-Dieu [1], Bourgueil [2], Saint-Florent près Saumur, Saint-Nicolas d'Angers, Cormery [3], Fécamp [4], et du Bec [5]. Les mémoires du dernier de ces monastères témoignent que Jean Ribaud, trente-quatrième abbé de ce lieu, fut chassé par notre Adrien, cardinal de Boissy et évêque de Coutances, sans en savoir la raison, et que cette abbaye ayant été donnée en commande à ce prélat, qui était déjà légat en France, il vint au Bec à main armée, chassa une partie des moines en divers monastères et emprisonna les autres ; ce que ledit Ribaud ayant pressenti, il avait enlevé tout ce qu'il avait pu de vaisselle d'or et d'argent, riches tapisseries, ornements précieux et choses semblables, et s'était retiré

---

[1] Bourg-Dieu ou Déols, dépt. de l'Indre, arr. de Châteauroux. Le *Gallia christiana*, II, 151-153, dit qu'Adrien Gouffier fut nommé à cette abbaye, *jubente rege*, en 1516.

[2] Dépt. d'Indre-et-Loire, arr. de Chinon. Ici Toustain de Billy n'est pas d'accord avec le *Gallia christiana*, qui n'est pas, d'ailleurs, toujours d'accord avec lui-même. Le *Gallia*, XIV, 665, après avoir parlé du 36e abbé de Bourgueil, Etienne Faulquier, ajoute : « Quidam, inter quos Sammarthani, ante Philippum sequentem ponunt Adrianum *Gouffier*, cardinalem *de Boisy*. Non autem Adrianus hic fuit abbas Burguliensis, sed Burgidolensis, quem reperies supra, t. II, col. 152. » Adrien Gouffier en figure pas davantage dans les listes, qui paraissent d'ailleurs bien complètes, des abbés de Cormery et de Saint-Florent de Saumur. Et pourtant, dans la notice consacrée, même tome, à l'abbaye de Saint-Nicolas d'Angers, on lit, col. 680 : « XXXVIII. Hadrianus *Gouffier*, dictus *de Boisy*, cardinalis, abbas idem, in Turonensi provincia, Burgulii, Cormarici et S. Florentii Salmuriensis. Obiit die 24 Julii 1523. De eo precipuè inter episcopos Constantienses et Albienses. »

[3] Dépt. d'Indre-et-Loire, arr. de Tours.

[4] Dépt de la Seine-Inf. arr. du Havre : » Abbatiam impetravit VIII. Idus Febr. an 1519, id est 1520. » *Gallia christiana*, XI, 215.

[5] Dépt. de l'Eure, arr. de Bernay. Adrien Gouffier occupa cette abbaye de 1517 à 1519. V. *Gallia christiana*, XI, 237-238.

à Rouen : « Joannes Ribaldus... per Adrianum cardi-
« nalem Boysium, Constantiarum antistitem, nescio
« quo jure, exturbatus, creata pensione, cathedram
« cedit... Adrianus apostolico munere a Francisco
« (rege) in commendam admissus, præmissis Beccum
« satellitibus, bonam fratrum partem in prioratus
« expellit... alios intùs vinculis fatigans. Intereà
« Rothomagum, natale solum repetens, Ribaldus,
« cum magna auri, argenti, tapetum, vasorumque
« cœlatorum supellectile noctu sublata (nec a vasibus
« quidem sacris abstinens) discedit[1]. » Adrien jouit
de cette abbaye deux ans seulement ; il lui donna
une statue de la Vierge allaitant son fils Jésus, et fut
transféré à Fécamp.

Sitôt que la mort de Geoffroi Herbert fut connue à la cour, Adrien Gouffier fut destiné pour lui succéder. Le roi le nomma au chapitre de Coutances et tous, d'un consentement unanime, l'élurent pour leur chef et leur évêque. Nous apprenons des registres de la métropolitaine, cités par M. Le Prévost, que, le 2º mai 1510, il fit les devoirs ordinaires envers cette église, et les registres des tabellions de Coutances nous témoignent qu'au mois de février suivant, que l'on comptait encore 1510, il prit possession en personne. Voici les termes de ces registres : « Le samedi,
« 8° jour de février 1510, R. P. Adrien, par la permis-
« sion divine évêque de Coutances, arriva en la Maison-

---

[1] *Chronique de François Carré*, publiée pour la *Société de l'histoire de Normandie*, par M. l'abbé Porée, à la suite de la *Chronique du Bec*, Rouen, 1883, p. 242-243. — V. aussi *Neustria pia*, p. 478.

« Dieu, audit Coutances, et y coucha. Le lendemain
« matin, vint à Saint-Maur, et de là s'en vint tout nus
« pieds en la sainte mère église, où il fut conduit par
« le collège en procession. Et à la porte de l'église fut
« reçu par le chantre de ladite église, qui lui fit faire
« les serments accoutumés, et puis entra en ladite église
« et alla en chœur, et de là en chapitre, et puis dit la
« grand'messe. »

Pendant la vacance de ce siège épiscopal, c'est-à-dire depuis la mort de Geoffroi Herbert jusqu'à cette prise de possession, le diocèse fut gouverné à l'ordinaire par deux vicaires généraux, choisis par le chapitre, et les fonctions épiscopales faites par le même suffragant, Guillaume[1], évêque de Porphyre. Aussi trouvons-nous qu'en cette qualité, il fit une ordination générale en la cathédrale, le 30° mars 1510, ou, si vous voulez, en 1511, et que, le dix du mois suivant, il fit une ordination *per turnum*, commençant par la Haye-Painel, et finit à Saint-Lô le seize mai suivant. Cet évêque de Porphyre fut suffragant d'Adrien, comme il avait été de Geoffroi, et faisait toutes les ordinations par sa permission, lorsqu'il était présent, et par celle de ses grands vicaires en son absence, ainsi que le témoignent nos registres, dans lesquels nous n'avons remarqué qu'une ordination faite par Adrien Gouffier, qu'il fit à Saint-Lo le 20° septembre 1511. Nous connaissons par les ordinations de son suffragant qu'il résida trois ans, 1511, 1512 et 1513, parce qu'elles

---

[1] Guillaume Chevenon ou Chevron. V. t. II, p. 344.

sont toutes instituées « de licentia et permissu reve-
« rendissimi in Christo patris ac domini Adriani Gouf-
« fier, Constantiensis episcopi », au lieu que les
« suivantes sont toutes marquées « de licentia et
« permissu vicariorum generalium ».

De ces ordinations, je ne citerai que celle qui fut faite par cet évêque de Porphyre, en 1513, *per turnum*, par la permission d'Adrien. Il commença le 16° avril à Gavray, il tonsura le 17° à Cérences, le 18° à Cenilly, le 19° à l'abbaye de Lessay, le 20° à La Haye-du-Puits, le 21° à Barneville, le 22° à Evrétot[1], le 23° aux Pieux, le 24° à Gréville, le 26° à Cherbourg, le 27° à Maupertuis, le 28° à Saint-Pierre-Eglise, ledit jour « in ecclesia fratrum Augustinianorum [2] de Barofluctu », le pénultième à Grenneville, le 30° à Montebourg, le 1ᵉʳ de mai à Valognes, le 2° à Saint-Sauveur-le-Vicomte, le 3° à Picauville, le 4° à Saint-Marcouf, le 5° à Sainte-Marie-du-Mont, le 6° à Gorges, le 7° à Périers, le 8° à Marchésieux, le 9° à Carentan, le 11° à Tessy, le 12° à Landelles, le 13° à l'Hôtel-Dieu de Vire, le 14° en l'abbaye de Saint-Sever, le 15° à Beslon, le 16° à Percy, le 17° à Villedieu, le 18° au manoir de la Lande-d'Airou, ledit jour à La Haye-Painel, le 19° à Granville, le 21° en l'église cathédrale de Coutances, le 22° à Agon, le 23° à Hauteville-le-Guichard, le 24° au Hommet, le 25° en l'abbaye de Saint-Fromond, le 26° à Saint-Lô[3]. C'est à la fin de ce tour qu'est ce que nous

---

[1] Le Vrétot, arr. de Valognes.
[2] Ms. P. Augustianorum ; ms. M. Prædicatorum.
[3] Gavray, Cérences, Cenilly, Lessay, La Haye-du-Puits, Gorges, Mar-

avons déjà cité : « Numerus tonsuratorum 620, qui « valent 150 lib. et acolytorum 144, qui valent 36 lib. » On peut encore remarquer la grande diligence de cet évêque de Porphyre, qui en si peu de temps fit tant de chemin et de travail.

Adrien était encore en son diocèse aux mois de mai et de juin 1514, ainsi qu'il paraît par le registre des ordinations faites par sa permission aux îles de Jersey et de Guernesey, dont je ne remarquerai que celle qui est dite avoir été faite « in ecclesia fratrum prædicatorum conventus », parce qu'elle nous est un témoignage qu'il y avait encore des Jacobins en cette île.

Cependant, en 1511, il y eut quelques affaires entre lui et son chapitre, à raison des dîmes de Hébécrévon [1] que Geoffroi Herbert avait acquises et qu'Adrien, par cette seule raison, prétendait devoir appartenir à lui. La chose n'alla pas loin ; il les céda, à condition qu'il aurait part à la distribution du pain du chapitre, comme les autres chanoines, pour laquelle distribution de pain ces dîmes avaient été achetées et données ; pour l'augmentation duquel messire Louis Herbert, évêque d'Avranches [2], qui était intervenu à

---

chésieux, Agon, Hauteville-le-Guichard, arr. de Coutances ; Barneville, le Vrétot, Barfleur, Grenneville (réuni à Crasville), Montebourg, Saint-Sauveur-le-Vicomte, Picauville, Saint-Marcouf, Sainte-Marie-du-Mont, arr. de Valognes ; les Pieux, Gréville, Maupertuis, Saint-Pierre-Église, arr. de Cherbourg ; Carentan, Tessy-sur-Vire, Beslon, Percy, le Hommet-d'Arthenay, Saint-Fromond, arr. de Saint-Lo ; Villedieu-les-Poêles, la Lande-d'Airou, arr. d'Avranches ; Landelles, Saint-Sever, dépt du Calvados, arr. de Vire.

[1] Arr. de Saint-Lo.
[2] Louis Herbert occupa le siège épiscopal d'Avranches de 1511 à 1526.

cet accord, donna à ce chapitre douze cents livres des deniers de feu son frère.

M. de La Roque, dans son *Traité du Ban et de l'Arrièreban*, dit que « Jean Sire d'Estouteville, Che-
« valier Capitaine du Ban et Arrièreban de la Province
« de Normandie, fit, l'an 1512, à la Hogue S.-Vast,
« la montre des Nobles et Noblement tenans du
« Bailliage de Costentin; l'Évêque de Coustances y fut
« mis en défaut, à cause de sa Baronnie de S.-Lo,
« qui l'obligeoit de se presenter, et de rendre service
« avec quatre hommes d'armes, et sa Baronnie fut
« mise en arrêt [1] ». Il était trop bien en cour pour perdre un tel morceau.

Auparavant que de parler de la retraite qu'il y fit et des hautes dignités qui l'y suivirent, voici quelques particularités que nous trouvons de lui dans les registres du secrétariat de l'évêché, du temps qu'il y resta. Le 29ᵉ mai 1510, il créa son official de Coutances, Jean Trépot, docteur aux lois et chanoine. Il fit son promoteur Robert Postis, qui était chanoine; Nicolas du Marcheys, aussi chanoine, était secrétaire; Jean Belin, curé de Ver [2], fut établi secrétaire sigillifer et Jean Percepied, greffier. Ce même jour, il créa official de Valognes Robert Sorent et Roger Tesson, curé de Théville [3], son promoteur. Jean Basire, chanoine, fut official de Saint-Lo et André Blondel fut choisi pour être son promoteur.

---

[1] *Traité du Ban et de l'Arrièreban*, p. 19, publié à la suite du *Traité de la Noblesse*, in-4°, Rouen, 1735.

[2] Arr. de Coutances.

[3] Arr. de Cherbourg.

Le 6ᵉ juin suivant, Nicolas de Briroy, oncle du prélat de ce nom dont nous parlerons, Dieu aidant, en son lieu, fut établi doyen de Barneville [1]. Il était curé de Surville [2]. Peu de temps après, Roulland de La Mare, chanoine et trésorier de l'église de Coutances, étant décédé, Adrien Gouffier, notre évêque, donna la prébende de Cherbourg et la trésorerie à Jean d'Aloigny, chanoine de Poitiers.

Le 1ᵉʳ octobre, le doyenné de Jersey fut donné au nommé Nicolas l'Evêque, curé de Saint-Martin-le-Vieux [3]. Le 20ᵉ janvier ensuivant, frère Guérin de Laure [4] fut élu pour succéder à Jean Vallin, abbé commandataire de Lessay.

Le 26ᵉ août 1511, l'évêque reçut, lut et approuva les lettres apostoliques de la provision qu'on lui accordait de l'abbaye de Saint-Lô en commande pour Robert, l'évêque de Rosse, [5] et nos registres, outre ce que nous avons dit, font encore foi qu'Adrien, notre évêque, fit une seconde ordination, le 18ᵉ décembre 1512, dans l'église de Saint-Nicolas.

Dans un registre, qui commence le 1ᵉʳ octobre 1513 et qui finit le dernier septembre 1514, nous trouvons premièrement que le 5ᵉ juillet suivant, qu'on comptait encore 1513, Emeric ou Emard Gouffier, frère de notre prélat, archidiacre du Grand-Caux, à Rouen,

---

[1] Arr. de Valognes.
[2] Arr. de Coutances.
[3] Réuni à Bréhal, arr. de Coutances.
[4] Guérin Laure de Thiéville, qui fut aussi abbé du Mont-Saint-Michel, V. *Gallia christiana*, XI, 921.
[5] Robertus de Cagnebourne, episcopus Rhossensis. V. *Gallia christiana*, XI, 921. — Ross, village d'Islande, comté de Cork.

fut pourvu de la pénitencerie et de la prébende de Saint-Louet[1], entre midi et une heure, sitôt après la mort de Thibaud de Formentière, dont je trouve que le frère était seigneur du Pont-Farcy. Le 24° février, Nicolas Giorème[2] fut élu et confirmé abbé de Lessay par la mort de Guérin ou plutôt Guy Laure. « Notandum est, ajoute le registre, quod reverendus domi-
« nus Adrianus Gouffier, episcopus Constantiensis,
« confirmavit et tonsuravit Robertum Meslin, filium
« Andreæ de Trecilleio, apud Mottam[3], die maii undecimo, anno 1514. » Le 4° août, il était encore au même lieu; il y tonsura et confirma Louis du Bois fils Jean.

Ce fut en cette saison qu'il se retira à la cour, et il le fit d'autant plus volontiers que la peste était alors si furieuse à Coutances, que la ville fut presque déserte. Les officiers, tant ecclésiastiques qu'autres, se retirèrent à Orval, à trois quarts de lieue de la ville. Nous avons encore plusieurs actes expédiés en ce lieu-là pour cette raison; tel est l'acte d'expédition d'une bulle d'indulgence accordée à Sainte-Catherine-de-la-Perrine[4], donnée à Orval le 26° septembre 1514.

Le roi Louis XII avait de très grandes considérations pour les seigneurs de Boissy; François Ier en eut encore de plus grandes. L'occasion de le faire con-

---

[1] Arr. de Saint-Lo.

[2] Le *Gallia christiana*, XI, 921, l'appelle Nicolas Jeroesme, et le *Neustria pia*, 623, Nicolas Geresme.

[3] Le château de la Motte, paroisse de Saint-Martin de Bonfossé, arr. de Saint Lô. V. t. II, p. 337 et suiv.

Paroisse du Dézert, arr. de Saint-Lo. V. *Neustria pia*, p. 913.

naître en la personne de notre évêque se présenta bientôt.

Jules II n'avait rien épargné pour chasser les Français d'Italie et pour contraindre nos rois à l'abolition de la pragmatique sanction. Léon X, son successeur, était dans les mêmes desseins. Mais François, étant entré dans l'Italie victorieux, battit les Suisses à Marignan et conquit le Milanais en très peu de temps. Léon changea de méthode ; il fit succéder la ruse et la politique à la violence ; il moyenna une entrevue du roi et de lui à Bologne[1].

On sait ce qui s'y passa : la pragmatique sanction y fut abolie pour jamais ; les décimes et la nomination aux prélatures accordées aux rois ; les annates et la confirmation des nommés accordés au pape. Il fut traité entre eux plusieurs autres questions contenues en l'acte qui en fut dressé, qu'on appelle le Concordat, qui n'est pas de notre sujet, mais ce qui en est, est de remarquer que cette conférence entre ces deux grandes puissances fut avantageuse à notre prélat. Léon X, dans un consistoire particulier tenu pour ce sujet le 14ᵉ décembre 1515, créa, à la prière du roi, notre évêque cardinal du titre de Saint-Pierre et de Saint-Marcel, lequel titre lui fut peu après changé en celui de Sainte-Sabine, comme nous allons dire.

Nous avons encore deux lettres patentes, obtenues de nos rois pour exempter les suppôts de l'église cathédrale du logement des gens de guerre. Les

---

[1] Les conférences de Bologne s'ouvrirent le 10 décembre 1515.

premières furent expédiées par Louis XII, à Blois, le 8ᵉ avril 1513, du règne de ce monarque le 16ᵉ, adressées au bailli de Cotentin et vicomte de Coutances, avec le mandement et ordonnance de Jean, sire d'Estouteville [1], baron de Biville, Berneval, Briquebec, Moyon et Gacé, seigneur de Vallemont, Bar-sur-Aube, Hambie et le Mesle-Raoul, capitaine des nobles de ce pays et duché de Normandie et commissaire du roi notre sire en cette partie pour l'exécution des dites lettres. Les autres sont datées du 29ᵉ juillet 1516, de Moulins, pour le même sujet, avec le mandement et ordonnance de Charles, duc d'Alençon [2], pair de France, comte d'Armagnac, de Rodez, du Perche, de l'Ile, de Perdriac, etc., lieutenant général du roi et gouverneur en ce pays et duché de Normandie, adressées comme dessus au bailli de Cotentin.

Cet évêché cependant était gouverné par Guillaume Quetil, chanoine et vicaire général d'Adrien Gouffier. Il substitua, le 23ᵉ août 1513, scientifique personne (il est qualifié de ce titre dans l'acte qui en fut dressé) Jean du Mesnil, aussi chanoine et official de Coutances, pour les fonctions de vicaire, mais seulement en son absence, et non *aliàs*. Il y a deux témoins en cet acte : Charles Varroc, écuyer, et Guillaume Dastin, bourgeois.

---

[1] Jean d'Estouteville, né en 1482 de Jacques d'Estouteville et de Louise d'Albret, épousa en 1509 sa cousine Jacqueline, dame de Moyon, Briquebec et Gacé, fille de Guyon d'Estouteville et d'Isabelle de Croy. V. *Recherches historiques sur les sires et le duché d'Estouteville*, par le Vᵗᵉ Robert d'Estaintot, dans les *Mémoires de la Société des antiquaires de Normandie*, t. XXIV, p. 414-415.

[2] Charles IV, duc d'Alençon, né le 2 septembre 1489, mort en 1515, avec lequel finit la maison d'Alençon, descendue de Philippe III le Hardi, roi de France.

Le 13° décembre suivant, 1514, ce Guillaume Quetil, vicaire général, qui était prébendé d'Yvetot[1], et Emeric Gouffier, pénitencier, prébendé de Saint-Louet, permutèrent entre les mains de Jean du Mesnil, official et vicaire substitué, qui les pourvut l'un et l'autre, et aussitôt la prébende d'Yvetot fut résignée à Gilles Fricam.

Voici une particularité qui paraît de peu de conséquence ; elle servira de preuve à ce que nous avons dit tant de fois, que l'église de l'Hôtel-Dieu de Saint-Lô était paroissiale et de la dépendance de l'abbaye de Saint-Lô : « Die penultima januarii, collata fuit par-
« rochialis ecclesia Domus Dei de Saucto-Laudo, magis-
« tro Petro Famillion, religioso abbatiæ loci, vacans per
« mortem fratris Richardi Vimont ad præsentationem
« abbatiæ et monasterii abbatiæ de Sancto-Laudo. »

Le titre du registre de l'an 1517, que l'on comptait encore en mars 1516, commence en ces termes :
« Sequitur registrum secretariatus reverendissimi in
« Christo patris ac domini Adriani Gouffier, misera-
« tione divina Constantiensis episcopi et Sanctæ
« Sabinæ sacrosanctæ Romanæ ecclesiæ cardinalis,
« incipiens a die obitus quondam venerabilis viri ma-
« gistri Nicolai du Marcheys, dum viveret canonici
« Constantiensis et secretarii ejusdem reverendissimi
« episcopi, die undecima mensis martii anni 1516. »

Ce même jour, 11° mars, entre deux et trois heures après minuit, notre grand vicaire conféra de plein

---

[1] Arr. de Valognes.

droit la prébende de Saint-Pierre, *pro altera*, qui venait de vaquer par la mort de ce Nicolas du Marcheys, à Charles de Beauveau, protonotaire ecclésiastique ; à quoi nous ajouterons que notre suffragant Guillaume, [évêque] de Porphyre, [pourvu du] personnat de Poterel en la paroisse de Lingreville, et Pierre le Cocq, curé de Briqueville-la-Blouette [1], permutèrent leurs bénéfices, du consentement de noble homme Jacques Painel, seigneur de Briqueville et de Julienne Le Roy, son épouse ; d'où nous savons que la noble famille de Painel n'était pas encore tout à fait éteinte le 21e septembre 1517, auquel jour se fit cette présentation.

En ce même jour, Charles de Saint-Germain, curé de Carentan, chanoine, et Jean Poisson, chantre et curé de Blainville [2], permutèrent en sorte que Saint-Germain fut chantre de Coutances. Il avait en outre la cure de Gorges [3], il la résigna le 28e avril 1518, du consentement de Jacques de Camprond [4].

Le 28e octobre audit an 1518, noble homme Jean Rosel, seigneur du Parc-Rosel et d'Arrest [5] en Picardie, ayant dessein de fonder une chapelle de la Sainte-Vierge

---

[1] Lingreville et Briqueville-la-Blouette, arr. de Coutances.

[2] Arr. de Coutances.

[3] Arr. de Saint-Lo.

[4] Ms. P. Jacques de Camperendeur ; ms. M. Jacques de Comprendeur. Nous pensons qu'il faut lire Jacques de Camprond, nom qu'on trouve d'ailleurs à cette époque, tandis que ceux que donnent nos deux mss. ne se rencontrent nulle part. Voici encore une autre raison : dans son *Histoire des évêques de Coutances*, l'abbé Lecanu dit, à propos de Gorges, p. 489 : « La paroisse avait trois portions : la première s'appelait portion de Paris ; la seconde était à la nomination de l'abbaye de Blanchelande, se nommait portion de Camprond, etc. »

[5] Arrêt, dépt de la Somme, arr. d'Abbeville.

et de la doter des héritages de Beauchamp aux paroisses de Saint-Martin et de Sainte-Marie d'Audouville[1], commission fut donnée pour être informé de la valeur et suffisance de cet héritage.

Le titre de l'ordination faite *per turnum* par l'évêque de Castorie, autre évêque *in partibus*, [par la permission de notre évêque], témoigne qu'il l'était encore au mois d'août 1519. Le voici : « Registrum tonsuratorum et acolytorum per reverendissimum in Christo patrem Joannem, miseratione divina episcopum Castorensem, faciendo turnum episcopatus Constantiensis de licentia et permissu venerabilis et egregii viri vicarii reverendissimi patris ac domini Adriani Gouffier, eadem miseratione episcopi Constantiensis et Sanctæ Sabinæ sacrosanctæ Romanæ ecclesiæ presbyteri cardinalis, anno 1519, locis et diebus sequentibus. » [Ayant commencé] le 16° août en l'abbaye de Lessay, il finit à Muneville-le-Bingard[2] le 20° septembre.

Peu de temps après, le cardinal de Boissy nous quitta pour l'évêché d'Albi, comme nous dirons bientôt, puisque nous apprenons de nos registres que le jour Saint-Michel de cette même année, Bernard, cardinal de Bibiane, était déjà notre évêque, ou plutôt commendataire de notre évêque ; mais, avant que de nous quitter, il procura encore au chapitre de Coutances un avantage considérable. Il obtint du roi l'amortissement des terres et héritages nobles que

---

[1] Audouville ou Andouville, arr. de Valognes.
[2] Arr. de Coutances.

Geoffroi Herbert, son prédécesseur, avait acquis et donnés à son église. En voici l'acte :

« François, par la grâce de Dieu roi de France, etc.
« Savoir faisons avoir reçu l'humble supplication de
« nos chers et bien aimés les chantre et chapitre de
« Coutances, contenant que feu de bonne mémoire
« Geoffroi Herbert, évêque du lieu, avait donné les
« fiefs, terres et seigneuries d'Anneville-en-Saire[1] et
« le fief de Beauquesne[2]; toutes fois lesdits chantre et
« chapitre doutent, si les rentes et revenus desdits fiefs
« n'étaient par nous amortis, qu'on ne voulût mettre
« icelles hors de leurs mains et en ce leur donner quel-
« que empêchement, ce qui serait frauder l'intention
« dudit Herbert, et les services par lui fondés pourraient
« être discontinués. A cette cause, notre aimé et féal
« cousin, conseiller et grand aumônier, le cardinal de
« Boissy, à présent évêque de Coutances, nous a requis
« amortir aux dits supplians lesdits deux petits fiefs leur
« appartenants, ce que nous leur avons libéralement
« accordé, considérant que nous voulons lesdits ser-
« vices être continués et augmentés en notre royaume,
« sans qu'eux ni leurs successeurs puissent être con-
« traints par nos officiers commissaires sur les francs
« fiefs et nouveaux acquets en vuider leurs mains et
« pour ce leur faire payer aucune finance et indem-
« nité. Donné à Paris, l'an de grâce 1519. »

Cependant le roi, qui avait une affection toute particulière pour notre cardinal, n'omettait rien de ce

[1] Arr. de Valognes.
[2] Paroisse de Trelly.

qu'il pouvait faire à sa grandeur et à sa satisfaction.
Il ne lui restait que d'avoir la légation de France. Le
roi s'y appliqua et l'obtint enfin, quoique avec peine.
On dit qu'il fut particulièrement redevable de cette
dignité à la princesse Louise de Savoie, duchesse d'Angoulême, mère du roi, qui fit son affaire de l'obtenir.
Le cardinal Bibiane était alors nonce extraordinaire
en France. Voici la lettre qu'il en écrivit au pape,
traduite d'italien en français par Belleforest et rapportée par Aubery : « J'écris à vôtre Saincteté plus pour
« satisfaire au Cardinal de Boissy et à Monsieur le Grand-
« Maître[1], pour les raisons que je diray cy-apres, que
« pour penser que mes prieres et supplications ayent
« quelque pouvoir, où il y a concurrence du Roi tres-
« Chrêtien et de Madame, qui prennent la cause en
« main de ceux qui leur sont recommandez pour leurs
« bons services, tels que sont ces trois freres. A ce
« jour un certain Evêque a été vers moi avec lettres
« de creance de la part du susdit Cardinal et de
« Monsieur le Grand-Maitre, me déclarant comme sa
« Majesté vous écrivoit pour obtenir la Legation en
« France pour le susdit Cardinal ; lequel est beaucoup
« plus aimé et favori du Roi, que ne sont ses freres ;
« et toutesfois chacun sçait qu'ils sont l'esprit, la vo-
« lonté et le propre cœur de sa Majesté : et aujour-
« d'hui Madame m'en a parlé plus affectueusement
« que si c'eût été pour la propre personne du Roi son
« fils ou pour elle-même. J'ay remonstré à l'Agent du

---

[1] Arthur, ou mieux Artus Gouffier, frère de l'évêque de Coutances.

« Cardinal premierement, puis à Madame, les raisons
« qui pourroient faire que vôtre Saincteté se mons-
« treroit difficile en cette matiere, et ay fait tout de-
« voir possible pour les détourner de cette poursuite.
« Mais le Roi est si ferme en son opinion, et ont telle
« esperance et lui et Madame en l'amitié que leur
« portez et qu'ils vous portent que nonobstant ces
« difficultez par moi alleguez, si se font-ils forts de
« l'obtenir, et vous demeurer de tant plus redevables.
« et avoir plus d'occasion de s'employer de bon cœur
« et pour vous et tout le sainct Siege en tout ce qu'il
« vous plaira et en quoy vous aurez le moyen de le
« requerir. Et quoy que (comme j'ay dit) cecy me
« semble superflu, si est-ce que pour ne faillir à satis-
« faire à leurs demandes, je vous ay écrit la presente
« pour vous asseurer qu'il n'y a chose sous le Ciel, qui
« soit tant à cœur au Roi, ni à Madame, ne que tant
« ils desirent que cette-cy, ne pour laquelle ils s'esti-
« ment plus redevables à vôtre Saincteté : joint qu'il
« n'y a homme à qui vous puissiez faire plaisir qui le
« mérite mieux en vôtre endroit, que fait Monsieur le
« Grand-Maître, qui avec ses freres est vôtre serviteur
« fort affectionné, et si homme de bien et vertueux
« Seigneur, que j'oseray dire qu'en France n'a point
« aucun qui lui puisse estre parangonné. Au reste, il
« est si grand et si parfait ami de Monsieur le Duc, que
« lui et toute sa maison meritent bien que vous leur
« fassiez tout honneur, plaisir et faveur : Et par ainsi,
« avec la reverence que je vous dois, je recommande
« de tout mon cœur cette affaire à vôtre Saincteté, les

« pieds de laquelle je baise en toute humilité. D'Anse-
« nis, ce 22 de septembre 1518[1]. »

Il obtint enfin cette légation tant désirée, mais ce ne fut pas sitôt. M. Aubery nous témoigne que les facultés de légat se trouvèrent seulement enregistrées au conseil, le 5º du mois de septembre 1519. Nous allons rapporter les arrêts et procédures au moins en partie qui se passèrent au parlement au sujet de cette légation ; mais auparavant, peut-être voudra-t-on bien voir un petit rôle qui me fut autrefois communiqué par M. du Vaudôme, contenant les pouvoirs et facultés de ce légat, lesquels pouvoirs et facultés avaient été accordés aux légats qui avaient été avant lui. Le voici, à la réserve du terme *facultas* qui se trouve à chaque article et que nous croyons devoir suffire pour tous :

« Est bulla legationis. FACULTAS conferendi et com-
« mendandi beneficia etiam reservata et reservationes
« concedendi ; commendandi beneficia secularia et re-
« gularia ; admittendi reservationes ; conferendi bene-
« ficia per non promotionem; conferendi beneficia fami-
« liarium suorum ; dispensandi ad beneficia regularia et
« secularia ; dispensandi ad duo beneficia incompatibi-
« lia ; compellendi quoscumque ad docendum de titulis
« beneficiorum compellendorum ; procedendi contra
« criminosos ac privandi eos et reformandi beneficia
« eorum ; concedendi licentiam quod, licet exeat pro-
« vinciam, nihilominùs remaneat legatus ; dispen-
« sandi cum mendicantibus ad unum erigendi domos et

---

[1] *Histoire générale des cardinaux...*, 3ᵉ partie, p. 223-224.

« monasteria ; concedendi religiosis ut ad studium
« pervenire possint; concedendi familiaribus de fruc-
« tibus percipiendis in absentia; concedendi usum
« pontificalem ; concedendi licentiam visitandi per pro-
« curatorem capitula, collegia etiam exempta; conse-
« crandi et reconciliandi ecclesias ; dispensandi super
« defectu natalium ad successionem in bonis ; conce-
« dendi facultatem testandi ; dispensandi in tertio et
« quarto consanguinitatis et affinitatis gradibus et co-
« gnatione spirituali; dispensandi super defectu ætatis
« ad beneficia ; dispensandi in corpore vitiato ; dis-
« pensandi cum illis qui bellicis artibus interfuerint;
« dispensandi cum prælatis et aliis qui bellicis inter-
« fuerint artibus ; dispensandi cum familiaribus ut
« extra tempora promoveri possint, et extra tempora
« uno vel duobus diebus ad omnes sacros ordines ;
« concedendi altare portatile simplex ; concedendi
« altare portatile ante diem ; concedendi altare por-
« tatile in locis interdictis ; concedendi altare cum
« clausula ante diem et tempore interdicti ; concedendi
« confessionalia ; concedendi tabellionatus officium ;
« concedendi clericis presbyteris tabellionatus offi-
« cium ; reformandi collegia et studia ; concedendi
« conservationes in forma ; promovendi ad gradus ;
« componendi super decimis ; compellendi collectores
« et subcollectores ad reddendam rationem ; conce-
« dendi indulgentias ecclesiis ; concedendi indulgentias
« quo modo se coram facit celebrare et parlamentum
« tenuerit ; concedendi in vitæ et mortis articulo ple-
« nariam indulgentiam interessentibus missæ suæ et

« deinde hortorum annonas ; concedendi licentiam
« tradendi bona Ecclesiæ propter evidens commodum
« Ecclesiæ ; committendi causas ; procedendi contra
« detinentes vasa ecclesiastica ; procedendi contra
« usurarios ; deferendi prohibita ad partes infidelium ;
« suspendendi interdicta majoris pœnitentiæ ; depu-
« tandi duo pœnitentiarios, qui absolvant in casibus
« pœnitentiarii majoris ; tollendi interdicta ratione
« debitorum ; absolvendi eos qui manus violentas
« injecerunt in personas ecclesiasticas ; absolvendi
« quascumque personas a quibuscumque censuris et
« dispensandi ; relevandi interdicta ; absolvendi ab
« oppressionibus ; absolvendi a quibuscumque illicitis
« juramentis ; absolvendi sacerdotem et alios non ritè
« promotos ; absolvendi eos qui horas canonicas omi-
« serunt ; absolvendi criminosos et deprecatores et
« etiam dispensandi ; absolvendi apostatas ; absol-
« vendi simoniacos et conferendi beneficia simoniacè
« adepta ; absolvendi et habilitandi hereticos ; creandi
« indultum protonotario ; conferendi beneficia in
« diœcesi Rhotomagensi ; concedendi indultum super
« monasteriis ; utendi legatione etiam ultra montes
« in regnis ac dominicis regi Franciæ subjectis, de
« percipiendis fructibus in absentia super decimis ;
« componendi hortationes ad prælatos in favorem rei-
« publicæ christianæ, hortationes ad principes contra
« Turcas[1]. »

[1] Le texte de cette pièce a été constitué d'après nos deux mss. Nous ne nous dissimulons pas les imperfections qu'il présente, mais il ne nous a pas été possible de retrouver, soit l'original, soit une bonne copie. Ce n'est pas, d'ailleurs, le seul texte qui laisse à désirer de ceux qui ont

Nous trouvons au livre intitulé : *Preuves des libertez de l'Eglise gallicane,* vol. II, chapitre XXIII, les lettres patentes du roi par lesquelles le roi permet au Cardinal de Boissy d'user de ses facultés : « François, par
« la grace de Dieu Roy de France, à tous ceux qui ces
« presentes lettres verront, salut. Comme puis na-
« gueres, nostre tres saint Pere le Pape, à nostre tres-
« grande priere, instance et requeste, pour le bien et
« utilité de nostre Royaume et subjets et autres grandes
« justes et raisonnables causes, ait pour aucun temps
« fait, creé et establi nostre tres cher et feal Cousin
« le Cardinal de Boisy Legat *a latere* en nostre Royaume
« et pays de Dauphiné : de laquelle legation, graces
« et facultez contenuës en iceluy, il ne pourroit bone-
« ment joüyr et user sans nostre gré, consentement
« et permission, ainsi qu'il nous a bien amplement
« dit et remonstré. Sçavoir faisons que nous desirons
« faire honneur et reverence à nostredit sainct Pere
« et au sainct Siege Apostolique et favoriser nostre
« dit Cousin au fait de ladite Legation, tant pour les
« vertus et merites estant en sa personne que en
« faveur de tres-grands, loüables et recommendables
« services que luy et feu le Sieur de Boisy, grand
« Maistre et le Sr de Bonnivet Admiral de France
« ses freres nous ont par cy-devant faits en la con-
« duite et direction de tous nos plus grands et princi-
« paux affaires, où ils ont toujours eu grande cure
« et diligence, dont nostredit Cousin le Cardinal de

été reproduits par Toustain de Billy, ainsi que l'a constaté, à plusieurs reprises, l'éditeur des deux premiers volumes.

« Boisy est digne en partie de grande exaltation et
« remuneration : iceluy nostredit Cousin le Cardinal
« de Boisy pour ces causes et autres grandes à ce
« nous mouvans, avons cejourd'huy receu, admis et
« reputé, recevons, admettons et reputons Legat *a
« latere* en nostredit Royaume et pays du Dauphiné,
« et luy avons donné, permis et octroyé, donnons, per-
« mettons et octroyons par ces presentes congié, li-
« cence, faculté et permission de exploicter, joüyr et
« user de toutes et chacunes les graces, concessions,
« octroys et facultez à luy données et octroyées par
« nostre sainct Pere le Pape pour le faict de ladite
« legation *a latere* en nostre Royaume et pays de Dau-
« phiné durant le temps de ladite Legation, soit de la
« collation par prevention de tous les benefices qui
« vaqueront en nostredit Royaume et pays de Dau-
« phiné que des autres droits, prerogatives et facultez
« à ladite legation appartenans, selon l'entier accom-
« plissement de la teneur des bulles et provisions.
« Apostoliques à lui sur ce octroyées. Si mandons et
« commandons à tous nos Justiciers, Officiers et sujects
« et à chacun d'iceux, si comme il leur appartiendra,
« que à nostredit Cousin ils obeyssent entierement en
« toutes et chacunes les choses concernans et depen-
« dans de ladite Legation, et iceluy ils reçoivent par
« toutes et chacunes les villes et lieux de nostredit
« Royaume et pays du Dauphiné par où il passera, le
« plus honorablement que faire se pourra, ainsi qu'il
« est accoustumé et faire se doit à Legat *a latere*, sans
« y faire aucun contredit, ne difficulté : Car ainsi nous

« plaist-il et voulons estre fait. En tesmoin de ce, nous
« avons fait mettre nostre seel à cesdites presentes :
« Donné à Blois, le 29. jour d'Aoust 1519. et de nostre
« Regne le 5. *Signé*, François, *et plus bas*, Par le Roy,
« Robertet [1]. »

Voici l'acte par lequel ce cardinal légat promit au roi de n'user de ses facultés qu'autant qu'il plairait à Sa Majesté :

« Nos Adrianus, miseratione divina tituli S. Sabinæ
« sacræ Romanæ Ecclesiæ presbyter Cardinalis, de
« Boysi vulgariter nuncupatus, in Regno Franciæ et
« Delphinatu, ac nonnullis illis aliis adjacentibus pro-
« vinciis et dominiis Apostolicæ Sedis Legatus, promit-
« timus Christianissimo Francorum Regi uti nostra lega-
« tione in suis præfatis Regno terris et dominiis, qui-
« bus protenditur nostra legatio, quamdiù duntaxat
« suæ illustrissimæ placuerit Majestati et non aliàs ;
« et ità in fide Prælati per præsentes iterum polli-
« cemur. In cujus rei testimonium, has litteras propria
« manu signavimus. Blesis, anno Domini 1519, die
« 4° septembris. Signé, A. Card. de Boisy, legatus [2]. »

Voici ce qui se passa du moins en partie au Parlement sur ce même sujet : « *Extrait des registres du*
« *Parlement, du 3 septembre 1519.* — Ce jour, toutes
« les Chambres assemblées, les Archevesque de Sens
« et Evesque de Lizieux ont representé à la Cour lettres
« missives du Roy portant creance sur eux dont la
« teneur ensuit : *A nos amez et feaux les gens tenans*

---

[1] Edition de Rouen, M. DC. LI, p. 517.
[2] Ibid., p. 518.

« *nostre Cour de Parlement, De par le Roy. Nos amez
« et feaux, nous vous envoyons presentement par devers
« vous nos amez et feaux conseillers l'Archevesque de
« Sens et l'Evesque de Lizieux pour les causes que bien
« amplement ils vous diront et declareront de par nous,
« desquelles nous vous prions et mandons tres-à-certes les
« croire, comme vous feriez à nostre propre personne
« et n'y faites faute; car nous voulons et entendons
« qu'ainsi se fasse. Donné à Blois, le 29. jour de aoust.
« Signé,* François *et* Robertet. Par laquelle creance
« ont dit que le Pape pour induire les Princes Chres-
« tiens à obvier aux entreprises que le Turc s'effor-
« çoit faire sur la Chrestienté, avoit envoyé ses Legats
« devers lesdits Princes, et entre autres en ce Royaume
« à la requeste du Roy, le Cardinal de Boisy, auquel il
« avoit donné telles et semblables facultez qu'avoit eu
« le Cardinal d'Amboise Legat en France, lequel Cardi-
« nal de Boisy il avoit receu Legat et avoit envoyé ses
« Bulles de Legation à la Cour, à ce qu'elle y fist telle
« expedition qu'elle avoit fait audit Legat d'Amboise,
« et plus ample se faire se pouvoit; et en ce faisant
« que la Cour luy feroit singulier plaisir, car il a audit
« Cardinal de Boisy et à ses parens qu'il a trouvez
« bons et loyaux serviteurs singuliere fiance. Et apres
« que lesdits Archevesque et Evesque se sont retirez,
« les trois Bulles octroyées par le Pape touchant ladite
« Legation ensemble les Lettres patentes du Roy par
« lesquelles il a receu ledit Legat, et pareillement la
« requeste baillée par l'Université de Paris, tendant à
« ce que coppie desdites Bulles lui soit baillée par le

« Greffier de ladite Cour pour voir s'il n'y auroit rien
« contre les saincts Decrets, Conciles et Ordonnances
« Royaux, privileges et libertez de l'Eglise Gallicane
« et d'icelle Université ; et sur ce oy ladite Université,
« en pleine Cour, ont esté leuës. Lizet pour le Procu-
« reur General du Roy, a dit qu'il ne veut empescher
« que ledit Cardinal de Boisy n'use de sadite Legation
« selon les premieres bulles et facultez baillées autres-
« fois au Cardinal d'Amboise, pourveu qu'il ne puisse
« faire chose contre, ne derogeante aux droicts libertez
« et privileges du Royaume, de l'Eglise Gallicane et des
« Escoliers estudians ès Universitez de ce Royaume,
« ne des saincts Decrets et Conciles, avec les limita-
« tions et modifications contenuës *in mente Curiæ*, des
« Legations precedentes : ensemble de ne bailler devo-
« lus par faute de l'expression de la vraye valeur des
« Benefices, en declarant les collations qui par lui
« seroient faites ne comprendre *hujusmodi modum
« vacationis :* et que de ce ledit Cardinal Legat
« soit tenu bailler Lettres au Roy lesquelles soient ap-
« portées, et registrées ceans. Et quant à la faculté de
« ne pouvoir commettre un preud'homme d'Eglise
« constitué en dignité pour exercer *negotia dictæ Lega-
« tionis*, et user desdites facultez, ledit Lizet pour ledit
« Procureur General du Roy, quant à la faculté de con-
« ferer les Benefices seulement, comme grandement
« derogeant ausdites libertez et Nouvelle, s'est opposé
« et oppose que ladite faculté soit approuvée et per-
« mise à iceluy Legat. Ce fait, la Cour a ordonné que
« ladite Université verra dedans huy par les mains du

« Greffier lesdites Bulles, et en viendra Lundy matin
« à six heures¹. »

On pourra connaître, par la lecture de l'arrêt suivant, ce que la cour reçut et ce qu'elle changea des facultés de la légation de notre cardinal de Boissy :

« Veu par la Cour, toutes les Chambres assemblées,
« les trois Bulles de notre S. Pere le Pape. Par la
« premiere desquelles il a crée Legat *a latere* jusques
« à un an le Cardinal de Boisy. Par la seconde, qu'il
« puisse user de telles et semblables facultez dont
« usoit le feu Cardinal d'Amboise, en son vivant Legat
« en France. Et par la tierce, que l'an de sa Legation
« commence *à Calendis Septembris*. Les Lettres pa-
« tentes du Roy de la reception de ladite Legation :
« Les plaidoyez faits en icelle Cour par le Procureur
« General du Roy le troisiesme jour de ce mois, et
« par l'Université de Paris le jourd'huy. Et tout
« considéré, la Cour a ordonné et ordonne que les
« dites trois Bulles octroyées par notre sainct Pere au-
« dit Cardinal de Boisy, ensemble les Lettres patentes
« dudit Seigneur de la reception de ladite Legation,
« seront enregistrées en icelle Cour, pour en user
« par iceluy Cardinal en choses qui ne sont contraires,
« derogeantes ne prejudiciables aux droicts et prero-
« gatives du Roy et du Royaume, ne contre les saincts
« Conciles, droicts des Universitez, libertez de l'Eglise
« Gallicane, et Ordonnances Royaux : et selon les fa-
« cultez données par les predecesseurs de notredit

---

¹ Ibid.

« sainct Pere audit feu Cardinal d'Amboise, lesquelles
« sont enregistrées en ladite Cour, et non autres :
« sans ce toutesfois que iceluy Cardinal de Boisy
« puisse commettre ou deputer en son absence, ou
« autrement aucun Vicaire ou Substitut, ayant pa-
« reilles puissances ou facultez que luy : mais pourra
« commettre un Regent de sa Chancellerie et autres
« Officiers pour exercer ladite Legation. Et de ce que
« dit est baillera iceluy Cardinal Lettres au Roy, qui
« seront apportées devers ladite Cour, pour estre en-
« registrées en icelle. Faict en Parlement le cinquième
« jour de Septembre l'an mil cinq cent dix-neuf[1]. »

Ce qui concerne le surplus de la légation de ce prélat ne nous regarde plus, le roi l'ayant transféré de
notre évêché en celui d'Albi, qui est d'un revenu bien
plus considérable. Sa légation ne dura qu'un an. On
ne put en obtenir la prolongation, nonobstant les
promesses que le pape en avait faites au roi. Nous
avons deux lettres de Sa Majesté écrites à Rome pour
ce sujet, mais inutilement : la cour de Rome n'y trouvait pas son compte. Il fut aussi peu de temps évêque
d'Albi ; il mourut le 24e juin ou juillet 1523 en son
château de Villendren-sur-Indre, du ressort d'Issoudun,
et fut inhumé dans l'église de l'abbaye de Bourg-Dieu,
ainsi qu'il l'avait souhaité en son testament, fait deux
jours avant sa mort. M. Aubery[2] en fait l'abrégé. Nous
n'en parlons point ici, parce qu'il ne nous regarde en
rien. Il y oublia ses épouses, les églises de Coutances

---

[1] Ibid.

[2] *Histoire générale des Cardinaux*... 3e partie. p. 224.

et d'Albi : aussi ne fait-on aucun mémoire de lui en la nôtre. Nous avons néanmoins deux beaux monuments de sa libéralité : les deux grandes portes du bas [1] de l'église cathédrale, sur lesquelles on voit en bronze l'écu de ses armes et le surplus semé de fleurs de lis de même matière, et un très beau livre de chant qui est sur le lutrin du chœur de cette église, bien peint et bien écrit, en gothique sur vélin, duquel on se sert tous les jours, et dans lequel on voit en divers endroits les armes de Gouffier peintes.

Dans cet accord dont nous avons parlé, qui se fit en 1511, entre l'évêque et le chapitre au sujet de la dîme de la paroisse de Hébécrevon, outre que l'évêque, étant présent, devait avoir son pain de chapitre comme chacun des chanoines, il est dit qu' « au jour de tous
« les obits, que prétend et désire fonder en icelle église
« ledit sieur évêque de Coutances, quand lesdits obits
« seront fondés, lesdits sieurs [du chapitre] feront
« distribuer, bailler et donner à chacun des douze
« pauvres qui assisteront à chacun desdits obits,
« semblable nombre et distribution de pain comme à
« chacun des chanoines et par forme semblable,
« comme est fait et ordonné aux douze pauvres qui
« assistent à chacun desdits obits d'icelui seigneur
« défunt évêque, comme il est contenu en la charte

---

[1] Bien que ces mots *portes du bas*, offrent un sens, il faudrait peut-être lire *portes de bois*, le *Gallia christiana*, XI, 899, disant : *ligneas portas*. D'ailleurs, Hilaire de Morel (*Triomphe de l'église cathédrale de Coustances*, 1647), dit, p. 43-44 : « C'est luy qui a fait faire les grandes portes de bois de ladite Cathédrale, comme il se peut remarquer par les armes de bronze de la maison de Gouffier, qui portent d'or à trois jumelles de sable, lesquelles y sont encore attachées. »

« d'icelle fondation, etc. » Mais cette fondation est encore à faire. Les grandes dignités, honneurs et richesses lui firent dans la suite oublier ses bonnes résolutions.

Nous trouvons que les chanoines réguliers de Cherbourg changèrent deux fois d'abbés. Jean Hubert, qui avait été élu et confirmé en 1492, étant mort le 16° juin 1518 [1], les religieux assemblés capitulairement élurent un de leur nombre, nommé Léobin Le Fillastre, pour lui succéder, et le présentèrent à Adrien Gouffier, notre évêque et cardinal, ou plutôt à son grand vicaire, afin d'en avoir la confirmation. Le grand vicaire donna commission à messire Roger Tesson, curé de Théville, promoteur en l'officialité de Valognes, de se transporter sur les lieux, faire publier cette élection, non seulement à l'église de cette abbaye, mais encore aux prônes des grandes messes des paroisses de la Trinité de Cherbourg, de Sainte-Marie-d'Equeurdreville [2], et ailleurs, et en faire lui-même une exacte et ample perquisition par l'audition de plusieurs témoins irréprochables, afin de pouvoir juger sainement de la validité de cette élection, pour le tout lui être apporté à Coutances. Ce grand vicaire, Guillaume Quetil, ne donna sentence de confirmation qu'après avoir plusieurs fois donné délais et levé plusieurs actes de

---

[1] Le *Gallia christiana*, XI, 913, place la mort de Jean Hubert, 30e abbé de Cherbourg, le 7 des calendes de décembre 1517 ; il lui donne pour successeur Jacob Marette qu'il fait mourir le 16 des calendes de juin 1518. Le *Neustria pia*, p. 816, est d'accord avec le *Gallia*, sauf qu'il donne Mariette au lieu de Marette.

[2] Théville et Equeurdreville, arr. de Cherbourg.

contumace contre ceux qui auraient eu quelques prétentions de s'y opposer, et encore seulement après que honnête homme, Florent Passemer, et messire Jean de Vennes, substituts du procureur du roi aux vicomtés et bailliages du Cotentin eurent eu communication de l'enquête et de tout ce qui avait été fait et eurent déclaré ne vouloir former aucune opposition à la confirmation dudit élu. Ce Léobin Le Fillastre est le dernier abbé régulier qu'il y ait eu en l'abbaye de Cherbourg.

En 1515, on imprima à Paris des Heures à l'usage de Coutances, avec ce titre : « Les présentes Heures à
« l'usage de Coutances, tout au long, sans requérir,
« avec les figures et signes de l'Apocalypse, la vie de
« Tobie et de Judith, les accidens de l'homme, le
« triomphe de César, les miracles de Notre-Dame, ont
« été faites à Paris par Simon Vostre, demeurant à
« Paris, en la rue Neuve, à l'enseigne de Saint-Jean-
« l'Evangéliste [1]. »

---

[1] Le *Manuel du Bibliographe normand* d'Ed. Frère ne cite pas cette édition de 1515. Il en indique une de 1525 sous ce titre : *Heures à lusaige de Coustances, toutes au long, sans riens requerir. Avec les grans suffraiges, et plusieurs belles hystoires*..... Paris. Franc. Regnault, 1525, in-8, goth., fig. sur bois.

CHAPITRE V

DE BERNARD DE BIBIANE, CARDINAL, ET DE RENÉ DE BRÈCHE DE LA TRÉMOUILLE

Nous avons peu de mémoires de ces deux prélats, dont à peine le premier a été notre évêque pendant un an et l'autre cinq. Plusieurs auteurs ont écrit la vie de ce cardinal de Bibiane, entre autres feu M. Aubery[1]. On en trouve même assez dans le Dictionnaire de Moréri pour satisfaire les curieux. Ces écrivains parlent diversement de sa naissance : les uns disent que le surnom de sa famille était *Uncini*, les autres *Diviti*, et les autres *Tarlati*[2]. Mais tous demeurent d'accord qu'il fut nommé Bibiane, du nom du bourg où il avait pris naissance, qu'on

---

[1] *Histoire générale des Cardinaux...* 3e partie, p. 201-206.

[2] Le ms. P. donne ainsi ce passage : « les autres Diviti et les autres Tarlatemelis. Tous demeurent... » Le dernier nom propre a paru, avec raison, suspect au copiste de M., il a écrit : « les autres Diviti, et d'autres surnoms. Tous demeurent... » Il y a eu évidemment mauvaise lecture du ms. original. Toustain le Billy, qui s'appuie sur Aubery et Moréri, a dû écrire comme eux *Tarlati* et non *Tarlatemelis*. L'erreur provient, à mon sens, d'un *a* mal formé, dont la panse et la haste semblaient légèrement bouclées. Voilà pourquoi j'ai cru devoir lire : « et les autres Tarlati. Mais tous demeurent... »

croit être le *Forum Vibii* des anciens, et qu'il a été lui-même l'auteur de sa fortune et de son élévation.

Il fut envoyé étudier à Florence dès l'âge de dix ans ; il y fit un tel progrès, qu'il s'y fit connaître et distinguer. Laurent de Médicis le voulut avoir. Bernard le servit en qualité de son secrétaire, et ce grand homme trouva tant de pénétration et de solidité en l'esprit de ce secrétaire, qu'il lui confia peu de temps après la conduite de Jean de Médicis, son fils, lequel, quoique fort jeune, venait d'être élevé au cardinalat par Innocent VIII. Bernard réussit très bien ; il était d'un caractère doux, adroit, pliant, et d'une complaisance à charmer dont il savait si bien se servir, qu'il parvenait toujours à ses fins, sans même que ceux qu'il y conduisait s'en aperçussent. C'est ainsi qu'il sut si bien gagner la bienveillance de ses maîtres, et même de tous les autres serviteurs de la maison, qu'il était aimé et estimé de tous. Mais ce génie et cette adresse parurent plus évidemment dans deux grandes affaires de la maison de Médicis. Il n'est pas de mon sujet de parler ici de la première ; il y a assez eu de savants qui'en ont parlé ; il suffit de dire que l'heureux succès en est dû à la sage conduite de Bernard.

L'autre est celle que le même Bernard négocia à Rome à la mort de Jules II. Il sut si adroitement tourner l'esprit des cardinaux qu'il gagna les jeunes et les engagea par ses intrigues et ses négociations, de manière qu'ils élurent ce seigneur, Jean de Médicis, son maître, pour remplir la chaire de Saint-Pierre sous le nom de Léon X[1].

Au reste, il ne doutait pas qu'en travaillant pour l'élection de son maître, il ne travaillât en même temps pour soi-même. En effet, Léon X le créa aussitôt protonotaire apostolique, trésorier de l'Eglise romaine, et, à la première promotion qui fut au mois de septembre 1513, cardinal du titre de Sainte-Marie *in Porticu* et le créa légat de l'Ombrie. Vers ce temps-là, l'empereur Maximilien étant passé en Italie, pour s'emparer, à ce qu'il croyait, du Milanais, le pape, qui craignait que ce prince n'en voulût à ses Etats, lui envoya aussitôt le cardinal de Bibiane, moins pour l'honorer que pour découvrir ses desseins. Il lui donna aussi le commandement de l'armée qu'il avait destinée contre le duc d'Urbin.

Enfin, en 1518, le pape l'envoya légat en France pour y prêcher la croisade contre le Turc. Il y fut parfaitement bien reçu, et tous nos écrivains parlent de son entrée dans Paris comme d'une des plus grandes magnificences qu'on y eût vues. Il y fut chéri et révéré du roi et de tout le monde comme un seigneur très honnête homme. L'auteur de l'*Histoire générale des Cardinaux*, partie 3°, page 202, écrivant la vie de notre cardinal, rapporte l'épître qu'il écrivit de ses diverses négociations en France au cardinal de

---

[1] Jules II, qui avait été lui-même évêque de Coutances, 1474-1478, (V. t. II, p. 308-312), quand il n'était encore que Julien de la Rovère, mourut le 21 février et Jean de Médicis, qui prit le nom de Léon X, fut élu pape le 11 mars 1513.

Médicis. Il nous permettra de l'emprunter de lui et de l'insérer ici, puisqu'on ne peut mieux connaître la grandeur d'âme du roi François I*ᵉʳ*, ni ce qui se passa en cette négociation :

« Monseigneur, comme par mes dernieres lettres,
« je vous aye escrit que je voulois tirer clairement du
« Roy, quelle est sa volonté sur les affaires du Turc,
« afin que nous missions fin à nos prattiques et négo-
« tiations; aussi l'ay-je mis en effect. Le Roy donc estant
« au bois de Vicennes, non guere loin de Paris,
« je luy fis entendre par Monsieur le Grand Maistre
« que je souhaittois de parler à sa Majesté, et avoir
« une resolution claire et intelligible d'icelle. Hier au
« soir, il me fit response par le Thresorier Robertet,
« que ce matin je m'en allasse disner avec lui et que
« volontiers il m'orroit, et donneroit telle response de
« laquelle sa Saincteté auroit juste occasion de se con-
« tenter : et qu'il estoit d'avis que publiquement je
« luy parlasse, comme aussi devant tous il me res-
« pondroit, car il s'attendoit que pour cet effet, il
« feroit venir tous les Princes de son sang: les Mares-
« chaux, Seigneurs de son Conseil, et la Cour de
« Parlement de Paris, semblant à sa Majesté qu'il en
« devoit ainsi user, afin que, comme ceste sienne
« bonne volonté est connuë devant Dieu, elle peust
« aussi l'estre au S. Pere premièrement, et puis à
« tout le monde, et que chacun entendit la resolution
« qu'il en prendroit avec moi. Ainsi j'y allay le matin
« selon son ordonnance : et disné que nous eusmes
« et devisé quelque temps en sa chambre, sa Majesté

« s'achemina vers la sale apprestée pour cecy avec
« tous les Seigneurs sus escrits, puis je m'y en allay
« accompagné du Nonce de sa Sainteté et de l'Ambas-
« sadeur de Florence. Ainsi estant assis, je fis mon
« quanquam et harengue, le plus gentiment que me
« fut possible, usant des meilleurs arguments, rai-
« sons et exemples que je sceus trouver pour induire
« cette Royale Majesté, à faire contre le Turc selon
« que nôtre S. Pere le desire, que la necessité et la
« raison requierent, et sur tout comme l'honneur le
« commande à sa Majesté Très-Chrestienne. Le Roy
« avec grande gravité et fort proprement et eloquem-
« ment respondit à tous les points par moy proposez,
« monstrant et par paroles et signes exterieures com-
« bien il est enclin à la paix, et combien il souhaite
« l'union entre les Princes Chrestiens : la grande et
« naturelle affection qu'il porte au S. Siege Aposto-
« lique et de quel desir il luy obeït, le revere et ho-
« nore : combien ardemment il souhaite de faire
« quelque grand fait et signalé pour le recouvrement
« de la Terre Sainte, et accroist, avancement et gloire
« de la Foi et Religion Chrestienne. Disant qu'il ne
« vouloit point estre ingrat envers Dieu, duquel il a
« receu tant de graces et excellens benefices, tels et
« si cogneus, que tout le monde sçait qu'il ne veut
« manquer à son honneur, ny au tiltre de Roy Tres-
« Chrestien qu'il porte, ny s'esloigner des saintes et
« fidelles admonitions que luy fait le S. Pere, auquel
« il est et sera tousjours obeïssant : tant pour estre
« l'enfant aisné de l'Eglise, que pour avoir une affec-

« tion particulière envers sa Saincteté, plus d'amour
« et de reverence qu'autre Roy de France n'avoit eu
« il y avoit desja long-temps. Et que pour resolument
« respondre à mes demandes, il offroit et promettoit
« pour l'entreprise contre le Turc 40000. hommes de
« pied, les vingt mille desquels seroient Suisses et
« Lansquenets, les autres 20000. partie Anglois,
« Gascons et François : 3000. hommes d'armes, les deux
« mille desquels seroient François et les mille Italiens :
« six mille chevaux legers et tous bien accouciez et
« mis en ordre : avec l'artillerie convenable pour une
« telle armée. Proposa en outre qu'il vouloit en per-
« sonne conduire ces trouppes, quelque part qu'il
« faudroit aller, et lors que la necessité commande-
« roit de marcher, et au moindre commandement
« qu'en feroit le S. Pere. Et là où ces forces ne se-
« roient suffisantes, il en feroit encore un plus grand,
« y employant et ses enfans et sa vie : et que dans
« cinq ou six jours il donneroit ordre à ce qui seroit
« besoin, et sur tout à faire provision de deniers suf-
« fisans à la soulde de tant d'hommes, afin que tout
« fust prest lors que le temps et le besoin les semon-
« droient de se mettre en campagne. M'exhorta que
« franchement j'écrivisse de cecy, comme de chose
« arrestée et establie, à sa Saincteté, m'asseurant que
« de sa part il n'y auroit point de faute. Je loüay
« grandement sa Majesté d'une resolution si genereuse,
« et l'en remerciay de la part du S. Pere, l'asseu-
« rant que sa Saincteté en recevroit un indicible con-
« tentement, elle se persuadant que cette promesse

« et offre ont son effet : le suppliant qu'il fit mettre
« cecy par escrit, afin que nostre S. Pere et le tres-
« sacré Senat des Cardinaux, peussent voir avec joye
« extreme, ce que les Seigneurs presens et moy avions
« oüy de nos oreilles : et encore afin que mieux et
« plus evidemment apparut son desir, et que tous
« conneussent la sincerité de son ame et qu'il donnast
« exemple aux autres de faire, sinon un tel et si puis-
« sant devoir, à tout le moins selon la mesure de
« leurs forces et puissances. A quoy il respondit que
« très-volontiers il mettroit par écrit ce qu'il m'avoit
« respondu, d'autant qu'en son esprit il l'avoit promis
« auparavant à nostre Seigneur Jesus-Christ, et ores
« par paroles et de bouche au S. Pere, qui est son
« Vicaire en terre, et au Legat du Pape, au lieu de
« sa Saincteté. Et veut le Roy Tres-Chrestien, que
« pour ceste sienne deliberation, soient faites pro-
« cessions et chantées messes solemnelles, pour prier
« nostre bon Dieu, qu'il luy plaise par son infinie
« misericorde, donner aux Chrestiens victoire contre
« les Infidèles, et le supplier pour la prosperité
« de tout l'Estat Chrêtien, pour la vie du saint
« Pere et de sa Royale Majesté. Je recommanday
« ledit Roy très-Chrêtien avec les plus vives rai-
« sons que me fut possible, pour le secours du
« Roy et Royaume d'Hongrie ; et il a conclud avec
« moi de ce faire, et d'envoyer un Ambassadeur
« vers le Roy Hongre pour lui donner confort et
« l'asseurer de sa part, et les autres Princes à
« vouloir entendre à cette union, et à la défense

« de la Chrétienté assaillie par les Mahometistes[1]. »

Cependant le roi, qui voulait faire connaître combien il estimait ce cardinal, lui donna notre évêché, après la cession qu'en fit Adrien Gouffier pour celui d'Albi, comme nous avons dit. Ce fut entre le 20° et le 30° septembre 1519. La première de ces époques est certaine par ce que nous avons dit de l'ordination *per turnum* de Jean, évêque de Castorie, par la permission des vicaires généraux d'Adrien Gouffier. La seconde est évidente par le titre du registre du secrétariat qui commence à la Saint-Michel suivante, dans lequel le cardinal Bibiane est reconnu évêque ou au moins administrateur de l'évêché de Coutances ; le voici :

« Registrum secretariatus episcopatus Constantiensis
« sub reverendissimo in Christo patre ac domino Ber-
« nardo, miseratione divina Sanctæ Mariæ in Porticu
« diacono cardinali, episcopo seu perpetuo adminis-
« tratore ecclesiæ et episcopatus Constantiensis, pro
« anno 1519, incipiens die Jovis festiva sancti Michae-
« lis, penultima septembris. »

A peine le cardinal Bibiane fut-il notre évêque un an. Il ne put s'empêcher de récrire une seconde fois à la cour de Rome, ni de louer fortement la grandeur d'âme et la générosité de notre roi. Il trouvait l'offre de ce généreux monarque si avantageuse à l'église, qu'il crut qu'on devait accepter ses offres. Ce n'était pas ce qu'on lui demandait, ni pourquoi on l'avait envoyé. Le pape voulait de l'argent et ne se

---

[1] *Histoire générale des Cardinaux*... 3° partie. p. 203-205.

souciait point de gens pour combattre les Turcs. Cette prétendue croisade, qu'il faisait prêcher par toute la chrétienté, ne tendait qu'à vider les bourses des fidèles et remplir la sienne pour subvenir aux excessives dépenses de sa maison qu'il faisait, tant pour rendre sa maison souveraine en Toscane, qu'en superbes bâtiments et autres superfluités pour le moins inutiles.

Ainsi la générosité de notre cardinal vainquit sa politique. Il ne s'aperçut pas, ou du moins ne voulut pas s'apercevoir, des desseins du pape ; il persévéra trop librement dans son sentiment d'accepter les offres du roi : il fut révoqué. Il arriva à Rome plein de santé. Il tomba aussitôt malade et mourut très peu de jours après du poison qu'on lui avait fait avaler dans des œufs frais pour le remercier de ses bons services et offices. Ce fut le 9° jour de novembre 1520.

On écrit qu'il souhaita deux choses en se sentant mourir : la première, que son corps fût porté à Notre-Dame-de-Lorette, dont il était protecteur, pour y être inhumé ; l'autre, qu'un de ses neveux lui succédât en l'évêché de Coutances, priant instamment qu'on eût soin de recommander la chose au roi très chrétien qui lui faisait l'honneur de l'estimer.

Je ne vois point qu'aucun de ces souhaits ait été accompli : il ne fut point transporté ni inhumé à Lorette. Son corps fut transporté à l'église de Sainte-Marie, qu'on appelle *de Ara cœli*, en attendant qu'on en pourrait faire le transport ; mais enfin il y resta. Ses neveux eurent soin de le faire inhumer et de faire graver

sur son tombeau cette épitaphe rapportée par M. Morel : « Bernardo Divitio cardinali, viro plurimis ma-
« ximisque virtutibus ac Leonis X pontificis maxim.
« veteri familiaritate et benevolentia insigni, amplis-
« simisque muneribus et legationibus probè functo,
« fratrum filii mæstissimi patruo B. M. qui eis cuncta
« paterna beneficia præstitit, arcam sepulcralem, dum
« quo jussit inferatur, posuêre. ».

A l'égard de son autre souhait, Claude Robert semble dire qu'il fut accompli, donnant pour successeur à Bernard un autre cardinal, nommé Florent, nom d'un de ses neveux. Il se plaint même que ni Morel, ni aucun autre écrivain, n'en a parlé. C'est un fait dont nous n'avons aucune connaissance ; au contraire, nos registres nous témoignent que, depuis la mort de Bernard jusqu'à l'élection de René de Brèche, toutes les expéditions et ordinations qui furent faites, le furent par les ordres des grands vicaires, *sede vacante*, et si ce cardinal Florent a eu le revenu de l'évêché de Coutances pendant cinq ans qu'il vaqua, nous ne voyons point du tout qu'il ait eu la qualité d'évêque, quoique Belleforest le compte aussi bien que Claude Robert.

Bernard portait d'azur à trois cornes d'abondance d'or. On voit qu'il préférait la vertu à toutes choses, que le mérite était la seule qualité qu'il considérait dans les hommes, qu'il avait trop de vertu pour une cour aussi corrompué que l'était alors celle de Rome, et qu'enfin l'amour qu'il avait pour la vérité et la sincérité lui avança ses jours.

Je n'ai rien trouvé de remarquable qui se soit passé en notre diocèse pendant son épiscopat. Guillaume Quetil fut son grand vicaire, comme il l'avait été de son prédécesseur, et Jean d'Aloigny, évêque de Castorie, successeur en la suffragance de Guillaume, évêque de Porphyre, fit les ordinations, ainsi que nous apprenons de nos registres, au 3° du mois de mars 1520, que l'on comptait encore 1519, et 21° et 22° septembre suivants.

Il y avait alors dans notre diocèse trois ou quatre, pour le moins, de ces sortes de prélats, pourvus *in partibus infidelium* : Guillaume, évêque de Porphyre, dont la dernière ordination qui se trouve de lui fut faite le 7° septembre, qu'il administra la tonsure dans l'église cathédrale ; Robert de Cagnebourne, abbé de Saint-Lo, évêque de Rosse ; Jean d'Aloigny [évêque de Castorie], que nous avons vu chanoine de Poitiers, prébendé de Cherbourg, trésorier de notre église et archidiacre du Bauptois ; et enfin Charles Le Boucher, [évêque de Mégare], abbé de Montebourg.

Enfin, je remarquerai simplement que, le 7.° octobre 1519, Bernard était déjà notre évêque, Jean Belin, chanoine de notre église, fut fait official de Coutances ; que le 22° décembre, le doyenné de Jersey fut donné à Richard de Mabon, curé de Saint-Martin-le-Vieux, et que le 22° juillet suivant, Jean de la Planque fut pourvu de la cure de Sainte-Catherine de l'Hôtel-Dieu de Saint-Lo, à la présentation de l'abbé et des religieux de cette ville.

LE SIÈGE VACANT

Sitôt que la mort du cardinal de Bibiane fut connue à Coutances, le chapitre s'assembla et élut pour grands vicaires, pendant cette vacance, Charles Herbert, archidiacre du Val-de-Vire, Guillaume de La Mare, trésorier, et Guillaume Quetil, pénitencier, et pour secrétaires Jean Cadier et Robert Postis. C'est ce que porte le registre du secrétariat en ces termes : « Registrum
« secretariatus episcopatus Constantiensis, episcopali
« sede vacante, sub venerabilibus et egregiis viris
« dominis magistris Carolo. Herbert, archidiacono
« Vallis Viriæ, Guillelmo de La Mare, thesaurario, et
« Guillelmo Quetil, pœnitentiario, necnon etiam sub
« dictis magistris Joanne Cadier et Roberto Postis,
« secretariis deputatis etiam per dominos de capitulo,
« incipiens prima decembris 1520. »

Cette vacance dura depuis ce temps, c'est-à-dire depuis le 9° novembre 1520, auquel mourut notre cardinal Bernard, jusqu'au mois de novembre 1525 ; dans tous les actes, que nous trouvons passés en cet intervalle de temps, [on lit qu'ils] sont expédiés par les vicaires généraux du chapitre, *sede vacante*.

Toutes les ordinations furent faites par Jean, évêque de Castorie, et faites à Coutances ; aussi n'en trouvai-je qu'une faite par ce prélat *faciendo turnum*, laquelle commença à Lessay, le 16ᵉ mai 1521, et finit à Saint-Lo le 26ᵉ juin ensuivant.

En 1522, messire Jean du Mesnil, dont nous avons parlé, lequel était official, chanoine et curé de Quettehou [1], fonda en l'église cathédrale la seconde portion de la chapelle Saint-Jean-l'Evangéliste, en l'honneur de ce saint apôtre, son patron. Le contrat en est passé devant les tabellions et approuvé et confirmé par les vicaires généraux.

Au mois de février suivant, que l'on comptait encore 1522, et que nous comptons 1523, Georges d'Amboise, deuxième du nom, neveu et filleul et successeur en l'archevêché de Rouen au ministre d'Etat, tint un concile provincial en son palais archiépiscopal auquel assistèrent tous les prélats de Normandie et autres députés du clergé qui, de droit ou de coutume, ont séance à ces sortes de convocations. Les sujets ordinaires de la discipline chrétienne ecclésiastique ou de la correction des mœurs en furent la matière ; mais il y a deux ou trois particularités qui méritent notre attention et qui sont la cause que j'en parle ici : la première est un statut touchant les déports ; l'autre est la présence du roi en personne à ce concile ; la troisième enfin est une ordonnance pour une taxe extraordinaire sur le clergé de Normandie par Sa Majesté.

Quelques prélats un peu trop scrupuleux ayant proposé l'article des déports, on en fit la décision sui-

---

[1] Arr. de Valognes.

vante : « Au sujet des déports dont on a fait la propo-
« sition en la congrégation générale, il a semblé
« qu'il était très à propos que, pour éviter aux scan-
« dales et subvenir à l'indulgence des ecclésiastiques
« qu'on admet de nouveau au gouvernement des
« âmes, le révérendissime seigneur archevêque, ses
« suffragants et les autres seigneurs prélats qui pré-
« tendent avoir ces déports, s'en passent dorénavant
« absolument, et s'ils ne veulent pas s'en priver tout
« à fait, qu'on leur en laisse une partie, et que le
« surplus demeure aux bénéficiers pour leur nour-
« riture et entretien : « Super materia Deportuum pro-
« posita in cœtu Congregationis visum fuit, quod ad
« tollendum et evitandum scandala, et subveniendum
« indigentiis virorum Ecclesiasticorum qui de novo
« assumuntur ad regimen animarum, rationabile judi-
« caverunt quod Reverendissimus Dominus Archiepis-
« copus et ejus suffraganei, ceterique Domini Prælati
« qui jus deportuum se habere dicunt, omninò ab
« hujusmodi deportibus se abstineant ; et si noluerint
« omninò se ab eis abstinere, aliqua portio rationa-
« bilis fructuum eisdem Dominis assignetur, ac resi-
« duum relaxetur, pro victu et habitu ipsorum Benefi-
« ciatorum [1] ... »

Nos pères ayant été, à la Bicoque [2], rechassés du
Milanais, le roi François Ier résolut de lever de nouvelles troupes et conséquemment il fallait de l'argent

---

[1] Dom Bessin : *Concilia Rotomagensis provinciæ*... Rouen, 1717, in-f.,
I, 192.

[2] Lautrec fut défait à la Bicoque le 29 avril 1522.

pour en lever. Il vint en Normandie, d'autant plus que le roi d'Angleterre, s'étant ligué avec nos ennemis, menaçait notre province. Le clergé de Normandie était assemblé à Rouen ; il y vint, honora le concile de sa présence et lui exposa assez au long les besoins de l'Etat. On s'appliqua à cette harangue du monarque et le clergé de Normandie lui accorda un secours de 80,000 livres, laquelle somme ayant été répartie sur les sept diocèses de la province, la quote-part de celui de Coutances se trouva monter à 9,666 livres 8 sous 4 deniers, dont messire Richard de Bérauville, curé du Mesnil-Rogues [1], fut choisi pour être le receveur.

Nous apprenons ceci par les mandements qui en furent dressés par la chambre ecclésiastique et par les grands vicaires et envoyés en chaque doyenné, au bas desquels est le rôle des bénéfices du doyenné, auquel il est adressé et la somme à laquelle un chacun est cotisé. Voici celui qui fut envoyé au doyenné de la Hague : « Vicarii generales in spiritualibus
« episcopatus Constantiensis, episcopali sede vacante,
« dilecto nostro Decano de Haga aut ejus vices ge-
« renti, omnibusque præsentes inspecturis, salutem
« in Domino. Cum nuper, in Concilio provinciali hu-
« jus provinciæ Rotomagensis et Ducatus Norman-

---

[1] Le ms. P. le fait curé du Mesnil-Roger, et le ms. M. du Mesnil-Raoult ; mais le texte publié par Dom Bessin le dit curé du Mesnil-Rogues, ce qui est attesté par un document des Archives de la Seine-Inf. (G, 1915) : « Procuration donnée par les curés du diocèse de Coutances à *Richard de Berrauville, curé du Mesnil-Rogues* pour les représenter à l'assemblée provinciale tenue à Rouen en 1523 ».

« niæ apud Rotomagum, mandante reverendissimo in
« Christo Patre D D. Archiepiscopo Metropolitano dictæ
« provinciæ, in mense Februarii, novissimè celebrato ;
« ad quod Concilium congregatum se personaliter præ-
« sentaverit Christianissimus Princeps Dominus nos-
« ter Rex Franciæ : per eum nonnullæ remonstra-
« tiones ibidem super defensione patriæ et provinciæ
« hujus erga adversarios ejusdem et sui regni factæ,
« auxilium Ecclesiæ implorando et requirendo. Quo
« audito cum suis remonstrationibus, Præsul et alii
« delegati à singulis diœcesibus ejusdem provinciæ
« cum dicto D. reverendissimo Metropolitano, habita
« matura inter eos deliberatione, constituerint et ac-
« cordaverint usque ad summam quater viginti mil-
« lium librarum Turon. eidem Domino nostro regi
« per Clerum ejusdem provinciæ esse solvendam. Ex
« cujus summa Diœcesis hæc Constantiensis ad
« 9.666 lib. 13 solid. 4 den. Turon. quotizata
« fuerit. Dehinc quoque in synodo Paschali Constant.
« inde sequenti novissime celebrata, congregatis ut
« moris est Prælatis, prioribus et curatis hujusce diœ-
« cesis Constant. et audita relatione procuratorum,
« qui per dictum Clerum Constant. ad dictum Conci-
« lium provinciale delegati fuerant, super remonstra-
« tionibus, conclusione, et accordato prædictis, con-
« senserunt tam capitulum Constantiense, quam Ab-
« bates, priores et curati prædictam summam 9.666
« lib. 13 sol. 4 den. Turon. pro quota dictæ diœ-
« cesis, una cum misjis factis et fiendis ad hujusmodi
« causam, situari et quotisari super singulos contri-

« buabiles, et per nonnullos ad hæc, tam à parte dicti
« capituli quam à parte dictorum prælatorum, prio-
« rum et curatorum deputatos, per quos hujusmodi
« summa cum misiis legaliter et fideliter divisa
« fuerit, situata, et quotizata suprà singulos deno-
« minatos in rotulis desuper hoc confectis. Hinc est
« quod vobis et cuilibet vestrûm mandamus quatenùs
« moneatis, ex parte et mente nostra, primò, secundò
« et tertiò, et una monitione canonica generali et
« peremptoria pro omnibus prævia, omnes et singulos
« beneficiatos infrascriptorum beneficiorum, et eo-
« rumdem firmarum et fructuum collectores, de sol-
« vendo, tradendo et numerando ven. viro mag. Ri-
« cardo de Berauville, curato du Mesnilo-rogue deputato
« summas sequentes receptivè ipsis impositas causa
« prædicta, infra decem dies immediatè sequentes,
« à tempore monitionis per vos eisdem fiendæ, inti-
« mandæ, et insinuendæ, sub suspensionis pœna à
« divinis officiis celebrandis quoad presbyteros, et alios
« in sacris ordinibus constitutos, et excommunica-
« tionis in alios latæ sententiæ : cum intimatione
« quod si prædicti beneficiati seu earumdem firma-
« rum et fructuum prædictorum recollectores id facere
« recusaverint aut ultrà tempus præsignatum dis-
« tulerint, ipsos et eorum quemlibet, exnunc prout
« extunc, et extunc prout exnunc in his scriptis
« presbyteros vos et alios in ordinibus constitutos à
« divinis officiis celebrandis suspendimus, et alios
« excommunicamus pro contumacia et contemptu præ-
« dictis, defectuque tradendi et numerandi eidem re-

« ceptori quotas respectivè sibi impositas et situatas.
« Et si hujusmodi sententiam suspensionis et ex-
« communicationis per octo dies inde sequentes res-
« pectivè et successivè sustinere præsumpserint, quod
« absit : dictos presbyteros, et alios in sacris ordinibus
« constitutos, prædictis his scriptis excommunicamus,
« et alios aggravamus. Vobis mandantes et præci-
« pientes quatenùs ipsos, et eorum quemlibet respec-
« tivè, sic suspensos et excommunicatos denuntietis
« et publicetis, à denuntiatione prædicto non cessantes,
« donec à nobis aliud habeatis in mandato : et ulterius
« quid inde feceritis, nobis fideliter rescribatis. Va-
« lete [1].
« Et primo :
« Abbas de Cæsaris Burgo. . . 213 l. 11 s. 6 d.
« Andervilla. . . . . 13 l. 12 s.
« Jovis Burgus [2]. . . . . . . 10 l. 18 s. 9 d.

---

[1] *Ibid.* I, 193-194 — Ce document est ici reproduit d'après le texte donné par D. Bessin, plus satisfaisant en général que celui de la copie délivrée à la demande de l'abbé de Cherbourg, copie souvent défigurée par le ms. P et absente du ms. M. Elle présente quelques variantes que nous croyons utile de donner : « ... archiepiscopo metropolitanæ Rhotomagensis dictæ provinciæ... ad quod concilium ibidem congregatum cum se personaliter... prælati et alii delegati a singulis suis diœcesibus habita inter nos matura deliberatione concluserunt et accordaverunt.... consenserunt tam capitulum Constantiense per suos deputatos quam dicti prælati, priores et curati dictam summam... monitione canonica generali et perenni præ omnibus... et eorumdem firmariorum et fructuum recollectorum dictorum beneficiorum de solvendo, habendo et numerando... Richardo de Berauville, curato de Mesnilorodo, receptori dictæ summæ sequentis receptive commisso et deputato per nos et clerum *Const.* infra decem dies... a tempore monitionis per nos eidem fiendæ... quos presbyteros et aliis sacris ordinibus constitutos seu eorumdem firmariorum et fructuum prædictorum in ipsis scriptis ordinibus constitutos a divinis officiis denuncietis a denunciatione prædicta... ». Le texte donné par D. Bessin finit à Valete.

[2] Auderville et Jobourg, arr. de Cherbourg.

Et ainsi des autres bénéficiers du doyenné et de chacun des autres de chaque canton. Après quoi, il est ajouté : « Actum et datum Constantiis, sub sigillo
« magno curiæ episcopalis loci, una cum sigillis nos-
« tris, anno Domini 1523, die quindecima mensis
« maii. Sic signatum : Cadier. Datum per copiam
« ad instantiam reverendissimi patris domini abbatis
« de Cæsaris Burgo, hac die penultima mensis junii,
« anno Domini 1523. Berauville. »

C'est ce que nous trouvons plus digne de remarque dans notre diocèse pendant ces cinq années de vacance, à moins que nous n'y ajoutions que Richard l'Hermite, ayant été élu le 23e [1] abbé de Hambie, fut confirmé par les grands vicaires, par acte du 30e juillet 1522; que frère Pierre Pinchon, lequel nous verrons bientôt lui succéder, fut pourvu de la cure de Saint-Romphaire [2], le 15 juin 1524, et qu'enfin la dernière ordination faite *per turnum*, pendant la vacance de l'évêché, par l'évêque de Castorie, est marquée avoir commencé en l'abbaye de Lessay, le 15e mai 1525 et avoir fini à Saint-Lo le 26e juin. Voici une partie de cet article : « Tonsurati et ordinati per re-
« verendum in Christo patrem, dominum Joannem,
« episcopum Castoriensem, faciendo turnum seu cir-
« cuitum episcopatus Constantiensis, de licentia do-
« minorum vicariorum generalium in spiritualibus
« episcopatus Constantiensis, sede episcopali va-
« cante, diebus et locis prout sequuntur, anno Do-

---

[1] Le 25e, d'après le *Gallia christiana*, XI, 933.
[2] Arr. de Saint-Lo.

« mini 1525 » : le 16° mai en l'abbaye de Lessay ; le 17e, à la Haie-du-Puits ; le 18°, à Barneville ; le 19°, en la chapelle de Saint-Sébastien en la paroisse du Rosel ; le 20°, à Saint-Germain-le-Gaillard et à Briquebec ; le 22°, à Gréville ; le 23°, à l'abbaye de Cherbourg ; le 24°, à Bretteville ; le 25°, à Barfleur ; le 26°, à Anneville-en-Saire ; le 27°, en l'abbaye de Montebourg ; le 28° et le 29°, à Valognes ; le 30°, en l'abbaye de Saint-Sauveur ; le 31°, à Picauville ; le 1er et 2° juin, en l'église paroissiale de Sainte-Honorine-d'Audouville-le-Hubert ; le 3°, à Houesville ; le dit jour, à Saint-Côme-du-Mont ; le 4° et le 5°, à Cametours ; le 7°, à Baupte ; le 8°, à Périers ; le 12°, à Carentan ; le 13°, à Granville ; le 14°, en la Haie-Painel ; le 15° et le 16°, à Villedieu ; le 17° et le 18°, à Saint-Sever ; le 20°, à Landelles ; le 21°, à Tessy ; le 22° à Percy ; le 23°, à l'abbaye de Hambie ; le 24°, à Gavray ; le 25°, à Savigny ; le dit jour, à Cenilly ; le 26°, à Saint-Lo [1].

---

[1] Lessay, La Haie-du-Puits, Cametours, Baupte, Périers, Hambie, Gavray, Savigny, Cenilly, arr. de Coutances ; Barneville, Briquebec, Barfleur, Anneville-en-Saire, Montebourg, Saint-Sauveur, Picauville, Andouville-le-Hubert, Houesville, arr. de Valognes ; Le Rosel, Saint-Germain-le-Gaillard, Gréville, Bretteville, arr. de Cherbourg ; Saint-Côme-du-Mont, Carentan, Tessy, Percy, arr. de Saint-Lo ; Granville, La Haie-Painel, Villedieu, arr. d'Avranches ; Landelles et Saint-Sever, dép. du Calvados, arr. de Vire.

RENÉ DE LA TRÉMOUILLE DE BRÈCHE

Le siège épiscopal de Coutances vaqua jusqu'au 18° ou 20° du mois de novembre 1525. Le 13°[1] jour du même mois et an, les vicaires généraux, *sede vacante*, conférèrent la cure de Quettreville[2] à Jean Bonnet à eux présenté par le procureur de Jean de Longiac[3], abbé commendataire de Saint-Lo. Il est évident que, ce jour-là, il n'y avait pas encore d'évêque qui eût pris possession.

Voici le titre du 1er registre des expéditions faites pendant son épiscopat, qui commence le 22° jour du même mois et an, novembre 1525, par lequel il est manifeste qu'il avait pris possession depuis le dit jour 13° novembre : « Sequitur registrum secretariatus
« reverendissimi in Christo patris ac Domini Renati
« de Brèche de la Trimouille, episcopi nuper recepti
« per procuratorem, inceptum 22ª die novembris 1525,
« sub venerabili Guillelmo Quetil pœnitentiario, vica-
« rio in spiritualibus et temporalibus ejusdem reveren-
« dissimi patris domini Renati ».

Ce prélat était de la très noble famille de la Trémouille, mais d'une branche bâtarde. Il était fils de

---

[1] Les deux mss. disent le 23, mais il résulte, de ce qui précède et de ce qui suit, que cette date ne peut être que le 13.

[2] Arr. de Coutances.

[3] Jean de Longiac ne figure pas dans la liste des abbés de Saint-Lo donnée par le *Gallia christiana*, XI, 936-940.

Jean de la Trémouille, seigneur de Brèche en Anjou, et ce Jean était fils bâtard de Louis, le premier du nom, et de Jeanne de La Rue. Il fut légitimé par lettres du roi Charles VIII, données à Melun au mois de janvier 1495, et pour le distinguer fut dit de la Brèche, à cause de cette terre que son père lui avait donnée, quoiqu'il ait toujours porté de la Trémouille plein, qui est d'or au chevron de gueules, à 3 alérions d'azur.

Quoi qu'il en soit, il fut religieux profès de l'ordre de Saint-Benoît; il fut ensuite abbé de Flavigny[1], de Saint-Etienne et de Saint-Bénigne-de-Dijon, et encore de Fontenay[2] et de la Bussière[3], qui sont toutes deux de l'ordre de Citeaux. Voici les paroles de feu M. Le Prévost : « Renatus de Brèche, monachus professus « ordinis sancti Benedicti, abbas S. Benigni et S. « Stephani Divionensis, Flaviniaci, Buxeriæ et Fonta- « neti. »

Nous avons peu de choses à dire de lui, parce qu'il fut notre évêque peu de temps. Il ne vint qu'une seule fois en son diocèse, qui fut le dimanche 6° octobre 1527, auquel jour nous trouvons qu'il prit possession en personne, prêta le serment accoutumé entre les mains de Charles de Saint-Germain[4], chantre et chef du chapitre, et entra pour la première fois en la cathédrale. C'est de notre registre que j'apprends ceci ; en

---

[1] Ch.-l. de canton de l'arr. de Semur (Côte-d'Or), sur l'Ozerain, auprès d'Alèse-Sainte-Reine. Ancienne abbaye de Bénédictins.

[2] Dép. de la Côte-d'Or, arr. de Semur-en-Auxois.

[3] Dép. de la Côte-d'Or, arr. de Beaune.

[4] Mort vers 1536. *Gallia christiana*, XI, 910.

voici les termes : « Registrum secretariatus reveren-
« dissimi in Christo patris ac domini Renati de Brèche
« de la Trimouille, miseratione divina Constantiensis
« episcopi, incipiens die qua fuerit ingressus[1] in sua
« insigni cathedrali ecclesia Constantiensi, videlicet
« die Dominica sexta mensis octobris, anni 1527. »

Nous avons quelques collations de bénéfices qu'il donna, mais en fort petit nombre. Nous avons aussi deux ordinations, la première aux quatre-temps du mois de décembre 1527, qui suivit son entrée, et l'autre le 7ᵉ du mois de mars suivant ; mais il nous quitta bientôt après, pour ne revenir jamais. L'ordination qui fut faite le 6ᵉ juin suivant 1528, les autres qui suivirent, sont dites avoir été faites par l'évêque de Castorie du consentement du vicaire général de René de Brèche de la Trémouille « a suis notorie civitate et diœcesi absentis. »

Il mourut sur la fin du mois de novembre de l'année 1529 en l'abbaye de Flavigny dont, comme nous venons de dire, il était abbé, et y fut inhumé. Claude Robert, MM. de Sainte-Marthe et M. Le Prévost marquent sa mort le 20ᵉ de novembre 1530. Ils se trompent d'un an entier. Nos registres en font foi. Voici le titre de celui de qui nous l'apprenons : « Registrum
« secretariatus Constantiensis, sede episcopali vacante
« per decessum quondam reverendissimi patris Domini
« Renati de Brèche de la Trimouille, miseratione divina,
« dum viveret, episcopi Constantiensis, incipiens die

---

[1] Fecerit ingressum (M).

« decima decembris 1529. » Les grands vicaires, pendant cette vacance, furent Charles Herbert, Michel Allegrin, scolastique, et Guillaume Quetil, et les secrétaires, Jean Cadier, Robert Fréchier et Mathurin Perreau, tous chanoines.

Nous ne trouvons presque rien digne d'être remarqué en notre diocèse pendant l'épiscopat de notre René de Brèche. Seulement, le 12° avril 1527, Charles Boucher [1], abbé de Montebourg, présenta au secrétariat les provisions qu'il avait reçues de cour de Rome, fit le serment de fidélité ordinaire et fut reçu.

Le 9° de septembre 1528, commission fut adressée aux sieurs official et promoteur de faire la visite des abbayes de Saint-Lo, de Saint-Sever et de Saint-Fromond [2], et en même temps on donna semblable commission à Jean Auvray et François Pottier, pour faire la visite de tous les autres lieux ecclésiastiques du territoire de Coutances, à la réserve des abbayes.

Le 8° mai 1528 [3], Pierre Pinchon, que nous verrons bientôt évêque *in partibus* et notre suffragant, fut élu abbé de Hambie, après la mort de Richard l'Hermite, et son élection, confirmée par le grand vicaire en 1528. Et cette même année, le 10° de septembre, commission fut donnée à Jean Guisle, doyen de la chrétienté et chapelain de Saint-Louis, de visiter tous les lieux

---

[1] Le *Gallia christiana*, XI, 939, l'appelle Carolus Boucher d'Orsay.

[2] Arc. de Saint-Lo.

[3] *Gallia christiana*, XI, 933 : « Petrus *Pinson*, alias *Pinchon*, regularium ultimus, electus 28 Maii 1528, confirmatur a vicario generali episcopi Constantiensis, inde episcopus Porphyriensis, permutavit cum cantore Constantiensi an. 1548. »

du diocèse de Coutances que l'évêque aurait pu visiter.

Enfin le 1ᵉʳ décembre, l'archidiaconé de Coutances ayant vaqué par la mort de Jean de Cerisay, il fut donné à Robert Larcher, clerc, que nos registres qualifient de discret jeune homme.

CHAPITRE VI

DE PHILIPPE DE COSSÉ

Cossé[1] est une terre noble au pays du Maine, qui a donné (ou reçu d'elle) le nom à la très noble famille du prélat dont nous avons à parler en ce chapitre. Les seigneurs de cette maison sont maintenant plus connus sous le nom de Brissac[2], terre d'Anjou que le feu Louis XIII° érigea en duché et pairie, l'an 1620, en faveur de Charles de Cossé, deuxième du nom.

Cette famille de Cossé s'était autrefois plus attachée aux ducs d'Anjou, rois de Naples et de Sicile, ce qui a fait dire à Philippe de Commines, que Jean de Cossé, sénéchal de Provence, si hardi et si fidèle chevalier de René, roi de ce pays-là, était de bonne maison et du royaume de Naples[3].

Philippe de Cossé, notre prélat, était fils de René, grand panetier et grand fauconnier de France, charges

---

[1] Dép. de la Mayenne, arr. de Château-Gontier.

[2] Dép. de Maine-et-Loire, arr. d'Angers.

[3] « Jehan Cossé, seneschal de Prouvence, homme de bien et de bonne maison du royaulme de Naples. » *Mémoires de Philippe de Commynes*, édition de la *Société de l'Histoire de France*, t. II, p. 17.

et honneurs presque héréditaires en leur maison, et de Charlotte Gouffier, fille de Guillaume, seigneur de Boissy, et sœur d'Adrien, cardinal, notre évêque.

Notre Philippe avait deux frères qui furent l'un et l'autre maréchaux de France et d'une distinction très grande dans nos historiens : Arthur, connu sous le nom de maréchal de Cossé, et Charles sous le nom de Brissac. C'est de ce dernier que sont descendus les ducs de Brissac d'à présent. René de Cossé, père de notre évêque, eut le bonheur d'être gouverneur des enfants de France et Philippe en fut précepteur. Il fut grand aumônier de France, abbé de Saint-Jouvin-de-Marnes [1], au diocèse de Poitiers, et de Saint-Michel-en-Lherm [2] au diocèse de Luçon, dont la manse abbatiale est maintenant unie au collège des Quatre-Nations. On dit qu'il était religieux profès de l'ordre de saint Benoît, ainsi que son prédécesseur.

Le roi François Ier le nomma pour tenir l'évêché de Coutances, peu de temps après la mort de René de Brèche, et seulement en commande du consentement du pape, et le 15e mai 1530, il fut reconnu et reçu à Coutances par ses procureurs, constitués officiers de sa part, pour administrateur général perpétuel de l'évêché.

---

[1] Saint-Jouvin ou Saint-Jouin-de-Marnes, dép. des Deux-Sèvres, arr. de Parthenay.

[2] Dép. de la Vendée, arr. de Fontenay-le-Comte. — Le *Gallia christiana*, II, 1418-1422, ne mentionne pas Philippe de Cossé dans la liste qu'il donne des abbés de Saint-Michel-en-l'Herm (in Eremo). Il est du reste inexact sur le compte de Philippe de Cossé qu'il dit « filius Theobaldi de Cossé et Fœlicæ de Charnon de Saint-Julien. » *Ibid.*, 1276, liste des abbés de Saint-Jouvin-de-Marnes.

Voici le titre du registre de l'évêché :

« Registrum secretariatus Constantiensis episcopatus
« sub venerabili et egregio viro domino vicario gene-
« rali reverendissimi in Christo patris et domini Phi-
« lippi de Cossé, miseratione divina et sanctissimæ
« sedis apostolicæ gratia, administratoris perpetui ec-
« clesiæ et episcopatus Constantiensis, incipiens die
« 15ᵃ maii 1530, qua die dominus admissus fuit et re-
« ceptus in administrationem perpetuam hujus epis-
« copatus in persona sui procuratoris et cœpit idem
« procurator, dicti nomine reverendissimi domini, pos-
« sessionem [ecclesiæ] et episcopatus. »

Ce fut François de Lautrec, le premier secrétaire de sa maison, lequel avec Robert de Glos, prieur commandataire du Moustierneuf de Poitiers, furent envoyés à Coutances pour cette prise de possession : de Glos en qualité de grand vicaire et l'autre en qualité de secrétaire ou procureur général.

Ce de Glos, par ordre de Philippe de Cossé, son maître, établit Guillaume Quetil, dont nous avons tant parlé, pour gouverner le diocèse en qualité de vicaire général. Lautrec choisit pour secrétaire de l'évêché Robert Fréchier, bachelier en théologie et chanoine de la cathédrale, et ce dès le lendemain de cette prise de possession, c'est-à-dire le 16° mai 1530. De tout ceci nous apprenons que le siège épiscopal vaqua environ cinq mois après la mort de René de Brèche.

Au reste, Guillaume Quetil, demeurant seul chargé de l'administration des affaires de tout le diocèse, et n'y pouvant toujours vaquer parce qu'il était souvent

obligé de sortir de la ville, il substitua en son absence
Jean Belamy, vicaire général, l'onze octobre de la même
année, lequel Belamy était licencié en théologie et
déjà official de Coutances, en présence duquel il
fit, le même jour, lire, vérifier et homologuer en
l'officialité les lettres de grand vicaire que lui avait
données le 24° prieur de Saint-Lo de Rouen, nommé
Nicolas de Lion [1], ou le Lion, en tout ce qu'il lui
pouvait compter et appartenir dans le Cotentin :
« Universis præsentes litteras inspecturis, Nicolaus,
« permissione divina, prior sancti Laudi Rothoma-
« gensis, ordinis sancti Augustini, et canonicus
« præbendatus ecclesiæ cathedralis Constantiensis,
« salutem in Domino sempiternam. Notum facimus,
« quod nos de scientia et doctrina, nec non de diligen-
« tia, fidelitate et aliis virtutum meritis venerabilis
« et circumspecti viri, magistri Guillelmi Quetil, pres-
« byteri, ecclesiæ prædictæ Constantiensis canonici,
« ex ipsa rerum experientia et odore bonæ famæ,
« et nominis insignis, ipsum fecimus, constituimus
« et creamus et deputavimus vicarium nostrum gene-
« ralem, dantes et concedentes plenariam potestatem
« facultatem et mandatum speciale ad quæcumque
« beneficia ecclesiastica, cum cura et sine cura,
« quorum jus nos competit, disponenda, danda, præ-
« sentanda, etc. » Et le surplus de l'acte n'est qu'une

---

[1] Ms. M. Nicolas Oulelion. Le *Neustria pia*, p. 812, appelle également cet abbé Nicolaus Leo. Mais ce nom provient d'une mauvaise lecture. Ce prieur de Saint-Lo s'appelait Nicolas Ler. V. Farin, *Histoire de la ville de Rouen*, édit. de 1738, t. VI, p. 36, et l'*Histoire du prieuré de Saint-Lo de Rouen*, ms. du xviie siècle, aux Archives de la Seine-Inférieure.

plus ample explication de ce pouvoir ou vicariat, donné au dit Quetil, daté d'Agon[1] le 10° juin 1530, lequel grand vicaire donna aussitôt cette cure d'Agon à Jean Quetil, absent, et Belamy lui en fit délivrer la collation.

L'onze juillet de l'an 1532, Guillaume Quetil renouvela, par un acte particulier, la substitution de vicaire général au dit Jean Belamy, official, et admit au même office ce Jean Quetil dont nous venons de parler, qui était chanoine aussi bien que Belamy. On trouve plusieurs renouvellements de vicariats semblables, d'où nous apprenons qu'ils n'étaient que pour un temps.

Le 25° août suivant, il donna la vice-régence du doyenné de Jersey à Jean l'Arbalestrier, curé des paroisses de la Trinité et de Saint-Pierre en cette île.

Le 13° avril de l'an suivant 1532, il conféra la cure de Saint-Clément de cette même île à Thomas Steill à lui présenté par Jean Beautroy, lieutenant d'Antoine Vulfret, chevalier, gouverneur de Jersey pour le roi d'Angleterre. Steill est dit présent par Pierre d'Ollebec, prêtre.

En cette même année 1532, le 28° juillet, il ratifia et approuva l'acte par lequel Leobin [Le] Fillastre, abbé de Cherbourg, avait donné à son abbaye 16 livres 10 sous tournois de rente, pour dire une messe tous les dimanches en la chapelle de Notre-Dame-du-Vœu.

En 1534, le 12° avril, frère Denis de Vieux-Châtel,

---

[1] Arr. de Coutances.

chevalier de Rhodes ou de Saint-Jean-de-Jérusalem, commandeur de Villedieu, présenta à l'église ou commanderie de Villedieu, vacante par la mort de frère Jean Le Rentier, frère Nicolas Bouge, prêtre dudit ordre de Saint-Jean-de-Jérusalem, qui en reçut aussitôt la collation du même grand vicaire Quetil. Ce Denis de Vieux-Châtel, dans l'acte, chevalier, commandeur de Villedieu, baille Montchevreuil et Sault-chevreuil comme membres de ladite commanderie de Villedieu.

Le 14ᵉ jour du même mois et an, François Le Cauf d'Huberville[1], en qualité de vicaire de Denis Brissonnet, abbé de Saint-Paul-de-Cormery, présenta au prieuré de Marchésieux[2] un nommé Gilles Bosebo.

Il ne paraît point qu'il fût alors nécessaire d'être religieux de l'Hôtel-Dieu, pour être curé de Saint Pierre-de-Coutances, puisqu'un nommé Julien Pottier, à qui on avait résigné ce bénéfice en cour de Rome, fut admis, le 25ᵉ mars 1536, par le grand vicaire sans cette qualité de religieux.

Nous avons une longue bulle obtenue cette année 1536 du pape Paul III par laquelle le chantre et le chapitre lui ayant présenté requête pour la conservation de leurs biens, dîmes, et autres revenus, ce pontife, après une longue énumération de ces mêmes dîmes, rentes et revenus, les prend sous sa protection et prononce anathème contre les usurpateurs. Elle est trop longue et trop ennuyeuse pour être insérée ici.

[1] Arr. de Valognes.
[2] Arr. de Coutances.

Les curieux pourront se satisfaire, s'ils le veulent : nous la rapporterons, Dieu aidant, ou dans notre Recueil, ou à la fin de ce chapitre [1].

Nous trouvons dans nos mémoires l'enregistrement, fait le 20° août 1538, de certaines lettres obtenues en cour de Rome pour un nommé Guillaume Billon, par lesquelles il lui était permis de posséder trois bénéfices-cures en même temps. Ce n'était pas une nouveauté ; nos registres sont remplis de faits semblables. Dès 1496, Jean Sabine, curé du Mesnil-au-Parc [2], obtint du pape de posséder en outre celle de la Haye-Piquenot [3], qui est dans le diocèse de Bayeux, éloignées de six grandes lieues l'une de l'autre ; et le motif de cette dispense est la noblesse de sa maison. J'en ai eu l'acte et l'ai donné depuis peu à... Sabine, écuyer, seigneur de la Hinaudière, descendu d'un des frères de ce curé dispensé.

Cette même année 1538, Guillaume de Grimouville, chanoine de Coutances, duquel nous parlerons tant dans la suite comme ayant eu tant de part à l'administration de ce diocèse, commença d'entrer dans les affaires par être vicaire général substitué, et en cette qualité, il pourvut le 22° avril de cette année, frère Jean Hubert, religieux de Cherbourg, du prieuré-cure de Barfleur, lequel Hubert lui avait été présenté par Léobin Le Fillastre, abbé dudit lieu de Cherbourg, après la mort de frère Mathieu Le Neveu.

---

[1] Voy. plus loin, p. 80.
[2] Le Mesnil-Opac, arr. de Saint-Lo.
[3] Paroisse réunie à Baynes, dép. du Calvados, arr. de Bayeux.

Cependant Philippe de Cossé était à la cour, jouissant tranquillement du revenu de notre évêché, auprès des princes, le Mécène de son temps, savant, et protecteur des gens de lettres, qualité qui a rendu sa mémoire illustre, qu'aucun écrivain de son temps ni même du nôtre n'a oubliée, et qui le rendait aimable au roi François Ier son maître, monarque qu'à bon droit tout le monde appelle le père et le restaurateur des lettres.

Salomon Macrin[1], poète lyrique, surnommé l'Horace de son temps, parlant de notre commendataire, dit qu'il avait une passion extraordinaire pour la poésie et philosophie et la langue hébraïque, sentiments alors très rares parmi les personnes de sa naissance, qui languissaient de mollesse et vivaient dans une certaine oisiveté qui leur faisait regarder les sciences infiniment au-dessous d'eux.

Guillaume Budé, qu'Erasme nommait le prodige de son siècle et de la France, était alors estimé le plus savant de l'Europe. La pénétration de son génie et la grandeur de ses travaux lui donnèrent une réputation au-delà de ce que l'on peut penser et lui acquirent pour amis ce qu'il y avait de personnes plus distinguées dans le monde.

Philippe de Cossé, notre prélat, fut une des plus illustres entre ces personnes ; j'ose le dire, parce que son amitié, comme celle de la plupart des hommes,

---

[1] Jean Salmon, né à Loudun, connu sous le nom de Salomon ou Salmon Macrin (*Salmonius Macrinus*). D'après Moréri, le surnom de Macrin lui fut donné par François Ier, à cause de son extrême maigreur.

ne finit pas avec les jours de ses amis, [et] que le monde [lui] est redevable de la vie de Budé, écrite par Louis Le Roy, un des plus grands ornements du diocèse de Coutances.

Comme la famille de ce Le Roy subsiste encore noblement en plusieurs lieux de notre diocèse, on me permettra de dire ici, pour l'honneur de ce même diocèse, qu'elle a donné au monde deux grandes lumières.

Le premier était Pierre Le Roy de la paroisse d'Orval près de Coutances[1]. Il vivait sur la fin du xiv° siècle et le commencement du xv°; il fut, par son propre mérite, le 20° abbé de Saint-Taurin d'Evreux, le 17° de Lessay, le 24° du Mont-Saint-Michel[2]. Sa mémoire est en bénédiction partout, mais encore plus au Mont-Saint-Michel qu'ailleurs. Son occupation était la prière, l'étude et la classe ; car il enseignait publiquement la théologie et le droit canon. On a de lui des commentaires sur le droit, que les maîtres en cette matière estiment fort ; il augmenta notablement la bibliothèque du Mont-Saint-Michel ; il y donna plusieurs beaux livres et riches ornements. On remarque, entre autres, un missel magnifique, couvert de pierreries, qu'il avait fait transcrire à Paris. Il enrichit ce monastère de gros revenus et y fonda à perpétuité deux chapelains pour la chapelle de

[1] V. sur Pierre le Roy, l'*Histoire générale du Mont-Saint-Michel au péril de la mer* par dom Huynes, publiée par M. E. de Beaurepaire pour la *Société de l'histoire de Normandie*, t. I, p. 189-194. Dom Huynes compte Pierre le Roy comme le 29° abbé.

[2] Il y a ici désaccord entre Toustain de Billy et le *Gallia christiana*, t. XI, qui fait de Pierre le Roy le 32° abbé de Saint-Thaurin, le 20° de Lessay, et le 30° du Mont-Saint-Michel.

la Vierge, nommée des Trente-Cierges. Il mérita la faveur de Charles VI. Il fut son secrétaire et le porta à faire plusieurs legs pieux. Ce monarque se servit de lui en plusieurs ambassades avantageuses. Nous trouvons encore que notre Pierre Le Roy fut bien aimé et très considéré du pape Alexandre V, pour l'élection duquel il avait précisément travaillé au concile de Pise, et de Jean XXIII, les droits duquel il soutint par une longue harangue dont il avait pris pour thème ces paroles du psaume 59 : « Da nobis, da nobis, Domine, auxilium « de tribulatione », et l'équité du refus que faisait l'université de Paris d'obéir à l'antipape Benoît. Il avait été du nombre de ceux que cette université avait députés en Avignon vers ce prétendu pontife pour le fait de l'union de l'Eglise. Et enfin les titres qu'on lui a toujours donnés, c'est d'avoir été « notabilis prælatus, « clericus optimus [1]. »

L'autre est Louis Le Roy [2] dont nous parlons. Il s'est fait connaître et estimer dans toute l'Europe par ses épîtres, ses critiques et ses voyages, au retour desquels il professa la philosophie à Paris au Collège royal. Il a donné au public plusieurs ouvrages de sa façon ; il en a aussi publié plusieurs autres dont il était le traducteur. Celui de ses ouvrages qui nous donne occasion de parler de lui, je veux dire la vie de Budé, est un des plus remarquables [3]. Il l'entreprit particuliè-

---

[1] *Gallia christiana*, XI, 527.

[2] Louis le Roy, dit *Regius*, né à Coutances au commencement du xvi⁰ siècle, fut professeur royal de langue grecque. La vie de Budé parut en 1540.

[3] Est le plus recommandable (M).

rement pour le respect qu'il avait pour notre prélat.

Ce fut aussi par la volonté de ce même prélat qu'il dédia ce même ouvrage au fameux Guillaume Poyet[1], chancelier de France, si connu des savants. Voici comme notre Louis parle de ce fait : « Philippe de « Cossé, évêque de Coutances, par l'ordre duquel j'ai « entrepris d'écrire la vie de Budé, a voulu que je vous « dédie ce mien travail. J'aurais commis un crime de « ne pas déférer en ceci à une personne aussi illustre « qu'il l'est, lequel me commandait une chose si juste « et qui désirait de moi un ouvrage qui m'était si « agréable. Je n'ai osé[2] différer à l'autorité de mon « protecteur. J'ai eu honte de ne pas suivre son senti- « ment et ses désirs, et c'est ce qui m'a fait entre- « prendre cet ouvrage : *Philippus Cossæus, Cons- « tantiensis Antistes, cujus jussu G. Budæi vitam « explicandam suscepi, author mihi fuit ut hunc meum « laborem nomini tuo consecrarem... Viro clarissimo « atque doctissimo et justa imperanti, et præclara « cupienti, non parere nefas esse putavi. Itaque non « ausus Patroni mei, aut authoritatem aspernari, aut « voluntatem negligere, recusandi pudore, scribendi « onus suscepi*[3]. »

---

[1] Nos deux mss. portent Guillaume Postel, mais ce personnage, originaire du diocèse d'Avranches, et l'un des savants les plus distingués de son temps, n'a jamais été chancelier de France. La confusion est-elle imputable à Toustain de Billy, ou faut-il voir là encore une de ces erreurs de copiste fréquentes dans nos mss?

[2] Le texte des deux mss. n'est pas satisfaisant à cet endroit. P. : Je n'ai pu ne pouvoir diférer... M. : Je n'ai su différer... Le texte latin indiquait la correction à faire : Je n'ai osé différer...

[3] *G. Budæi viri clariss. vita per Ludovicum Regium ad Gulielmum Poietum magnum Franciæ Cancellarium. Parisiis, apud Joannem Roigny,*

Ce que le fameux Nicolas Bourbon, précepteur de la reine Jeanne de Navarre [1], écrit de notre évêque Philippe est commun; il est néanmoins trop avantageux à ce prélat pour être oublié ici.

> Quod cudo opus, pacem requirit et otium
> Profundum, præsul optime :
> At otium tale unde nanciscar miser,
> Nisi ab inclytis heroibus,
> Tuique similibus : quare te oro te tui
> Generis per claritudinem,
> Rarasque per dotes animique et corporis,
> Quibus cumulavit te Deus,
> Meis ut et tu adsis favens conatibus [2].

Cependant Guillaume Quetil, vicaire général de Coutances, mourut, et François, l'autre vicaire général, fut obligé de s'attacher plus particulièrement au service du diocèse et de faire sa résidence, du moins pour quelque temps, en notre ville épiscopale. C'est ce que nous apprenons de nos mémoires : « Hac die 18° « februarii 1540, dominus Franciscus de Lautrec, fecit « suam moram in hac civitate Constantiensi. » Guillaume de Grimouville était déjà official de Coutances. Il se substituait vicaire et avait soin des expéditions en son absence et en cette qualité. Le 17°... suivant, un nommé Jacques Martin exhiba des lettres de Rome pour la cure de Fierville [3] en faveur de Nicolas de Briroy, âgé seule-

---

via ad D. Jacobum, sub Basilisco et quatuor Elementis, 1540. — Je donne, d'après le texte même de cet ouvrage, p. 3, la citation faite inexactement par les deux mss.

[1] Jeanne d'Albret, mère de Henri IV.
[2] V. *Gallia christiana*, XI, 901.
[3] Arr. de Valognes.

ment de 14 ans, lesquelles furent lues et agréées par ledit grand vicaire et ledit Martin, procureur de Briroy, [fut reçu] à faire le serment ordinaire pour lui.

Guillaume de Grimouville fut, peu de temps après, créé vicaire général absolu. Nous le dirons bientôt. En attendant, nous remarquerons que le premier acte du mois de mai suivant est l'enregistrement de la lettre de grand vicaire dudit de Lautrec. Nous avons jugé à propos d'en insérer ici quelque chose, afin de faire connaître les titres que prenait notre prélat : « Philippus « de Cossé, administrator episcopatus Constantiensis et « abbas monasterii Sancti-Jovini-de-Marnis, ordinis « sancti Benedicti. Pictaviensis diœcesis, prior prioratus « conventualis Sanctæ-Crucis-de-Volta, et Sancti-Eutropi « Xantonensis, ordinis Cluniacensis, et Sancti-Flori ex « Xantonensi respective diœcesi, universis præsentes « litteras inspecturis salutem in Domino sempiter- « nam, etc. » En cet acte, qui est du 17°..... 1540, ce François de Lautrec y est dit chantre et chanoine de Saint-Lo-d'Angers et l'autre, Simon Albert, curé de Saint-Germain au diocèse de Nantes.

Il y avait alors deux évêques *in partibus* dans le diocèse ; l'un était Charles Boucher, abbé de Montebourg, évêque de Mégare, et l'autre Pierre Pinchon, abbé de Hambie, desquels nous avons déjà parlé. Le dernier fut choisi pour être suffragant, ce qui se faisait par un acte particulier par lequel le titulaire donnait permission à l'autre de faire toutes les fonctions épiscopales dans son diocèse. Cet acte est daté du 25° janvier 1548 et commence d'une manière différente de

ceux que nous venons de rapporter en lesquels il se nomme simplement administrateur de notre évêché et ne fait mention que de ses abbayes et prieurés, au lieu qu'en celui-ci il se qualifie d'évêque de Coutances, de conseiller du roi et de grand aumônier de France :
« Philippus de Cossé, miseratione divina episcopus
« Constantiensis, christianissimi regis nostri privati
« consilii consiliarius et Franciæ magnus eleemosina-
« rius, etc., universis notum facimus, quod visis litteris
« apostolicis promotionis dilecti fratris et episcopi do-
« mini Petri Pinchon in episcopatum Porphiriensem
« necnon supplicatione, qua nos officiariosque nostros
« supplicat quatenus possit libere et valeat libere per
« prædictam nostram diœcesim exercere pontificalia
« [tam in] continenti, quam in insulis, etc. » Nous avons remarqué que cette date est celle de l'insinuation au secrétariat de l'évêché, Jean, évêque de Castorie, ayant fait toutes les fonctions épiscopales et de suffragant jusqu'en l'an 1546, auquel il mourut.

Voici le titre de l'ordination du 17° septembre 1530 :
« Ordinati in majoribus et minoribus in ecclesia Constan-
« tiensi per reverendissimum dominum Johannem,
« Castoriensem episcopum, de licentia et permissu
« venerabilis et egregii viri vicarii generalis in spiri-
« tualibus et temporalibus reverendi in Christo patris
« ac domini de Cossé, miseratione divina et sanctæ
« sedis apostolicæ gratia ecclesiæ et episcopatus Cons-
« tantiensis administratoris perpetui. »

Voici le titre de la première ordination faite par Pierre Pinchon : « Registrum ordinatorum in majori-

« bus et minoribus per reverendum in Christo patrem
« ac dominum Petrum, permissione divina Porphi-
« riensem episcopum, pro prima vice in ecelesia Cons-
« tantiensi, de licentia et permissu Guillelmi de Gri-
« mouville vicarii generalis Philippi de Cossé, magistro
« Joanne de Lafont presbytero canonico Constantiensi,
« secretario : 1547, 21° et 25° février. » Ce secrétaire de
Lafont était chanoine et avait la prébende de Vire ;
elle lui avait été donnée en 1540, le 22° juin, après
la mort de Jean Le Marquetel. Le 18° septembre suivant,
au même an 1540, la pénitencerie fut conférée à Robert
Bavent par la démission simple de Pierre de Pienne,
et le 4° octobre suivant, Bavent permuta cette dignité
contre la cure de Querqueville [1] que lui bailla Guillaume de Saussey.

Guillaume de Grimouville, qui était chanoine, official et curé de Granville, n'exerça la charge de grand vicaire que par substitution et en l'absence de Lautrec, mais au mois de janvier 1544 ou 45, il fut seul grand vicaire absolu. Nous trouvons qu'au même temps Jean de Lafont commit Jacques Fricam au secrétariat, et lui de Grimouville, étant obligé de sortir le diocèse, substitua de Lafont, le 8° août suivant jusqu'à son retour
« usque ad regressum a viagio suo incepto hodie. »
Ce voyage ne fut pas long, étant de retour le 17° du même mois ; néanmoins, il y a deux témoins dans l'acte de cette substitution.

Le 10° avril, an 1545, Jean Godard fut pourvu en

---

[1] Arr. de Cherbourg.

cour de Rome de la cure du Mesnil-au-Parc[1], et le 17⁰ de mai de l'an suivant 1546, il fut à la nomination de Jean du Plessis pourvu de celle de Saint-Romphaire[2] vacante par la mort d'un nommé Olivier Labbé. Et ce qui est de plus à remarquer, Payen d'Esquetot, que nous verrons bientôt notre évêque, fut, le 6⁰ de juillet de cette année 1546, pourvu de plein droit, quoique absent, de la prébende de La Vauterie en la paroisse de Quibou[3], vacante par la mort de Thomas Huet.

Le 12⁰ jour d'août suivant, on doit encore remarquer qu'un autre de nos évêques, je veux dire Etienne Martel, fut présenté à la cure de Montpinchon[4], non pas à la vérité sans contestation, mais enfin dont il fut le maître. Voici le fait : Deux jours auparavant, savoir le 10⁰ août, noble homme Jean de Gourfaleur, seigneur de Bonfossé, de Soulle en partie et de Montpinchon aussi en partie à cause de damoiselle Barbe de Cambernon son épouse, fille et seule héritière de feu noble homme Guillaume de Cambernon, en son vivant seigneur des terres et seigneuries de Montpinchon et de Gonneville, présenta à la dite cure vacante par la mort de Jean de Cambernon, Roulland de Gourfaleur. Le lendemain, noble homme Olivier Martel[5], chevalier, sei-

---

[1] Le Mesnil-Opac, arr. de Saint-Lo.
[2] Arr. de Saint-Lo.
[3] Arr. de Saint-Lo. Cette prébende est appelée plus loin *du Vaultier*.
[4] Arr. de Coutances.
[5] Olivier Martel et son frère Etienne, qui fut plus tard évêque de Coutances, étaient fils de Louis Martel (de la branche des Fontaine-Martel) et de Marie de Cretot. V. M. A. Hellot, *Essai historique sur les Martel de Basqueville et sur Basqueville-en-Caux*, p. 241. — D'après D. Pommeraye, *Histoire de l'Eglise cathédrale de Rouen*, etc., p. 255. Etienne Martel avait d'abord été curé de Bollebec (Bolbec).

gneur de Cretot et de l'hónneur de Montpinchon, à cause de damoiselle Marguerite de Cambernon son épouse, fille aînée et héritière de feu noble homme Jean de Cambernon, seigneur de Montpinchon, présenta à ladite cure Etienne Martel, lequel, pour me servir des termes de notre registre, fut rejeté, « obstante præsentatione priùs admissa ». Il ne fut pas seul à obtenir un acte de refus. Un nommé Jean Le Masson présenté du roi à raison du litige, le fut aussi le 5ᵉ de novembre suivant, comme aussi le 20ᵉ du même mois fut rejetée la présentation de François Le Jolivet, faite par Jean Le Jolivet, seigneur d'Andouville, Fervaches, Blosville et Montpinchon en partie; mais le 22ᵉ du même mois fut admis et pourvu de la chapelle Saint-Julien du même lieu de Montpinchon Nicolas Préval, prêtre, présenté par Jacques Dubois, seigneur de Pirou et en partie de Montpinchon, à cause de damoiselle Jeanne de Cambernon son épouse. Enfin trouvons-nous que le 20ᵉ avril suivant [que] nous comptons 1547, la cure de Montpinchon fut conférée à notre Etienne Martel en vertu d'un compulsoire et lettres royaux *ad conservationem juris*.

Le dernier jour de juin 1548, Payen d'Esquetot remit entre les mains du grand vicaire la prébende de La Foulerie[1], dont il avait été pourvu depuis ce que nous venons de dire[2], en faveur de René Cottereau qui en fut aussitôt pourvu.

---

[1] Paroisse de la Mancelière.
[2] A cet endroit, le ms. P. ajoute ces mots : *de celle de Vire, entre les mains du grand vicaire*, qui ne sont pas dans le ms. M.

Le 13ᵉ septembre, commission fut donnée à Geoffroi le Roi, official de Saint-Lo, de visiter les abbayes de Saint-Lo, de Saint-Sever et le prieuré de Villedieu, je crois qu'il veut dire de la Bloutière[1].

Le 17ᵉ octobre, après la mort de Charles Paniot, frère Jacques Guilloste[2] fut élu abbé de Saint-Sauveur-le-Vicomte. Il le fut peu, puisque nous trouvons en 1551 Jean Gruger[3], tenant en commende cette abbaye.

Il y a encore quelques autres particularités pendant le gouvernement de Philippe de Cossé, que nous ne devons pas oublier. La première sera le recueil des statuts synodaux qu'on eut soin de faire publier et imprimer. Les anciennes constitutions du diocèse, dont nous avons rapporté la plupart, étaient dispersées et presque anéanties ; on les ramassa et on en fit un petit livre sous le titre *Præcepta synodalia sanctæ ecclesiæ Constantiensis*[4] ; on le publia au synode de Pâques de 1538 et donna-t-on ordre à tous les ecclésiastiques du diocèse d'en avoir chacun un et de l'observer en tout.

Nous remarquerons encore la venue et l'établissement des Cordeliers proche la ville de Granville. Ils étaient en l'île de Chaussey ; mais, ne pouvant plus

---

[1] Arr. d'Avranches.

[2] Le *Gallia christiana*, XI, 925, ne fait pas mention, après Charles de Panyot, de Jacques Guilloste ou Gaillotte (M). Le *Neustria pia*, p. 544, n'en parle pas davantage.

[3] Le Gruyer, *Gallia christiana*, XI, 925, mort le XIII dés calendes d'avril 1560.

[4] Frère (*Manuel du Bibliographe normand*) cite cette édition, d'après le *Journal de Verdun*, dans la note suivante, vº *Statuta* : Le *Journal de Verdun*, t. LXII (1753), p. 120, cite une édition du XVIᵉ siècle des statuts synodaux de ce diocèse : *Synodalia Constanciensis ecclesiæ;* Rothomagi, 1538, in-8 goth.

souffrir les persécutions des Anglais qui devenaient de
plus en plus perfides et impies non-seulement, mais
aussi hérétiques, ils furent obligés de quitter, abandonner l'île et emporter ce qu'ils pouvaient du peu
qu'il leur restait. Ils vinrent à Granville ; ils y furent
humainement reçus par un bourgeois de cette ville
nommé Jacques Pigeon, qui les logea dans une maison
qui lui appartenait dans le faubourg. En 1546, hautes
et puissantes dames Jacqueline et Adrienne d'Estouteville, mère et fille [1], achetèrent et aumonèrent proche
Granville le fonds nécessaire pour y bâtir un couvent,
en obtinrent sans peine la permission de Paul III, souverain pontife, et de Philippe de Cossé, évêque de
Coutances, et aussi le peuple contribuant à cette bonne
œuvre, de leurs aumônes ils bâtirent ce couvent, lequel étant achevé, messire Pierre Pinchon, évêque de
Porphyre et notre suffragant, en 1547, le consacra à
Dieu sous l'invocation de la très sainte Vierge et du
bienheureux saint François. « Quapropter », dit Le
Fillastre, évêque de Capoue, en parlant de ce couvent
et des maux que souffraient les Cordeliers ses confrères dans l'île de Chaussey, « pauperculi fratres, suis
« rebus consulturi, eam deserendam putaverunt, at-
« que a pio quodam Jacobo Pigeonio Grandivillano
« proprio eoque humanissimo hospitio in suburbiis

---

[1] Jacqueline d'Estouteville, fille de Guyon d'Estouteville et d'Isabelle de Croi, épousa en 1509 son cousin-germain Jean d'Estouteville qui mourut en 1517. De ce mariage naquit le 21 octobre 1512, Adrienne d'Estouteville, qui épousa le 10 février 1534 François de Bourbon, comte de Saint-Pol, qui reçut d'elle le nom et le titre de la maison d'Estouteville. Elle mourut en janvier 1560. V. *Recherches historiques... sur les sires et le duché d'Estouteville*, par M. le vicomte d'Estaintot, dans les *Mémoires de la Société des Antiquaires de Normandie*, t. XXIV, p. 414-419.

« præfatæ civitatis Grandivillæ excepti, ibidem per
« tres annos continuos commorati sunt, quibus tandem
« exactis, a devota matrona et insigni fœmina Jac-
« quelina Estoutevilla et Adriana ejus filia, emptum
« Grandivillæ proprio ære fundum fratribus ad ulterius
« conventus ædificationem, anno domini 1546, libera-
« lissime contulere. Illi vero, obtenta tum a reverendis-
« simo Philippi de Cossé Constantiensi episcopo, tum
« quoque a Paulo III° summo Pontifice humanissime
« accepta [permissione], hoc sacrum monasterium
« beatæ Mariæ ac beato Francisco dicatum a funda-
« mentis eleemosinis Grandivillæ erigendum absolven-
« dumque, immo ecclesiam a reverendissimo quondam
« Porphiriensi episcopo, ac Constantiensis reverendi
« præsulis suffraganeo, anno domini 1547, consecran-
« dam præfatis cunctisque titularibus quam diligentis-
« simè curaverunt, quam et tres particulæ dominicæ
« crucis honestant. Inhabitatur hic locus a 23 reli-
« giosis. »

En 1532, le roi François Ier vint à Coutances, le 21° avril, ainsi que feu M. du Vaudôme m'a fait remarquer des registres des Thibout, Havard et Cocagne, tabellions à Coutances, dont voici les termes : « L'an
« 1532, François de Valois, roi de France, fit son
« entrée en la ville de Coutances, le dimanche 21°
« avril, à cinq heures du soir, et vint par le pont de
« Soulle, et furent au devant de lui les gens de jus-
« tice et les bourgeois de la ville vêtus de longues
« robes noires, et messire Nicolle Cadier, avocat en
« cour laie, lui fit la harangue ; Nicolle Le Grand,

« Robin de Maisons, Gilles Blondel et Guillaume Petit,
« bourgeois, portèrent le pesle[1]. Le théâtre était à
« travers la grande rue, à l'endroit de la maison de
« Bertrand du Billard et la maison qui fut Germain
« La Garde, sur lequel étaient, quand vint à passer,
« les trois états : c'était l'église, la noblesse et le la-
« boureur. Messire Lucas Le Sieur était l'église,
« Guillaume Philippe le jeune, là noblesse, et Jean
« Percepied, le laboureur. Etaient avec le roi M. de
« Vendôme[2], M. le cardinal de Lorraine[3], M. le car-
« dinal de Grammont[4], etc. » M. de la Roque, « dans
son *Traité de la noblesse*, remarque que le roi étant à
Coutances, le 3° mai suivant, fit expédier des lettres
signées des Landes pour la foi et l'hommage que lui
rendit Jean de Saussey, écuyer, à cause de la fief-
ferme de Montchaton, dépendante de la vicomté de
Coutances. En voici les termes : « Entre les mains
« de notre très cher et féal et grand ami le cardinal de
« Sens, légat et chancelier de France, a été rendu
« ledit hommage, etc. »

Je ne dois pas non plus oublier cette grande céré-

---

[1] Passage altéré dans les deux mss. : P. *portèrent la paroie*, ce qui ne peut convenir puisqu'on a vu Cadier faire la harangue ; M. *portaient le perle*, c'est-à-dire *le pesle, le poêle* ; c'était le dais que l'on présentait aux rois quand ils faisaient leur entrée dans une ville.

[2] Charles de Bourbon, duc de Vendôme, né le 2 juin 1489, mort le 25 mars 1537, était fils de François de Bourbon, comte de Vendôme et de Marie de Luxembourg, comtesse de Saint-Pol, etc.

[3] Jean de Lorraine, né en 1498, mort en 1550, cardinal en 1518, archevêque de Reims et de Lyon, abbé de Fécamp et de Saint-Ouen de Rouen. Il était fils de René, duc de Lorraine, et de Philippe de Gueldres.

[4] Gabriel de Gramont, fils de Roger de Gramont et d'Eléonore de Béarn, évêque de Conserans, puis de Tarbes, puis de Poitiers, enfin archevêque de Bordeaux et de Toulouse, cardinal en 1531, mort le 26 mars 1536.

monie au parlement où le roi assista pour donner audience au procureur général, « demandeur en commise pour felonnie des Comtez de Flandres et Arthois contre Charles d'Austriche esleu Empereur, Comte desdits Comtez [1]. » Du Tillet, dans son *Traité du rang des grands*, dit que le lundi 15° jour de janvier 1536, le roi tenant son lit de justice était en son siège et trône royal au parquet de son parlement ; il était en cette cérémonie accompagné des rois d'Ecosse et de Navarre et de tout ce qu'il y avait de princes, de prélats et de grands seigneurs, du nombre desquels était notre évêque, Phillippe de Cossé [2].

Enfin il cessa d'être évêque et mourut à Paris sur la fin du mois de novembre 1548 ; je ne sais ni le jour de sa mort, ni le lieu de sa sépulture ; je sais seulement que sa mort fut connue à Coutances le 2° du mois de décembre audit an : « Hac die secunda decembris », porte le registre de 1548, « apud Constan-
« tias notificatus fuit decessus reverendissimi in Christo
« patris Philippi de Cossé, dum viveret, episcopi Cons-
« tantiensis. » Après les cérémonies ordinaires et les prières accoutumées, François de Lautrec et Guillaume de Grimouville furent continués grands vicaires ; Jean de Marmenges et Jean Michel, prêtres et chanoines, furent élus secrétaires et exercèrent cette charge par

---

[1] Passage altéré dans les ms. Le ms. P. donne ce texte : « demandeur en contumace par félonie contre Charles d'Autriche élu empereur comte de Flandre. »

[2] *Recueil des Roys de France, leurs couronne et maison, ensemble les rangs des grands de France,* par Jean du Tillet, sieur de la Bassière, etc. Paris, 1680, p. 434-435.

messire Jacques Fricam. François de Lautrec était chantre de Coutances ; Pierre Pinchon, évêque de Porphyre, était abbé de Hambie ; ils permutèrent. Cet évêque de Porphyre fut aussi choisi grand vicaire, *sede vacante*, ainsi que Lautrec et Grimouville. Ainsi l'ordination générale, qui fut faite en l'église cathédrale, les 21° et 22° décembre 1548, par le même évêque de Porphyre, a pour titre : « Per reverendissi-
« mum in Christo patrem Petrum miseratione divina
« Porphiriensem episcopum, cantorem et canonicum
« in eadem ecclesia cathedrali Constantiensi et alterum
« vicarium generalem in spiritualibus et temporalibus
« episcopatus Constantiensis, episcopali sede vacante,
« de sua auctoritate et licentia et permissu ceterorum
« vicariorum generalium, etc. »

Le siège episcopal ne vaqua que jusqu'au mois de mars suivant, que l'on comptait encore 1548 et que nous comptons 1549, ainsi que nous dirons bientôt.

Cependant nous ajouterons ici cette bulle du pape de laquelle nous avons parlé pour la conservation des biens de l'église cathédrale. La voici :

« Paulus episcopus, servus servorum Dei, ad perpe-
« tuam Dei memoriam. Pastoralis officii debitum, quo
« universis ecclesiis astringimur, nos inducit ut circa
« ipsarum personarumque earumdem statum prospere
« dirigendum paternis studiis intendamus, et ipsarum
« personarum necessitatibus etiam ad divini cultus
« augmentum consulendo, eaque propterea processisse
« dicuntur ut illibata persistant, cum a nobis petitur,
« apostolici muniminis præsidio solidemus. Tunc pro

« parte dilectorum filiorum moderni cantoris et capi-
« tuli ecclesiæ Constantiensis provinciæ Rothoma-
« gensis nobis nuper exhibita petitio continebat quod,
« in fundatione dictæ ecclesiæ, diversi Christi fideles
« decimas fructuum in dicta provincia et infrà limi-
« tes parochiarum ecclesiarum de Rosello, Noinvilla,
« Otevilla, Cæsarisburgo, Torlavilla, Cattevilla, Monte
« Acuto, Rabefrapeio (?), Brettevilla, Mesnilovari, Cly-
« torpo, Cathehumo, Octovilla-Lavenel, Morvilla, Lin-
« grevilla, Ragnauvilla, Bonavilla, Altavilla, Orglan-
« des, Sancta-Maria-de-Monte, Haya-d'Equetot,
« Varanguebeco, Prætoto, Alno, Callou (?), Buzevilla,
« Capella-Engelgerii, Arteneyo, Deserto, Langl (?), He-
« bler (?), Fatigna (?), Canegero, Tesseio, Sancto Vigore
« de Montibus, Cavafraxino, Montbreio, Altavilla-la-
« Guichard, Geoffossa, Vaudrimesnillo, Monte-Hugo-
« nis, Vandeleya, Nidocorvi, Huguevilla, Monte-Picho-
« nis, Guillelmo, Ceraseyo, Bella-Valle, Ronceyo,
« Sancto-Dionysio-Induto, Longavilla, Cerenciis,
« Avicularia, Mesnil-Auber, Treilleio, Sancto-Fra-
« gasio, Fresné-le-Puceur et Saceyo, excrescentium
« una cum pensionibus de Poterel, de Orleande, de
« Neyo, Moyono, Perceyo, Tollevasto, Gattevilla,
« Brixio et Telleio nuncupatis, a nonnullis laicis qui
« illas a tanto tempore, cujus jam memoria hominum
« non habetur, tenuerunt, seu perceperunt, etiam
« emptionis et venditionis expresso nomine acqui-
« sierunt et illas cantori et capitulo præfatis pro
« certis fundationibus seu ipsarum fundationum
« dote donaverunt, et inter ceteros, annis a tri-

« ginta vel circa elapsis, bonæ memoriæ Gauffridus
« Herbert, dum viveret, episcopus Constantiensis,
« duas partes decimarum garbarum, infrà limites
« parrochialis ecclesiæ de Hebertoligno (?) excres-
« centium, a dilectis in Christo filiabus, Catharina et
« Margareta du Mesnil-Guillaume, domicellis, quon-
« dam Gauffridi et Joannis de Magneville, laicorum no-
« bilium, tunc in humanis agentium, respective uxori-
« bus, quarum prædecessores dictas duas partes deci-
« marum garbarum perceperant, seu iisdem Gauffrido
« et Joanni, tanquam dictarum Catherinæ et Marga-
« retæ specialibus procuratoribus, etiam emptionis et
« venditionis nomine, pro certo tunc expresso pretio,
« intentione illas cantori capitulo præfatis et pro funda-
« tione celebrationis missarum jam in dicta ecclesia mi-
« nime fundata, dimittendi seu donandi, acquisivit, ac,
« eodem Gauffrido episcopo sublato de medio, quondam
« Ludovicus etiam Herbert, episcopus Abrincensis diœ-
« cesis, tunc in humanis agens, tanquam hæres et
« executor testamenti dicti Gauffridi, episcopi, in-
« sequendo ejus voluntatem et dispositionem, duas
« partes decimarum garbarum hujusmodi cantori
« et capitulo præfatis, pro certis fundationibus in
« dicta ecclesia factis, donavit et concessit; ac deinde
« similis memoriæ Adrianus Gouffier, dum viveret,
« episcopus Constantiensis, præfati Gauffridi imme-
« diate successor, donationem ejusmodi ratificavit et
« omne jus quod sibi in hujusmodi duabus partibus
« decimarum garbarum competere poterat eisdem
« cantori et capitulo certis mediis remisit, necnon,

« a duabus annis citra vel circa, ipsi cantor et capitu-
« lum ac dilectus filius Matheus de Mesnillo, rector
« dictæ ecclesiæ de Herbertoligno (?) aut certo alterius
« parrochialis ecclesiæ, super certa lite seu differentia
« inter eos, occasione certarum decimarum, exorta,
« concordarunt per certam compositionem inter se,
« et a dicto tempore dicti cantor et capitulum seu alius
« eorum nomine, mediam partem decimarum infrà
« limites parrochialis ecclesiæ de Sancto-Fraguc-
« rio a dilecto filio Guillelmo du Bullet, laico, titulo
« venditionis et emptionis, pro certo tunc expresso
« pretio, pro nonnullis fundationibus in ipsa ecclesia
« factis acquisierunt, prout in diversis litteris auten-
« ticis seu instrumentis aut documentis publicis de-
« super confectis dicitur plenius contineri. Cum
« autem sicut eadem petitio subjungebat, inter ipsos
« cantorem et capitulum et alium seu alios, super
« decimis hujusmodi seu aliquibus de eis et illarum
« occasione, quæstionis materia orta fuerit et lis pen-
« deat, seu ipsi cantor et capitulum desuper molesten-
« tur pro parte cantoris et capituli prædictorum affe-
« rentium inter se et dictum Gauffridum episcopum
« convenisse, quod quatuor capellaniæ, una videli-
« cet de Loiselet nuncupata, et Sanctæ Petronillæ, et
« alia sub invocatione Omnium Sanctorum et de Enne-
« villa, dictæ Constantiensis diœcesis, quarum idem
« Gauffridus episcopus patronus fuerat, et quarum jus
« patronatus iisdem cantori et capitulo donaverat et
« concesserat, necnon alia sub beati Rumpharii at-
« que alia sub sanctæ Annæ invocationibus dedicatæ

« in præfata ecclesia Constantiensi ipsi cantori et
« capitulo affectæ essent et illæ ad præsentationem
« eorumdem cantoris et capituli, per episcopum Cons-
« tantiensem, pro tempore existentem, conferri debe-
« rent, nobis fuit humiliter supplicatum, ut acquisitio-
« nibus, donationibus, concessionibus et aliis præ-
« missis pro earum subsistentia firmiori robur apos-
« tolicæ confirmationis adjicere, ac aliàs in præ-
« missis opportune providere de benignitate apostolica
« dignaremur. Nos igitur, qui ecclesiarum et ecclesias-
« ticarum personarum quarumlibet profectui, cum
« a Deo possumus, libenter consulimus, modernum
« cantorem et capitulum præfatos ac eorum singu-
« los a quibusvis excommunicationibus, suspensione
« et interdicto, aliisque ecclesiasticis sententiis, cen-
« suris et pænis a jure vel ab homine, quavis occa-
« sione vel causa latis, quibus quomodolibet innodati
« existunt, ad effectum præsentium duntaxat conse-
« quendum, harum serie, absolventes et absolutos
« fore consen[tientes] ac litis hujusmodi statum eorum-
« dem litterarum seu instrumentorum, aut documen-
« torum prædictorum verioris tenoris præsentibus
« pro sufficienter expressis habentes, supplicationibus
« inclinati, absque litis prædictæ et rectorum parro-
« chialium ecclesiarum locorum hujusmodi præjudi-
« cio, singulas acquisitiones, donationes et concessio-
« nes, ratificationes, remissiones, concordiam et
« compositionem aliaque præmissa ac prout illa
« concernunt omnia et singula in dictis seu litteris seu
« instrumentis aut documentis contenta, licita tamen

« et honesta ac sacris canonibus non contraria et
« deinde secuta quæcumque ex certa scientia, auctori-
« tate apostolica et tenore præsentium, approbamus et
« confirmamus, et illis perpetuæ firmitatis robur adji-
« cimus. Nihilominus pro potiori cautela eidem mo-
« derno ac pro tempore existenti cantori et ipsimet
« ecclesiæ Constantiensi ac præfato capitulo singulas
« decimas hujusmodi, prout hactenus consueverunt,
« perpetuis et futuris temporibus percipere, exigere
« et levare ac in suis et mensæ capitularis ecclesiæ
« hujusmodi usus convertere, et quascumque alias
« similes decimas per laicos detentatas ab illis acqui-
« rere libere liciteque valeant, auctoritate et tenore
« prædictis, concedimus et pariter indulgemus, non
« obstantibus præmissis ac constitutionibus et ordina-
« tionibus apostolicis, cœterisque contrariis quibus-
« cumque. Nulli ergo omnino hominum liceat hanc
« paginam nostræ absolutionis, approbationis, con-
« firmationis, adjunctionis, concessionis et indulti
« infringere vel ausu temerario contraire. Si quis
« autem hoc attentare præsumpserit, indignationem
« omnipotentis Dei et beatorum Petri et Pauli, aposto-
« lorum ejus, se noverit incursurum. Datum Romæ
« apud Sanctum Petrum, anno Incarnationis Do-
« mini 1536 [1]. »

[1] Nous n'avons pu nous procurer une bonne copie de cette pièce et corriger tous les passages défectueux qu'elle présente.

CHAPITRE VII

DE PAYEN D'ESQUETOT ET D'ÉTIENNE MARTEL

Charles de Cossé, maréchal de Brissac, frère de Philippe notre évêque, avait épousé Charlotte d'Esquetot fille de Jean, frère de Payen, et unique héritière de l'un et de l'autre. Il était naturel que ce maréchal de France employât son crédit pour faire succéder l'oncle de sa femme à son frère.

Payen et Jean Le Sueur, dits d'Esquetot, oncle et père de Charlotte, étaient fils de Guillaume Le Sueur, conseiller au parlement de Normandie, seigneur d'Esquetot, Riquierville[1], Buglise et autres seigneuries et de dame Marie de Normanville son épouse. Ce poète de Carentan, Nicolle Aubert, parlant de lui dans ses vers faits sur les officiers du parlement dit :

> Je souhaite à monsieur d'Ectot
> L'interprète Serapion
> Pour bien trousser un Palinot
> Plus doux que la harpe Amphion :

---
[1] Ricarville (Seine-Inférieure), arr. d'Yvetot.

Car il figure un Scipion
Tant est constant, ferme et rassis,
Et de vertus bon champion
Tout ainsi que fut Labusis.

Payen fut destiné à l'église dès sa plus tendre jeunesse et envoyé étudier à Paris en l'université[1]. M. Le Prévost remarque qu'il fut reçu chanoine de l'église de Rouen le 9° août 1522. L'auteur de l'histoire de cette église [2] l'a aussi remarqué dans le dénombrement qu'il fait des chanoines de cette église qui ont été élevés à l'épiscopat et M. Farin, dans son *Histoire de la ville de Rouen*[3], racontant l'établissement de l'office de garde des sceaux de la chancellerie du parlement de notre province, dit que le cardinal Georges d'Amboise en fut pourvu en 1499, que son neveu Georges d'Amboise, deuxième du nom, lui succéda en cette qualité, aussi bien qu'aux autres en 1510, et qu'en 1544, Payen Le Sueur, dit d'Esquetot, qui fut évêque de Coutances, le fut aussi, auquel succéda en 1552 Raoul Bretel, sieur de Gremonville, particularités qui n'ont pas été oubliées de ceux qui ont écrit de notre évêque comme n'étant pas incompatibles à l'épiscopat.

---

[1] *Les Recherches et Antiquitez de la Province de Neustrie, à présent duché de Normandie, comme des villes remarquables d'icelle : mais plus spécialement de la Ville et Université de Caen,* par Charles de Bourgueville, etc. Caen, 1588, p. 49.

[2] Dom Pommeraye, *Histoire de l'Eglise cathédrale de Rouen...* Rouen, M. DC. LXXXVI, ch. xix, p. 254-255.

[3] Ce passage est altéré dans les deux mss. dont voici le texte : « racontant le garde des sceaux de la chancellerie du parlement de notre province, dit que le cardinal Georges d'Amboise lui succéda en cette qualité, aussi bien qu'aux autres en 1510, et qu'en 1544, Payen le Sueur, dit d'Equetot, qui fut évêque de Coutances, le fut aussi, auquel succéda en 1551, Raoul Bretel, sieur de Grimouville, etc. » Je l'ai corrigé d'après les détails donnés par Farin, édit. de 1738, t. II, p. 247-248.

Nous l'avons dit, Payen d'Esquetot était membre de l'église de Coutances auparavant que d'en être le chef. En 1545, il fut pourvu de la prébende nommée du Vaultier en Quibou; il eut aussi celle de la Foulerie en la paroisse de la Mancelière. Nous avons dit que le dernier de juin 1548, il la remit en faveur de René de Cottereau.

Le siège épiscopal vaqua seulement trois mois et quelques jours, depuis le mois de décembre 1548 jusqu'au 16° de mars suivant 1549, que l'on comptait encore alors 1548, auquel jour Guillaume de Grimouville prit possession pour lui : « Hac die 16ª maii, anno
« domini 1548, hora quinta post meridiem, venerabilis
« et discretus dominus et magister Guillelmus de Gri-
« mouville, presbiter, canonicus Constantiensis, vice et
« nomine reverendissimi in Christo patris [ac] domini
« Pagani d'Equetot, miseratione divina Constantiensis
« episcopi, præsentavit in capitulo litteras provisionis
« hujusmodi episcopatus, qui quidem de Grimouville
« receptus fuit per dominum de capitulo nomine
« prædicti d'Equetot, ac etiam cœpit idem de Grimou-
« ville nactus et adeptus possessionem hujusmodi
« episcopatus. »

François de Lautrec avait aussi été choisi grand vicaire; j'en ai vu les lettres : elles sont datées du 4° du même mois de mars, ce qui nous fait connaître que Payen était dès lors notre évêque. Elles sont expédiées à Paris, rue Quinquempoix, à l'hôtel Disteolar (?); elles sont trop longues et trop ennuyeuses pour être rapportées ici, outre qu'elles ne contiennent autre chose sinon que lui évêque étant embarrassé d'une infinité de diverses occupations qui l'empêchaient de venir en son diocèse aussitôt qu'il désirait, il donnait pouvoir à ce grand vicaire de le gouverner ainsi et de la manière qu'il aurait pu faire s'il eût été présent.

François de Lautrec fut grand vicaire fort peu de temps; il mourut au mois de mai suivant 1549, ainsi qu'il paraît par un acte du 24e de ce mois de mai, qui contient la confirmation que fit Guillaume de Grimouville de l'élection faite par les religieux de Hambie de la personne de frère Gilles de Vauborel [1] pour lui succéder et être leur abbé.

Messire Pierre Pinchon, évêque de Porphyre, fut aussi continué suffragant; toutes les ordinations, tant générales que *per turnum*, furent faites par lui aux années 1549 et 1550, aussi bien que celles d'auparavant à la réserve de quelques-unes, mais c'est très peu que nous trouvons avoir été faites par Charles Le Boucher, évêque de Mégare et abbé de Montebourg, en l'église de cette abbaye.

Nous trouvons peu de choses dignes de remarque dans ce diocèse en ces temps dont nous parlons; nous dirons seulement que la mémoire de feu René de Brèche, notre prélat, était précieuse en son église et nous en avons une très grande preuve. Un nommé Jean Villenon, archidiacre du Cotentin, s'étant simplement démis de son archidiaconé entre les mains de Guillaume

---

[1] Le *Gallia christiana* ne fait pas mention de cette élection et donne pour successeur immédiat à François de Lautrec, Jean de Ravalet, sieur de Tourlaville.

de Grimouville, ce grand vicaire le conféra de plein droit à Etienne de Brèche, chanoine de Paris, neveu de feu son prélat, le 19° septembre 1549, le préférant ainsi généreusement à son propre neveu Jacques de Grimouville, à qui il s'était contenté de donner la prébende d'Yvetot[1].

Nous remarquerons aussi pour l'année 1550[2], la mort de Georges d'Amboise, deuxième du nom, archevêque de Rouen, parce que notre évêque Payen d'Esquetot fit la cérémonie de son inhumination. Le cardinal mourut, en son château de Vigny,[3] le 26° jour d'août; son corps fut apporté et mis en dépôt dans l'église de ses religieuses du faubourg de Rouen qu'on appelle les Emmurées, le 16° septembre. Le lendemain, il fut conduit en grande pompe en la cathédrale, le 18°, à Saint-Ouen pour y être les services faits en sa mémoire, et enfin le 19°, rapporté avec toutes sortes de magnificences en sa cathédrale et enfin inhumé dans le tombeau qu'il avait fait faire pour feu son oncle et pour lui, et ce fut Payen d'Esquetot, évêque de Coutances, qui présida et officia en toutes ces grandes cérémonies par le choix qu'en avaient fait les exécuteurs du testament de ce grand cardinal.

L'année suivante, 1551, Payen d'Esquetot vint en son diocèse et arriva en son château de la Motte; il y

---

[1] Arr. de Valognes.

[2] Le registre des délibérations capitulaires de Notre-Dame de Rouen, pour les années 1548-1551 (Arch. de la Seine-Inf., G. 2160), nous apprend que le 23 février 1550, le serment de fidélité fut prêté par Payen d'Esquetot, évêque de Coutances.

[3] Département de Seine-et-Oise, arr. de Pontoise.

resta jusqu'au 22ᵉ dudit mois, auquel jour, pour parler comme nos registres, « suum ingressum fecit in « sua civitate Sancti-Laudi ». Le lendemain, 23ᵉ du même mois, il confirma par un acte nouveau le titre de grand vicaire à Guillaume de Grimouville, réservant néanmoins les bénéfices qu'il conférait de plein droit. Il continua la qualité de suffragant à M. l'évêque de Porphyre, et, le lendemain 24ᵉ, Louis de Folligny, abbé commendataire d'Igni, ordre de Citeaux, dans le diocèse de Reims, ayant exhibé lettres de Rome pour être promu aux ordres sacrés, *extra tempora,* il permit à M. de Porphyre de les lui donner. Le vendredi 1ᵉʳ jour de mai, fête de saint Philippe et de saint Jacques, il fut ordonné sous-diacre ; le dimanche suivant, diacre, et, le jeudi suivant, 7ᵉ jour de mai, jour de l'Ascension, il fut sacré prêtre.

Ce même jour 7ᵉ mai, fête de l'Ascension de Notre-Seigneur, Payen d'Esquetot fit son entrée solennelle en sa ville épiscopale. Notre registre s'en explique en ces termes : « Hac die, 7ª maii, festiva Ascensionis « Domini nostri Jesu Christi, reverendus in Christo « pater, dominus Paganus d'Equetot, episcopus Cons-« tantiensis, ingressum fecit in sua ecclesia cathedrali « Constantiensi. »

Nous trouvons qu'à la prise de possession de l'évêché par son procureur et à son arrivée, le chapitre protesta de son droit d'élection contre la nomination du roi, mais ce ne fut qu'une formalité sans suite qui n'empêcha pas que ce prélat ne fût très bien reçu et bien aimé.

Il s'appliqua aux devoirs de sa charge. Il fit particulièrement la visite des abbayes et prieurés de son diocèse et, sous prétexte de l'ordination *per turnum*, il connut entièrement son diocèse. Voici le titre du registre qui contient ce que nous disons : « Registrum « tonsuratorum per reverendum in Christo patrem « et dominum Paganum d'Equetot, miseratione divina « Constantiensem episcopum, faciendo turnum seu « cursum visitationis abbatiarum et prioratuum epis- « copatus sui in anno Domini 1551, diebus et locis in- « frà scriptis, etc. », le 20ᵉ et 22ᵉ mai à Saint-Lo, le 23ᵉ en l'abbaye de Saint-Sever, le dernier mai en l'abbaye de Montebourg, le 1ᵉʳ, 2ᵉ et 3ᵉ juin à Valognes, le 4ᵉ en l'église paroissiale de Cherbourg, le 6ᵉ en l'abbaye de Saint-Sauveur-le-Vicomte, le 8ᵉ en l'abbaye de Lessay, et enfin le 9ᵉ à Périers, et de là en sa ville capitale et épiscopale. Pendant qu'il y resta, noble homme messire Jacques Pillegrain, prêtre, chanoine de Coutances, prébendé du Bois-Hérou[1], archiprêtre et curé de Sainte-Marie-du-Mont[2] et de la grande portion d'Appeville[3], seigneur temporel de Marmion et de Botteville, fonda en l'église cathédrale l'office du Saint-Nom de Jésus par 35 livres de rente suivant le contrat du 14ᵉ janvier 1550 à la manière de compter ancienne, passé devant Gillebout Havard et Gabriel de La Mare, tabellions, et Jean Henry, écuyer, seigneur de Tracy, vicomte de Coutances, garde des sceaux,

---

[1] Paroisse de Quibou, arr. de Saint-Lo.
[2] Arr. de Valognes.
[3] Arr. de Coutances.

entre le révérend père en Dieu le seigneur évêque de Porphyre, chantre et président au chapitre avec les autres chanoines de ladite église, d'une part, et ledit Pillegrain, d'autre, le 25ᵉ août 1551.

Deux jours après, Payen notre évêque loua et accepta cette fondation par l'acte que voici : « Paganus
« d'Equetot, miseratione divina Constantiensis epis-
« copus, venerabilibus fratribus nostris, cantori et
« canonicis ecclesiæ nostræ cathedralis Constantiensis
« universisque et cunctis Christi fidelibus præsentes
« litteras inspecturis, salutem in Domino. Notum faci-
« mus quod, die datæ præsentium, pro parte venerabilis
« et nobilis viri magistri Jacobi Pillegrain pro sua suo-
« rumque parentum et amicorum vivorum atque mor-
« tuorum animarum salute, ad laudem, gloriam, ho-
« norem et exaltationem nominis Domini ac salvatoris
« nostri Jesu Christi, sub bene placito nostro, in eadem
« ecclesia nostra servitium solemne de nomine Jesu
« fundare supplicando et requirendo, prout nobis
« supplicatum et requisitum exstitit, quatenus fun-
« dationem hujusmodi laudare et approbare atque
« servitium prædictum de nomine Jesu in prædicta
« nostra ecclesia celebrari ac solemnisari mandare
« dignaremur et vellemus; nos igitur hujusmodi suppli-
« cationi inclinati, cupientes et affectantes saluti ani-
« marum providere atque etiam divinum et salutare
« nomen Domini et salvatoris nostri Jesu Christi re-
« verenter, ut decet, laudari, glorificari, solemnisari
« atque exaltationem nominis ipsius elevari, fundatio-
« nem prædictam laudavimus, approbavimus atque

« etiam emolagamus tenore præsentium atque servi-
« tium prædictum in nostra ecclesia celebrari volu-
« mus, permittimus atque mandamus modo et forma
« confectis cum quibus nostræ præsentes alliguntur.
« Actum et datum apud castrum nostrum de Bono
« Fossato sub sigillo nostro, anno Domini 1550, 27°
« augusti[1]. » Et est signé : Guibert, et au dessus est
écrit « de mandato domini. »

J'ai vu un aveu qui lui fut rendu le 15° de mai 1551
d'une terre noble de la paroisse de Gourfaleur[2], dont
voici quelques termes : « A révérend père en Dieu et
« seigneur messire Payen d'Equetot, par la permis-
« sion divine évêque de Coutances, sieur et baron de
« Saint-Lo et de la Motte-l'Evêque, nous Guillaume
« Hébert et Michel Planchon, etc., confessons tenir
« nous et nos puinés et branchiers un fief ou vavas-
« sorie nommé le fief du Hommet en la paroisse de
« Gourfaleur, contenant cent dix acres de terre ou viron
« qui se relève par un huit° de fief de haubert, où il y
« avait anciennement cour et usage, dont le gage
« plège est devenu en la main dudit seigneur évêque,
« sur lequel fief il y a place de manoir et domaine,
« et en sont dus audit aîné par les puinés et bran-
« chiers plusieurs rentes et redevances et au dit sei-
« gneur par ledit aîné et branchiers... de tournois
« pour aider quand le cas s'offre, relief et treiz° quand
« il échoit, bans et droits de moulins de mondit sieur
« responsif à juridiction en tant qu'est la sergenterie

---

[1] Septimo augusti (M.)
[2] Arr. de Saint-Lo.

« aux Besineurs... » et le reste dont je ne dirai plus rien, sinon que Jacques Quetil, écuyer, était alors sénéchal de cette baronnie.

Peu de temps après, notre évêque se retira à Paris et y mourut le 24º décembre, et le 3º janvier suivant que l'on comptait encore 1551, sa mort fut notifiée à Coutances. Ce jour-là et, après le service fait pour lui à l'ordinaire, le siège fut déclaré vacant.

Ce prélat fit son testament peu de temps après sa [nomination][1] par lequel il aumôna à son église 36 livres 17 sous, à raison de quoi on fait tous les ans deux services pour lui : le premier au jour de son décès, 24º décembre, auquel il y a distribution de trente livres, lequel obit ne doit point être transféré à moins que ce jour ne soit un dimanche ; l'autre se doit faire le 3º janvier, auquel il y a distribution de 6 livres 17 sous. Voici les termes du Nécrologe de la cathédrale sur le mois de décembre : « Paganus d'Eque-« tot, episcopus Constantiensis. Præ manibus distri-« buatur summa triginta librarum et non moveatur a « die 24ª decembris, nisi dominica fuerit », et dans le compte du chapitre de 1661, décembre : « Pour « l'obit de M. Payen d'Esquetot, 6 livres 17 sous. » Il paraît par tout ce que nous venons de dire qu'il fut notre évêque seulement deux ans, neuf mois, huit jours. Le chapitre nomma pour vicaires généraux pendant la vacance Guillaume Le Prévost, trésorier, avec ledit de Grimouville, et pour secrétaires Mathurin Perreau et Jean de Marmenges, chanoines.

[1] Ms. M. *avant sa mort.*

Cet évêque portait d'argent à trois fasces de gueules. Cet écu se voit encore aux deux vitres qui sont sur les deux portes du parvis de l'église cathédrale qui sont aux deux côtés de la grande porte.

Nous avons dit que sa nièce et héritière, nommée Charlotte d'Esquetot, fut mariée au maréchal de Brissac. On voudra bien me permettre d'ajouter ici qu'elle était si riche que, par contrat du 27º novembre 1567, le clergé de France, qui était fort taxé, eut recours à cette dame et lui constitua 23,449 livres 17 sous de rente, laquelle rente se paie encore entre les mains du roi, les prédécesseurs de Sa Majesté l'ayant retirée il y a longtemps. Voyez le contrat de 1567 du 4º volume des *Mémoires du clergé*[1].

ÉTIENNE MARTEL

Ce prélat était d'une très noble famille du pays de Caux qui porte d'or à trois marteaux de gueules. Il était fils de Louis Martel, chevalier, seigneur de Cretot, et frère d'Olivier, aussi chevalier, descendus des seigneurs de Basqueville, si fameux dans nos histoires, tous descendus de Guillaume Martel, seigneur de Basqueville, et d'une nièce de la princesse Gonnor, épouse de Richard, deuxième du nom, duc de Normandie[2].

---

[1] P. 556, 576 et 599.
[2] V. M. A. Hellot, *Essai historique sur les Martel de Basqueville et sur*

Etienne n'était pas étranger en ce diocèse lorsqu'il en fut choisi évêque. Olivier, son frère, y avait épousé demoiselle Marguerite de Cambernon¹, dame de Montpinchon, et leur sœur était mariée à Gilles Le Marquetel, seigneur de Montfort. Noble dame Anne-Madeleine Martel, maintenant veuve de Louis Caillebot, marquis de la Salle, et mère entre autres de monseigneur l'évêque de Tournay, est descendue de cet Olivier, et MM. les marquis de Saint-Denis-le-Gast et de Montfort sont venus de ladite Martel et dudit Gilles.

Etienne était aussi bénéficier en ce diocèse ; nous en avons parlé. Olivier, son frère, l'avait présenté à la cure de Montpinchon et il l'emporta contre ses compétiteurs, comme nous avons aussi remarqué.

Par la nomination du roi, il succéda à Payen d'Esquetot non-seulement en l'évêché de Coutances, mais aussi en l'abbaye de Saint-Jouvin-de-Marnes. Il semblait que cette abbaye alors était comme unie à notre évêché, y ayant eu quatre de nos évêques de suite abbés de ce lieu : Philippe de Cossé, Payen d'Esquetot, Etienne Martel et Arthur de Cossé.

Ce monastère de Saint-Jouvin-de-Marnes nous doit être considérable par cette raison, mais encore plus parce que nous lui sommes redevables de la vie monastique en ce diocèse et de nous avoir donné deux grands saints, saint Pair et saint Scubilion, desquels

---

Basqueville-en-Caux, p. 4. C'est Nicolas et non Guillaume de Basqueville qui épousa une nièce de Gonnor.

¹ Ibid. p. 241.

nous avons parlé en leur lieu. Cette abbaye est dans le Poitou, peu éloignée de ce lieu nommé Moncontour, fameux par la victoire qu'y remporta Henri III, encore duc d'Anjou, contre les rebelles en 1569. On l'appelle de Saint-Jouvin du nom de son fondateur ; on y ajoute de Marnes parce qu'il est proche d'un village de ce nom, entre deux petits ruisseaux, l'un nommé le Thouet et l'autre la Dive, assez près de la ville de Thouars. On pourra voir dans notre recueil ce que nous savons de ce monastère et des abbés qui l'ont gouverné. Il est maintenant peuplé de religieux de la congrégation de Saint-Maur et, en 1699, il était gouverné par un savant, honnête et obligeant religieux nommé le révérend père Charles de Conrade, prieur conventuel, duquel je tiens ce que j'en dirai.

Notre Etienne fut encore abbé du monastère de Saint-Melaine proche Rennes, qui est de même de Bénédictins réformés et de la même congrégation de Saint-Maur.

Peu de temps après la nomination du roi, le 3° décembre 1552, Philippe Carbonnel, seigneur de Canisy, Cambernon et Montpinchon en partie, présenta Jean Carbonnel à la cure de Montpinchon ; il la croyait vacante par la promotion de notre Etienne à l'épiscopat. Cette présentation ne fut pas admise par deux raisons : la première, parce que, disaient nos grands vicaires, il n'est pas constant que l'épiscopat soit incompatible avec un bénéfice-cure ; l'autre, que dès le 19° juillet précédent, il[1] avait remis cette cure

---

[1] Etienne Martel.

entre les mains de la reine Catherine, régente du royaume, en faveur de Charles de Villiers, clerc du diocèse de Poitiers.

Il choisit et établit son grand vicaire notre Guillaume de Grimouville, qui, en qualité de son procureur, prit possession pour lui de l'évêché le 3° décembre de l'an que nous avons marqué 1552, d'où il est évident que le siège épiscopal ne vaqua tout au plus qu'onze mois.

Peu de temps après, étant à Montfort chez Gilles Le Marquetel son beau-frère, il donna des lettres de vicaire général à Guillaume de Grimouville portant pouvoir de faire toutes sortes d'expéditions en matières bénéficiales et autres appartenances à vicaire général, soit qu'il fût présent ou absent, à la réserve des bénéfices où l'évêque confère de plein droit. Cet acte est daté du 2ᵉ février de l'an 1552 qui est à notre mode 1553.

Quatre jours après, c'est-à-dire le 6° février, lui furent présentés certains règlements et constitutions faits entre l'abbé et les religieux de Saint-Lo, lesquels, après les avoir mûrement considérés, il loua et confirma par un acte authentique, le tout sauf et sans préjudice de ses droits et de ceux de ses successeurs évêques, comme étant fondateurs et supérieurs immédiats de ladite abbaye, et ordonna qu'ils seraient enregistrés ainsi que certain appointement fait entre lesdits abbé et religieux des procès qui étaient entre eux, à raison des bénéfices réguliers qui en dépendent, et le tout sous les mêmes clauses et conditions des droits épiscopaux.

Le synode de cette année 1553 fut tenu l'onze

d'avril ; M. de Grimouville, grand vicaire, y présida. Il ne s'y passa de remarquable que la réception du fameux édit de Henri II donné à Saint-Germain-en-Laye, au mois de juin 1550, contre les abus qui se commettaient aux provisions des bénéfices. Cet édit est aussi public que fameux ; j'en rapporterais inutilement les articles[1]. Je dirai seulement qu'il fut statué qu'on s'y conformerait en tout, et le nombre des notaires apostoliques fut réglé en notre diocèse.

Messire Pierre Pinchon, évêque de Porphyre, fut aussi continué suffragant. Il faisait toutes les fonctions épiscopales ainsi qu'il paraît par les registres des ordinations ; sur quoi il est à remarquer que nous n'en trouvons plus de celles qu'on appelait *per turnum*, mais toutes générales aux temps prescrits par les canons. La première est du 22e ou 23e septembre 1553, et la dernière est *tonsuratorum* datée du 25e mars 1558, « more diœcesis Constantiensis computando », et ce même évêque de Porphyre bénit encore le 16e janvier 1553 ou, si nous voulons, 1554, dans l'église cathédrale, Guillaume Le Fillastre élu abbé de Cherbourg, le tout avec la permission du grand vicaire [d'] Etienne Martel.

Le 20e février 1554 ou 1555, Etienne Martel notre évêque vint à Coutances, « hanc civitatem suam adeptus est ». Il y régla que M. de Grimouville, son

---

[1] V. *Mémoires du Clergé de France*, t. II, 2e partie, p. 29 et suiv. : *Edit du Roy Henry second, du mois de juin* 1550, *appellé communément, l'Edit des petites dates, fait pour la réformation des abus qui se commettoient aux impétrations de Bénéfices en Cour de Rome. Vérifié aux Parlement de Paris et de Rennes les* 24 *juillet et* 2 *octobre audit an.*

grand vicaire, ferait toutes les expéditions soit que lui évêque fût présent ou absent, « decrevit et ordinavit » que porte le registre, « quod non obstante « sua præsentia, dominus de Grimouville, vicarius « generalis, expediat acta secretariatus, prout si dic- « tus episcopus absens esset a sua diœcesi et civi- « tate. » Il s'en retourna aussitôt, mais il y revint le 13ᵉ décembre de l'année 1555, et, le lendemain, il donna la chapelle de Saint-Thomas, martyr, à Louis Busquet, de Rouen, et le lendemain 15°, il se retira de sa ville épiscopale.

Cependant le 7° mai 1553, Jean Crochier, curé de Bourey [1], exhiba et fit enregistrer des lettres obtenues de l'évêque qui l'exemptaient de résider. Le 12° septembre 1555, Bertin Mangon fut pourvu de la prébende de Coutances par la démission simple de René de Vaugirard. Nous connaissons qu'en 1555 ou 1556, le 12° mars, notre évêque était en son abbaye de Saint-Jouvin-de-Marnes et ce par la collation de la cure de Saint-Marcouf [2] à un nommé Antoine Cousin, laquelle il avait obtenue en cour de Rome par un dévolu; et, la même année 1556, 19° août, il était à Paris où il conféra par forme de visa la cure de Saint-Georges de Montcocq [3] à François Gaultier, laquelle lui avait été résignée en cour de Rome par un nommé Jean Dufour.

Il y a en l'année 1557 plusieurs particularités qui méritent être remarquées, dont la première regarde

---

[1] Arr. de Coutances.
[2] Arr. de Valognes.
[3] Arr. de Saint-Lo.

Georges Bucanam[1]. Il y a peu de personnes, pour peu qu'elles soient versées dans l'étude des belles-lettres, qui ne le connaissent. On ne peut en effet dire de lui ni trop de bien, ni trop de mal. Jamais homme n'a eu plus de facilité à bien écrire que Bucanam, particulièrement en vers ; jamais homme n'a eu plus d'impiété et plus d'inclination à la médisance contre les rois. Il se fit cordelier ; l'amour du libertinage le rendit apostat ; les nouveautés de Calvin et de Luther étaient l'esprit des jeunes superbes de ce temps-là : Bucanam s'y donna. Ses crimes l'auraient fait périr d'une mort honteuse, dès l'an 1536, avec quelques autres athées comme lui, que le roi d'Ecosse avait fait arrêter, s'il n'avait trouvé le moyen de sauter par une fenêtre et de s'enfuir. Il vint à Paris, où sa dissimulation et son talent pour les belles-lettres le firent connaître et chérir des hommes de lettres et en particulier de notre évêque, lequel, croyant faire honneur à son église, engagea Jean Le Marquetel de lui résigner sa prébende de Muneville[2] ; l'acte en est passé à Fontainebleau le 25° mars 1557 avant Pâques, et Charles de Pierrepont, chanoine, [fut reçu en] vertu de procuration pour Bucanam, le lundi 23° mai suivant 1558, ainsi qu'il paraît par tous les actes qui sont conservés dans les registres des insinuations dont

---

[1] Georges Buchanan, né en 1506, mort en 1582, qui prit une part importante aux troubles religieux de l'Ecosse, a été un des meilleurs latinistes de la Renaissance. On lui doit une Histoire d'Ecosse, des tragédies, des pièces lyriques, une paraphrase des Psaumes, des pamphlets, etc., le tout en latin. V. sur ce personnage l'article de Bayle : *Dictionnaire historique et critique*.

[2] Muneville-sur-Mer, arr. de Coutances.

M. du Sens Villodon est saisi et qu'il a bien voulu me communiquer, dans lesquels Bucanam, qui alors enseignait à Paris, est simplement qualifié de clerc du diocèse de Glasgou « clericus Glasquensis diœcesis. »

Cette maison de Marquetel était chère à notre prélat Etienne. Ce Jean, dont nous venons de parler, était chanoine et archidiacre en cette église et il avait trouvé les moyens de faire chef de son chapitre Jacques Le Marquetel, autre beau-frère de sa sœur. Il avait pour cela engagé par d'autres bienfaits et bénéfices l'évêque de Porphyre à résigner à ce Marquetel la chantrerie et la prébende de Blainville[1], à quoi il avait ajouté la qualité de grand vicaire, ainsi qu'il paraît par une grande quantité d'actes expédiés par lui en cette qualité.

En créant Jacques Le Marquetel grand vicaire, il ne révoqua pas Guillaume de Grimouville ; au contraire, il fut chargé presque seul du gouvernement de tout le diocèse, et la famille de ce seigneur n'était guère moins avancée en honneurs ecclésiastiques et en bénéfices qu'elle l'était en noblesse et en biens temporels. Jacques de Grimouville était abbé commendataire de Saint-Sauveur-le-Vicomte et je trouve qu'au seul mois d'octobre 1557, il donna la cure de Tréauville et celle des Pieux[2] à Arthur de Grimouville, son neveu.

En cette saison, Nicolas Joresme[3] était abbé de

---

[1] Arr. de Coutances.

[2] Tréauville et les Pieux, arr. de Cherbourg.

[3] Jeroesme, d'après le *Gallia christiana*, t. XI, 921, qui donne pour date de sa mort le 3 des Ides de janvier 1558.

Lessay, ainsi qu'il paraît par la donation, le 2ᵉ de ce dit mois d'octobre au même an 1557, du prieuré de Bolleville[1] à François Robert Le Verrier, religieux du même couvent. Nicolas de Saint-Ouen, professeur en théologie, était abbé de Montebourg, ainsi qu'il paraît par acte du 6ᵉ du mois suivant en la même année, par lequel il établit un nommé Claude Sanson son vicaire général en ladite abbaye.

Etienne Martel cependant suivait la cour ; la résidence ordinaire de cet évêque, lorsque le roi était à Paris, était le même hôtel Destelar rue Quinquempoix, où nous avons vu que résidait Payen d'Esquetot, son prédécesseur. C'est ce que nous apprenons de tous les actes émanés de lui en ces temps-ici ; telle est, le 19ᵉ juin 1557, la collation de l'autre portion de l'église de Montebourg à Nicolas Charuel du diocèse de Langres, qui avait déjà la première ; telle est la collation de la première portion de Carentan à Ange Vergetius du diocèse du Mans, le 25ᵉ juin 1558, et telle est encore celle de Sainte-Marguerite de Contrières[2] à Emond Douize du diocèse de Langres, le 15ᵉ août 1558.

Mais ce qu'il y a de plus considérable en cette année 1558 est la possession que prit personnellement notre prélat de son évêché le 18ᵉ octobre 1558. Il le fit de cette manière. Il fut premièrement à l'Hôtel-Dieu et de là se rendit à la chapelle Saint-Maur où le chapitre s'étant rendu en habit de chœur, il en fut jusqu'à l'église cathédrale accompagné où il vint nu-

---

[1] Arr. de Coutances.
[2] Arr. de Coutances.

pieds. Il s'arrêta devant le grand portail sur cette fameuse pierre qu'on appelle de Saint-Lo, vis-à-vis la statue de ce saint évêque ; le chapitre le harangua en latin, à quoi il répondit de même ; après quoi, le chapitre étant entré et les portes fermées, il jura à la manière ordinaire sur les saints évangiles, après s'être agenouillé sur cette pierre que nous venons de nommer, qui lui furent présentés par le chantre Jacques Le Marquetel, qu'il conserverait inviolables les privilèges et libertés de l'église de Coutances. Les portes ensuite ayant été ouvertes, il entra processionnellement dans la nef, de laquelle, après avoir fait sa prière sur un prie-Dieu élevé qui lui avait été préparé, le chantre le prit par la main gauche, le conduisit dans le chœur où il prit possession par le toucher et le baiser du grand autel et l'installation en la chaire épiscopale. De là, étant allé derrière l'autel prendre la chaussure épiscopale, il monta au chapitre au son de la cloche ordinaire pour sa convocation ; il y reçut l'habit canonical et, ayant renouvelé les serments, il fut installé dans la stalle de chanoine et dans la première chaire capitulaire, où l'on vint à lui au baiser de paix ; après quoi, on lui présenta le pain et le vin et fut encore complimenté en latin ; à quoi il répondit de même. C'est ce qui a été extrait de ces mémoires du chapitre communiqués par M. de La Rocque, chanoine et archidiacre de notre cathédrale.

Et ce que je crois de plus remarquable, avant cette prise de possession personnelle, il ne nous paraît point qu'il ait fait aucune ordination, au lieu que nous en trouvons de presque tous les temps prescrits de l'église depuis cette possession. Ainsi fut générale l'ordination qu'il fit en son église cathédrale, le 17ᵉ février que l'on comptait encore 1558, comme il paraît par la lettre de prêtrise d'un nommé Michel Trouede que nous avons vue, et par plusieurs autres que je rapporterais inutilement.

Etienne ne resta en ce diocèse que jusqu'au synode pascal suivant 1559, auquel il présida, et ensuite se retira sans que nous ayons connaissance qu'il y soit revenu depuis. Ainsi les expéditions ordinaires se trouvent toutes avoir été faites par l'un ou l'autre des vicaires généraux et les ordinations par Pierre, évêque de Porphyre, et, après la mort de celui-ci, par Gilles, évêque de Rouense, prélat que je ne connais que par ce nom et dont nous n'avons pas plus de deux ou trois ordinations.

Le 26ᵉ novembre 1559, Etienne Martel était en son manoir abbatial de Saint-Melaine, ainsi qu'il paraît par un acte daté de ce lieu et de ce jour par lequel il établit secrétaire extraordinaire, en notre diocèse, Pierre de Thiboutot, fils de sa sœur, « qui noster » dit-il en cet acte, « secundum carnem ex sorore nepos », auquel Thiboutot il avait peu auparavant conféré la pénitencerie. Nous avons une preuve certaine que notre évêque était à la suite de la cour sur la fin du mois de décembre 1559, et que la cour était alors à Blois : c'est une présentation que fit le roi, le 24ᵉ de ce même mois de décembre, signée de l'Aubépine, de la personne de Jacques Vauvouillet, du diocèse de Langres, à la cure de la paroisse des Sept-Frères[1], à raison de la minorité des enfants de Jacques Colardin et la collation que lui en expédia en conséquence Etienne Martel, laquelle est aussi datée de Blois, le 29ᵉ dudit mois de décembre 1559.

Enfin, ayant quitté la cour et s'étant retiré en son abbaye de Saint-Jouvin-de-Marnes, il y mourut vers la fin du mois de mai 1560. Je ne sais pas positivement le jour de cette mort[2], mais je sais qu'il était encore vivant le 24ᵉ du même mois de mai, et qu'il était à Saint-Jouvin, puisque, ce jour-là, il conféra par forme de visa la cure de Senilly[3] à un nommé Jean Paing, laquelle lui avait été résignée par Jacques Le Marquetel, et celui qui mit ce Paing en possession de cette cure, ce qui fut le 12ᵉ juillet suivant, parle dans cet acte de prise de possession de ce prélat comme étant décédé : « Stephanus Martel, dum viveret », et ce qui est encore de plus précis et de plus positif, c'est que, dès le 29ᵉ du mois de mai, la mort de cet évêque était déjà connue à Coutances ; on y avait déjà élu des vicaires généraux pendant la vacance du siège, et l'un de ces grands vicaires qui était Guillaume Le Prévost donna la collation du bénéfice de La Haie-Comtesse à Thomas Grésile, vacante par la mort de Julien des Isles, ainsi qu'il paraît par acte dudit jour 29ᵉ mai 1560.

[1] Dép. du Calvados, arr. de Vire.
[2] Le *Gallia christiana* XI, 902, fixe au 26 mai la date de cette mort.
[3] Le ms. M écrit *Renilly*. S'agit-il de Notre-Dame-de-Cenilly, de Saint-Martin-de-Cenilly (arr. de Coutances), ou de Remilly (arr. de Saint-Lo) ? On a vu le 22 octobre 1507 un Jean Marquetel, curé de Remilly. V. t. II, p. 376.

CINQUIÈME ET DERNIÈRE PARTIE

Qui comprend ce qui s'est passé depuis la naissance des troubles pour la religion en 1560 jusqu'en l'année présente 1708 sous douze prélats.

CHAPITRE PREMIER

DE ARTHUR DE COSSÉ

Arthur de Cossé était neveu de Philippe, notre prélat, dont nous avons parlé, et fils naturel de Charles de Cossé, maréchal de Brissac, et, comme on l'estime, d'une Italienne, nommée la signora Novidella. Son père le fit légitimer en l'an 1547 et eut un soin tout particulier de son éducation. Il le fit entrer en l'ordre ecclésiastique et lui procura tous les bénéfices et les avantages qu'il put. Arthur de Cossé fut premièrement abbé de Lessay[1] et, après la mort d'Etienne Martel, il lui succéda en ses abbayes de Saint-Jouvin-

---

[1] Après Nicolas Jeroesme, qui mourut le 11 janvier 1558.

de-Marnes, de Saint-Melaine de Rennes et enfin en l'évêché de Coutances. Il fut en outre aumônier de François de France, duc d'Alençon, frère des rois Charles IX et Henri III, mais il eut le malheur de vivre dans une des époques des plus grands malheurs de la France et du diocèse de Coutances.

La mémoire de ce prélat n'est pas tout à fait avantageuse. Les intéressés aux bénéfices dont il a joui font encore aujourd'hui mille plaintes contre lui. Il y en a quelques-unes de légitimes ; il y en a qui ne le sont pas trop, et le malheur du temps de son épiscopat, les horribles persécutions des hérétiques, les taxes excessives dont le clergé était accablé et un million d'autres raisons semblables mises en quelque considération, pourraient le rendre excusable en bien des choses, et je suis persuadé que les autres gros bénéficiers de son temps n'ont guère mieux fait que lui. Quoi qu'il en soit, ayant, comme nous venons de le dire, été choisi de la cour pour successeur en notre évêché à Etienne Martel, il prit comme lui possession par procureur, le 4e jour de mars 1561, d'où nous apprenons que le siège vaqua seulement neuf mois et trois semaines.

Le 8e du mois de février suivant 1562, il vint en sa ville capitale et épiscopale et fit son entrée solennelle de la même manière que son prédécesseur, excepté que, venant de la chapelle Saint-Maur à la cathédrale, nos mémoires remarquent qu'il n'avait point les pieds nus, mais seulement qu'il marchait à pied, « pedester ambulans » ; sur quoi il est bon de remarquer qu'en la prise de possession de l'évêché de Coutances, les évêques venant comme en triomphe à la porte de l'église depuis cette chapelle Saint-Maur, où étaient autrefois la porte et les murailles de la ville, étaient montés à cheval, précédés du clergé, comme représentant l'entrée de Jésus-Christ en Jérusalem précédé de ses apôtres. Le seigneur du fief de Gonneville était en obligation de lui tenir l'étrier et, en outre, lui servir d'échanson au repas solennel qui se faisait en cette solennelle fête ; en récompense de quoi, le cheval qui avait apporté le prélat et la coupe d'or en laquelle avait bu le prélat lui appartenaient.

Arthur de Cossé trouva le diocèse en très mauvais état, et il n'était guère en état d'y remédier. L'hérésie de Calvin avait déjà corrompu les cœurs de grande quantité de ses peuples et particulièrement des nobles. Nous trouvons dans les mémoires qui nous ont été communiqués du chapitre que, dès l'an 1554, en l'absence de l'évêque, on fut en obligation de faire plusieurs poursuites et diligences contre les huguenots, qui faisaient plusieurs mouvements et entreprises dans le diocèse et surtout à Sainte-Marie-du-Mont[1], où ils commencèrent leurs insolences. Le chapitre députa vers M. le cardinal de Vendôme[2], arche-

---

[1] Arr. de Valognes.

[2] Charles de Bourbon, né le 22 décembre 1523, de Charles de Bourbon, duc de Vendôme, et de Françoise d'Alençon, fut élevé à l'archevêché de Rouen en 1550, après la mort de Georges II d'Amboise. Nommé cardinal en 1548, il avait pris le titre de cardinal de Vendôme, qu'il garda tant que vécut son oncle Louis, cardinal de Bourbon, archevêque de Sens. Il se fit, après la mort de ce dernier, appeler cardinal de Bourbon, et c'est sous ce titre qu'il est surtout connu. Il était frère d'Antoine de Bourbon, roi

vêque de Rouen, sur le conflit de juridiction entre les juges d'église et les royaux à qui en connaîtrait, le parlement attribuant à ces derniers la connaissance du crime d'hérésie. Cependant ces diverses contestations, l'hérésie augmentait toujours sans opposition. Ce qui se passa auparavant le colloque de Poissy[1] fut peu considérable, quoique très affligeant en comparaison de ce qui le suit. « Les troubles, dit M. de
« Bras, furent grands pour la Religion en ce Royaume,
« en l'an mil cinq cents cinquante huict, par ce que
« celle qu'on appelle pretendue reformee, permet que
« l'on vive en une trop grande liberté, et que toutes
« choses nouvelles plaisent. Le commun peuple fut
« assez facilement seduit. Joint que les imposts et
« subsides estoyent si excessifs qu'en plusieurs vil-
« lages l'on ne faisoit plus aucunes assiettes des
« Tailles : mesmes les Decimes estoient si hauts que
« les Curez et Vicaires se rendoyent fugitifs, pour
« crainte d'estre emprisonnez, et ne se disoit plus le
« service divin en grand nombre de parroisses.....
« Quoy voyant, aucuns Predicans sortis de Geneve se
« saisissoyent des Temples et Eglises[2] ».

Au mois d'août de 1561, les hérétiques forcèrent

---

de Navarre, et, par conséquent, oncle de Henri IV, auquel la Ligue prétendit l'opposer comme roi de France, sous le nom de Charles X. Il mourut en 1590.

[1] Le colloque de Poissy s'ouvrit le 9 septembre 1561.

[2] Nous donnons cette citation et la suivante, que les mss. reproduisent inexactement, d'après le texte même des *Recherches et Antiquitez de la Province de Neustrie, à présent duché de Normandie, comme des villes remarquables d'icelle: Mais plus spécialement de la Ville et Université de Caen.* Par Charles de Bourgueville, sieur du lieu, de Bras et de Brucourt. A Caen. De l'imprimerie de Jean de Feure, 1588, pet. in-4°, p. 162 et 170.

les portes de la cathédrale, entrèrent dans l'église les armes à la main et firent prêcher publiquement leurs ministres ; mais, l'an suivant 1562, leur fureur alla à l'excès. Elle commença en cette province par Rouen, et, dit M. de Bras, « le Vendredy la nuict, et le Sa-
« medy ensuivant tout le jour, huict et neufiemes jours
« de May, mil cinq cents soixante et deux, tous les
« Temples, Eglises et Monasteres de ceste ville furent
« pillez et saccagez, Vitres, et Orgues brisees, et les
« Images massacrez, et tous les ornemens des Eglises
« qui y furent trouvez pillez, les Chaires, Coffres,
« Livres, et tout ce qui estoit combustible fut con-
« sumé par feu, et fut fait de si grands dommages,
« sans aucun profit, qu'on en estimoit la perte à plus
« de cent mil escus..... Les meschans qui commirent
« tels et si énormes actes, par l'authorité des Minis-
« tres..... furent si temeraires de venir en la Chambre
« du Conseil en armes, tant de harquebuzes, halle-
« bardes, que espées, demander à la Justice le salaire
« de leurs peines d'avoir fait tels saccagements et
« ruines, qui leur fut accordé par l'un des Juges qui
« estoit de leur religion. »

Coutances eut son tour au mois d'août de cette même année. Une troupe de scélérats s'en étant rendus maîtres sans aucune résistance, ils enlevèrent, portent nos mémoires, le sieur évêque et une bonne partie des chanoines pour les rançonner comme ils jugèrent à propos, et, en même temps, pillèrent, saccagèrent et brûlèrent tout ce qui appartenait aux ecclésiastiques et catholiques. L'office divin cessa alors entièrement dans Coutances et ne recommença qu'après l'Edit de pacification [1] audit an 1563, assez pauvrement, ne restant plus aucune argenterie dans l'église. Ce qui avait été sauvé et envoyé aux places fortes fut ensuite vendu pour payer les prêts faits au roi. Les chanoines ne portèrent point d'habits d'hiver dans la cathédrale pendant ces années de troubles, partie par pauvreté, partie à cause de l'interruption du commerce des draps; d'ailleurs, les gentilshommes se mettaient en possession des dîmes et se les faisaient bailler par le prix qu'ils voulaient.

Gabriel de Lorge, comte de Montgommery [2], et le marquis de Colombières [3], son gendre, étaient les chefs de nos rebelles et étaient toujours accompagnés de coupe-jarrets que M. de Bras qualifie de hardis et insignes meurtriers [4]. Il n'y a point de lieu en notre basse province où il ne reste quelque marque et quelque mémoire de leurs cruautés. On remarque qu'ils faisaient souffler les prêtres dans leurs carabines et

---

[1] Edit d'Amboise, 19 mars 1563.

[2] Le comte de Montgommery, après avoir eu le malheur de blesser mortellement le roi Henri II dans un tournoi, 30 juin 1559, s'était retiré en Angleterre où il embrassa le protestantisme. De retour en France au début des guerres de religion, il se distingua dans la défense de Rouen contre l'armée catholique, et prit une part active à toutes les luttes religieuses jusqu'au jour où il fut fait prisonnier dans Domfront, par Jacques de Matignon. Traduit devant le parlement, il fut condamné à mort et exécuté en Grève, le 26 juin 1574. V. outre les ouvrages relatifs aux guerres de religion en Normandie, la *Prise d'armes de Montgommery en l'année M. D. LXXIV, recueil d'opuscules rares et de documents inédits avec introduction et notes*, publiée par le Vte R. d'Estaintot. (Société des Bibliophiles normands).

[3] François de Bricqueville, baron de Colombières, tué dans la défense de Saint-Lô, en 1574.

[4] *Recherches et Antiquités*, etc., p. 180-181.

leur lâchaient le coup dans la bouche. Ils passèrent par les armes un religieux de l'abbaye d'Aunay[1], âgé de 70 ans, parce qu'il ne put leur fournir dix écus qu'ils lui demandaient. Nous avons dit au chapitre de Valognes[2] la manière dont ils en usèrent avec les Cordeliers de cette ville, et de quelle manière ils en profanèrent l'église paroissiale. Ils en usèrent de même partout ailleurs où ils purent être maîtres.

Ils formèrent le dessein de se cantonner dans notre Cotentin, [qui, par] la fertilité du pays et la proximité d'Angleterre leur parut le lieu du monde le plus commode pour s'y établir en forme de république. C'est ce qui nous paraît d'un mémoire qui fut envoyé sur ce sujet à la cour pour représenter à la reine et au conseil qu'il serait nécessaire d'entretenir des forces considérables dans le Cotentin, parce qu'une grande partie des gens du pays étaient pour les Anglais et leur feraient connaître les descentes, les recevraient et leur fourniraient des vivres dans le dessein de s'en servir pour le sujet d'établissement de la susdite indépendance ; que Cherbourg avait besoin d'un bon gouvernement et d'une bonne garnison ; qu'il serait à propos de rétablir le fort d'Omonville[3] et le fournir de gens dont la fidélité fût assurée, attendu que ce lieu était très commode pour les descentes ; que si ces ennemis s'emparaient de ces deux places en rompant

---

[1] Calvados, arr. de Vire.

[2] *Mémoires sur le Cotentin*, ms. de la Bibl. de Rouen, f. Martainville, Y 43, p. 201.

[3] Omonville-la-Rogue, arr. de Cherbourg.

la chaussée des ponts d'Ouve[1], ils se feraient une île de près de cinquante lieues du meilleur et du plus fertile pays du royaume qu'il leur serait aisé de garder, et que, pour tenir les huguenots en paix, il était nécessaire d'entretenir des garnisons, dans les châteaux de Valognes, de Saint-Sauveur-le-Vicomte, des ponts d'Ouve, de Saint-Lo et de Vire.

Retournons à notre prélat Arthur et remarquons ses démarches. Il était à Coutances, le 3° juillet 1562, ainsi qu'il paraît par un acte de ce jour par lequel il paraît que Jean Hensé, écuyer, avait été tonsuré en 1550 par messire Pierre Pinchon, évêque de Porphyre. Il y était encore le 30° juillet suivant, où il pourvut un nommé Gilles Cinquemelle de la cure de Glatigny[2].

Ce fut le mois d'août qu'il fut pris par les protestants et lui et ses chanoines rançonnés de la manière qu'il plut à ces infidèles ; il se racheta, mais il ne revint pas à Coutances. De crainte d'un pareil accident, il fut se cacher à Granville ; il y était l'onzième septembre ensuivant audit an 1562, et, entre autres choses, il y conféra la cure de Fermanville[3] à Jean Tollevast, présenté à ce bénéfice par Olivier de Pirou, écuyer. Néanmoins, le 13° du même mois, il était à Coutances, ainsi qu'il paraît par la collation de la portion de Gouvets[4] qu'il donna à Etienne d'Auroy

---

[1] Près Carentan.
[2] Arr. de Coutances.
[3] Arr. de Cherbourg.
[4] Arr. de Saint-Lo.

présenté par Jean Turgot, seigneur de la Ruaudière, ayant épousé Louise d'Auroy, veuve de Gilles Douesse[1]. Il y tarda peu et retourna à Granville, où, le 20e octobre, il conféra Saint-Vaast[2] à Paterne des Monts, et le 24e, il fit faire la publication d'un arrêt, fait au synode de l'onze avril 1553, au sujet de vingt notaires apostoliques, qui devaient être en ce diocèse.

Arthur, notre évêque, fut de Granville en son abbaye de Saint-Melaine, auquel lieu, le 25e novembre audit an 1562, il donna et conféra la cure de Cherbourg à Robert Boutran, docteur en théologie et chanoine de Coutances, et, le 30e décembre ensuivant, il créa son vicaire général, sans néanmoins révoquer Guillaume de Grimouville, messire Louis Dubois, protonotaire apostolique, curé des cures de Cérences et de Vesly, à quoi il ajouta la prébende de Langronne[3], le 18e jour de janvier suivant, lequel on comptait encore 1562. Bertin Mangon était chanoine et curé de Valognes ; il y ajouta encore l'officialité de cette même ville. Celle de Coutances fut donnée au même M. Dubois.

---

[1] Le ms. du fonds Martainville (Bibl. de Rouen), Y 24, désigné dans le catalogue de Frère sous ce titre : *Recueil des présidents, conseillers et autres officiers de l'Eschiquier et Parlement de Rouen, depuis l'establissement de l'Eschiquier faict en l'an 1499, jusqu'à présent* (1702), contient la note suivante (2e partie du liv. 1er, f. 97) : « Jean Turgot, sieur de La Ruaudière, arrest d'audience du 9 janvier 1555 ; demoiselle Anne Douesse, sa veuve et Estienne Turgot, sieur de Boisnantier (fils dudict Jean), ayant épousé demoiselle Anne de Talvende, fille de Christophle, sieur du Buat ; arrest d'audience du 16 novembre 1595. »

[2] Arr. de Valognes.

[3] Cérences, Vesly et Langronne, arr. de Coutances.

C'est ainsi que notre évêque, sorti des mains de ses ennemis, errait tantôt dans un lieu, tantôt dans un autre, selon qu'il était porté par son inclination particulière, ou par la crainte des ennemis. Il était de grande dépense, mauvais ménager ; il possédait de gros bénéfices, et, comme tous les bénéficiers étaient alors taxés à des sommes considérables et excessives et qu'on exigeait sans quartier, notre Arthur était cotisé à de grosses sommes, à quoi il lui était très difficile de satisfaire. C'est, à mon avis, ce qui a fait que sa mémoire n'est pas demeurée en très bonne odeur dans les monastères dont il a été abbé.

Il est encore regardé présentement à Saint-Jouvin-de-Marnes comme le tyran de cette abbaye. Voici ce que m'en écrivait il y a dix ans le prieur Dom Charles Conrade, prieur de ce couvent : « Il n'y a point de
« mal qu'Arthur de Cossé n'ait fait à cette pauvre
« abbaye ; il l'a pillée jusque dans le sanctuaire. Vous
« l'allez voir par cet extrait de notre histoire que je
« vous envoie : « Arthurus Cossæus ibidem Constan-
« tiensis episcopus omnia pessumdedit, multa detra-
« xit prædia ex iis, ceu terram Joci, (appelée à présent
« Pas-de-Jeu, éloignée de Saint-Jouvin environ de deux
« lieues, possédée par MM. de Bourgneuf, originaires
« de Londres) cum justitia et judiciaria potestate ; idem
« ipse monachis bona distrahentibus ultro consensum
« præbuit, cartas insigniores, reliquias Sanctorum,
« capsas, calices sex argenteos, candelabra argentea
« et alia vasa abstulit, dissipavitque, statutis interim,
« ut monachos ad meliorem et arctiorem vitam redu-

« cere videretur, consarcinatis. » Voilà l'idée la moins odieuse qu'on en puisse donner.

Je ne suis pas fort surpris au reste de l'aliénation de cette terre de Pas-de-Jeu, ni de l'enlèvement de cette argenterie. Le roi, par un édit du mois de mai 1563, avait ordonné une aliénation du temporel des ecclésiastiques pour trois cent mille francs, non à leur choix, mais à celui des acquéreurs pour un plus prompt recouvrement de deniers. Cette aliénation ne fut pas seule et ne fut pas seulement à Saint-Jouvin, mais en toutes les autres abbayes et évêchés, comme nous remarquerons souvent. A l'égard des vases d'argent, il était aussi raisonnable de les employer en ces mêmes taxes contre les hérétiques que de les laisser enlever par ces scélérats qui brûlèrent peu de temps après ce monastère.

La reine, après la paix, résolut de faire voir le royaume au roi son fils. Nous remarquerons de ce voyage deux choses : l'une publique, c'est l'édit de Roussillon[1], par lequel il fut réglé qu'on commencerait l'année le 1ᵉʳ janvier, l'an de la naissance de notre Seigneur Jésus-Christ, et non, selon la coutume de quelques endroits, comme en notre diocèse, le 1ᵉʳ jour d'avril ou le 25ᵉ mars l'an de l'incarnation ; la seconde, que nous ne connaissons point qu'il vint à Coutances, mais que nous savons certainement qu'il vint à Saint-Lo, d'où étant allé à Caen, il transféra le siège présidial de Cotentin et l'unit à celui de cette ville pour

---

[1] L'édit de Roussillon (Isère), est daté d'août 1564.

y rester néanmoins peu de temps à raison de la difficulté qu'il y avait d'aller plaider à Caen[1].

A l'égard des ordinations de notre évêché, j'ai trouvé que, l'an 1560, le 7e, 8e et 9e du mois de juin, messire Gilles, par la miséricorde de Dieu évêque de Rouense, ordonna en l'eglise cathédrale par la permission des grands vicaires, le siège étant vacant.

Le vendredi et samedi saint, 27e et 28e mars 1562, Arthur de Cossé fit l'ordination générale en son église cathédrale tant des ordres mineurs, que majeurs. Il fit une ordination semblable, « diebus Veneris et Sab-« bati anni bissesti » comme portent nos registres, « in. « jejunio quatuor temporum post sacros cineres 25ª « et 26ª februarii, anno 1563 ; » et « 1565 die 26ª mensis « julii, reverendissimus in Christo pater ac dominus « Arturus de Cossé, Constantiensis episcopus, in capella « sui manerii [2] sacramentum confirmationis et tonsu-« ram contulit. » Nous trouvons la même chose aux années suivantes 1567, 1568 et 1569, d'où nous apprenons qu'il passait en ce temps-là ordinairement les fêtes de Pâques en sa cathédrale. Nous le dirons dans la suite.

Cependant, nous remarquerons que le fruit des voyages du roi par le royaume fut une aversion furieuse que ce jeune monarque conçut contre les calvi-

---

[1] Toustain de Billy dit en parlant de ce présidial dans ses *Mémoires sur le Cotentin*, p. 117 : « Il y resta peu de temps (à Caen). Il fut renvoyé non à Saint-Lo, parce que cette ville était presque toute hérétique, mais à Coutances où il a toujours été depuis en très grande réputation d'intégrité. » Ce fut Henri III qui transféra définitivement le siège présidial à Coutances par des lettres patentes données à Blois au mois de décembre 1580.

[2] Nos mss. portent : « Sancti Manerii. »

nistes. Il vit presque toute la France teinte du sang qu'ils avaient répandu : ce n'était partout que croix brisées, églises brûlées, autels profanés, bourgs et villes détruites, enfin partout tribulation, et ces pitoyables objets joints aux plaintes qu'on entendait de toutes parts, lui tiraient quelquefois les larmes des yeux et les paroles de la bouche pour détester les auteurs de ces maux. Ce fut assez pour faire naître une seconde conjuration contre sa personne sacrée. C'est l'affaire de Meaux [1], on la sait; parlons seulement de ce qui s'est passé chez nous.

L'édit de paix ayant enfin été publié, on remarque que nos huguenots ne le voulaient que pour mieux cacher leurs trahisons. On découvrit une entreprise que le sieur de Pierrepont avait [formée] sur Cherbourg pour le livrer aux Anglais. Il fut pris sur le point de l'exécution et pendu ; il révéla entre autres choses le commerce que Montgommery entretenait continuellement avec les ennemis de la France par le moyen d'un Ecossais.

Il était impossible que lui, Montgommery, Colombières et Agneaux [2] pussent demeurer en paix et, comme ce dernier était gouverneur de Saint-Lo, il fallut, suivant les ordres et les conseils de la reine, que le sei-

[1] Coligny avait formé le plan d'enlever la cour qui se trouvait à Meaux, 29 septembre 1567.
[2] Toustain de Billy reconnaît d'ailleurs, dans ses *Mémoires sur le Cotentin*, ms. de la Bibl. de Rouen, f. Martainville, Y 43, la modération du dernier : « Les désordres, au reste, furent moindres qu'ils n'avaient été à « Caen et ailleurs, parce que le seigneur de Sainte-Marie-d'Aigneaux, chef « de ces novateurs et gouverneur de la ville, était d'un naturel plus « doux et tel que les emportements et les violences ne lui plaisaient pas. »

gneur de Matignon[1] usât de plus d'adresse que de force, on les ménageait parce qu'on appréhendait le trouble.

L'entreprise de Meaux ayant été suivie de la guerre, et le fond de cette guerre ayant été porté en Poitou après la journée de Saint-Denis[2], y entraînèrent nos gens d'armes, les catholiques sous la conduite du maréchal de Brissac et du seigneur de Matignon, nos huguenots sous celle de Montgommery et de Colombières. Celui-ci, avant que de partir, voulut encore signaler son nom par une bravoure contre nos ecclésiastiques, ainsi qu'il est marqué dans le registre du secrétariat dont nous avons rapporté les propres termes dans notre *Histoire générale*, page 153, et que voici encore pour épargner la peine à nos lecteurs d'y recourir : « Hac die dominica sacræ quadragesimæ
« in brandonibus septima mensis martii 1566, domi-
« nus de Colombières una cum suis satellitibus hora
« 8ª de mane hanc civitatem aggressus est et secum
« plures in sacro sacerdotii officio constitutos ducere
« fecit apud Carentonium et in carcerem mittere præ-
« cepit, in quo per quindecim dies catenis ferreis

---

[1] Jacques de Matignon, un des personnages militaires les plus importants de la seconde moitié du XVIe siècle, prit part sous Henri II aux guerres de la France contre Charles-Quint et Philippe II. Lieutenant général en Normandie, pendant les guerres de religion, il lutta énergiquement contre les protestants dans cette province ; entre autres faits, ce fut lui qui prit Montgommery dans Domfront en 1574. Maréchal de France et lieutenant général en Guyenne, il maintint cette province dans l'obéissance du roi, en la défendant à la fois contre la Ligue et contre Henri de Navarre. Ce dernier, devenu roi de France, trouva à son tour un ferme appui dans l'illustre maréchal qui eut la joie de voir pacifiée la France si courageusement servie par lui dans toutes ses épreuves. Il mourut à l'âge de soixante-douze ans, le 27 juillet 1597.

[2] La bataille de Saint-Denis eut lieu le 10 novembre 1567.

« inferratos detinere mandavit, et advenientibus die-
« bus 15ª et 16ª mensis prædicti cathedras et sedilia ac
« omnia et singula in ecclesia prædicti loci de Caren-
« tonio ex jussu dicti Colombières ambusta et concre-
« mata fuerunt, campanasque dictæ ecclesiæ descen-
« dere et in suo castro transportare fecit et domini
« gubernatores Villæ-Armois et Sancti-Martini, die Mer-
« curii 23ª dicti martii, dictum de Colombières et
« suos satellites repulsarunt et ex eis quosdam occi-
« derunt. »

Cependant notre prélat, président au synode pascal de 1565, ordonna que toutes provisions sur bénéfices seraient représentées et homologuées en son secrétariat pour en reconnaître les abus et y remédier, s'il était possible. Pour à quoi satisfaire, Jean de Ravalet, abbé commendataire de Hambie, représenta ses provisions de cette abbaye datées de 1561 ; Claude de Vieux-Pont, clerc, celles de l'abbaye de Saint-Sever qu'il avait en commande dès l'an 1554[1]; Guillaume Le Chartier, celles du prieuré de la Bloutière, qu'il avait aussi en commande, datées de 1556 ; François de Boulliers[2], celles de Blanchelande, de 1559 ; Jacques de Grimouville, celles de Saint-Sauveur-le-Vicomte, de 1552. Louis Dubois fit registrer les lettres de Rome de 1549, par lesquelles il lui était permis de posséder trois cures en même temps, comme effectivement il les possédait

---

[1] Toustain de Billy ajoute ici aux renseignements donnés sur cet abbé par le *Gallia christiana* qui n'avait trouvé de mention de lui que pour les années 1560 et 1583.

[2] François de Boulliers céda en 1575 l'abbaye de Blanchelande à Philippe Troussey et devint ensuite évêque de Fréjus.

avec un canonicat. Jacques Le Marquetel, prêtre, chantre, curé de Monthuchon[1] et de Vesly, remontra qu'au temps de la stérilité « et seditionum omnia sua « bona mobilia et provisiones beneficiorum fuerunt « totaliter combusta, cremata, vastata et furata, prout « notorium est. »

Ceci, avec plusieurs autres déclarations semblables, se passa en 1566, et, en 1567, Arthur de Cossé, notre évêque, présida encore au synode de Pâques et ordonna que les doyens feraient deux fois par an la visite des manoirs presbytériaux et que les curés seraient tenus leur payer cinq sous par chaque visite. Il ordonna encore que les vicaires prendraient tous les ans au temps du synode pascal des lettres de vicaire signées et scellées pour lesquelles les vicaires des curés qui ne résidaient point paieraient au sceau seize sous tournois et au secrétaire cinq sous, et ceux dont les curés résidaient actuellement, cinq sous pour le sceau et deux sous six deniers pour le secrétariat, sauf à augmenter ou diminuer le prix, ainsi qu'il aviserait bien.

C'était encore un mouvement perpétuel de notre évêque. Au commencement de cette année 1567, il était encore à Coutances, ainsi qu'il paraît par les collations et provisions de divers bénéfices tant par visa qu'autrement, faites par lui. Le 4° janvier, il était à Lessay, où il agréa et ratifia une pension créée en cour de Rome en faveur de Louis du Lis sur Archi-

---

[1] Arr. de Coutances.

ticlin, curé de Daye[1]. « Hac die 27ᵃ januarii, prædic-
« tus dominus a sua abbatia de Exaqueio regressus
« fuit in hanc civitatem Constantiensem. » Le jour
précédent, il avait établi commissaire examinateur des
bénéfices et vicaires ce même Boutran, docteur en
théologie et chanoine, dont nous avons parlé. Le 18ᵉ
avril, il donna la dignité de scholastique et le canonicat qui y est joint à Nicolas de Pierrepont et, le 19ᵉ,
disent les mêmes mémoires : « Dominus episcopus
Constantiensis ab hac civitate Constantiensi hora
undecima de mane recessit », pour aller à Saint-Melaine.

Le diocèse, en son absence, était gouverné par ce
maître Louis Dubois, dont nous avons parlé, qui
avait succédé à Ravalet, comme celui-ci à Guillaume de Grimouville. La mémoire de ce seigneur
doit être chère au chapitre de Coutances, ayant
fondé par 25 livres de rente l'office de la Transfigu-
ration. Voici les termes de l'obituaire sur ce fait :
« Augustus : Servitium solemne de Transfiguratione
« Domini de fundatione Guillelmi de Grimouville,
« canonici et officialis Constantiensis, vicarii gene-
« ralis Stephani Martel. »

Il y avait alors, en la paroisse de Briqueville-sur-la-
Mer[2], un curé qui voulait très bien percevoir le revenu
de son bénéfice, mais qui refusait absolument de dire
la messe et d'administrer les sacrements à ses paroissiens, nonobstant les injonctions qu'on lui faisait. On

---

[1] Saint-Jean-de-Daye, arr. de Saint-Lo.
[2] Arr. de Coutances.

le fit venir à Coutances, et le grand vicaire Louis Dubois, le 14ᵉ décembre 1567, lui fit cette dernière injonction que nous trouvons insérée dans le registre du secrétariat :

« Hac die 14ᵃ prædicti mensis decembris, anno
« 1567, Constantiis, in mea secretarii subsignati tes-
« tiumque infrà signatorum præsentia, nobilis et
« circumspectus vir Ludovicus Dubois, presbyter, vica-
« riusque generalis in spiritualibus et temporalibus
« reverendissimi in Christo patris ac domini Arturi de
« Cossé, miseratione divina Constantiensis episcopi,
« magistro Petro Cirou, presbytero, curato ecclesiæ par-
« rochialis de Briquevilla suprà mare, præsenti, sanc-
« tam missam et sacramenta ecclesiastica suis parro-
« chianis contemnenti, viva voce injunxit quatenùs
« haberet idem Cirou sanctius consilium insequens et
« sanctam missam in sua ecclesia diebus dominicis et
« aliis diebus festivis celebraret et sacramenta eccle-
« siastica suis parrochianis ministraret, ad pœnam car-
« ceris, suspensionis, excommunicationis et prædicti
« beneficii [privationis], quod præfato domino Cons-
« tantiensi episcopo idem Cirou promiserat antequam
« per dominum sibi idem beneficium contuleretur (*sic*),
« præsentibus Bertrando du Breuil canonico et aliis. »

Ce Cirou, plus que demi huguenot, me fait souvenir de ce que dit M. de Bras lui-même, page 246, qu'en qualité de lieutenant général du bailli de Caen, fai‐ sant la visite de l'université de Caen en 1564, il trouva que M. Nicolle le Valloys, recteur de l'université, M. Geffroy le Laboureur, principal et proviseur du

collège du Bois, et messire Gilles de Hoitteville, doyen aux arts, étaient prêtres et huguenots et les deux derniers mariés, et Hoitteville était ministre, tous trois, si fiers et si redoutables, qu'on n'osait leur dire mot [1].
Il y en avait bien d'autres, du nombre desquels était notre Cirou.

Nous avons vu ci-dessus qu'en 1561, le clergé s'obligea de payer en l'acquit du roi pendant six ans 1.600.000 livres [2]. Ces six ans ne finissaient que le dernier décembre 1567. Comme, pour perpétuer cette charge, les syndics et députés du clergé avaient, dès le mois précédent, 22e novembre 1567, passé un nouveau contrat avec le prévôt de Paris et les échevins, par lequel le clergé s'obligeait de leur payer encore à l'acquit du roi 630.000 livres, au lieu de pareille rente constituée à l'hôtel de ville par Sa Majesté, ladite rente racquitable dans dix ans par 7.560.056 livres [3], à quoi le pape Pie V par sa bulle du 1er jour d'août 1568, ayant ajouté permission de faire vendre du temporel de l'église jusqu'au fonds de 150.000 livres de rente, on n'en fit point aucun scrupule. « Aujourd'hui, 6e
« novembre 1568, porte notre registre, à huit heures
« du matin, M. le vicaire général a reçu des lettres

---

[1] Ce passage, altéré dans les mss., a été corrigé d'après le texte des *Recherches et Antiquitez de l'Université de Caen*, p. 247-248, dont il n'est d'ailleurs que le résumé.

[2] *Mémoires du Clergé de France*, t. IV, p. 387 : *Contract passé à Saint-Germain-en-Laye le 21 octobre 1561, entre le Roy et les Députez de l'Assemblée du Clergé tenuë à Poissy en 1561, dit le Contract de Poissy* ; etc.

[3] Ibid., p. 393 : *Contract passé le vingt-deuxième novembre 1567, entre les Syndics et Députez généraux du Clergé de France establis à Paris..... et les Prevost des Marchands et Eschevins de la ville de Paris.....*

« patentes du roi pour des nouvelles taxes par les
« mains du sieur de Fierville, receveur des décimes,
« datées de Paris le 3° octobre, avec l'état de ce que
« chacun en devait porter. » — « Hac die sabbati, 6ᵃ
« novembris, dominus vicarius generalis, hora octava
« mane, recepit litteras patentes domini nostri regis
« per manus domini de Fierville, receptoris decima-
« rum, concessas Parisiis 3° octobris, una cum rotulo
« cum prædictis litteris. »

Les années 1568 et 1569 sont remplies de grands événements pour l'histoire universelle; il n'y en a presque point de particuliers pour notre diocèse. « Hac die nona junii, porte notre registre sur l'année « 1568, hora 7ᵃ post meridiem, dominus adiit hanc « civitatem. » Il s'en retourna par après et revint le 22° septembre suivant : « Hac die 22ᵃ decembris, hora « quarta post meridiem, dominus adiit hanc civitatem « suam. »

L'année suivante 1569 n'a pas d'événements plus considérables. Tantôt il était à Lessay, tantôt à Saint-Melaine, autrefois ailleurs, sans dire en quel lieu, et d'autres fois il revenait à Coutances, ce que son secrétaire Richard Vatin, chanoine et curé de Geffosses[1], ne manquait pas de marquer ainsi : « Die 16ᵃ januarii dicti anni 1569, dominus adiit suam abbatiam de Exaqueio ; ab eadem regressus est die 20ᵃ ». On voit par là qu'il n'était pas longtemps en un lieu. Auparavant que de partir, le 12° du même mois, ce registre

---

[1] Arr. de Coutances.

témoigne qu'il avait choisi, le 12ᵉ janvier, Miche Hacquart, principal du collège de Coutances, pour faire l'oraison du synode prochain et enregistrer cette commission. Le 5ᵉ de février suivant, il donna l'archidiaconé de Coutances, qui vaquait par la mort du nommé Honnequin, à François d'Equilly. Le dernier de décembre, il conféra de plein droit à Martin Maignard celui du Bauptois, vacant par le décès de feu François Languillier. M. Dubois, son grand vicaire, était archidiacre du Val-de-Vire, et Bertin Mangon, curé de Valognes, l'était du Cotentin.

Au mois de janvier 1570, nous trouvons que notre évêque Arthur de Cossé, pour satisfaire aux taxes de son diocèse, vendit et aliéna par le prix de 1441 livres le manoir épiscopal de Valognes et qu'un nommé Le Geay, sieur de Cartot, le mit à prix et [qu'il fut] à lui adjugé par les commissaires députés du conseil à ce sujet. Voici quelques termes de l'acte qui en fut dressé. le 26ᵉ jour de janvier 1570 : « Nous les commissaires
« subdélégués en la ville de Rouen pour les diocèses
« de Normandie au sujet de l'aliénation du temporel
« des bénéfices desdits diocèses, savoir faisons à tous
« qu'il appartiendra que messire Arthur de Cossé,
« évêque de Coutances, cotisé pour son dit évêché à
« quatre cents louis d'or sol, nous aurait exposé et
« mis en vente comme le moins dommageable à son
« église et évêché le vieil manoir l'Évêque, ainsi qu'il
« se contient en maison, cour et jardin, etc., con-
« tenant environ quatre vergées de terre et cinq
« perches entre le petit jardin de devant qui contient

« demi-vergée, le tout tenu du roi[1] à cause de sa châ-
« tellenie de Valognes, exempt de toutes rentes et
servitudes, le tout en très mauvais état et estimé à
« 60 livres de rente et vendable au denier vingt par
Mrᵉ Louis Dubois, sieur de Cérences, archidiacre du
« Val-de-Vire, chanoine de Coutances, grand vicaire
« et official dudit Coutances, et Bertrand du Breuil,
« aussi chanoine dudit Coutances, procureurs spéciale-
« ment constitués en cette partie, et outre ladite
« somme, ledit enchérisseur serait tenu faire bâtir
« une grange au presbytère de Valognes de cinquante-
« deux pieds entre les deux pignons et vingt-quatre de
« clair, à chaux et à sable, couverte d'ardoise pour y
« engranger les dîmes que l'évêque perçoit audit lieu
« de Valognes avec le curé, laquelle serait prête avant
« l'août prochain, et à la charge aussi de faire réparer
« la chapelle dudit manoir, et serait comparu François
« Le Geay, sieur de Cartot, lequel, après plusieurs
« enchères, avait mis le tout à la somme de 1445 livres
« tournois, lequel lui avait été adjugé, attendu qu'au-
« cun n'aurait voulu enchérir, etc. » On sait au reste
que ce manoir et le fonds ne demeura pas à M. Le Geay ;
on le retira et feu M. Auvray le fieffa à feu M. l'abbé
de La Luthumière, lequel y fit bâtir ce beau séminaire
que nous y voyons.

Cette même année 1570, Arthur de Cossé, notre
évêque, permuta son abbaye de Saint-Melaine contre
celle du Mont-Saint-Michel. Un nommé François Le

---

[1] Ms. M. : « Contenant environ 14 vergées, le tout tenu du roi », etc.

Roux était abbé du Mont ; cette affreuse solitude au milieu de la mer n'était point de son goût ; Saint-Melaine lui plaisait mieux et notre évêque et lui s'accommodèrent. Arthur en obtint sans peine l'agrément et en prit possession le 6° jour de juin 1570, sans attendre ses bulles de Rome.

Le manuscrit de cette abbaye du Mont-Saint-Michel que j'ai vu et dont j'ai pris un extrait, traite mal cet évêque. Il dit qu'Arthur de Cossé, évêque de Coutances, étant devenu maître de l'abbaye, fit beaucoup de mouvements et de bruits ; qu'il fut presque toujours en dispute avec le prieur et les moines ; qu'il vendit la plupart de l'argenterie, sous prétexte de payer les taxes imposées par le roi ; qu'on s'en plaignit aux cardinaux de Bourbon et de Lorraine, lesquels le reprimandèrent, lui défendirent de molester les moines et commandèrent de laisser les choses en l'état qu'elles étaient ; qu'il ne s'en comporta pas mieux ; que, pendant qu'il fut commendataire de ce lieu, il n'y avait fait autre chose que d'en prendre le gros revenu et faire peindre son portrait sur la vitre, qui est au haut de la lanterne du chœur avec ses armes au-dessous ; qu'il fit un jour venir au Mont un orfévre et fit marché avec lui pour la crosse, calice d'or et autre chose de grand prix, à quoi le prieur[1] s'opposant et venant *de verbis ad verbera*, ce sont les termes, donna au prélat un si grand soufflet qu'il le renversa contre la muraille, et les moines, s'unissant alors au prieur, ce

---

[1] Jean de Grimouville, qui fut nommé en 1573 abbé de la Luzerne. V. *Histoire générale du Mont-Saint-Michel*, etc., t. Ier p. 270-271.

fut à l'abbé à s'enfuir; qu'il emporta néanmoins le calice d'or donné par un de ses prédécesseurs nommé Robert Jolivet; et il y a plusieurs autres plaintes semblables qui ne méritent pas être rapportées[1].

Il y a de l'exagération en tout et même de la fausseté, par exemple qu'au monastère de Saint-Jouvin-de-Marnes, Arthur de Cossé fit démolir le dortoir, la chambre commune, bibliothèque, chapitre, couverture et planchers, afin de bâtir son logis abbatial, et voici les termes de la lettre du père Dom Charles de Conrade, duquel j'ai parlé : « Il n'y a nulle apparence qu'Ar-
« thur de Cossé ait détruit les bâtiments des religieux,
« comme l'assure l'histoire du Mont-Saint-Michel ;
« car il est constant que le chapitre, qu'elle met au
« nombre des bâtiments détruits, subsiste encore dans
« sa beauté, aussi bien que les cloîtres, depuis 1476
« qu'ils furent bâtis par Pierre d'Amboise. Pour ce
« qui est des dortoirs, ils ont été détruits par les
« calvinistes qui y mirent le feu aussi bien que dans
« tous les autres bâtiments du monastère. Les seuls
« lieux qui se trouvèrent voûtés résistèrent aux flam-
« mes. »

Je l'ai déjà dit : je ne prétends pas excuser cet abbé, qui priva aussi le Mont-Saint-Michel de cette maison et de ce collège que tiennent maintenant les Jésuites à Caen et qu'achetèrent des marchands pour en faire leurs magasins, ainsi que dit M. de Bras, page 223; le

---

[1] V. le *Livre des recherches du Mont-Saint-Michel*, etc., par Thomas Le Roy, publié par M. E. de Beaurepaire dans les *Mémoires de la Société des Antiquaires de Normandie*, t. XXIX, p. 554-555.

malheur des temps en était la cause ; les autres abbés et supérieurs des communautés n'en faisaient pas moins.

Saint-Pair est une baronnie en ce diocèse proche Granville, laquelle appartient aux abbés et religieux du Mont-Saint-Michel. Il y a dans la paroisse Saint-Planchers [1] un manoir abbatial nommé l'Oiselière. Ce lieu sembla si agréable à notre évêque que, depuis qu'il fut abbé du Mont-Saint-Michel, il y demeura presque toujours et, s'il venait en sa ville épiscopale, c'était pour y demeurer très peu et s'en retourner à son Oiselière. Ainsi, il y était le 12ᵉ mars 1570, auquel jour et lieu il donna à Louis de Saint-Gilles, que nous verrons bientôt évêque de Porphyre et son suffragant, l'archidiaconé de Coutances vacant par la démission de Jean de Ravalet [2], à qui on venait de donner l'abbaye de Hambie et la cure de Monthuchon [3] par la résignation simple de Jacques Le Marquetel, qui mourut bientôt après.

Mourut aussi en ce temps-là Louis Dubois, archidiacre du Val-de-Vire, chanoine, official et grand vicaire d'Arthur de Cossé, les bénéfices et offices duquel furent donnés à diverses personnes. Sur la fin du mois d'août, on fait mémoire de lui en la cathédrale par deux obits par an pour lesquels il a donné 15 livres de rente.

Par cette mort, Jean de Ravalet demeura seul grand

---

[1] Saint-Pair et Saint-Planchers, arr. d'Avranches.

[2] Le *Gallia christiana* fait remonter à l'année 1561 la nomination de Jean de Ravalet, mais on a vu plus haut que Toustain de Billy donne Gilles de Vauborel comme successeur immédiat de François de Lautrec.

[3] Arr. de Coutances.

vicaire et chargé du soin de tout l'évêché. Il substitua Guillaume Le Prévost, chanoine, trésorier de la cathédrale, à Nicolas de Briroy, chanoine et receveur des décimes.

Je ne remarquerai plus que ce qui est dit au 17° octobre de cette même année 1570 : « Hac die facta est littera receptionis magistri Guillelmi Jacquet in « fratrem et servum Domus Dei Constantiensis, cui re- « ceptioni dominus episcopus suum assensum simul « et consensum dedit. » Le 25° février 1571, il était à Coutances, mais nous trouvons que le 19° mars, il était à l'Oiselière où il conféra la pénitencerie à Toussaint Hervieu à lui résignée « causa permutationis » de la cure de Saint-Ebremond de Bonfossé[1] par Pierre de Thiboutot.

« Die 2ᵃ octobris, receptæ fuerunt per manus magis- « tri Joannis Le Hoguais litteræ patentes domini nostri « regis, datæ sexto augusti, mentionantes de una « decima die prima octobris prædicto nostro regi sol- « venda una cum decimis ordinariis, prosignatæ « Charles et post Brulart. » L'évêque revint à Coutances le dernier du même mois; il y tarda peu, mais il retourna le 6° décembre avec M. de Matignon qui avait eu ordre que la paix fut observée, s'il se pouvait, dans ce canton, et de presser surtout le paiement des décimes tant ordinaires qu'extraordinaires. Nous verrons dans la suite bien des nouvelles semblables.

Le 2° jour de mars 1572, Arthur de Cossé partit de

---

[1] Arr. de Saint-Lo.

l'Oiselière pour aller à Paris. Il en revint sur la fin d'avril suivant, et cependant Louis de Saint-Gilles avait été sacré à Paris évêque de Porphyre, le 2° février de cette même année 1572, par messire Antoine Le Cirier évêque d'Avranches [1], assisté de Jean de Hangest, évêque de Noyon [2], et d'André Dormy, évêque de Bellay [3]. Notre prélat lui avait procuré cet honneur et obtenu ses bulles en cour de Rome pour cet évêché de Porphyre, dès le 7° octobre de l'an précédent 1571, et le pape Pie V lui avait adjugé 500 livres de pension sur l'évêché de Coutances, dans lequel, du consentement de l'ordinaire, il serait obligé d'exercer toutes les fonctions épiscopales. Ceci est extrait du registre des insinuations de l'an 1571 et 1572, qui est entre les mains du sieur de Villodon.

Jusqu'alors les ordinations dont nous avons les mémoires avaient presque été toutes faites par notre évêque, mais, depuis, messire Louis de Saint-Gilles les fit. « Anno Domini 1570, die penultima mensis
« octobris, dominus in sua capella manerii de Avi-
« cularia, in parrochia de Sancto-Pancratio [4] suæ Cons-
« tantiensis diœcesis, sacramentum confirmationis et
« tonsuram contulit Henrico de Saint-Germain et
« Richardo Helaine. »

---

[1] De 1560 à 1575.

[2] Jean de Hangest, chanoine et archidiacre d'Evreux, succéda à l'évêché de Noyon, en 1525, à son oncle Charles de Hangest, qui se réserva le droit de faire office d'évêque, et fut aussitôt nommé vicaire général par son neveu. Il mourut en février 1577. *Gallia christiana*, IX, 1022-1024.

[3] Il y a là sans doute une erreur de copiste. Le *Gallia christiana* ne cite aucun évêque de ce nom.

[4] Saint-Planchers.

Mais en l'année 1572, le vendredi dernier de février et le samedi 1ᵉʳ de mars, M. de Porphyre fit l'ordination générale en l'église cathédrale : « Ordinati in mi-
« noribus et sacris ordinibus in insigni ecclesia
« cathedrali Constantiensi per reverendissimum in
« Christo patrem et dominum Ludovicum de Saint-
« Gilles, miseratione divina Porphiriensem episco-
« pum, de licentia tamen et permissu venerabilis
« viri magistri Joannis de Ravalet, abbatis commen-
« datarii abbatiæ seu monasterii beatæ Mariæ de
« Hambeia ordinis sancti Benedicti Constantiensis diœ-
« cesis, vicarii generalis in spiritualibus et tempora-
« libus reverendissimi in Christo patris ac domini
« Arthuri de Cossé miseratione divina Constantiensis
« episcopi, celebratis diebus Veneris ultima mensis
« februarii et Sabbati prima martii in jejunio quatuor
« temporum post sacros cineres anni bissexti Domini
« 1572. »

Les vendredi et samedi 21ᵉ et 22ᵉ de mars suivant, « ante dominicam in Passione », il fit au même lieu une semblable ordination, une autre semblable aux quatre-temps de la Pentecôte, le dernier jour du mois de mai suivant, et du mois de décembre le 20ᵉ dudit mois.

Nous parlerons des autres ordinations en leur lieu ; nous ajouterons ici ce que nous trouvons de plus de l'an 1572, le voici : « Aujourd'hui, porte notre re-
« gistre, 7 août 1572, il a été mis et délivré par
« Mᵉ Richard Vatin, prêtre et chanoine de Cou-
« tances, secrétaire de monseigneur l'évêque dudit

« lieu de Coutances, entre les mains de noble homme
« Mre Nicolas de Briroy, chanoine dudit lieu, lettres
« patentes signées : Par le roi en son conseil, Brulart,
« scellées de cire jaune, données au château de Bou-
« logne le 18ᵉ juin an prédit, par la teneur desquelles
« il est mandé par Sa Majesté au sieur évêque de
« Coutances et députés du clergé dudit diocèse, faire
« département de la somme de 1411 livres tournois en
« laquelle le dit diocèse a été cotisé, sur les bénéfi-
« ciers d'icelui, exceptés les cures et offices desquels
« les bénéfices ne valent que 400 livres de revenu,
« payables au jour convenu auxdites lettres. En-
« semble deux lettres missives envoyées par les syn-
« dics du clergé de France établis à Paris auxdits
« évêques et députés, signées Vialard, données à Pa-
« ris audit an le 28ᵉ juillet, lesquelles lettres pa-
« tentes et missives avaient été baillées, par monsei-
« gueur le vicaire général dudit seigneur évêque de
« Coutances audit Vatin pour icelles délivrer audit
« Briroy, pour faire le contenu en icelles. »

Nous ne remarquerons plus ici pour cette année que la collation que fit notre évêque de la cure de l'Hôtel-Dieu de Saint-Lo au sieur Léonard Trahel, prêtre, présenté par le prieur et religieux de l'abbaye de Saint-Lo, n'y ayant point alors d'abbé, laquelle collation est du 5ᵉ jour de mai, et pour l'année suivante que « hac die 7ª januarii 1573, dominus adiit hanc civitatem hora quarta post meridiem »; que le 8ᵉ octobre du même an, fut apporté par Pierre du Boscq, bourgeois de Coutances, et par lui mis entre les mains de M. Hervieu, vicaire substitut de monseigneur de Coutances, un patent des Etats pour être tenus à Rouen le 15° novembre prochain, icelui patent donné à Paris le 20° septembre dernier, et enfin que le 30° de décembre Louis de Saint-Gilles, prébendé de Saint-Nicolas[1], et Nicolas de Briroy, prébendé de Vaultier, permutèrent entre les mains de l'évêque.

Ce sont bagatelles en comparaison de ce qui se passa l'an suivant 1574, que j'oserai nommer l'année climatérique de notre diocèse en ce qui regarde la religion. Le comte de Montgommery avait évité la Saint-Barthélemy et s'était retiré en Angleterre, et, ayant équipé une flotte, il ne cherchait pour revenir que le temps de quelque mouvement en France. Ces troubles ou mouvements arrivèrent par les brouilleries de cour qui obligèrent de faire arrêter le roi de Navarre, le duc d'Alençon et quelques autres grands du royaume[2]. Les huguenots ne manquèrent pas de se faire de la partie et de prendre les armes inopinément de tous côtés.

Ce fut alors que Montgommery descendit au port de Linverville[3], comme nous avons dit ailleurs, se saisit de notre évêque et de ce qu'il put de chanoines, les mena à Saint-Lo et les traita de la manière que nous avons dit dans notre histoire générale[4], en par-

---

[1] Saint-Nicolas de Coutances.
[2] Le jeudi 8 avril 1574.
[3] Commune de Gouville, arr. de Coutances.
[4] « La manière dont ils traitèrent le prélat est abominable. Ils le promenèrent par les rues monté sur un âne, la face tournée vers la queue, qu'ils l'obligèrent de tenir au lieu de resnes de bride. Ils le couvrirent d'une vieille jupe au lieu de chape, avec une espèce de mitre de papier, accompagné de ces ecclésiastiques en équipage non moins ridicule et

lant de cette ville, et que nos guerres ouvertes pour la religion finirent par la prise de Saint-Lo et de Carentan et par la mort de Colombières et de Montgommery [1], ainsi que nous l'avons expliqué en cette histoire de Saint-Lo et de Carentan.

Auparavant ceci, le 1ᵉʳ de février 1574, fut, dit notre registre, apporté et mis aux mains de M. le grand vicaire ou son substitut, par noble homme messire Augustin Raucher, chanoine de Bayeux, procureur du sieur Salvage, des lettres missives données à Saint-Germain-en-Laye, le 6ᵉ janvier 1574, signées : « Vos confrères les cardinaux de Lorraine et de Bourbon », sur le dos desquelles était écrit : « A M. l'évêque de Coutances ou son grand vicaire ou députés du clergé de Coutances », ensemble le contrat fait entre le roi, les susdits prélats et ledit Salvage, du 28ᵉ octobre dernier, avec la caution baillée au roi par ledit Salvage de répondre de la recette contenue auxdits contrats, de quoi fut baillé récépissé par Hervieu, vicaire subs-

---

suivi de toute la canaille de la ville qui à l'envi l'un de l'autre leur chantaient mille injures et leur faisaient toutes sortes d'insultes.

« Ils n'en retirèrent pas tout le profit qu'ils en espéraient. Ce qui restait de catholiques et même de protestants honnêtes et moins emportés eurent horreur de ces insolences ; on trouva moyen de déguiser le prélat en valet de meunier, lequel conduisant un âne chargé de blé, sortit en cet équipage de la ville et alla jusqu'au pont de Vire, proche l'Hôtel-Dieu, où il trouva des cavaliers qui l'attendaient et le conduisirent à Grandville. » *Mémoires sur le Cotentin*, ms. de la Bibl. de Rouen, f. Martainville, Y 43, p. 158.

[1] François de Briqueville, baron de Colombières, périt le 10 juin 1574, en défendant Saint-Lo contre M. de Matignon ; quant au comte de Montgommery, assiégé dans Domfront par Matignon, il se rendit le 27 mai ; traduit devant le parlement de Paris, il fut condamné à mort et exécuté le 26 juin 1574. V. sur ces événements : *La prise d'armes de Montyommery en l'année M. D. LXXIV, recueil d'opuscules rares et de documents inédits*, publiés pour la *Société des Bibliophiles normands* par le Vᵗᵉ R. d'Estaintot, 1872.

titut, avec assurance de communiquer le tout audit seigneur évêque et au clergé pour après faire certaine réponse.

Le 20° avril suivant 1574, furent encore apportées et mises entre les mains de Vatin, secrétaire, pour l'absence du seigneur évêque de Coutances et de ses vicaires, par Robert Becquet, un paquet contenant un mandement du roi donné à Paris le 2° mars précédent, signé Imbert, et scellé de cire verte, des lettres missives des syndics du clergé dudit jour, signées du Pas et un état ou département de trois décimes ordinaires et de la nouvelle décime ou taxe avec autres frais contenus audit état, aussi signé du Pas.

Le 22° août de la même année, fut encore apporté au secrétariat de l'évêché par un nommé Denis l'Estumier, messager, une commission de la reine régente datée du 1ᵉʳ jour du même mois, signée Potier, et scellée de cire jaune, pour faire la levée de 10.640 livres tournois payables au 1ᵉʳ jour de septembre prochain, somme à laquelle le diocèse avait été cotisé pour sa part d'une subvention extraordinaire.

Auparavant, je veux dire le jour de la Pentecôte, 20° de mai de cette même année 1574, le roi Charles IX mourut; ainsi son frère Henri III, roi de Pologne, quitta le royaume de Pologne et arriva à Lyon le 6° de septembre ; mais on dit que ce n'était plus ce vaillant duc d'Anjou foudroyant les huguenots aux plaines de Moncontour et de Jarnac, et ainsi le royaume ne fut pas plus sans troubles dans la suite, qu'il ne l'était auparavant.

Nous le verrons; nous dirons en attendant que, pendant le siège de Saint-Lo, le 10ᵉ du mois de mai, l'archidiaconé du Val-de-Vire et la petite prébende de Trelly ayant vaqué par la mort de Jean Dubois, elles furent données par le vicaire substitut Hervieu au nommé Roger Le Gallois; que ce Hervieu étant mort le 23ᵉ juillet suivant, la pénitencerie et la prébende de Saint-Louet dont il était titulaire, furent données à Guillaume Troussey; que le 20ᵉ octobre suivant, Robert Fabien, chanoine et prieur de Heauville [1], fut substitué vicaire par Mᵉ Ravalet; que le 19ᵉ mai auparavant et en cette même année 1574, [Nicolas de Briroy] fut pourvu de l'archidiaconé du Bauptois par la résignation de Julien Quersent ou Mersent; que les évêques de Coutances étaient tellement maîtres de l'Hôtel-Dieu de Saint-Lo qu'on n'y recevait aucun religieux ni desservant sans leur consentement; ainsi Robert Le Chipé de la paroisse de Saint-Jean-des-Baisans, diocèse de Bayeux [2], n'y fut reçu le 6ᵉ novembre de cette même année que de l'agrément de son vicaire général dont on lui délivra lettres *consensus* et *assensus*, et enfin que, cette année, on ne vit point l'évêque en sa ville épiscopale depuis l'affront qu'il y avait reçu.

Il y vint le 20ᵉ janvier 1575 et, le 3ᵉ février ensuivant, il établit commissaire examinateur pour les béné-

---

[1] Arr. de Cherbourg.

[2] Arr. de Saint-Lo. La séparation des diocèses de Bayeux et de Coutances était exactement formée par la Vire, sauf que la ville de Saint-Lo et son territoire situés à l'est de cette rivière faisaient partie du dernier de ces diocèses. C'est ainsi que la paroisse de Saint-Jean-des-Baisants, placée à peu près à mi-distance de la Vire et de la Dromme, appartenait au diocèse de Bayeux.

fices et vicariats, scientifique personne, comme parlent nos registres, Robert du Moulin, docteur en théologie et chanoine de la cathédrale, et, le même jour, il le commit, lui et M. de Briroy, pour faire la visite de l'Hôtel-Dieu de Coutances, après quoi il se retira en son manoir de l'Oiselière, auquel lieu, le 17e de mai au même an 1575, il créa M. de Briroy son vicaire général, tant au spirituel qu'au temporel, de tout son évêché, sans néanmoins révoquer M. de Ravalet. Nous en avons vu les lettres ; en voici une partie : « Arthu-
« rus de Cossé, miseratione divina Constantiensis
« episcopus, necnon abbas sanctissimæ Trinitatis de
« Exaqueio, Sancti-Jovini-de-Marnis et Sancti-Michae-
« lis in periculo maris, universis præsentes litteras
« inspecturis et audituris salutem in Domino. Notum
« facimus quod de fide, integritate, vita, honestate,
« diligentia et in pluribus rebus agendis experientia,
« nobilis et circumspecti viri magistri Nicolai de
« Briroy, presbyteri, archidiaconi archidiaconatus de
« Baptizio et canonici in ecclesia Constantiensi ca-
« thedrali, plurimum in Domino confidentes, speran-
« tesque quod ea, quæ illi duxerimus committenda,
« fideliter et sollicito animo et studio curabit adim-
« plere omnibus melioribus via, jure et forma, quibus
« melius et efficacius potuimus et debuimus possu-
« musque et debemus, eumdem de Briroy, nostrum
« tam in spiritualibus quam in temporalibus, in nos-
« tra cathedrali ecclesia et tota diœcesi, vicarium
« generalem et specialem fecimus, creavimus et ins-
« tituimus, tenoreque præsentium facimus, creamus

« et instituimus, dantes et concedentes eidem Nico-
« lao de Briroy plenam et omnimodam potestatem, auc-
« toritatem et mandatum speciale nomine nostro ad
« prædictam ecclesiam nostram et diœcesim Cons-
« tantiensem in omnibus quæ pertinent ad nostram
« dignitatem et auctoritatem episcopalem in spiritua-
« libus et temporalibus quæ ad vicarium de jure
« transferri et transmitti solent et debent. » Le surplus n'est qu'une plus ample explication de ce pouvoir donné et concédé sans aucune réservation. Depuis ce temps-là, M. de Briroy gouverna le diocèse, M. de Ravalet et quelques autres n'étant grands vicaires que *ad honores* et [pour] faire ce qu'ils voulaient.

Notre évêque eut le déplaisir d'apprendre que les calvinistes s'étaient saisis du Mont-Saint-Michel et de son abbaye, et eut aussi, peu de temps [après], la joie de savoir que le seigneur de Matignon les en avait dénichés, y étant entré de la même manière qu'eux, c'est-à-dire par intelligence, car la force aurait été inutile contre cet inébranlable rocher[1].

Le 23° de mars de cette même année 1575, noble homme, porte notre registre, Guillaume Le Tellier, sieur de la Mancelière, a apporté et mis entre les

---

[1] C'est en 1577, le 22 juillet, et non en 1575, que le sieur de Touchet s'empara par surprise du Mont-Saint-Michel. Il en fut délogé dès le lendemain, par Louis de La Moricière, sieur de Vicques, enseigne de M de Matignon. Voir sur cette affaire qui a été chantée par le poète avranchois, Jan de Vital, le *Livre des curieuses recherches du Mont-Saint-Michel*, etc., par Thomas Le Roy, p. 561-563 ; l'*Histoire générale du Mont-Saint-Michel*, par dom Huynes, t. II, p. 127-131. — Voir aussi *Le vray discours de la surprise et reprise du Mont-Saint-Michel, advenue le 22ᵉ juillet dernier passé*, publié par M. le vic. d'Estaintot pour la Société des Bibliophiles normands.

mains de M. Richard Vatin, secrétaire de M. de Coutances, un cahier moulé contenant mémoires et instructions suivant lesquelles seront faites les adjudications des choses mises en vente par les bénéficiers de ce royaume, signés de Pilles, avec deux paires de lettres missives, l'une signée Brulart, datée de l'onze de mars an présent, l'autre signée de Pilles, du 10ᵉ jour et an.

Item, le 4ᵉ juin, par ledit Le Tellier, a été mis entre les mains dudit Vatin un patent pour faire tenir à M. de Coutances, donné à Paris le 9ᵉ mars, faisant mention de faire nouvelle assiette, selon le contenu en icelui, avec un rôle en papier contenant le nom des bénéfices omis à taxer.

Item, l'onze dudit mois, autre patent en forme de rôle, daté de 1575, le 23ᵉ février, signé du Pas, avec deux paires de lettres missives souscrites, l'une de Philippe de Castille, et l'autre des syndics de France, signée du Pas, donnée à Paris le 6ᵉ mars, et l'autre le 24ᵉ février.

Le 9ᵉ novembre, a été apportée par Mᵉ Jean Paisant, trésorier et chanoine de laquelle cathédrale, une commission adressée à Monseigneur, datée de Paris, le 9ᵉ mai 1575, signée : Par le roi en son conseil, du Bois, pour faire nouvelle taxe, jouxte l'attache avec la commission rendue audit Paisant pour être mise entre les mains de M. de Briroy, vicaire général.

Depuis que M. de Saint-Gilles fut sacré évêque de Porphyre et créé suffragant de notre évêché, il fit toutes ordinations communes aux temps prescrits par l'église. Cette année 1575, il en fit une à la manière ancienne. Il commença le 19° avril en l'abbaye de Lessay, le 20° en l'abbaye de Saint-Sauveur-le-Vicomte le 21° à Barneville, le 22° aux Pieux, le 23° à Cherbourg, en l'église paroissiale, le 25° à Valognes, le 26° en l'abbaye de Montebourg, le 27° en la chapelle du manoir de Bouteville[1]. Je cite cette ordination *per turnum*, parce que je la crois la dernière de cette espèce, n'en ayant point trouvé de semblable en nos registres.

Cette même année, si nous en croyons M. Le Prévost, le 2° de février, notre évêque prêta le serment ordinaire à l'église et à l'archevêque de Rouen en la forme qui suit : « Ego Arthurus de Cossé, episcopus
« Constantiensis, venerabili ecclesiæ Rothomagensi ac
« reverendissimo patri ac domino Carolo, cardinali
« Borbonio, archiepiscopo, ac ejus successoribus ca-
« nonicè instantibus, reverentiam et obedientiam me
« perpetuo exhibiturum promitto et manu mea con-
« firmo actum esse. »

Nous finirons cette année par remarquer que Jacques de Grimouville, abbé de Saint-Sauveur[2], étant mort, eut pour successeur Jacques de Cerceau[3], pourvu en cour de Rome de cette abbaye ; que Ravalet [qui]

---

[1] Arr. de Valognes.

[2] Le ms. P. dit *de Montebourg*, ce qui est une erreur ; le ms. M. supprime ce passage. Le *Gallia christiana*, XI, 925-926, donne en ces termes la date précise de la mort de Jacques de Grimouville : « Humatur ad pedes majoris altaris cum hoc epitaphio : *Jacobus* de Grimouville, *presbyter, dum viveret, abbas commendatarius qui obiit* 17 *novembre* 1573.

[3] *Gallia christiana*, XI, 926. Le ms. P. dit : *Jacques Cerreau ou Cetrau*; le ms. M. *Jacques Ceruau ou Cetrau.*

était abbé de Hambie, et Louis de Saint-Gilles, archidiacre de Coutances et évêque de Porphyre, étaient à Valognes, auquel lieu le dernier, par la permission de l'autre, fit acolyte Jacques Le Long, curé de Hardinvast [1].

L'année 1576 fut très funeste au siège épiscopal de Coutances par la perte de la baronnie de Saint-Lo et l'aliénation qu'en fit Arthur de Cossé, notre évêque. Nous en avons parlé, dans notre histoire générale, au chapitre de Saint-Lo; il n'est pas nécessaire de la rapporter ici. Nous donnerons, si l'on veut, la copie du traité fait entre monseigneur notre évêque et M. de Matignon pour cela.

Nous avons au reste peu de choses dignes de considération au surplus de cette année et des suivantes. Le 29e mars 1576, « dominus existens Constantiis », il conféra de plein droit la petite prébende de Trelly [2] à Me Nicolas du Quesney. Le 7e de mai, son grand vicaire conféra l'archidiaconé du Val-de-Vire à messire René de Corville sur la résignation simple de Roger Le Gallois. Le 3e novembre, Arthur étant à Coutances, il conféra la cure de Cambernon [3] à Richard Dubois. Le 5e décembre, il conféra la cure de Sainte-Croix-du-Bocage [4], à messire Toussaint Le Révérend, et lui fit à la manière accoutumée prêter le serment de fidélité,

---

[1] Arr. de Cherbourg.
[2] Arr. de Coutances.
[3] Arr. de Coutances.
[4] Ancienne paroisse, aujourd'hui réunie à Theurteville-Bocage, arr. de Valognes.

obéissance et résidence, et le 14ᵉ du même mois, la prébende d'Urville¹ à Guillaume Eude.

L'évêque, comme il paraît par ces actes et par plusieurs autres que nous omettons par exprès, venait quelquefois en sa ville épiscopale, mais sa résidence ordinaire était son manoir de l'Oiselière. Il y passait ses jours le plus agréablement qu'il pouvait, aliénant du temporel de son évêché et de ses abbayes à proportion des taxes qui lui survenaient.

Le collège où sont maintenant les Jésuites à Caen était un hospice que le fameux Robert du Mont avait fait construire en 1172 pour ses religieux, ainsi qu'on le voit écrit encore en lettres gothiques sur la porte de l'escalier par lequel on monte dans les chambres : « Robertus, abbas Montis-Sancti-Michaelis, hanc domum fieri fecit », dans lequel lieu, depuis l'établissement de l'université à Caen 1437, il y avait eu un collège pour les religieux de ce même monastère. Arthur de Cossé le vendit à des marchands pour leur servir de magasin.

Voici ce qu'en dit M. de Bras, p. 223 de ses *Antiquités de Caen* : « Et suis esté tout esmeu que puis viron
« huict ou dix ans le sieur Abbé du Mont S. Michel,
« ait faict vendue du college du Mont que l'un de ses
« predecesseurs Abbez avoit faict bâtir pour servir de
« College et usage dessusdits, qui est l'une des plus
« belles et amples maisons et propres pour ce faict,
« de l'Université, comme aussi il y a eu tousjours un

---

¹ Arr. de Valognes.

« bon College, et de present ne sert que d'un maga-
« zin à marchands, il est encore bien aisé selon mon
« advis de faire casser telle vente. »

Notre évêque était à Paris au mois de juin de l'an 1577, et, le 20° de ce mois, il créa son vicaire général, tant en son évêché que par toutes ses abbayes, noble homme maître Thomas Fayel, clerc, principal du collège de maître Gervais [1]. Nous avons trouvé quelques collations de bénéfices et des démissoires donnés par ce Fayel en cette qualité. Nous en avons aussi vu d'un nommé Jacques David, chapelain de l'église de Saint-Maurille d'Angers ; ce qui nous fait connaître que notre évêque avait alors quatre grands vicaires ; mais MM. de Ravalet et de Briroy faisaient tout, particulièrement le dernier ; les expéditions ordinaires au nom des autres sont rares. Il fut encore, le 14° octobre de cette même année 1577, établi grand vicaire de l'abbaye de Lessay, et noble homme Bernard de Juvigny, doyen de l'église d'Avranches, l'était du Mont-Saint-Michel.

Nous remarquerons encore : 1° que Christophe de Bassompierre, chevalier, seigneur du lieu, était enregistré seigneur de Saint-Sauveur-Lendelin [2] et le

---

[1] Gervais Chrétien, originaire de la paroisse de Vendes, au diocèse de Bayeux, chanoine de l'église de Paris, premier médecin du roi Charles V, fonda à Paris, l'an 1370, le collège dit de *Maître-Gervais* affecté aux étudiants du diocèse de Bayeux, et composé de vingt-six boursiers, divisés en deux communautés, de théologie et des arts. Charles V y établit aussi deux boursiers en mathématiques, dont l'un devait faire des leçons publiques en ce collège, et l'autre, aux grandes écoles des Quatre-Nations (Moréri, *Dict.* v° *Université de Paris*). Ce collège était situé rue du Foin-Saint-Jacques.

[2] Arr. de Coutances.

Vicomte[1] et baron de Néhou, et qu'en cette dernière qualité, il présenta le 10° juillet 1578, Pierre Cabart à la chapelle de Néhou à raison de l'inhabileté du chapelain nommé Pierre Groult, lequel fut trouvé être marié ; 2° que Bon de Broé, conseiller au parlement de Paris, était abbé commendataire de Montebourg ; 3° que M. de Briroy substitua vicaire général Nicolas Bernard, chanoine ; 4° que, conformément à ce qu'en avait mandé par lettres le seigneur évêque au sieur de Briroy, le 7° mai 1580, il commit pour autant de temps qu'il plairait audit seigneur évêque, promoteur en l'officialité de Coutances, messire Robert du Moulin, chanoine dont nous avons déjà parlé ; 5° qu'y ayant eu un jubilé ou indulgences publiques *ad instar*, par ordre de l'évêque les aumônes qui en provenaient furent distribuées par moitié entre les Jacobins de Coutances et les Cordeliers de Granville, pour la réédification de leurs monastères ; 6° enfin, que deux grands ecclésiastiques de ce diocèse moururent, savoir : messire Louis de Saint-Gilles, évêque de Porphyre, et messire Jean de Ravalet, abbé de Hambie, chanoine et grand vicaire, ainsi qu'il paraît par les provisions à leurs bénéfices qui étaient à chacun trois ou quatre. M. de Saint-Gilles eut pour successeur messire Philippe Troussey, abbé de Blanchelande et aussi évêque de Porphyre, et M. de Ravalet, Jean de Tourlaville[2]. Nous en parlerons bientôt.

---

[1] Arr. de Valognes.

[2] Jean de Tourlaville ne paraît pas avoir conservé longtemps l'abbaye de Hambie. On lit en effet dans le *Gallia christiana*, xi, 933 ; « Morant

En attendant, nous remarquerons un long réquisitoire présenté par le susdit du Moulin, promoteur, le 25° août 1580, et répondu au même jour et an. Ce réquisitoire, qui regarde presque uniquement les archidiacres, explique leurs devoirs et tend principalement à ce qu'il faut ordonner : « que les archidiacres eus-
« sent à faire régulièrement leurs visites par eux-
« mêmes sans empêchement légitime, conformément
« aux décrets, l'expérience faisant connaître de quelle
« utilité, ou plutôt nécessité, sont ces visites pour la
« conservation de la foi, la correction des mœurs et
« la bonne discipline de l'Eglise en tout temps, mais
« spécialement en celui des troubles ; requérant ledit
« promoteur à ce que lesdits archidiacres aient à
« s'informer diligemment en chaque paroisse des qua-
« lités, vies et mœurs et doctrine non-seulement des
« clercs, mais encore des particuliers de chaque paroisse ;
« que l'archidiacre en faisant sa visite aie à prêcher
« les peuples, prenant pour thème ou argument de
« son discours quelque point de morale pour leur
« apprendre à bien vivre ; qu'ils aient à examiner si
« le saint sacrement est conservé dans un lieu décent
« et s'il est renouvelé de temps en temps, s'il y a un
« ciboire, un tabernacle, des vases pour les saintes
« huiles [1], si les mariages sont célébrés conformément
« aux statuts après la publication de trois bans en

---

commandan obtinuit cessione Caroli *de Bourbon* archiepiscopi Rotomagensis et cujusdam nepotis Johannis decessoris qui ambo jus suum ei cesserunt. »

[1] Ms. P. hosties.

« présence ou du consentement des pasteurs, s'il y a
« registres de baptêmes, mariages et inhumations et
« autres choses semblables ; qu'ils aient en outre à
« voir toute l'église, si elle est nette et selon les règles
« de l'honnêteté et de la décence, s'il y a une sacristie,
« des cloches et s'il y a besoin de réparation en quel-
« ques endroits ; qu'ils aient à s'informer s'il n'y a
« point des clercs ou même des laïques simoniaques
« ou des confidentiaires ; s'il n'y a des ornements,
« chappes, chasubles et autres choses nécessaires au
« culte divin ; si les biens de l'église n'ont point été
« vendus ou aliénés ; s'il y a procès-verbal ou registre
« des titres, revenus et autres biens de chaque église ;
« si les comptes sont exactement rendus ; si les fêtes
« des confréries se passent honnêtement sans ivro-
« gnerie et danses ; s'il ne s'y commet point de fripon-
« neries ; si le vicaire n'a point de bénéfice qui requiert
« résidence, auquel cas il faudrait l'y renvoyer ; si
« les curés prêchent et enseignent la foi catholique ;
« si les frères mendiants sont honnêtes, modestes,
« obéissants ou immodestes, réfractaires, fréquentant
« des personnes de mauvaise doctrine, de la nouvelle
« secte qui est un horrible athéisme ou d'autres per-
« sonnes de méchante vie ; si les clercs ou les laïques
« ne sont point scandaleux par leurs jurements, blas-
« phèmes, incestes, adultères, usures et autres crimes
« semblables, et qu'enfin lesdits archidiacres eussent
« chaque année à la fin de leurs visites à représenter
« au seigneur évêque leurs procès-verbaux signés
« d'eux et de leurs greffiers, avec exactitude et en vue

« de celui « qui diligit justitiam et odit iniquitatem » :
« outre qu'en [dil] ayant jusqu'à présent « patientia irra
« tionabilis vitia seminat, negligentiam nutrit, et non
« solum malos sed etiam bonos ad malum invitat. »
Et au bas de ce réquisitoire, qui est en latin et que j'espère donner en original[1] dans notre recueil, est l'ordonnance de l'évêque en ces termes :

« Visa per nos Arturum de Cossé, episcopum Cons-
« tantiensem, præsenti supplicatione, et attendendo
« contenta in ea : mandamus et in virtute sanctæ obe-
« dientiæ præcipimus omnibus et singulis Archidia-
« conis nobis subditis, quatenus peracto cursu suæ
« visitationis, Nobis aut Vicario nostro generali ac
« Promotori fidelibus tradant scriptis quæcumque
« invenerunt emendanda ac correctione digna in suis
« territoriis, ut postea auctoritate nostra secundùm
« casuum exigentiam provideatur. » Signé : Arthur de Cossé, évêque de Coutances.

Cette même année, notre évêque donna son consentement à ce que l'église de Valognes fût érigée en collégiale ainsi que nous avons dit en notre histoire générale en parlant de cette église de Valognes et de sa ville.

L'année 1581 est illustre par le très célèbre concile provincial de Normandie tenu à Rouen par l'éminentissime Charles, cardinal de Bourbon archevêque de cette ville. La plupart des évêques et des autres

---

[1] Le texte latin de cette pièce et le visa d'Arthur de Cossé ont été publiés par D. Bessin dans *Concilia Rotomagensis provinciæ*, 2ᵉ partie, p. 602-603.

prélats qui de droit ou de coutume sont obligés d'assister à ces sortes d'assemblées ne manquèrent pas de s'y trouver. Il avait été indiqué pour le premier dimanche de l'Avent de l'an précédent, mais le seigneur archevêque s'étant trouvé incommodé, le concile fut différé jusqu'au mois de mai de cette année 1581.

Les actes de ce célèbre concile sont si publics en latin et en français que j'en parlerais inutilement[1]. Il serait seulement à souhaiter qu'ils fussent aussi bien observés que connus. Les évêques de Bayeux, Evreux, Séez et Lisieux [1], tous prélats très distingués, y assistèrent ; Avranches était vacant [2], et Arthur de Cossé, notre évêque, ne pouvant ou ne voulant y aller, y envoya un excellent procureur, M. de Briroy, son vicaire général. Ce vicaire est si distingué et si connu et considéré que les mémoires mêmes de l'évêque marquent les jours de son départ et de son retour :
« Die lunæ decima aprilis mensis, dominus de Briroy
« discessit ab hac urbe Constantiensi pro adeundo
« Rothomagensi concilio et substituit dominum du
« Moulin, doctorem theologum, usque ad suum reditum... Die lunæ 22ᵉ maii, hora circiter prima
« pomeridiana, dominus de Briroy rediit a concilio
« provinciali in urbe Rothomagensi celebrato in hanc
« civitatem Constantiensem. »

[1] V. Dom Bessin, *Concilia*, etc., 1ʳᵉ partie, p. 197-234.
[2] Mathurin de Savonnières, évêque de Bayeux ; Claude de Saintes, évêque d'Evreux ; Louis du Moulinet, évêque de Séez ; Jean de Vassé, évêque de Lisieux.
[3] Augustin Le Cirier, évêque d'Avranches, était mort le 23 mars 1580. Georges Péricard, son successeur, ne reçut ses bulles de Rome qu'en 1583.

Je ne saurais dire par quelles raisons Arthur notre évêque ne fut pas à ce concile, car certainement il était alors en son diocèse, ainsi qu'il paraît par l'acte de la collation de la deuxième portion de Néhou, datée de l'onze avril au dit an 1581, à un nommé Thomas Garel, laquelle, ainsi qu'il est contenu en cet acte, Guillaume Troussey, chanoine et pénitencier de la cathédrale de Coutances, détenait injustement. Il quitta bientôt tout, étant mort peu après, ainsi qu'il nous paraît par la collation de plein droit que M. de Briroy fit de la prébende et de la dignité à un nommé Guillaume Blouvel.

Le 4° jour de juin dudit an 1581, Arthur de Cossé, notre évêque, était en son abbaye de Saint-Jouvin-de-Marnes, ainsi qu'il se justifie d'un acte daté de ce lieu et de ce jour, par lequel il donna la cure de Lingreville[1], *pro prima*, à Robert Guérin, laquelle avait vaqué par la mort de Robert Héron. Les affaires pressantes de cette abbaye auraient pu l'obliger d'y aller plutôt qu'au concile provincial. Il en était de retour et était en son manoir de l'Oiselière le 21° juillet suivant; la collation par visa de la cure de Vasteville[2] à un nommé Pierre Le Flambe nous en est un certain témoignage. Je reremarquerai encore qu'un nommé Georges Esnault ayant obtenu en cour de Rome un dévolu sur Pierre Lancise de l'archidiaconé du Val-de-Vire « propter simonia labens aut pacta illicita simoniam redolentia », M. de Briroy donna collation de cet archidiaconé à

---

[1] Arr. de Coutances.
[2] Arr. de Cherbourg.

Esnault « ad conservationem juris » ; néanmoins, dans la suite, Esnault paya. Mais il est temps que nous nous entretenions un peu de choses plus relevées.

Henri III, allant en Pologne et passant par la Lorraine, y vit la princesse Louise de Lorraine,[1] fille du comte de Vaudemont et nièce du duc ; il l'aima sans le dire ; mais, le lendemain qu'il fut sacré roi de France, le 16ᵉ février 1575, il l'épousa. Cette princesse, qui ne s'était pas attendue à tant d'honneur, avait donné son affection à un prince allemand frère du comte de Salms et l'amour qu'elle avait pour lui fit, à ce qu'on dit, un tel effet sur elle qu'elle en sécha debout, devint dans une maigreur étonnante et stérile. C'était un chagrin mortel pour le roi ; il eut recours à celui qui sait consoler les affligés quand il lui plaît, et voulut que tous les gens de bien de son royaume joignissent leurs prières aux siennes pour obtenir de Dieu un fils héritier de la couronne. Il en écrivit à notre évêque ce qui suit : « Notre amé et féal, l'une
« des choses que nous avons la plus désirée et requise
« à notre Seigneur, à nos particulières prières et orai-
« sons depuis notre heureux mariage et semblable-
« ment les reines notre honorée dame et mère et
« notre très chère et amée compagne, a été qu'il lui
« plût nous donner un fils, sachant bien que la grâce
« de la génération, comme toute autre grâce, dépend

---

[1] Louise de Lorraine, née le 30 avril 1553, de Nicolas de Lorraine, comte de Vaudemont et plus tard duc de Mercœur, et de Marguerite d'Egmont, épousa Henri III le 15 février 1575, et mourut le 29 janvier 1601. Elle avait été élevée par la comtesse de Salms.

« de lui. Mais ne l'ayant encore pu obtenir de sa
« bonté, et étant bien certain que souvent ce qu'un
« seul ou un petit nombre de priants ne peuvent im-
« pétrer, plusieurs ensemble en grand nombre priants
« en union de foi, de charité et de dévotion, comme
« par une force qui lui est agréable, l'emportent et
« l'obtiennent, nous avons estimé qu'il serait bien à
« propos et convenable à notre sainte intention de
« nous aider des moyens dont nous savons que quel-
« ques-uns de nos prédécesseurs rois ont heureusement
« usé en pareil cas, c'est de demander le secours des
« prières et oraisons publiques de tout le clergé de
« l'Eglise gallicane, et généralement de tous nos bons,
« loyaux et fidèles sujets, attendu que le fruit que
« nous en espérons n'est point pour notre particulier
« contentement et consolation seulement, mais pour
« le bien et le repos universel de toute la France,
« pays et provinces de notre obéissance. C'est pour-
« quoi nous avons avisé de vous faire la présente
« comme aussi à tous autres archevêques, évêques et
« prélats de ce royaume, pour vous avertir que notre
« volonté est qu'un an durant à commençer au pre-
« mier dimanche de l'avent prochainement venant
« jusqu'à pareil jour l'an révolu, vous ferez en cha-
« cune de vos églises cathédrale, collégiales et con-
« ventuelles par chacun jour après vêpres ou autre
« heure qui vous semblera plus commode, proces-
« sions et supplications extraordinaires avec les plus
« dévotes, plus saintes et plus urgentes prières, suf-
« frages et oraisons appropriées à cette fin que vous

« saurez bien choisir, et les prescrire et ordonner à
« tous gens d'église qui sont sous votre charge, et aux
« églises paroissiales tant aux villes closes que par
« la campagne aux jours de dimanches et fêtes recom-
« mandées afin que le peuple n'en soit point distrait
« de ses œuvres manuelles. Semblablement que vous,
« vos prédicateurs et théologiens en leurs prédications
« ordinaires, les curés ou vicaires en leur prônes les
« jours de dimanche admonestent, exhortent tous
« gens d'église à célébrer le plus souvent qu'il leur
« sera possible le saint sacrifice de la messe avec les
« collectes appropriées à cet effet, et toutes autres
« sortes de gens, hommes et femmes, à se mettre en
« bon état et se préparer pour communier au précieux
« corps et sang de notre Seigneur en accompagnant
« leurs prières de jeûnes et aumônes et autres
« bonnes œuvres méritoires chacun selon sa puissance,
« afin que leurs oraisons aient plus de force et d'effi-
« cace pour émouvoir la bonté et la clémence de notre
« Dieu, comme aussi de notre part nous sommes bien
« délibérés de n'omettre devoir quelconque à nous
« possible en cet endroit, et espérons que tous ceux
« de notre suite, qui aimeront le bien de notre service
« et notre contentement, s'efforceront de faire le sem-
« blable avec ce que nous y aurons et y tiendrons la
« main, afin qu'il plaise à la bonté divine exaucer nos
« prières conjointes ensemble et nous faire sentir le
« fruit de sa sainte bénédiction. En quoi, pour ce que
« c'est une chose qui appartient à l'honneur et à la
« gloire de Dieu, au bien de notre service, au béné-

« fice, paix et repos de nos sujets, nous promettons
« pour l'obligation que vous y avez de tout droit
« divin et humain qui la vous commande que vous
« ferez votre plein et entier devoir, et néanmoins
« nous vous en prions, et nous vous enjoignons très
« expressément que vous vous y employez avec tout
« le soin et affection et diligence possible et que la
« chose le requiert, ainsi qu'elle est de soi louable
« et que nous l'avons grandement à cœur, ayant fait
« dresser un mémoire de l'ordre et des prières propres
« à implorer de Dieu la grâce que nous lui deman-
« dons et désirons de sa bonté, lequel nous vous
« envoyons avec la présente pour le faire mettre en
« exécution ainsi que vous aviserez pour le mieux.
« Donné à Paris, le 22ᵉ octobre 1581. Signé Henri, et
« plus bas Brulard en paraphe », et sur le dos était écrit :
« A notre amé et féal conseiller l'évêque de Coutances
« ou à son grand vicaire. »

Suit par après à titre de mémoires de l'ordre et des prières qui semblent propres à implorer l'aide de Dieu pour les susdites lettres que le roi écrit aux prélats et évêques de France :

« Premièrement, semble fort expédient qu'en toutes
« églises cathédrales, collégiales et conventuelles, tous
« les jours après vêpres, se fassent les processions et
« aux parrochiales les dimanches et fêtes comman-
« dées, auxquelles se chantera la litanie entre les
« versets de laquelle se dira posément avec dévotion
« et à genoux, si la commodité du lieu où se trouvera
« la procession lors du verset le permet, et répétera-

« t-on trois fois ce qui suit : « Ut regi nostro Henrico
« christianissimo filium regni Francorum heredem
« fructuosum concedere digneris, te rogamus; audi
« nos. »

« Aux autres jours, se chantera le répons : « Ada-
« periat Dominus cor vestrum in lege sua, etc... Peto,
« Domine, ut de vinculo improperii hujus absolveas
« me aut certe de super terram eripias me ; ne remi-
« niscaris delicta mea, vel parentum meorum, etc...
« Dominator Domine cœlorum et terræ, creator aqua-
« rum et universæ creaturæ, exaudi orationem ser-
« vorum tuorum. ỳ. Tu Domine, cui humilium semper
« et mansuetorum placuit deprecatio, exaudi oratio-
« nem servorum tuorum. »

« Le psaume *Exaudiat*, le dernier verset duquel :
« Domine salvum fac Regem, sera répété trois fois à
« genoux et en toute dévotion ».

« Les jours de samedi se diront les répons de l'É-
« glise composés en l'honneur de Notre-Dame. A la
« fin des prières se chantera le verset : Uxor tua
« sicut vitis abundans ; le répons, in lateribus domus
« tuæ ».

ORATIO

« Rex regum Deus, qui pro salute mundi ex utero
« intemeratæ virginis filium tuum nasci voluisti, da
« christianissimo regi nostro Henrico tibi placentem
« filium ad regni Francorum prosperitatem et pacem.
« Per Dominum nostrum, etc., laquelle même orai-

« son sera tous les jours ajoutée en toutes les messes,
« tant hautes que basses avec les subséquentes. »

SECRETA

« Oblata quæsumus munera, Domine, sanctifica et
« incarnationis unigeniti filii tui suffragante mysterio,
« christianissimo regi nostro Henrico sanctæ indolis
« filium misericorditer largiri digneris. »

POSTCOMMUNIO

« Satiati muneribus sacris quæsumus, Domine Deus
« noster, da christianissimo regi nostro Henrico opta-
« tum filium regni Francorum heredem fructuosum.
« Per Dominum [1], etc. »

Le mardi 28° novembre audit an 1581, tout ce que dessus fut enregistré et, en même temps, on travailla à en faire des copies qui furent envoyées dans toutes les villes, bourgs, paroisses, abbayes et prieurés du

---

[1] Le *Registre des délibérations capitulaires* pour les années 1580-1582, conservé aux Archives de la Seine-Inférieure, G 2174, contient la copie des lettres du roi Henri III, adressées au cardinal de Bourbon, sous la date du 25 octobre 1581. Cette copie présente avec la nôtre quelques différences de forme motivées sans doute par la qualité de celui auquel ces lettres sont adressées; elles sont d'ailleurs sans importance. Le texte des prières est plus long; mais nous avons cru suffisant de nous en tenir à celui de Toustain de Billy. Nous avons toutefois tiré de ces textes du registre quelques corrections.
Ces prières ne furent pas acceptées sans observations par le chapitre de Rouen, et l'analyse de ce registre, donnée par M. Ch. de Beaurepaire dans l'*Inventaire sommaire des Archives de la Seine-Inférieure*, série G, t. II, p. 273, contient la mention suivante : « Difficultés à ce
« sujet parce que le roi paraissait commander à l'Église et introduisait
« des changements à l'office dans des parties essentielles ; on écrira à
« Monseigneur, qui consultera les évêques et la Faculté de théologie de
« Paris ; lettre de l'archevêque ; formulaire des prières ordonnées par ce
« prélat, qui se diront pendant un an. »

diocèse et les prières furent faites avec toute l'exactitude qu'on put, mais Dieu en avait disposé autrement.

La première chose qui se présente pour l'année 1582, c'est cet extrait de nos registres : « Aujourd'hui
« 24° février 1582, Simon Croisé a présenté à noble
« et circonspecte personne M° Charles Bernard, cha-
« noine de Coutances, grand vicaire de révérend père
« en Dieu et seigneur, monseigneur l'évêque de Cou-
« tances, un patent et lettres missives de Sa Majesté
« tendant au paiement d'une décime extraordinaire
« par eux demandée au terme de mars prochain, le-
« quel sieur Bernard après avoir reçu et lu ledit
« patent portant date du 30° janvier dernier, et ladite
« missive de l'onze de ce présent mois de février, a
« fait réponse que le clergé du diocèse est si pauvre
« et nécessiteux qu'à toute peine il peut satisfaire aux
« décimes ordinaires et que cette présente affaire est
« de telle importance que lui seul n'y pourrait mettre
« la main en l'absence du clergé, lequel il fera as-
« sembler pour en délibérer au plus tôt que faire se
« pourra. En témoin de quoi, ledit sieur a fait signer
« la présente par le secrétaire ordinaire dudit sieur
« évêque, et icelle délivrer audit Croisé ledit jour et
« an que dessus. »

La deuxième est une lettre du roi adressée à notre évêque ou à son grand vicaire par laquelle Sa Majesté désire savoir les noms des personnes qui possèdent des bénéfices de sa part. Voici cette lettre et sa réception :

« Die undecima augusti, Constantiis, coram nobis
« Carolo Bernard, vicario substituto nobilis et circum-

« specti viri et magistri Nicolai de Briroy, vicarii gene-
« ralis domini episcopi Constantiensis, comparuit
« Robertus Fougere, agaso domini nostri regis, qui
« nobis exhibuit quasdam litteras a majestate præ-
« dicti nostri regis deditas, quarum tenor sequitur et
« est talis.

De par le roi,

« Notre amé et féal, il est très requis et nécessaire
« que toutes charges et dignités ecclésiastiques soient
« régies et administrées par bons et saints personnages,
« la vie, mœurs, probité et religion desquels puissent
« servir de miroir et exemple à tous les autres, à
« quoi nous estimons avoir été très bien et dignement
« pourvu en notre royaume, tant en l'honneur de
« Dieu en décharge de notre conscience que pour le
« bien et utilité publique. Toutesfois, parce que la
« malice des temps et les guerres passées qui ont
« couru en notre royaume, peuvent avoir empêché
« l'exécution de nos bonnes intentions, nous désirons
« pour mieux nous éclaircir de la vérité, savoir les
« noms et qualités de tous ceux qui sont pourvus des-
« dites abbayes, prieurés et autres bénéfices de votre
« diocèse qui dépendent de notre nomination, et ce,
« dans le 16° septembre prochain, et vous ferez chose
« qui nous sera très agréable. Ecrit à Fontainebleau,
« le 28° juillet 1582. Signé, Henri, et plus bas : de
« Neufville, en paraphe. » Et sur le dos est écrit :
« A notre amé et féal conseiller l'évêque de Cou-
« tances ou à son grand vicaire. »

La troisième, c'est la lettre du cardinal de Bourbon à notre prélat ou à son grand vicaire concernant les publications du concile de Rouen en ces termes :

« M. de Coutances, puisque Dieu nous a fait cette
« grâce de voir notre concile provincial en état qu'il
« ne reste plus que l'exécution qui est la perfection
« de l'œuvre, c'est en quoi nous devons travailler afin
« de recevoir le fruit de la bonne intention et espé-
« rance que nous avons en cela à la gloire de Dieu et
« réformation des églises de notre province. Comme
« je m'assure, vous n'y oublierez rien de votre part,
« et, pour cette occasion, sitôt qu'il a été achevé
« d'imprimer, je me suis acheminé en cette ville, où
« ce matin à l'assemblée ou synode du clergé de mon
« diocèse, je l'ai moi-même publié et fait entendre le
« désir que j'ai de le voir entièrement observé en
« cette province, tant en général qu'en particulier ;
« au moyen de quoi j'ai pensé aussi être de mon de-
« voir de vous l'envoyer ; et en outre la lettre que vous
« y verrez que je vous écris en général fort ample-
« ment, j'ai bien voulu vous faire cette particulière
« pour vous prier comme j'ai fait bien affectueuse-
« ment, M. de Coutances, le faire pareillement pu-
« blier par tout votre diocèse ; le faisant afficher aux
« principales portes de l'église et le mander à vos
« doyens ruraux, qui en avertiront les abbés, prieurs
« et curés de leurs doyennés, afin que personne n'ait
« excuse de ne l'avoir pas vue. Je vous enverrai de
« brief une copie des lettres que nous avons obtenues
« du roi pour la levée des deniers touchant nos sémi-

« naires, de l'établissement desquels nous faut aviser
« chacun en son diocèse, comme de tenir la main à
« l'exécution dudit conseil, à quoi je suis résolu de
« n'en perdre rien et de le faire diligemment obser-
« ver en tout mon diocèse avec l'aide de Dieu, lequel
« je supplie de vous donner, M. de Coutances, ses
« grâces. A Rouen, le six de novembre 1582, votre
« très affectionné frère et ami, Charles, cardinal de
« Bourbon. » Sur le dos était écrit : « A M. l'Evêque
« de Coutances, et, en son absence, à MM. ses grands
« vicaires. »

Sitôt que ces lettres furent [reçues, elles furent] lues, publiées et enregistrées ainsi que le concile, et ce, en pleine audience de la juridiction ecclésiastique de Coutances, tenue par M. de Briroy, vicaire général et official, en la présence et en la réquisition du promoteur, et [fut] ordonné que ledit concile serait lu et publié par tous les lieux et paroisses de ce diocèse, afin que nul n'en prétendît cause d'ignorance, et qu'à cette fin, serait envoyé mandement à tous les doyens ruraux pour faire ladite publication, ce qui fut aussitôt exécuté.

La quatrième regarde la correction du calendrier, pour l'intelligence de quoi, on voudra bien me permettre, comme j'écris pour tout le monde, de dire que l'église, ayant bien voulu suivre la description de Jules César, divisa l'année en douze mois composés de 365 jours six heures, quelque peu moins ; lesquelles six heures en quatre [ans] faisaient un jour naturel qui, étant ajouté entre le 24ᵉ et le 25ᵉ jours ordinaires du mois de février, faisait cet an qu'on appelle bissextil.

Mais comme on ne s'était pas trop aperçu qu'il y avait quelques minutes ou secondes de minutes de moins que les six heures par an, en sorte que chaque bissextil, outre ces 366 jours, jetait[1] onze minutes et quelques secondes, ce qui, dans la suite des temps, éloignait la fête de Pâques beaucoup de l'équinoxe et l'équinoxe lui-même loin du 21° jour de mars où il était et où il fut déterminé qu'il devait être, lors de la tenue du concile de Nicée, en 325 ; ce que le pape Grégoire XIII ayant reconnu, il envoya dans le temps dont nous parlons des brefs à tous les rois, princes et universités pour avoir leurs sentiments sur la réforme qu'il désirait y apporter. Il en consulta tous les habiles mathématiciens de l'univers, et, enfin, par une bulle ou une constitution du 24° février 1581, qui était la deuxième année de son pontificat, il ordonna qu'on retrancherait dix jours de cette année qui seraient dans le mois d'octobre, dans lequel le lendemain du jour Saint-François, au lieu de compter cinq, comme on avait de coutume, on dirait cette année le quinze.

Cette bulle ou constitution ne fut apportée ni reçùe en France que quelque temps après. Le roi ordonna qu'on aurait [pour elle] toutes sortes de déférences et qu'on s'y conformerait en tout, comme l'on pourra voir par ce que ce monarque en écrivit à notre évêque :

---

[1] Au sens de *comptait*.

« Nostre amé et féal. Ayant Nostre Saint Pere le
« Pape Grégoire XIII ordonné un Calendrier ecclesias-
« tique, lequel Sa Sainteté nous a envoyé, comme à
« tous les autres Roys, Princes et Potentats de la
« Chrestienté : par lequel elle a trouvé être neces-
« saire de retrancher dix jours entiers en la presente
« année, pour les causes et raisons amplement dé-
« duites en icelui, et combien qu'elle ait ordonné
« que ledit retranchement se feroit dans le mois
« d'octobre dernier passé, neanmoins Nous n'au-
« rions pû le faire exécuter et ensuivre audit mois.
« Et voulant que les Saintes Ordonnances du Saint
« Siege ayent cours et soient observées en nostre
« Royaume, comme il convient, même en ce fait,
« pour ne Nous desunir et separer des autres Princes
« qui ont jà receu et fait observer ledit Calendrier,
« Nous voulons et ordonnons qu'estant le neufviesme
« jour du mois de décembre expiré, le lendemain,
« que l'on comptoit le dixiesme, soit tenu et nombré
« par tous les endroits de nostre Royaume, le ving-
« tiesme dudit mois, et le lendemain vingt-uniesme,
« auquel se celebrera la Feste de Saint-Thomas ; le
« jour suivant après, sera le vingt-deuxiesme, le len-
« demain le vingt-troisiesme, et le jour ensuivant le
« vingt-quatriesme : de sorte que le jour d'après, qui
« autrement et selon le premier Calendrier eust esté
« le quinziesme, soit compté le vingt-cinq, et en ice-
« lui celebré et solemnisé la Feste de Noel ; et que
« l'année presente finisse six jours après ladite Feste,
« et que la prochaine, que l'on comptera 1583, com

« mence le septiesme jour après la celebration d'icelle
« Feste de Noel : laquelle année, et autres subse-
« quentes, auront après leur cours entier et complet
« comme devant. De laquelle nostre intention et or-
« donnance avons bien voulu vous avertir, afin que
« vous ayez à l'ensuivre, faire observer et pourveoir
« au Service qui se doit faire aux Advents de ladite
« Feste de Noel, et autres Festes ordonnées par
« l'Eglise esdits jours retranchez, et la faire procla-
« mer et lire ès Prosnes des Eglises de vôtre Diocèse;
« comme Nous enjoignons presentement à nos Cours
« de Parlement, Baillis et Senechaux, de faire en
« l'étendue de leurs ressorts et juridiction, afin que
« nul n'en puisse pretendre cause d'ignorance. Et à
« ce ne faites faute : Car tel est notre plaisir. Donné
« à Paris le troisiesme de novembre 1582. » *Signé*
Henry. *Et plus bas*, Neufville, avec paraphe. Et
est écrit sur le dos : « A notre amé et feal conseiller
« l'Evêque de Coutances ou ses grands vicaires [1]. »

Cette ordonnance n'eût pas plus tôt été reçue que
M. de Briroy eut soin de la faire enregistrer, publier
et envoyer à tous les abbés, prieurs, curés et vicaires
du diocèse avec le mandement y attaché:

« Messieurs, vous voirrez par la teneur du Mande-
« ment du Roy nostre Sire, dont la copie est cy-dessus
« escripte, comme Sa Majesté veult et ordonne qu'il soit
« retranché dix jours du mois de Decembre prochain, et

---

[1] Cette pièce et la suivante sont reproduites d'après le texte donné par Dom Bessin: *Concilia Rotomagensis provinciæ*, 3ᵉ partie, p. 603-604. Le texte de la première présente dans D. Bessin une lacune que j'ai complétée à l'aide du texte de Toustain de Billy.

« que le neufviesme dudit mois expiré, au lieu de compter
« dix, on compte vingt, tellement que le jour de Noel se
« celebrera le Samedi, qui auroit esté le quinziesme de
« Decembre, selon le Calendrier dont nous usions,
« qui toutesfois [sera compté le vingt-cinquiesme ; et
« au septiesme jour ensuivant sera le premier jour de
« Janvier, que l'on celebrera la Circoncision, et ainsi
« consecutivement des autres fêtes. L'Avent se com-
« mencera à son jour, qui sera le second jour de
« Decembre, et le second Dimanche le Mardi pro-
« chain ensuivant : les Quatre-Temps se celebre-
« ront le Mercredi, Vendredi, et Samedi de la-
« dite semaine. Le troisiesme Dimanche sera le dix-
« neufviesme Decembre. Le quatriesme Dimanche sera
« le Mercredi lendemain de la Feste de S. Thomas,
« que l'on comptera selon ledit Mandement le vingt-
« deuxiesme jour dudit mois. Les solemnités des O O,
« commenceront le jour Saint-Nicolas, desquels le
« huitiesme et dernier sera célébré le Jeudi huitaine
« ensuivant, que l'on comptera 23 dudit mois. Des-
« quelles choses vous advertirez en diligence vos sub-
« jets. » Le surplus est perdu[1].

Je n'ajouterai plus à ce que dessus que deux petites particularités : la première, est que le prieur de Saint-Lo de Rouen est présentateur à la chapelle de Saint-Romphaire en l'église cathédrale en qualité de chanoine de l'église de Coutances, et ce, s'il a eu soin de se faire reconnaître et installer comme tel au cha-

---

[1] C'est là que s'arrête également le texte de Dom Bessin. Il semble d'ailleurs que la pièce est complète.

pitre ; mais s'il a négligé de se faire recevoir, le chapitre présente en son lieu et place ; c'est ce qui est prouvé par un acte du 14° du mois de novembre 1582, par lequel M. de Briroy conféra cette chapelle vacante par l'absence et non-résidence de Laurent Le Pelley à Gilles de Champrepus présenté par le chapitre qui se dit ainsi « supplens vices domini prioris Sancti-Laudi « Rhotomagensis absentis et nondum in dicto capitulo « recepti. » L'autre est une preuve de ce que nous croyons avoir dit qu'il fallait des lettres et une institution particulière pour faire l'oraison synodale. Ainsi, par un acte du 24° avril, il est dit que « dominus de « Tourlaville et dominus de Briroy, vicarii generales, « concessèrunt licentiam fratri Francisco de La Bel- « lière, religioso de la Bloutière[1] et curato loci, fa- « ciendi exhortationem seu potius orationem synoda- « lem proximæ synodi paschalis. »

Nous commencerons l'année suivante par ces termes d'un de nos mémoires : « Registrum ordinatorum in « minoribus et sacris ordinibus in ecclesia cathedrali « Constantiensi per reverendissimum in Christo patrem « ac dominum Philippum Troussey, permissione divina « Porphyriensem episcopum et abbatem abbatiæ « Sancti-Nicolai de Blancalanda, de licentia et per- « missu nobilis et circumspecti viri domini et magis- « tri Nicolai de Briroy, presbyteri, vicarii generalis in « spiritualibus et temporalibus reverendissimi in « Christo patris ac domini Arthuri de Cossé, episcopi

---

[1] Arr d'Avranches.

« Constantiensis, diebus Veneris et Sabbati in jejunio
« quatuor temporum post sacros cineres, 4ª et 5ª
« mensis martii, qui quidem dominus de Briroy, vica-
« rius, postquam permisit et licentiam dedit eidem
« domino Porphyriensi celebrandi ejusmodi ordines,
« commisit venerabiles et circumspectos viros magis-
« tros Robertum du Moulin, doctorem theologum,
« Joannem Montchal, pœnitentiarium, sacræ paginæ
« baccalaureum, Nicolaum du Quesney, Robertum
« Livrée, canonicos, Radulphum Dagier, curatum de
« Homello[1], una cum dominis archidiaconis ad exa-
« minandum promovendos ad sacros ordines ad
« suscipiendam professionem fidei juxta formam con-
« cilii provincialis Rothomagensis. Anno domini 1583 :
« Bertrandus du Breuil secretarius. »

L'ordination du mois d'avril suivant fut faite par le même, et il n'y a rien de différent, à la réserve qu'il est fait mention de l'absence de M. l'évêque : « Cons-
« tantiensi domino episcopo a suis civitate et diœcesi
« notorie absente. »

Au mois de mai suivant, nous lisons : « Hac die 2ª
« mensis, anno prædicto 1583, præfatus dominus de
« Briroy, vicarius generalis, permisit et licentiam de-
« dit eidem domino Porphyriensi episcopo, generales
« et sacros ordines celebrandi in, prædicta cathedrali
« ecclesia Constantiensi, diebus Veneris et Sabbati in
« jejunio quatuor temporum post festum Pentecostes
« proximè futurum, et ad hanc finem decrevit man-

---

[1] Le Homméel, réuni à Gratot, arr. de Coutances.

« data in forma communi desuper hoc transmittere
« decanis hujus diœcesis et in muris ecclesiæ præsen-
« tis cathedralis affigi et in aliis locis publicis. »

Toutes les ordinations qui suivirent celle-ci furent faites par le même Troussey, évêque de Porphyre. Nous remarquerons depuis : 1° que M. de Briroy conféra de plein droit l'archidiaconé de Cotentin à Jean Gallien par la cession que fit Mathurin Duthot des droits qu'il y prétendait ; 2° qu'il commit Charles Bernard, son substitut, pour faire la visite des abbayes et prieurés du diocèse conformément à la déclaration du roi ; 3° que Sa Majesté ayant donné en commande l'abbaye de Cherbourg à Lancelot de Matignon [1], le troisième des fils du maréchal de ce nom, M. de Briroy fut choisi pour être son grand vicaire, en laquelle qualité il donna et conféra le 13° décembre 1583, cette année dont nous parlons, la cure de Saint-Martin d'Octeville-sur-Cherbourg à M. Gilles Avoie ; 4° que le 2° décembre, il commit Georges Turgot [2], bachelier en théologie, Nicolas du Quesney et Nicolas Matines, chanoines, pour examiner en sa présence ou en celle de son substitut et d'un secrétaire, ceux qui seraient nommés à des bénéfices à charge d'âmes, desquels examens il ordonna qu'on dresserait procès-verbal

---

[1] C'est lui qui, nommé évêque de Coutances après la mort d'Arthur de Cossé, mourut le 1ᵉʳ janvier 1588, « en allant à Rome, dit Toustain de Billy, rendre ses devoirs au pape et obtenir ses bulles ».

[2] Georges Turgot, un des vingt-deux enfants de Louis Turgot, sieur d'Estouvailles, conseiller au présidial de Caen, devint plus tard proviseur du collège d'Harcourt, à Paris. Il était frère de Charles Turgot, abbé de Saint-Nicolas-en-Caux, conseiller-clerc au parlement de Rouen. V. *Recueil des présidents*, etc. Ms. de la Bibl. de Rouen, f. Martainville, Y. 24, 2ᵉ partie du livre Iᵉʳ, f. 96 v° et 97 r°.

signé des examinateurs, lequel procès-verbal demeurerait entre les mains du secrétaire ; 5° enfin que Charles, marquis de Mouy, ayant, en qualité de baron d'Amfreville [1], après la mort de Pierrepont, présenté à cette même cure d'Amfreville Michel de Pirou, on fit jurer entre autres choses à ce Pirou qu'il n'y avait dans cette acceptation ni simonie ni confidence [2].

Arthur de Cossé était cependant à la suite du duc d'Alençon dont nous avons dit qu'il était premier aumônier. Ce prince fut élu par les États de Pays-Bas, qui s'étaient révoltés contre les Espagnols, pour être leur duc et leur souverain. Le roi et la reine-mère qui ne l'aimaient pas trop, crurent que c'était une belle occasion de se défaire de lui, et que, par ce moyen, on éloignerait une infinité de brouillons dont le royaume était rempli. Il dressa donc une belle armée. Quelques heureux succès qu'il eut au commencement firent qu'il fut reçu dans Anvers avec des témoignages d'une joie extraordinaire et couronné duc de Brabant, comte de Flandre [3], etc.; il reçut les hommages des seigneurs du pays avec le titre et la marque de souverain.

Cette félicité, à laquelle notre évêque participa comme les autres, ne dura guère. Un scélérat, nommé

---

[1] Arr. de Valognes.

[2] « Confidence, en termes de jurisprudence canonique, est une paction « illicite de celui qui jouit des fruits d'un bénéfice sous le nom d'autrui, « sans en posséder le titre, ou qui le veut conserver pour quelqu'un... La « confidence fait vaquer le bénéfice, et est comparée à la simonie. »
(*Dict. de Trévoux.*)

[3] La proclamation eut lieu le 19 février 1582.

Jauregui, corrompu par les Espagnols pour tuer le prince d'Orange, l'ayant blessé seulement d'un coup de pistolet et ayant été lui-même tué sur-le-champ, ceux d'Anvers, qui adoraient ce prince, étant brutalement persuadés que le duc d'Alençon et les Français étaient les auteurs de cet assassinat, coururent aux armes et peu s'en fallut qu'ils ne les égorgassent tous.

Si jamais prélat eut peur, ce fut certainement le nôtre en cette occasion, où sans doute le peuple furieux n'aurait épargné personne sans la sagesse du prince d'Orange qui fit connaître à ces forcenés l'innocence des Français et de quel lieu le coup lui venait ; mais telle que fut cette peur, elle fut encore moins périlleuse que celle dont elle fut bientôt suivie.

Le duc d'Alençon, irrité de cette brutalité qui lui faisait assez connaître le genre[2] de ses prétendus sujets, du soupçon qu'on avait eu de lui si légèrement et encore plus de la manière indigne dont il était traité, ces hommes n'ayant nulle considération pour lui qu'en tant qu'il entretenait à ses dépens une grosse armée pour leur service et déférait tout au prince d'Orange, résolut de se donner plus d'autorité, et, sous prétexte de faire montre de son armée près des murs de la ville, se saisit d'une porte et fit entrer dans Anvers cinq ou six mille hommes armés, pour

---

[1] Le roi d'Espagne Philippe II avait promis 25,000 écus d'or à qui tuerait le prince d'Orange.

[2] Il faudrait peut-être lire *génie*.

s'en rendre maître[1]. Il ne réussit pas ; les bourgeois furent les plus forts, tuèrent douze ou quinze cents Français, firent autant[2] de prisonniers, chassèrent les autres, levèrent les écluses après le duc et le reste de son armée, en noyèrent une partie et pensèrent faire mourir de faim le surplus.

L'évêque de Coutances était demeuré dans la ville avec le bagage ; ceux d'Anvers, le 22ᵉ février 1583, eurent pour lui la même considération qu'avaient eue les hérétiques à Saint-Lo ; [il ne subit jamais] tant d'ignominie, ni de rigueur. Le prince d'Orange encore une fois les tira d'affaire, lui, son maître et le reste des Français ; il leur fit appréhender que le duc, désespérant de leurs manières dures, ne s'accommodât avec le duc de Parme[3] leur ennemi et ne lui livrât les places dont il était le maître. Par ce moyen, l'évêque de Coutances, les sieurs de Fervaques et de Fargis et tous les autres prisonniers furent délivrés. Ces insolences le rebutèrent ; il se retira en France et mourut à Château-Thierry le 10ᵉ juin 1584, âgé de 30 ans, non sans soupçon de poison.

Ce que nous disons nous rendit notre évêque, et, s'il n'y a point d'erreurs en nos mémoires, il était à son évêché avant la mort de ce prince son maître, puisque nous trouvons dans l'ordination générale

---

[1] C'est le coup de main connu dans l'histoire sous le nom de *folie d'Anvers*, 17 janvier 1583.

[2] Ms. M. : « presque autant ».

[3] Alexandre Farnèse, fils d'Octave Farnèse, duc de Parme, et de Marguerite d'Autriche, fille naturelle de Charles-Quint, fut gouverneur des Pays-Bas de 1578 à 1583. Il ne devint duc de Parme qu'à la mort de son père, en 1586.

faite par M. de Porphyre, Philippe Troussey, abbé de Blanchelande, le 24° et 25° février de cette même année 1584, qu'elle fut faite « de licentia et permissu « reverendissimi in Christo patris ac domini Arturi « de Cossé, Constantiensis episcopi. »

Nous avons un acte de lui concernant l'Hôtel-Dieu de la ville épiscopale daté du 16° août dudit an 1584. L'évêque par cet acte, après avoir exposé de quelle manière ses prédécesseurs, ayant fondé cette maison pour la nourriture et entretien des pauvres, et établi des religieux sous la règle de saint Augustin pour y exercer les offices de prêtre et les œuvres de miséricorde en l'hospitalité, ils s'en seraient réservés toute l'autorité du gouvernement à eux et à leurs successeurs, il déclare que, pour y satisfaire, il aurait jugé à propos de faire certains règlements tant pour le spirituel que pour le temporel de ladite Maison-Dieu. Il défendit donc aux religieux de divaguer par la ville et par la campagne sans nécessité et sans congé par écrit du prieur. Il ordonna la modestie et la décence dans les habits comme étant le signe extérieur de ce qui se passait en leur intérieur; qu'ils eussent à porter la soutane longue, sur le côté gauche de laquelle il y aura une croix blanche cousue et visible à tout le monde, et ce sur peine d'amende et de prison, avec le capuchon accoutumé, sous la même peine ; qu'ils seraient tenus à toutes les processions ordinaires et autres auxquelles ils seraient appelés ; qu'alors ils eussent à sortir tous ensemble de leurs églises en surplis et capuchon pour se rendre modestement à l'église cathédrale ; que les élections du prieur et des autres officiers de la maison se feraient en la présence de l'évêque ou de son grand vicaire promoteur et du greffier de la cour ecclésiastique et seraient renouvelées tous les ans par tous les religieux assemblés au son de la cloche, ou au chapitre, ou en la salle d'audience de ladite cour ecclésiastique, selon la volonté de l'évêque ; que ceux qui seraient admis aux offices, seraient en obligation de rendre compte de leur gestion, et feraient viser et approuver dans le mois leursdits comptes par les officiers de ladite cour sous peine de suspense et interdit, lequel compte comprendrait ceux que chaque officier aurait dû rendre tous les mois à la communauté ; qu'on eût à lui présenter ou à son promoteur, tous les mois, un état de tous les pauvres valides ou invalides qui seraient en la maison. Il y a plusieurs autres règlements en cet acte, que nous donnerons en notre recueil, de l'observance desquels dépend le bon ordre de cette maison.

Peu de temps après, notre évêque se retira en sa solitude de l'Oiselière. Il y était le 6° septembre suivant, auquel il donna la cure de Coudeville[1] qui dépend du Mont-Saint-Michel[2] à Pierre Le Pionnier et celle de Geffosse[3] qui dépend de Lessay à Pierre Le Roy. En 1585, le 15° et 16° mars, le vendredi et samedi après les cendres, M. de Porphyre fit l'ordination

---

[1] Arr. de Coutances.
[2] V. *Histoire générale de l'abbaye du Mont-Saint-Michel*, etc., t. II, p. 72.
[3] Arr. de Coutances.

générale en l'église de Coutances ; mais aux quatre-temps du mois de décembre suivant, le 20° et 21° dudit mois, il la fit « in ecclesia abbatiali Sancti-Sal-« vatoris-vice-Comitis, propter pestem petulantem « in civitate Constantiensi. »

La France était alors dans une très fâcheuse situation, divisée en trois partis capables de la désoler : la Ligue, les huguenots et les royaux. Nous sommes obligés d'en dire quelque chose pour l'intelligence de ce qui nous reste. Le premier de ces partis s'était formé et se maintenait au commencement sous le plus beau semblant du monde, tels que sont le maintien de la religion catholique et de l'État. Ces raisons se trouvèrent en peu de temps plus fortes qu'on ne le pouvait penser. Le duc d'Alençon, frère et héritier du roi et du royaume, venait de mourir ; le mariage du roi était stérile, et lui, disait-on, hors d'état d'avoir des enfants. Henri de Bourbon, roi de Navarre, qui était le premier prince du sang et présomptif héritier de la couronne, était hérétique et chef des hérétiques ; il avait été élevé dans l'hérésie par Jeanne d'Albret, sa mère ; il l'avait abjurée au temps de son mariage avec la sœur du roi et de la Saint-Barthélemy ; mais, peu après, il avait quitté la cour et était retourné à son vomissement et était à la tête d'une armée huguenote. On voyait les malheurs où était tombée la religion catholique en Angleterre, sous l'empire de deux rois et d'une reine hérétiques. Cet exemple faisait trembler et hésiter les moins timides, et les ligueurs ne manquaient pas d'amplifier le péril où serait notre sainte religion, si, venant faute du roi, le Navarrais, huguenot, relaps et chef d'une armée de huguenots, montait sur le trône de Clovis, lequel jusqu'alors n'avait été souillé d'aucune tache de l'hérésie. Les ministres même des huguenots augmentaient cette peur ; [ils] prêchaient partout, avec autant d'impudence que d'imprudence, que le temps s'approchait auquel le règne de l'antechrist, c'est ainsi qu'ils appelaient l'Eglise catholique et romaine, devait être détruit, et n'insinuaient que trop que ce destructeur devait être le roi de Navarre, lorsqu'il le serait de France.

Le roi dans ces conjonctures malheureuses voyait aisément la diminution de son autorité. Il savait que les chefs de cette ligue avaient d'autres pensées que celles de la conservation de la foi catholique et que, pour empêcher le roi de Navarre d'occuper le sceptre de la France, ils songeaient à s'en emparer eux-mêmes par des moyens criminels ; il en était averti tous les jours. Se persuadant donc ne pouvoir mieux faire, pour détruire cette cruelle faction qui se couvrait d'un si beau masque, il se déclara lui-même chef de la Ligue, et le 18ᵉ juillet, cette même année 1585, il fit vérifier au parlement un édit par lequel l'exercice de toute autre religion que la catholique était défendu par toute la France et [était] enjoint à toutes sortes de personnes de faire profession de la religion catholique ou de sortir du royaume.

C'est l'exécution de cet édit observé à la lettre dans ce diocèse qui nous a donné occasion d'en parler.

Nous en avons parlé en l'histoire de Saint-Lo [1], nous n'y ajouterons que la ligue que firent les huguenots, les protestants d'Allemagne, de Suède et d'Angleterre, et la guerre qui la suivit. Le roi l'avait bien prévu ; la seule nécessité l'avait obligé à s'unir avec les ligueurs autant pour le moins ses ennemis que les huguenots. Auparavant donc que de s'engager à la guerre, il assembla au Louvre ce qui se trouva des prélats et des notables à Paris et leur dit absolument que, pour soutenir une armée, il lui fallait de l'argent, et déclara aux prélats que comme ils étaient les plus expressés [2] et les plus intéressés à cette guerre qu'on lui faisait entreprendre contre les huguenots, il était résolu de prendre de leurs biens ce qu'il jugerait raisonnablement sans attendre leurs délibérations ni leur consentement. « Vous m'imposez, dit-il, la nécessité « de faire la guerre par vos importunités, et moi « j'impose sur vos biens une partie des frais aux- « quels je suis obligé. » Ce monarque le fit comme il le disait, à la réserve qu'il demanda le consentement du pape qui le lui donna sans peine, comme donc ses prédécesseurs avaient consenti à diverses aliénations, semblables à celles que l'on demandait : savoir [Pie IV], en 1564, le 17e octobre, pour le fonds de 100.000 écus de rente en faveur de Charles IX [3]; [Pie V], le 1er

---

[1] Toustain de Billy donne en effet des détails intéressants sur l'exécution de cet édit dans ses *Mémoires sur le Cotentin*, au chapitre de la ville de Saint-Lo, ms. de la Bibl. de Rouen, Y 43, p. 165-168.

[2] *Inquiétés, tourmentés*. V. le *Dictionnaire de l'ancienne langue française*, de Frédéric Godefroy, v° *Espresser*.

[3] V. *Mémoires du Clergé de France*, t. IV, p. 741 : *Bref de nostre Saint-Père le Pape Pie IV, du 17 octobre 1584*.

jour d'août 1558, pour le fonds de 150.000 livres de rente[1]; Grégoire XIII, le 24° août 1574, pour un million de livres une fois payé[2]; le même Grégoire, le 18° juillet 1576, pour le fonds de 150.000 livres de rente[3]; ainsi Sixte V, par sa bulle du 30° janvier 1586, consentit sans peine qu'il fût vendu à deux fois le fonds de cent mille écus de rente : savoir, 50,000 écus présentement, et les autres 50,000 écus, si la guerre continuait[4].

Le clergé, qui venait d'accorder au roi par un contrat particulier douze cent mille écus, fit ce qu'il put pour s'exempter de cette surcharge, mais il en fallut passer par là. Notre diocèse fut taxé pour sa part à 28,000 livres, laquelle somme fut régalisée sur chaque bénéficier à proportion de la valeur du bénéfice. On publiait dans les paroisses voisines de bénéficiers ce que chacun d'eux exposait à vendre pour satisfaire à la taxe ; on marquait le jour de cette vente ; elle se faisait dans la grande salle de l'évêché, où, après la proclamation des choses à vendre, en présence des personnes déléguées pour ce sujet, on les adjugeait à l'extinction de la chandelle et on en payait les deniers entre les mains d'un nommé Guillaume Guisle, établi pour faire cette recette. Voici quelques-unes de ces taxes :

[1] *Ibid.* p. 745 : *Bref de nostre saint Père le Pape Pie V, du premier aoust* 1568.

[2] *Ibid.* p. 758 : *Bulle de nostre saint Père le Pape Grégoire XIII, du* 24 *aoust* 1574.

[3] *Ibid,* p. 757 : *Seconde Bulle de nostre saint Père le Pape Grégoire XIII, du* 28 *juillet* 1576.

[4] *Ibid,* p. 775 : *Bulle de nostre saint Père le Pape Sixte V, du* 30 *janvier* 1586.

L'abbaye de Hambie était taxée à 1150 livres; pour le paiement de quoi, fut vendu sur Jean de Tourlaville, abbé du lieu, trente-quatre demeaux[1] de froment de rente foncière, mesure de Cérences, contenant chaque demeau onze pots et demi dolique(?) qu'il avait droit de prendre à la Saint-Michel en septembre sur plusieurs pièces de terre assises en la paroisse de Bréhal[2], laquelle rente de froment fut achetée par Mᵉ Bernard du Breuil, chanoine, maître d'école de Coutances, le 4ᵉ octobre 1586, par le prix et somme de 464 livres 4 sous, et 35 livres 3 sous 8 deniers pour les frais.

Blanchelande fut cotisée à 1872 livres; pour à quoi satisfaire en partie, Philippe Troussey, abbé de ce lieu, vendit 35 boisseaux de froment et un d'avoine de rente foncière à prendre sur Pierre Le Gros, écuyer de la paroisse de Beuzeville-sur-le-Vey[3], laquelle fut achetée par Pierre Calimache, bourgeois de Carentan, par 318 livres 10 sous, avec deniers pour livre.

L'abbaye de Saint-Lo fut taxée à semblable somme de 1872 livres; pour à quoi satisfaire, on vendit quarante boisseaux de froment de rente, mesure de Contrières qui est de douze pots chaque, à prendre sur le moulin seigneurial dudit Contrières appartenant au seigneur d'Arcona, laquelle rente un nommé Michel Telot, de Trelly, acheta par le prix de 615 livres 14 sous, avec les 18 deniers pour livre, le 26ᵉ janvier

---

[1] Demi-boisseau.

[2] Arr. de Coutances.

[3] Entre Carentan et Isigny, vers l'embouchure et sur la rive gauche de la Vire.

audit an 1586, et ce, pour et au nom dudit Gaspard d'Arcona, sieur dudit lieu de Contrières, du Quesney et de Roncey. Ce fut en janvier 1587.

L'abbaye de Saint-Sever était possédée par un nommé Philippe Raffin, de la paroisse de Bény [1], diocèse de Bayeux, et [il] en avait été pourvu le 17° décembre 1582. Elle fut taxée aussi à 1872 livres. J'ai vu l'acte entier des moyens qu'on tint pour y satisfaire. Après mûre et capitulaire délibération, on avisa pour le bien de l'abbaye, bailler par échange pur et simple, à noble et puissant seigneur Jacques de Renti, baron du lieu et de Landelles, chevalier de l'ordre du roi, bailli d'Alençon, savoir : la verge, seigneurie et prévôté de Marigny en toutes choses, ainsi qu'il leur compète et appartient, tant en rentes, droits et patronages qu'autrement, ensemble les seigneuries du Mesnil-au-Roux et Saint-Denis de Maisoncelles en ce qui se consiste ; réservé les dîmes que lesdits abbé et religieux ont droit de prendre audit lieu du Mesnil-au-Roux, et prendre en contre-échange qu'offrait ledit sieur de Renti, les fiefs, terres et seigneuries de Coligny et Bois-Benastre [2] qui se consistent tant en domaines non fieffés que fieffés, moulin à bled, droit de patronage en ladite paroisse de Bois-Benastre, rentes et deniers qu'autres choses quelconques, et en outre le paiement de ladite taxe de 1872 livres, avec les 18 deniers pour livre, ce qui fut fait et accepté de part et

---

[1] Le Bény-Bocage, département du Calvados, arr. de Vire.
[2] Département du Calvados, arr. de Vire.

d'autre devant lesdits commis, nonobstant que Jullian Anfère, procureur de noble homme Jean d'Anfernet, offrit de la seule terre et seigneurie du Mesnil-au-Roux la somme de 2.500 livres. L'acte est du 15° novembre audit an 1586.

Le prieuré de Cauville fut taxé à 250 livres. On aliéna quatorze boisseaux de froment de douze pots chacun, quatre pains, quatre gélines et quatre œufs de rente qu'il avait à prendre sur Jean de Grimouville, écuyer, sieur de Tournebu, à cause d'une portion de terre nommée les Jugoust, assise en la terre des Mares, à condition néanmoins de rachat perpétuel, ce que ledit sieur de Tournebu mit à prix par ladite somme demandée de 250 livres et de 18 deniers pour livre, et ce, le 1er octobre audit an.

Pendant tout ceci, Arthur de Cossé était à son Oiselière et y passait ses jours tranquillement loin de tout embarras. Il vint néanmoins à Coutances en 1587, où Bertrand du Breuil, chanoine et scholastique de Coutances, étant mort sur la fin du mois de février, il conféra de plein droit cette dignité à Charles Turgot, diacre du diocèse de Bayeux, conseiller au parlement de Rouen[1]. Il lui donna encore, à la présentation de l'abbaye de Hambie, la cure de Bréhal, vacante par la mort de ce même du Breuil; et comme, outre ces deux bénéfices, il possédait encore la prébende du canonicat de Vire, notre évêque en pourvut François Cabart.

---

[1] Charles Turgot fut pourvu d'un office de conseiller clerc au parlement de Normandie par lettres du 1er juin 1585 et y fut reçu le 18 décembre de la même année. V. *Recueil des présidents*, etc., ms. de la Bibl. de Rouen, f. Martainville, Y 25, 3e partie du livre II, f. 352 v°.

Enfin, le 7° octobre audit an 1587, notre prélat étant toujours à son Oiselière passa de cette vie en l'autre. On sut sa mort à Coutances le lendemain; et, le 9° du même mois, on fit en sa cathédrale les services ordinaires pour le salut de son âme. Peu de jours après, son corps y fut apporté, reçu et inhumé avec toutes sortes de cérémonies dans le chœur de son église.

Dieu lui avait fait la grâce de lui faire connaître par une maladie qui précéda sa mort que la fin de ses jours approchait; il eut le temps de s'y préparer. Il fit son testament et donna 65 livres de rente à son église pour faire prier Dieu pour lui. Voici les termes du nécrologe de la cathédrale au 7° article [1] du mois d'octobre : « Obitus illustrissimi ac reverendissimi « domini Arturi de Cossé, Constantiensis episcopi, « die 7ª mensis octobris celebrandus, nisi dominica « fuerit, pro quo dedit triginta libras turonenses super « communia capiendas, et fiat processio in medio « chori, in fine vigiliarum et missæ continuæ, præ « manibus distribuetur. » De même au 20° article du mois d'août nous lisons : « Commemoratio Arturi de « Cossé, Constantiensis episcopi, præ manibus, cum « processionibus in fine vigiliarum et missæ in medio « chori, et fieri debet 14ª die mensis augusti, nisi do- « minica fuerit ; pro quibus dedit 35 libras super « communia capiendas, de qua summa distribuentur « centum solidi pauperibus, residuum ut in suo obitu

---

[1] Les mss. portent : « au 7ᵉ ou 27ᵉ article ».

« 7ª octobris. » Le compte du chapitre tant de fois cité témoigne que cette somme se paie encore et que les services se font.

Le chapitre, après avoir rendu ses devoirs à la mémoire de son évêque, s'assembla aussitôt et choisit pendant la vacance du siège les mêmes qui avaient servi auparavant, Nicolas de Briroy, Charles Bernard, Nicolas du Quesney avec M. de Tourlaville, qui l'était seulement par honneur, M. de Briroy faisant presque lui seul toutes les expéditions. Nous ajouterons à ce que dessus, qu'au procès-verbal sur la réformation de la coutume de Normandie faite par les députés des trois états assemblés au mois de mai 1583 et l'appel des personnes assignées du bailliage de Cotentin, se sont comparus pour ledit procès-verbal maître Nicolas de Briroy, vicaire général et official de l'évêque de Coutances, député, pour les ecclésiastiques de la vicomté de Coutances ; noble homme Jean Le Marquetel, seigneur et châtelain de Saint-Denis, pour la noblesse de ladite vicomté ; maître Gilles Dancel, lieutenant général au bailliage de Cotentin et Guillaume Pannier, conseiller au siège présidial dudit bailliage pour la justice de la vicomté dudit Coutances ; Guillaume de Saint-André pour l'état commun ; le susdit Nicolas de Briroy, député aussi pour la vicomté de Carentan[1].

---

[1] V. *Coustumes du pais de Normandie, anciens ressorts, et enclaves d'iceluy*. A Paris. Pour Martin Le Mesgissier, Imprimeur du Roy à Rouen, etc., in-4, 1588. — Procès-verbal, f. 15.

CHAPITRE II

DE NICOLAS DE BRIROY

Le roi, ayant su la mort d'Arthur de Cossé, donna l'évêché de Coutances et l'abbaye de Lessay à Lancelot de Matignon, déjà abbé à Cherbourg, fils du maréchal de Matignon. Ce jeune seigneur néanmoins n'en jouit point; allant à Rome rendre ses devoirs au pape et obtenir ses bulles, il mourut de maladie en chemin, le 1ᵉʳ jour de janvier 1588.

Notre monarque avait des considérations très grandes pour le maréchal. Il voulut bien lui témoigner par lettres la part qu'il prenait à son déplaisir, et, pour le consoler, il lui envoya le brevet de son évêché de Coutances en blanc pour le remplir de telle personne qu'il voudrait.

Le maréchal connaissait le mérite de M. de Briroy. Il avait été vicaire général de son fils en l'abbaye de Cherbourg ; il était à propos qu'il y eût à Coutances un évêque qui ne songeât point à faire de peine sur l'échange de la baronnie de Saint-Lo et qui voulût bien accepter ce bénéfice chargé d'une grosse pension en faveur de ce maréchal. Il suffira d'en rapporter

cet acte, par lequel on verra que M. de Matignon s'en étant remis à sa Majesté, [le roi] lui envoya ce brevet qui contient non-seulement la nomination à l'évêché, mais aussi le don de la régale : « Aujour-
« d'hui, 29° octobre 1588, le roi étant à Blois, vou-
« lant gratifier M. le maréchal de Matignon, suivant
« ce que Sa Majesté lui avait dès le 21° décembre
« dernier 1587, octroyé de faire [don] pour l'un de ses
« enfants de l'évêché de Coutances vacant par le décès
« de messire Arthur de Cossé, Sa Majesté a de nou-
« veau, en lui confirmant ladite grâce, voulu et [dit]
« avoir pour agréable qu'en considération dudit ma-
« réchal, au lieu de sondit fils, messire Nicolas de
« Briroy, licencié aux droits, archidiacre, grand vicaire
« et official dudit Coutances, icelui soit pourvu dudit
« évêché vacant; Sa Majesté a aussi remis le droit à
« elle appartenant, tant de collation des prébendes,
« chanoinies et autres bénéfices. Lui en soient expé-
« diées ensemble les autres lettres qui seront né-
« cessaires tant en cour de Rome qu'ailleurs pour
« obtenir de notre Saint-Père le Pape les bulles et pro-
« visions apostoliques et ce pendant ce présent brevet
« qu'elle a voulu signer de sa propre main et icelui
« être contresigné par moi son conseiller et secré-
« taire d'Etat. » Signé : HENRI, et au-dessous : REVOL.
Nous expliquerons tout ce qui ensuit plus au long.

Nous remarquerons cependant que Nicolas de Briroy était d'une famille noble et ancienne de ce diocèse, originaire d'une paroisse nommée Fierville, dont il était seigneur, en l'élection de Valognes, sergenterie de Beaumont. Raoul de Briroy, fils Jean, fit preuve de sa noblesse en 1464 devant Monfaut. Nous trouvons son nom au rôle des véritables nobles, qui parurent devant ce fameux commissaire. Ce Raoul épousa la fille d'un noble homme Jean Boudet, dit de Crosville, duquel sortit Robert qui fut père de Guillaume [1], père de Jean 2° du nom, père du prélat dont nous avons à parler, et de Jean et de Guillaume ses frères. Ce Jean 3° du nom, fut père d'Adrien que nous verrons bientôt un de nos archidiacres, et de Nicolas, sieur de Fierville, lequel ayant épousé Diane de Thieuville, dame de Guéhébert, fut père de Marie de Briroy, laquelle, par contrat de mariage du 17° janvier 1614, épousa Pierre de Harcourt, baron d'Olonde, Saint-Ouen, Longé, etc., auquel elle porta les grands biens de sa maison. Guillaume de Briroy, autre frère de notre évêque, fut seigneur de la Comté en la paroisse de Gouey. La postérité de ce Guillaume subsiste encore en la famille de... Briroy, prêtre, curé de Biville [2], et de... Briroy, sieur de la Comté, cousins germains, mais pauvres gentilshommes, les biens de leur père ayant été décrétés.

Nicolas, notre prélat, entra fort jeune dans l'état

---

[1] Toustain de Billy n'est pas d'accord, sur la généalogie de la famille de Briroy, avec La Roque, *Histoire de la maison d'Harcourt*, I, 945-946. D'après ce dernier, Guillaume de Briroy eut trois fils : Jean, Nicolas, évêque de Coutances, et Guillaume, sr de la Comté ; ce Jean (le Jean 2e de Toustain de Billy) eut trois fils, Nicolas, Adrien (celui qui fut archidiacre) et Pierre, et deux filles, Marie qui épousa Pierre de Harcourt, et Marguerite, qui fut mariée à Jean de Silens, seigneur de Saint-Pélerin. On ne trouve point chez La Roque un Jean 3° du nom.

[2] Arr. de Cherbourg.

ecclésiastique ; il avait à peine quinze ans, quand messire Nicolas de Briroy, son oncle, lui résigna la cure de Fierville. Il lui obtint du pape dispense d'âge ; cette dispense et les provisions furent, le 7° mars 1541, présentées à Guillaume Quetil, grand vicaire de Philippe de Cossé, et par lui lues et admises, et lui en prit possession par procureur, comme nous avons déjà remarqué.

Cette qualité ne l'empêcha pas de continuer ses études où il profita tant qu'il fut licencié en droit. A son retour, il fut établi receveur de décimes et pourvu d'une des prébendes de Quibou nommée de Vaultier. Il la permuta le 30° décembre 1574 contre celle de Saint-Nicolas[1] et dès lors était si distingué qu'il fut choisi vicaire général substitut. Le 19° mai suivant, il fut pourvu de l'archidiaconé du Bauptois par la résignation que lui en fit Julien Quersent ou Mersent. Il fut créé vicaire général absolu en 1575 et, depuis ce temps-là, il gouverna presque seul le diocèse, les autres vicaires étant seulement *ad honores* ou ses substituts.

En l'année 1580, il fut député en l'assemblée générale tenue à Paris et à Melun. Nous le trouvons signé aux résolutions qui y furent prises, lesquelles ne sont pas de mon sujet. Il avait été aussi aux États de Blois, vers la fin de l'année 1576 et le commencement de 1577 ; nous le trouvons souscrit au pied de la résolution du 22° février 1577, contre certains contrats faits

---

[1] Saint-Nicolas-de-Coutances.

par les agents du clergé. Ces particularités, jointes à ce que nous avons dit ci-devant sous l'épiscopat d'Arthur de Cossé et à plusieurs que nous omettons exprès, font voir en quelle estime était dès lors monseigneur de Briroy.

En effet, lorsqu'il fut nommé par le roi pour être évêque, le chapitre d'un commun accord ne s'était pas contenté de le choisir pour vicaire général pendant que le siège vaquerait, mais s'étant assemblé selon les formes anciennes, l'avait élu pour son prélat, bien moins pour la conservation de ses droits qu'à raison de son propre mérite et qu'il le jugeait digne de l'épiscopat.

Il se pourvut aussitôt après sa nomination en cour de Rome, mais les affaires étaient alors dans une si grande confusion qu'il ne put obtenir ses bulles ni être sacré que neuf ans après. Je ne parlerai point ici de ces désordres ; ce n'est pas mon affaire. Après la funeste mort de Henri III, arrivée le 1ᵉʳ août 1589 [1], Henri IV, son successeur, connaissant le mérite de M. de Briroy, ratifia toutes les grâces que son prédécesseur lui avait accordées de nommer et pourvoir aux bénéfices vacants en régale. Nous en expliquerons la pratique ; en attendant, voici la concession du roi :
« Henri, par la grâce de Dieu roi de France et de
« Navarre : A nos amés et féaux les gens tenant notre
« cour de parlement et chambre des comptes à Caen,
« bailli de Cotentin ou son lieutenant, et à tous nos

---

[1] Henri III fut frappé le 1ᵉʳ août par Jacques Clément, mais il ne mourut que dans la matinée du 2 août.

« justiciers et officiers, à qui il appartiendra, salut.
« Savoir faisons que, voulant nous conformer, autant
« qu'il nous sera possible, à ce qui a été de l'institu-
« tion du feu roi, notre très honoré sieur et frère, et
« désirant gratifier et favorablement traiter notre
« amé et féal M° Nicolas de Briroy, évêque de Cou-
« tances, pour ces causes avons confirmé et de notre
« grâce spéciale, puissance et autorité royale, confir-
« mons par ces présentes signées de notre main, les
« dons qui lui ont été faits par ledit feu sieur roi,
« ainsi qu'il appert par les patentes dont copie colla-
« tionnée à l'original et ci-attachée sous le contre
« scel de notre chancellerie, de tous et chacun les
« droits de régale, fruits et revenus dudit évêché,
« tant ceux qui nous peuvent competer et appartenir
« à cause de l'ouverture de ladite régale que ceux
« que pourraient prétendre les chanoines et chape-
« lains de la Sainte-Chapelle de Paris à nous acquise
« et confisquée par leur rébellion et félonie, desquels
« droits et revenus à quelle somme et prix qu'ils se
« puissent monter, nous avons de nouveau, en tant
« que le besoin est ou serait, fait et faisons droit au
« dit de Briroy, voulons, entendons et nous plaît
« qu'il jouisse dudit évêché, droits, dignités, revenus
« et fruits qui en dépendent tant en spiritualité qu'en
« temporalité, et que toutes lettres pour collation des
« prébendes, chanoinies et autres dignités, bénéfices
« et offices dudit évêché qui ont vaqué ou vaqueront
« ci-après durant les dits droits de régale, soient ex-
« pediés à sa nomination et non autrement et sans

« faire réserve de celles qui nous appartiennent à
« cause de notre avènement à la couronne, combien
« que les lettres en cour de Rome ne lui aient été
« expédiées. Si donnons en mandement, etc. Donné
« au camp de Chelles le 10° mai 1590 [1], de notre
« règne le premier. » Signé : HENRI, et au-dessous par
« le roi : RUZÉ [2].

En conséquence de ces lettres, Monseigneur de Briroy, lorsque quelque bénéfice ou office de cette espèce vaquait en régale, nommait en régale telle personne qui lui plaisait, et l'acte de cette nomination étant présenté au conseil, on expédiait les provisions à l'ordinaire en cette forme : « Nous, Nicolas de Briroy, nommé par le roi à l'évêché de Coutances,
« certifions à tous qu'il appartiendra que suivant le
« don à nous fait par la majesté du roi dernier dé-
« cédé, dès le 29° octobre 1588, et confirmé par la
« majesté du roi à présent régnant, le 10° mai 1590,
« des prébendes, chanoinies et autres bénéfices dépen-
« dant dudit évêché et qui vaqueront durant l'ouver-
« ture de la régale en icelui, avons nommé et nom-
« mons par ces présentes, M. Jean Gueurey, clerc
« dudit diocèse pour être pourvu de la chapelle de
« Saint-Christophe fondée en l'église de Picauville [3],
« à présent vacante en régale par la mort de M. Jean

---

[1] Le 19 mai d'après D. Bessin, 2ᵉ partie, p. 539, mais c'est une erreur, le *Recueil des lettres missives de Henry IV* contenant à cette date, une lettre donnée au camp de Beaumont, t. III, p. 199.

[2] *Le Recueil des lettres missives de Henry IV*, publié par M. Berger de Xivrey, contient, t. III, p. 192-193, une lettre adressée au maréchal de Matignon et datée également de Chelles, ce xiiij may 1590.

[3] Arr. de Valognes.

« Mauduit, suppliant très humblement Sa Majesté de
« vouloir et ordonner que lettres provisions à cet
« effet lui soient présentement expédiées. En témoin
« de quoi nous avons signé la présente de notre main
« à Paris le 5° août 1594. Signé : Briroy, avec
« paraphe. »

M. de Briroy, pendant tout le temps dont nous parlons et jusqu'à ce que le roi Henri IV fût réconcilié au pape et à l'Eglise, s'intitulait ainsi : « Nicolaus
« de Briroy, presbyter, episcopus Constantiensis no-
« minatus et ejusdem episcopatus, sede episcopali va-
« cante, vicarius generalis in spiritualibus a dominis
« de capitulo insignis ecclesiæ cathedralis Constan-
« tiensis commissus. »

Tout était cependant en désordre en France à cause de la dissension entre les catholiques, les royaux d'un côté et les ligueurs de l'autre. Le pape Sixte V, qui était d'un naturel un peu violent, s'était fait partisan et pour ainsi dire chef de la Ligue, et on n'expédiait rien à Rome si ce n'était en faveur des insignes ligueurs. Il y avait sept archevêchés et trente-cinq évêchés vacants. A l'égard des autres bénéfices, prieurés, cures, canonicats et chapelles qui venaient à vaquer, on s'adressait au conseil qui, au défaut du pape et des évêques, nommait un prélat pour ces sortes d'expéditions.

Ainsi, Nicolas Traisnel[1], conseiller au parlement

---

[1] Nicolas Throsnel (et non Traisnel) fut d'abord conseiller lai au parlement de Rouen en 1588 ; il fut reçu en 1692 à un office de conseiller clerc de nouvelle création, et résigna son office de conseiller lai. Il fut

de Rouen, ayant été nommé par le roi au prieuré de Saint-Manvieu en la paroisse de Marchésieux, vacant par la mort de Jean Adam, et ne pouvant obtenir les provisions à Rome, eut recours au conseil, lequel nomma Renault de Beaune, archevêque de Bourges, grand aumônier de France, pour les expédier.

M. d'Angennes, en la remontrance qu'il fit au roi au nom de l'assemblée du clergé de 1596[1], dit que les juges royaux ordonnaient de la police spirituelle, commettaient personnes pour admettre résignations, ordonner collations, dispenses sur la pluralité des bénéfices, absoudre d'irrégularité, permettre mariage en degré prohibé, et autres choses semblables.

Nous avons néanmoins divers témoignages que le pape recevait quelquefois des résignations et donnait même la collation de divers bénéfices. Ainsi Charles Bernard, un des vicaires généraux, *sede vacante*, pourvut par forme de visa Louis Le Goupillot de la cure de Magneville[2] à lui résignée en cour de Rome par Nicolas Sauver ; ainsi que M. de Briroy pourvut Jean Blondel de la cure d'Yvetot à lui résignée par Nicolas Tiébeau ; ainsi que Charles Miron, évêque d'Angers et abbé de Cormery, ayant en cette dernière qualité

---

aussi chanoine à Notre-Dame de Rouen et prieur de Saint-Martin-sous-Bellencombre. — *Recueil des présidents, conseillers et autres officiers de l'Eschiquier et Parlement de Rouen*, etc.; Ms. de la Bibl. de Rouen, f. Martainville, Y 24 et 25.

[1] V. *Mémoires du Clergé de France*, t. V, p. 127-156 : *Remontrance du Clergé de France, assemblé à Paris, faite au Roy Henri IV, à Folambray, le 24 janvier 1596, par illustrissime et reverendissime Messire Claude d'Angennes de Rambouillet, évesque du Mans, assisté de l'évesque de Sarlat, et autres deputez en ladite Assemblée.*

[2] Arr. de Valognes.

nommé Mathurin Joret au prieuré et à la cure de Saint-Germain-des-Vaux [1] et donné le prieuré de Sainte-Hélène, en la paroisse de Saint-Martin-la-Hague [2], à frère François Gallot, religieux de Saint-Sauveur-le-Vicomte, Charles Turgot, chanoine, scolastique de Coutances, conseiller au parlement et grand vicaire, leur en donna la collation sur les provisions de Rome.

On s'adressait quelquefois au pape immédiatement, ainsi qu'il paraît par un acte de la duchesse de Longueville [3] au sujet de la cure de Bourey, lequel acte est tel : « Marie de Bourbon [4], duchesse de Longue-
« ville, d'Estouteville, comtesse souveraine de Neuf-
« châtel, aussi comtesse de Saint-Pol, Chaumont,
« Tancarville, baronne de Briquebec, Orglandes,
« Gacé, Cleuville et Berneval, dame de Hambie, les
« Perques et Bourey, Saint-Clair et Saint-Samson,
« à notre très Saint-Père le Pape Clément VIII, par la
« divine providence, salut, la vie et révérence avec due
« obéissance. A la cure et église paroissiale de Sainte-
« Marie de Bourey, diocèse de Coutances, à présent

[1] Arr. de Cherbourg.

[2] Le lieu où s'élevait le prieuré de Sainte-Hélène se trouve dans la commune d'Omonville-la-Petite, dont l'église est placée sous l'invocation de Saint-Martin ; arr. de Cherbourg.

[3] Arr. de Coutances.

[4] Marie de Bourbon, née le 31 mai 1539 de François de Bourbon, comte de Saint-Pol, et d'Adrienne d'Estouteville, épousa : 1° 1557, Jean de Bourbon, comte de Soissons, mort la même année à la bataille de Saint-Quentin ; 2° 1560, François de Clèves, duc de Nivernois et de Rethelois, mort en 1562 à la bataille de Dreux ; 3° 2 juillet 1563, Léonor d'Orléans, duc de Longueville, comte de Tancarville et de Dunois, souverain de Neufchâtel et du Vallengin en Suisse, mort en 1573. Marie de Bourbon mourut le 6 avril 1601.

« vacante par la résignation de Mᵉ Michel Malherbe, de
« laquelle le patronage, nomination ou présentation
« nous compète et appartient, toutes fois et quantes que
« vacance arrive, [à raison de] de notre seigneurie de
« Bourey et [dont nous] avons la collation, provision et
« toute autre disposition, nous vous nommons et pré-
« sentons à icelle cure de Bourey notre bien-aimé
« maître Guillaume Le Chevalier, prêtre, pour icelle
« cure avoir, tenir et desservir, à la charge de faire
« et continuer audit Malherbe, sa vie durant, 100
« livres de rente, suppliant très humblement votre
« Sainteté admettre notre présente expédition et pour-
« voir ledit Le Chevalier à ladite cure, à la charge de
« ladite pension à laquelle nous consentons par la
« présente autant qu'il nous compète et appartient.
« Père saint, votre santé dure et vaille envers Dieu.
« En témoin de quoi, nous avons signé les présentes
« et à icelles fait apposer notre sceau. Donné à notre
« château de Briquebec, l'an 1594, le 21ᵉ juillet.
« Signé : Marie de Bourbon. » Et sur le replis : « Par
« Madame duchesse et comtesse, Rotalle, » et scellé
d'un sceau de cire rouge sur double queue.

Notre Cotentin, d'autre part, était rempli de ligueurs dont les uns par la langue et les autres par le
fer, travaillaient à détourner les sujets du roi de leurs
véritables devoirs. On conserve dans les archives de la
maison de Canisy une lettre d'un feu roi, par laquelle
il mandait à ce seigneur de veiller à ce que les curés
et prédicateurs n'eussent à prêcher que la parole de
Dieu et à ne parler que des choses de leur ministère.

Un seigneur nommé Le Tourps, gentilhomme du nom de La Cour, est renommé pour avoir été un chef terrible des ligueurs. J'ai vu un contrat de fondation fait en l'église du Désert[1], par noble homme Louis d'Auxais, seigneur et patron dudit lieu du Désert, pour prier Dieu pour ceux de sa famille et spécialement pour Philippe d'Auxais, son frère, guidon de la compagnie de cinquante hommes d'armes de noble seigneur Hervé de Carbonnel, seigneur de Canisy, etc., lequel Philippe fut tué à une charge donnée par ledit seigneur de Canisy contre Le Tourps[2] en Cotentin, le 4ᵉ mars 1592.

François de Bourbon, duc de Montpensier[3], gouverneur de Normandie, par acte daté de Croisset, au camp devant Rouen, le 13ᵉ mars audit an 1592, choisit Jacques de Sainte-Marie, seigneur d'Aigneaux, son lieutenant au pays de Cotentin, « pour procurer le
« bien et le repos au pays et s'opposer aux courses,
« pilleries, voleries et oppressions que Le Tourps et
« autres ennemis rebelles qui l'assistaient, font ordi-
« nairement dans des courses au bourg et havre de
« Barfleur et aux environs sur les bons et fidèles
« serviteurs de Sa Majesté, » et le pourvut du gouvernement de Barfleur avec pouvoir de le faire fortifier, et en outre [d'] une compagnie d'arquebusiers

---

[1] Arr. de Saint-Lo.

[2] Le Tourps périt lui-même à Gonneville, le 22 décembre 1592. V. *La Ligue en Normandie*, par M. le Vᵗᵉ Robert d'Estaintot, p. 266-267.

[3] Ce prince, qui rendit de très grands services à la cause de Henri IV, mourut peu de temps après, le 3 juin, des fatigues que lui causa la campagne de 1592.

français à pied, les meilleurs qu'il pourrait choisir. Ce n'était partout que pilleries et brigandages; ceux qui étaient en réputation d'avoir de l'argent, étaient aussitôt réputés royaux par les ligueurs et ligueurs par les royaux, et ainsi infortunés de tous côtés. Ce Nicolas Traisnel, dont nous venons de parler, pourvu du prieuré de Marchésieux, obtint du conseil que la possession qu'il prendrait d'une chapelle de Notre-Dame de Paris, lui vaudrait de prise de possession actuelle de la chapelle de Saint-Manvieu de Marchésieux, attendu que le pays étant tout rempli des soldats du parti contraire, il ne pouvait y avoir aucun accès. Les exemples particuliers seraient odieux. Je les laisse; je me réserve à celui-ci.

Il paraît par plusieurs lettres du duc de Montpensier, du maréchal d'Aumont et d'autres grands officiers de la couronne que l'on conserve en la maison d'Aigneaux, que ces seigneurs d'Aigneaux et de Canisy frères auraient rendu de bons services à la couronne contre les ligueurs. Ils ne remirent néanmoins les places dont ils s'étaient emparés, qu'après avoir obtenu abolition de tout ce qu'ils avaient pu commettre contre la justice et leur devoir. « Aujourd'hui
« 16° mars 1577, porte l'acte, nous sieur de Matignon,
« maréchal de France et lieutenant général pour le
« roi en Guyenne, traitant avec les sieurs de Canisy et
« de Sainte-Marie d'Aigneaux, capitaines [des places]
« de Carentan et de Barfleur, ensemble de celle du
« Pont d'Ouve, leur avons accordé suivant la volonté
« du roi et commandement à nous expressément fait

« par Sa Majesté leur faire donner abolition et aux
« leurs dont ils nous ont baillé le rôle signé d'eux, de
« toute levée de deniers, impositions, contributions,
« exactions, pillages et autres choses par eux com-
« mises en la garde des dites places et à raison d'i-
« celles. Fait audit Carentan ledit jour et an susdits.
« Signé : de Matignon. » Et plus bas : « Par monsei-
« gneur le maréchal : Arcambault. »

Le roi cependant abandonna le calvinisme dont il avait fait profession et rentra dans la religion de ses pères faisant son abjuration entre les mains de Renault de Beaune, archevêque de Bourges, et fut reçu à la porte de l'église de l'abbaye de Saint-Denis, 1593. L'année suivante, le 27° février 1594, il fut sacré dans l'église de Chartres [1] et oint de l'huile sacrée de saint Martin que l'on garde à Tours. L'histoire en est commune ; je veux néanmoins remarquer ici deux choses : l'une particulière et l'autre publique à la vérité, mais qui nous appartient proprement. La première est que notre évêque qui aimait véritablement son roi et qui demandait incessamment sa conversion au ciel, voulut avoir l'honneur d'assister à son sacre, et nous trouvons que huit jours auparavant, le 19° du mois de février, M. de Briroy ayant fait une démission verbale de la prébende de Saint-Nicolas entre les mains du roi, ce monarque en gratifia aussitôt Adrien de Briroy, neveu du prélat.

L'autre est que cette conversion de Henri IV et sa

---

[1] Henri IV fut sacré par l'évêque de Chartres, Nicolas de Thou, oncle de l'historien.

réconciliation à l'église universelle est presque toute due à notre diocésain le cardinal du Perron[1]. Son grand génie, sa science, son éloquence et ses autres dons extraordinaires l'avaient fait connaître et aimer du feu roi, et son successeur ne l'estima pas moins ; il l'écoutait fort volontiers et enfin l'écouta tant, que Dieu par son moyen lui fit sentir la vérité et l'embrasser.

Le pape Clément VIII, qu'on sait avoir été un pontife d'un très grand mérite et qui connaissait déjà la réputation et les qualités de M. du Perron, sut avec joie qu'il allait à Rome pour la grande affaire de la réconciliation du fils aîné de l'Eglise avec sa mère, que M. d'Ossat avait déjà si heureusement traitée.

Jamais affaire n'a été plus grande, ni plus éclatante. Ces deux excellents hommes, je veux dire MM. d'Ossat et du Perron, la négocièrent avec tant de prudence que toute l'Eglise et le royaume en reçurent une satisfaction toute extraordinaire. Elle fut telle à Rome que si le roi avait dès lors voulu demander le chapeau de cardinal pour M. du Perron, le pape l'aurait accordé. « Sire, » écrivait M. d'Ossat au roi dans la lettre du 4° novembre 1591, « Monsieur le cardinal
« de Toleto s'est laissé entendre plusieurs fois, que
« s'il plaisoit à vostre Majesté escrire au Pape de faire
« Cardinal Monsieur du Perron, Sa Sainteté le feroit
« volontiers à la premiere promotion qui se fera à
« ces quatre temps du mois de Decembre prochain,

---

[1] Jacques Davy du Perron, évêque d'Evreux en 1591, cardinal en 1604, était né à Saint-Lo en 1556.

« adjoustant de plus qu'il sçavoit bien ce qu'il disoit,
« et qu'il ne parloit point sans fondement ; et, m'en
« parlant à moy-même, m'a exhorté d'en escrire à
« vostre Majesté, etc. [1] » D'ailleurs, Henri IV reçut
M. du Perron à son retour de Rome d'une manière
qui témoignait très parfaitement la satisfaction qu'il
avait de ses services. « J'y arrivay donc, » écrivit à
monseigneur le cardinal Aldobrandin M. du Perron,
aussitôt après son retour en France auprès du roi,
« le vendredi cinquieme de juillet, estant sa Majesté à
« Amiens, où je fus receu d'elle avec des caresses
« extraordinaires, car il m'embrassa par cinq ou six
« diverses reprises et témoigna plusieurs fois aux
« assistants, combien je l'avois dignement servy (il lui
« pleut de parler ainsi) et combien il se sentoit content
« de mon labeur, et plein de désir de le recon-
« gnoistre [2]. »

Je ne prétends pas écrire la vie ni faire l'éloge de
ce grand homme, mais je ne crois avoir pu ni dû me
dispenser de rapporter le peu que je fais, puisque
c'est à son heureuse négociation que nous fûmes redevables d'avoir enfin eu un évêque. Ce fut le 7ᵉ septembre 1597, que, toutes sortes de difficultés levées,
les bulles venues de Rome, Nicolas de Briroy fut sacré
évêque de Coutances en l'église de Saint-Germain-des-

---

[1] *Lettres de l'Illustrissime et Reverendissime Cardinal d'Ossat, évesque de Bayeux, au Roy Henry le Grand, et à Monsieur de Villeroy, depuis l'année M.D.XCIV, jusques à l'année M.DC.IIII.* Paris, 1624, in-fol., p. 81.

[2] *Ambassades et Negotiations de l'Illustrissime et Reverendissime Cardinal du Perron...* Paris, 1623, in-fol., p. 48, lettre datée de Paris le 24 juillet 1595.

Prés par M. l'évêque d'Amiens, assisté de ceux de Digne et de Beauvais [1].

Au mois de décembre suivant, il prit possession de son église ; mais, comme le témoignent les mémoires du chapitre, d'une manière fort sommaire et sans cérémonie, tant le monde était dans la misère et l'accablement. Ce fut néanmoins avec la joie et l'applaudissement universel, non-seulement des habitants de la ville épiscopale, mais en général de tout le Cotentin qui connaissait ce prélat, lequel d'enfant de cette église en devenait le père et qui espérait de lui toutes sortes de consolations. On n'en fut pas trompé, et si le ciel, en donnant à la France le roi Henri IV, lui donna un libérateur et un restaurateur, de même en donnant au Cotentin Nicolas de Briroy pour évêque, il lui donna un véritable restaurateur de la piété et de la justice et un père très affectionné dont le zèle ne cédait en rien au zèle de ces grands hommes qui en furent les premiers évêques.

Il avait été plus de 20 ou 30 ans vicaire général. Nous avons pu remarquer qu'il était presque lui seul chargé du poids des affaires publiques. Il connaissait très particulièrement les besoins de chacun ; il avait le zèle de vigilance, la charité et les autres vertus nécessaires à l'épiscopat, et ainsi personne n'eût été plus capable que lui d'être élevé en cette haute

---

[1] Geoffroy de la Marthonie, évêque d'Amiens de 1577 à 1617 ; Claude Coquelet ou de Coquels, aumônier de Marguerite de Valois, évêque de Digne de 1587 à 1602 ; René Potier, évêque de Beauvais de 1595 à 1616. A ce dernier succéda, de 1616 à 1650, son frère Augustin Potier, qui joua un rôle en 1643 dans la cabale des Importants.

dignité. Aussi, depuis cette élévation, tous ceux qui ont parlé de lui en ont fait mention comme d'un prélat donné véritablement de Dieu par un acte particulier de sa providence sur ce diocèse pour consoler son peuple et l'encourager dans ses misères, et rétablir le bon ordre et la discipline ecclésiastique.

Monseigneur l'évêque de Porphyre, Philippe Troussey, abbé de Blanchelande, avait fait toutes les ordinations jusqu'au sacre de monseigneur de Briroy, mais depuis nous ne le trouvons plus dans nos mémoires. Notre évêque était encore à Paris au commencement du mois de décembre qui suivit son sacre et notre registre porte que « die 5ª mensis decembris « 1597, reverendissimus in Christo pater et dominus « Nicolaus de Briroy, Dei gratia episcopus Constan- « tiensis, concessit litteras demissorias personis infrà « scriptis. »

Mais nous trouvons que, depuis son retour, toutes les ordinations furent faites par lui dans le cours de ses visites dont nous allons bientôt parler. Il donnait assez souvent la tonsure et les quatre moindres ordres dans les abbayes, prieurés ou autres lieux semblables, mais il faisait toujours les ordinations générales, dans sa cathédrale.

Jacques de Serres[1], du diocèse de Viviers, était alors abbé de Montebourg; Jacques de Cerceau[2] l'était de Saint-Sauveur; Philippe Troussey, de Blan-

---

[1] Jacques de Serre fut député aux États généraux tenus à Paris en 1593. *Gallia christiana*, xi, 930.

[2] Ms. P. *Jacques Carreau*. Ms. M. *Jacques Cerveau*.

chelande ; Pierre, de Lessay [1], et M. de Tourlaville, de Hambie. Je n'ai pu découvrir les autres. Nos vicaires généraux étaient MM. de Tourlaville, Turgot, Bernard et du Quesney. Le 30° janvier 1595, noble homme Michel Clerel avait été pourvu par M. de Briroy de l'archidiaconé de Coutances. Un nommé Pierre Aubril avait pris un dévolu sur l'archidiaconé de Cotentin, possédé par Bertin Mangon, prétendant qu'il avait en même temps plusieurs bénéfices incompatibles. M. de Briroy, par l'autorité du roi sur le litige, les en priva tous deux et le donna à Jean Le Roux. Charles de Parfouru fut aussi pourvu par le même prélat de l'archidiaconné du Bauptois et Pierre Lancise de celui du Val-de-Vire. C'est l'état où était l'Eglise et le diocèse de Coutances, avant [2] que M. de Briroy en fut assuré évêque.

Ce bon prélat, pour travailler plus sûrement à connaître les besoins de son diocèse et y remédier, crut qu'il fallait les connaître et les voir de ses propres yeux. Aussi, pendant que l'âge lui permit, il visitait tous les ans son diocèse, une partie en une saison, et une autre partie en l'autre, prêchant, catéchisant, enseignant partout de paroles et d'exemple la véritable piété. On remarque la douceur et le caractère de son esprit dans les corrections qu'il était obligé de faire de temps en temps, et que sa plus grande application

---

[1] Le *Gallia christiana*, xi, 921, dit qu'après la mort de Lancelot de Matignon, 1ᵉʳ janvier 1588, il n'y eut pas d'abbé jusqu'en 1619, « quo defuncto sedes vacavit ad annum 1619 .» — Le ms. M nomme cet abbé Pierre aux Oubeaux.

[2] Les deux mss. portent *sans que*.

était de rétablir en son diocèse l'ancienne discipline
de l'église et le bon ordre, conformément aux décrets
des conciles et spécialement de celui de Trente, qu'il
avait vu commencer et finir[1], et de celui de Rouen où
il avait assisté[2]. La pureté de sa vie et le bon exemple
étaient les moyens efficaces dont il se servait. Il
remarqua une pauvreté extrême dans toutes les églises
de son diocèse. Les hérétiques et les impies s'étaient
emparés du plus beau et du meilleur ; les titres avaient
été dérobés et brûlés pour la plupart, et lorsqu'on
pouvait découvrir quelques enseignements des anciens
revenus, on s'en défendait par le moyen de la prescription. Pour remédier à ces désordres, notre évêque,
tant en son nom qu'en celui de son chapitre et de
son clergé, présenta requête au parlement de Rouen,
expositive « qu'à raison des troubles et guerres civiles
« advenües, et qui ont esté en ce Royaume, princi-
« palement audit diocèse de Coutances depuis l'an
« 1564, les lettres, titres et enseignemens concer-
« nans les droits, dignitez et libertez, tant de ladite
« église Cathédrale que des Eglises Abbatiales, Paroissiales, mesmes des Prieurez, Hospitaux, Trésors et
« Chapelles du Diocese, ont esté la pluspart perduz,
« égarez, les autres rompus, cassez, bruslez par les
« gens de guerre, qui ont tenu garnison et fait leur
« corps de garde tant ausdites Eglises Cathédrale
« que Paroissiales et Maisons ecclésiastiques, à raison

---

[1] Le concile de Trente, réuni par Paul III en 1545, ne termina son œuvre qu'en 1563, mais ses sessions avaient été interrompues à plusieurs reprises.

[2] En 1581, comme on l'a vu plus haut.

« dequoy les redevables tenans biens et héritages
« dépendans desdits Evesché, Eglises Cathédrale,
« Abbatiales et Paroissiales, mesmes desdits Hospi-
« taux, Prieurez et Chapelles, sçachans ladite com-
« bustion et perte desdites lettres, titres et enseigne-
« mens, ont depuis denié et denient et ne veulent
« reconnoistre ny payer lesdites rentes et arrerages
« d'icelles, droits et devoirs, dont les precedens
« Evesques, Chapitre, Abbez, Prieurs, Curez, Chape-
« lains, Tresoriers et Marguilliers desdites Eglises
« jouyssoient auparavant desdits troubles, tellement
« que la pluspart desdites rentes sur lesquelles lesdits
« Ecclesiastiques, Tresoriers et Marguilliers ont à
« supporter grandes charges, se trouvent mises en
« contredit, et totalement deniées. A raison dequoy,
« plusieurs desdites Eglises et Maisons Ecclésiastiques
« sont tombées et tombent de jour en jour en rüine,
« et n'y a moyen de satisfaire aux charges d'icelles,
« pouvoir faire celebrer le divin Service : Tendans les-
« dits Evesque et Deputez par leur dite requeste à ce
« qu'il leur soit sur ce pourveu tout ainsi qu'il auroit
« esté cy-devant fait en cas semblables aux Evesques
« de Bayeux, Abbé de Montebourg, Chanoines de la
« Sainte Chapelle à Paris, et plusieurs autres eccle-
« siastiques de ce ressort. Et outre declarer que les-
« dits redevables ne pourront eux aider de prescrip-
« tion pour le temps desdits troubles et guerres civiles,
« conformement aux Edits et dispositions du droit :
« en laquelle ne sera compté ni compris le temps
« encouru depuis ledit an 1561. » La cour lui accorda

les fins d'une demande si juste, et ordonna que les registres desdites églises, comptes, papiers, titres, journaux, enseignements et dernières quittances, serviraient de lettres et possessions aux demandeurs, que lesdits redevables ne pourraient se servir de prescription pendant lesdits troubles et se retireraient vers lesdits demandeurs pour compter à l'amiable, ou qu'autrement ils y seraient contraints par toutes voies. Cet arrêt qu'on pourra voir, dans son intégrité[1], dans les *Mémoires du clergé*, où l'on a jugé à propos de l'insérer, tome III, page 323, est du 5° décembre 1598 et l'on ne saurait trop dire quelle en fut et est encore l'utilité.

Nous avons pu remarquer en tout ce que nous avons vu de ce qui se passait en cet évêché avant l'épiscopat de M. de Briroy, que, sans parler de l'ignorance, il y avait quatre grands défauts en nos ecclésiastiques, la pluralité des bénéfices, la non-résidence, la simonie et la confidence. Dieu fit la grâce à notre évêque d'en purger la maison de Dieu commise à sa garde. On n'eut plus de dispense accordée au sujet des deux premiers ni de dévolu pris au sujet des deux autres. Et on remarque que c'est le premier évêque qui ait voulu que les confidentiaires soient publiquement

---

[1] En voici le titre : « *Arrest du Parlement de Rouen du 5 decembre 1598, rendu au profit de M. l'Evesque et Clergé du Diocese de Coustances, portant que les Registres, Papiers, Journaux, Titres, Enseignemens et dernieres Quittances qui leur sont demeurées après les guerres, leur serviront de lettres et possessions à l'advenir ; pour se faire payer des cens, rentes, droits et devoirs à eux deus, sans que les redevables se puissent ayder de prescription ou possession au contraire pour le temps des troubles.* » Nous avons reproduit, d'après le texte même des *Mémoires du Clergé*, le passage cité inexactement par Toustain de Billy.

excommuniés tous les dimanches aux prônes des grandes messes.

N'étant encore que grand vicaire d'Arthur de Cossé, il avait remarqué qu'il ne se trouvait presque plus de livres pour la célébration du service divin, et le très peu qui en restait était dans un si mauvais ordre qu'il était presque impossible de s'en servir ; aussi il s'attacha très soigneusement à en fournir à son diocèse. On vit donc bientôt de lui des bréviaires nouveaux, des missels, des rituels, processionnaires, catéchismes, prières et autres livres nécessaires pour le public et les particuliers, l'instruction et édification de tout le monde.

C'est ce qu'il témoigne lui-même dans les lettres pastorales qu'il en écrivit à son clergé sur ce sujet et qui servent comme de préfaces à ces livres, assurant que depuis qu'il avait été appelé au gouvernement de ce diocèse, son plus grand soin avait été non-seulement de donner des bréviaires, mais de se conformer autant qu'il le pourrait faire à celui de Rome, sans néanmoins altérer en rien l'ancienne méthode de chanter reçue et usitée en ce diocèse depuis plus de deux cents ans, dessein qui avait été projeté par Arthur de Cossé son prédécesseur, mais empêché par la mort, et que même il aurait exécuté, il y avait longtemps, s'il n'en avait été empêché par les guerres civiles, parce qu'il savait bien qu'on manquait tellement de bréviaires, qu'il y avait très peu de prêtres qui en eussent d'entiers ; pour à quoi remédier, il avait commis des personnes doctes et expérimentées pour cette commission et ce renouvellement, par le soin et la vigilance desquelles l'ouvrage se trouvant en état, il croyait le devoir donner au public.

« Cum primum ad episcopalem dignitatem assumpti
« sumus, » dit-il en l'épître qui est à la tête de son
Missel, « nihil nobis potius fuit quam ut divinum
« cultum heresium sævitia partim intermissum revo-
« caremus, partim neglectum restitueremus, efficere-
« musque ut sacerdotes et clerici nobis subditi, qui-
« bus ex officio incumbit pro populi salute apud
« Deum preces fundere et ex quorum ore ipsemet
« Deus laudes requirit, ad debitum persolvendum
« officium studiosius et religiosius animum adjun-
« gerent. Incubuimus ut breviaria, missalia, proces-
« sionalia, diurnalia, horæ novis typis excuderentur.
« Non sine Deo breviarium diu ab omnibus expecta-
« tum, mendis repurgatum et meliori quam anteà
« ordine dispositum, tandem in lucem prodiit; quo
« opere feliciter absoluto, ad missale quam primum
« addendum mentem cogitationemque convertimus,
« ut eadem prorsùs divini officii recitandi et rei divinæ
« faciendæ ratio haberetur. »

Il nous reste encore deux manuels de ce grand évêque, l'un de 1601, si je ne me trompe, et l'autre de 1616. Ce dernier est plus ample que le premier. Il est aussi rempli de doctrines et de belles instructions sur les devoirs des curés et des prêtres et sur la connaissance de l'état et de l'administration des sacrements. Il fit cette seconde impression du manuel parce qu'il n'y en avait plus des premiers, « distractis

« jam et coemptis universis exemplaribus », à quoi il ajouta, comme il le dit lui-même en sa préface *ad clerum Constantiensem* « multa de institutione,
« dignitate, materia et forma, usu et utilitate sacra-
« mentorum ex sacrosanctis conciliis et doctoribus
« sanctæ ecclesiæ decerpta, quæ in veteri a nobis
« edito desiderabantur, sine quibus ipsa hæc sacerdo-
« talis muneris seu artis artium præcepta egena certe
« et imperfecta videbantur. »

On s'est toujours heureusement servi de ces livres jusques à l'épiscopat de MM. de Lesseville et de Brienne, qui les ont mis en meilleur ordre et les ont fait réimprimer en leur temps, comme nous dirons en leurs chapitres ; mais je veux dire ici que les instructions de M. de Briroy sont telles qu'on les peut désirer, courtes, nettes, simples et tout à fait satisfaisantes.

Contre l'abus général de ce temps-là, il a toujours pensé à ne se fier qu'à lui-même pour le régime de son troupeau ; quoiqu'il eût d'excellents officiers, il résidait toujours et n'a jamais cru pouvoir se dispenser d'une obligation qu'il croyait être du droit divin.

L'usage du sacrement de confirmation avait été presque aboli dans ce diocèse. On ne le donnait quasi qu'à ceux qui étaient près de recevoir la tonsure. M. de Briroy renouvela la pratique de ce sacrement. « Il a toujours résidé »; dit François des Rues parlant de notre évêque, « et réside actuellement en son
« évêché, faisant les fonctions, visitant les paroisses

« d'icelui, où l'on estime qu'il a conféré le sacrement
« de confirmation à près de trois cent mille per-
« sonnes. » Il avait dit un peu auparavant en traitant
de notre ville : « Le 76° évêque de Coutances est Ni-
« colas de Briroy, pasteur très digne de sa charge
« tant pour son intégrité de mœurs que pour la libé-
« ralité dont il use envers les pauvres, étant un des
« plus aumôniers de la France, selon son revenu, et
« lequel a fait une infinité d'autres œuvres pieuses
« qui témoignent assez sa prudhomie. »

Cette charité pour les pauvres dont parle des Rues était telle que difficilement on en trouverait de semblable ; à peine se réservait-il le nécessaire. Lorsqu'il mourut, on ne lui trouva que 19 sous [1] et si peu d'autres biens meubles et immeubles que ses héritiers y renoncèrent. On fut obligé de vendre le peu qu'il avait pour fournir à ses frais funéraires. L'odeur de cette grande charité se répandit par toute l'Eglise ; le pape la connaissait, et lorsqu'il apprit la mort de notre charitable évêque, il le qualifia du beau titre de père des pauvres : « In publico consistorio propter
« eximiam vitæ probitatem », disent MM. de Sainte-Marthe, « meruit a Paulo V pontifico decorari titulo
« patris pauperum [2] ».

On peut dire que, depuis plus d'un siècle, la non-

---

[1] *Gallia christiana* xi, 904, note : « Tanta erat ejus in pauperes charitas, ut obeunti asses duntaxat novemdecim superfuerint, ac divenditæ publice modicæ suppellectilis ad funeralium onera pretium non suffecerit. »

[2] Le texte du *Gallia christiana*, xi, 904, diffère de celui de Toustain de Billy : «... in publico consistorio ob eximiam ejus caritatem et largitionum copiam, meruit a Paulo V pontifice maximo decorari titulo patris pauperum... »

résidence de nos évêques avait fait naître le libertinage et le libertinage avait enfanté l'impiété. La vertu et la présence de M. de Briroy fit tout le contraire. Qu'on se donne la peine de lire et de réfléchir sur ce que nous avons dit et rapporté en notre Histoire générale de l'établissement des Capucins de Coutances[1]. J'ose dire que la piété, la charité, le zèle et la recherche de la gloire de Dieu, paraissaient tout entières dans l'évêque, le chapitre, les gentilshommes, les bourgeois et autres, comme dérivés du chef et répandus en tous ces membres. Je ne rapporterai pas ici les règlements qu'il fit en 1607 pour les prieur et religieux pauvres et administrateurs de l'Hôtel-Dieu de Coutances; il n'y en a pas un néanmoins qui ne soit un témoignage de la grande prévoyance et de la sagesse de notre prélat. Les religieux qui n'aimaient pas le bon ordre et la dépendance en emportèrent ; mais le parlement, reconnaissant également l'équité de ces règlements et l'autorité d'où ils émanaient, les confirma par son arrêt du 10° avril 1609.

Le 7° février 1612, le chapitre de Coutances, suivant la requête de son promoteur, au 5° jour du chapitre général tenu à l'ordinaire après la fête de la Purification, fit et approuva plusieurs belles ordonnances touchant l'ordre et la célébration du service divin, toutes lesquelles sont un beau témoignage de la piété et du zèle de cet illustre corps. Nous en avons autant, signé Le Roux, et peut être en donnerons-nous

---

[1] V. *Mémoires sur le Cotentin*, ms. de la Bibl. de Rouen, f. Martainville, Y 43, p. 92-95.

autant en notre recueil. Nous remarquerons ici seulement qu'il commence ainsi : « Le promoteur du vé-
« nérable chapitre de l'église cathédrale de Coutances,
« pour le devoir de son office, requiert avec toute
« humilité et révérence à révérend père en Dieu
« monseigneur l'évêque de Coutances, président audit
« chapitre et à MM. les chantre, chanoines et autres,
« ayant office et dignités en ladite église, afin que le
« divin service soit célébré, continué et maintenu en
« icelle église, à l'honneur et gloire de Dieu et sui-
« vant l'intention des gens de bien, qui ont fondé,
« doté et augmenté ladite église ; que les statuts et
« ordonnances qui ont été ci-devant faites sur l'ordre
« et manière de faire dire et célébrer icelui en la-
« dite église soient inviolablement gardés et obser-
« vés, etc. »

Il y a pour chaque personne un article de réquisition et ordonnances : la première regarde le chantre à ce qu'il ait à résider et ensuite de tous les autres. Il est seulement à remarquer qu'ayant été requis
« que M. le trésorier, ou son clerc en son absence,
« continue à parer et décorer l'autel et lieu où l'on
« célèbre l'office de la messe, *secundum diei et tem-*
« *poris exigentiam*, resserrer les ornements et dresser
« iceux ainsi qu'il appartient, et tenir les lieux
« qu'ils ont accoutumé d'être mis, bien fermés en-
« semble ; qu'il en soit fait fidèle inventaire, ainsi que
« des calices, linge et argenterie de ladite église,
« lequel inventaire, dont M. le trésorier aura un du-
« plex, mondit seigneur de Coutances un et ledit

« chapitre aussi un duplex duement signé, à ce qu'il
« n'y ait aucune chose perdue ou adirée et que le
« tout soit conservé fidèlement et que l'on puisse
« reconnaître ce qu'il y manque et ce qu'il y est
« nécessaire d'y pourvoir. » Voici la réponse qui fut
faite : « M. de Lancise, trésorier, a déclaré qu'il oppose
« formellement sur le contenu en l'article ci-des-
« sus ». C'est le seul que j'ai vu opposant à aucun
des articles de cette réquisition.

Dieu donna la consolation à M. de Briroy de voir
son diocèse rempli de grands hommes en piété, charité
et mérite, tous imitateurs de leur évêque. Tant que la
ville et ce diocèse de Coutances subsisteront, la mémoire de messire Jean de Tourlaville, abbé de Hambie, chantre et chanoine de la cathédrale, sera en
bénédiction et avantageuse à ses habitants ; c'est lui
qui a fondé le collège de Coutances. Qu'on se donne
la peine de voir notre Histoire générale[1] au sujet de
ce collège et au sujet de l'aqueduc de Coutances pour
l'entretien duquel il donna 71 livres de rente[2]. C'est
ce seigneur dont il est tant fait mention dans l'obituaire de la cathédrale, lequel, au mois de décembre
de 1579, fonda l'office de Sainte-Barbe par 36 livres
de rente et, le 2° juin 1593, celui de la Visitation aussi

---

[1] *Mémoires sur le Cotentin*, ms. de la Bibl. de Rouen, fonds Martain-ville, Y 43, p. 98-99.

[2] *Ibid*. Toustain de Billy parle longuement, p. 56 et suiv., de cet aqueduc qu'il appelle « une des raretés de sa province ». Vers la fin, p. 56, il dit : « Par contrat du mardi 6 décembre 1586, noble et discrète personne Mre Jean de Tourlaville, prêtre, abbé de Hambie, chanoine et chantre de Coutances, donna le fonds de 120 livres de rentes pour aider aux gages du fontenier et aux réparations et entretien des tuyaux ».

par 36 livres de rente, et résigna son canonicat à messire Jacques de Franquetot, conseiller et aumônier du roi, qui a fondé en la cathédrale le service de l'Octave du Saint-Sacrement par 300 livres de rente foncière, suivant le contrat du 18ᵉ septembre 1647[1].

Outre ce que nous avons dit en parlant des Capucins de Coutances, M. Le Roux archidiacre du Cotentin, a fondé en la cathédrale l'office de Saint-Jean-Baptiste solennel de sa nativité, des obits pour ses père et mère et pour un nommé Féret et a donné 16 livres de rente par chaque obit, et M. de Parfouru un autre. M. Clerel a donné 17 livres 10 sous de rente à l'église cathédrale.

Ce M. de Parfouru, qu'il avait fait son archidiacre du Bauptois et Adrien de Briroy, archidiacre du Val-de-Vire, son neveu, furent créés ses grands vicaires, mais uniquement pour leurs mérites, et tous généralement ses amis et les personnes de son conseil et ses officiers étaient personnes distinguées par leurs mérites et leurs vertus, ainsi qu'il paraît, par ce que nous avons dit de ces deux et par la connaissance que nous avons des autres.

Aussi inspirait-il la piété et la dévotion à tout le monde et ne laissait passer aucune occasion qu'il ne le fît paraître. On remarque que, dès l'an 1581, il

---

[1] Ou cette date est une erreur de copiste, puisque Jacques de Franquetot, aumônier du roi et chantre de l'église de Coutances, est mort le 2 avril 1626, ou Toustain de Billy l'a confondu avec son neveu, qui s'appelait de même Jacques de Franquetot, et qui fut aussi chantre de 1626 à 1664. Voy. *Gallia christiana*, XI, 911.

se fit inscrire en la confrérie de l'Annonciation de la Sainte-Vierge, instituée en l'église paroissiale de Saint-Nicolas de Coutances, et que, le 12ᵉ de juin 1596, s'étant faite une procession générale par les soins de frère François Hélye, prêtre, curé de Saint-Pierre de cette ville pour mettre la première pierre de la chapelle de la Roquelle, ce bon prélat y assista et fit cette action avec tant de zèle et de dévotion qu'il édifia tout le monde et qu'elle mérita que la mémoire s'en soit conservée dans les registres publics.

Enfin le terme de ses travaux et le temps de leur récompense étant venu, il mourut le 22ᵉ mars 1620, âgé de 94 ans, tous lesquels il avait passés dans une pureté de cœur et de corps vraiment angélique. Nos mémoires, parlant de la mort de M. de Briroy font son éloge en trois mots : « Sancto fine quievit », et le *Livre noir* du chapitre en deux termes : « Vir integerrimus ». Son corps fut inhumé dans le chœur de sa cathédrale sous un tombeau de marbre blanc sur lequel on avait gravé l'épitaphe suivante ; mais ce monument ayant été cassé et les morceaux de ce marbre jetés derrière l'autel[1], on ne trouve plus cette épitaphe que dans les livres :

---

[1] « Le tombeau de marbre de feu messire Nicolas de Briroy, évesque de Coutances, étoit dans le chœur de l'église avec quelques autres de ses prédécesseurs. M. de Brienne les fit ôter lors du sacre de M. l'abbé Gaillard, qui étoit chanoine et théologal, évesque d'Apt. Son épitaphe qui étoit gravée sur ce marbre, celles d'Algare et de Hugues de Morville, sont imprimées dans le livre de feu M. Morel. » Toustain de Billy, *Mémoires sur le Cotentin*, ms. de la Bibl. de Rouen, f. Martainville, Y 43, p. 75.

D. O. M.
Q F. F. Q. S.

Piis manibus reverendissimi D. D. Nicolai de Briroy, Constantiensis episcopi vigilantissimi, religionis pietatisque avitæ et patriæ servatoris fidelissimi, qui quatuor et nonaginta annos agens, in episcopatu tres et viginti, feliciter obdormivit in Domino 22ª martii 1620. Ad sanctitatis aram monumentum hoc pietatis et liberalitatis posteritati mandandum, Adrianus, ex fratre nepos, hujus ecclesiæ archidiaconus et canonicus, dat, dicat et consecrat, 1621.

Il fut évêque de Coutances depuis son sacre en 1597, le 7ᵉ de septembre, jusqu'au dit jour, 22ᵉ mars 1620. Il avait été nommé du roi neuf ans auparavant, mais il avait gouverné le diocèse presque seul depuis le 7ᵉ mars 1575 [1] que M. de Cossé par la connaissance et l'assurance, ainsi qu'il le disait, de sa fidélité, intégrité, bonne œuvre, honnêteté, diligence et expérience, l'avait choisi pour son vicaire général, de vicaire substitut qu'il était auparavant.

Il a fondé en sa cathédrale le service double et solennel de la Translation de Saint-Nicolas au 9ᵉ du mois de mai, à la fin duquel on est en obligation de chanter le *Libera* et le *de Profundis* avec les oraisons accoutumées sur son tombeau, pendant lequel se doit faire la distribution de 30 livres. Il y a encore un service et un obit pour lui le jour de sa mort, 22ᵉ mars, pour lequel il y a 22 livres de distribution et 25 sous pour les pauvres, et enfin deux autres de 15 livres de distribution chaque pour le repos des âmes de Jean

---

[1] La date donnée plus haut, p. 142, est celle du 17 mai. Le ms. M. dit ici le 17 mars.

et Adrien de Briroy ses frère et neveu. Voici les termes du nécrologe de la cathédrale au mois de mars : « Obiit,
« reverendissimus in Christo pater et dominus Nico-
« laus de Briroy, Constantiensis episcopus, parentes
« ipsius amici et benefactores. Pro quo 22 libras super
« communia videlicet capiendas et pauperibus 25 so-
« lidos et non moveatur a die 23ᵃ martii nisi domi-
« nica fuerit. » Trois articles après, nous lisons :
« Commemoratio reverendissimi in Christo patris ac
« domini de Briroy, Constantiensis [episcopi], ex fun-
« datione Nicolai Michel, scutiferi, domiui temporalis
« du Hamel, pro qua dictus Michel dedit summam
« 21 librarum super communia capiendam et distri-
« buantur 25 solidi; non moveatur a die 24ᵃ martii nisi
« dominica fuerit. » C'était son filleul. Au mois de mai, dernier article : « Servitium duplex et solemne
« de Translatione sancti Nicolai ex fundatione reveren-
« dissimi in Christo patris ac domini Nicolai de Briroy,
« Constantiensis episcopi, ad utrasque vesperas, matu-
« tinam et missam, continue, præ manibus, et non mo-
« veatur a die nona maii, nisi festum Ascensionis do-
« mini impediat, quia tunc celebrabitur in crastinum.
« Cantabitur *Libera me, Domine*, et *de Profundis*, cum
« orationibus solitis per canonicum, tum officium
« exercentem super sepulcrum ejus in choro ecclesiæ,
« et iterum distribuatur summa 36 librarum super
« communia capienda ».

Il y eut encore en son diocèse plusieurs personnes de science, de mérite et de distinction, outre celles dont nous avons parlé et entre lesquelles nous ne devons pas oublier le père François Feuardent, cordelier. Il était de la paroisse de Grouville [1], d'une famille noble, laquelle subsiste encore en plusieurs branches. Il faudrait être étranger dans la république des lettres pour ne le pas connaître. Ses savantes notes sur saint Irenée qu'il fit imprimer, ses commentaires sur les épîtres de saint Pierre, saint Jacques, saint Jude et saint Paul à Philémon, sur Job, Ruth, Esther et Jonas, et autres ouvrages que nous avons de lui, seront à jamais des témoignages de sa grande érudition et de la connaissance qu'il avait des langues et de la théologie et feront honneur au diocèse.

Il avait une aversion extrême des novateurs [2]. Il s'attacha fortement à les combattre par la langue et par les écrits. Je ne citerai que celui qui a pour titre : *Entremangeries et guerres ministrales* [3], qu'il dédia à son évêque M. de Briroy et qu'il composa particulièrement contre un ministre de Carentan, nommé Brouaut [4].

On remarque encore entre les savants de ce diocèse un nommé M. Pierre de Vennes, prêtre de la paroisse

---

[1] Ile de Jersey.

[2] Feu-Ardent ne fut pas seulement un adversaire résolu des protestants. Il embrassa avec ardeur le parti de la Ligue et se distingua par la violence de ses prédications contre Henri III et Henri IV. Il mourut le 1er janvier 1610.

[3] Voici, d'après Frère (*Manuel du bibl. norm.*), le titre exact de cet ouvrage : *Entremangeries et guerres ministrales, c'est-à-dire contradictions, injures, condamnations et exécrations mutuelles des ministres et prédicans de ce siècle*, par le frère Feu-Ardent ; Caen, par Tite-Haran, 1601, pet. in-8. — Une édition plus complète a été publiée à Paris, 1604.

[4] Jean Brouaut, sr de Sainte-Barbe, médecin et ministre protestant, né à Carentan.

de Saint-Denis-le-Vestu [1], professeur en philosophie et en mathématiques au collège de Lisieux à Paris, et excellent prédicateur, lequel par son mérite devint théologal de Vannes et curé de Hennebont [2], et encore un autre nommé Nicolas Gosselin [3] de la paroisse du Pont-Farcy [4], si excellent en mathématiques, qu'il fut un des savants choisis par le pape Grégoire XIII pour la réformation du calendrier et que Henri IV le fit garde de la bibliothèque du collège de Clermont, pendant l'éloignement des Jésuites. Il mourut peu de temps après, âgé de quatre-vingts ans.

[1] Arr. de Coutances.

[2] Pierre de Vennes, prêtre du diocèse de Coutances et bachelier en théologie de la Faculté de Paris, pourvu par l'évêque de Vannes de la paroisse d'Hennebont (Saint-Gilles), le 29 décembre 1608, accepté par l'abbesse de la Joie le 9 janvier suivant, prit possession le 11 janvier 1609. Nommé chanoine théologal par l'évêque le 29 avril 1609, il fut installé le 1er mai. En 1613, le 19 octobre, il résigna sa paroisse entre les mains du pape en faveur de Pierre Morice, du diocèse de Coutances, pour devenir recteur de Baden (près Vannes). Il prit possession de cette paroisse, le 24 décembre 1613. Il fut en même temps vicaire perpétuel de Saint-Pierre de Vannes, du 4 juin 1613 au mois de mai 1615. Il mourut au mois de janvier 1616, et fut inhumé dans l'église cathédrale. (*Note communiquée par l'évêché de Vannes.*)

[3] Bayle fait mention, dans son *Dict. hist. et critique*, t. II, p. 570, édit. de 1730, d'un mathématicien du nom de Jean Gosselin. « Il était, dit-il, de Vire et fut garde de la Bibliothèque du Roi. Il composa entre autres ouvrages une *Table de la réformation de l'an*, et une *Version française du calendrier grégorien.* » Il semble être le même personnage que le Nicolas Gosselin de Toustain de Billy.

[4] Dépt. du Calvados, arr. de Vire et sur la rivière de ce nom.

CHAPITRE III

DE GUILLAUME LE BLANC ET JACQUES CARBONNEL, NOMMÉS
A L'ÉVÊCHÉ, ET DE NICOLAS DE BOURGOING, ÉVÊQUE

Après la mort de M. de Briroy, un chanoine d'Agen, nommé Guillaume Le Blanc, fut nommé du roi notre évêque. Il fit connaître sa nomination au mois de janvier de l'an 1621, par les lettres qu'il en écrivit au chapitre, mais il n'en prit point possession et ne fut point sacré, étant mort au mois d'octobre suivant, et fut inhumé dans la nef de l'église cathédrale d'Agen.

Le *Livre noir* du chapitre le met au nombre de ses évêques en ces termes : « Guillaume Le Blanc nondum possessionem adeptus ». Claude Robert, parlant de lui, dit seulement : « Obiit 1621, mense octobri, nondum consecratus ». MM. de Sainte-Marthe disent la même chose et en mêmes termes. Ils ajoutent seulement : « et Aginni in cathedrali divi Stephani in media navi quiescit ».

Il y avait, vers la fin du siècle précédent, un évêque du même nom, Guillaume Le Blanc, vicaire général de la légation d'Avignon. Il est connu des savants par la traduction latine de Xiphilin, abréviateur de Dion de Nicée, et par quelques autres ouvrages. Il mourut en 1588. Nous en trouvons encore un autre du même nom de Guillaume Le Blanc, évêque de Grasse. On dit que le premier était l'oncle et l'autre le cousin germain de notre Guillaume et qu'ils étaient tous originaires de Toulouse. Je n'oserais l'assurer. On dit encore que, lorsque notre Guillaume fut choisi pour être notre évêque, il était aumônier ordinaire du roi. Je n'en ai aucune preuve.

JACQUES CARBONNEL

Ce seigneur fut nommé immédiatement après pour être notre évêque et il était d'autant plus considérable qu'il était de ce diocèse d'une famille très noble, très distinguée et ancienne. Sans parler ici d'autres choses, je sais qu'il y a plus de cinq cents ans que la seigneurie de Canisy est en cette maison. Il était fils de Hervé de Carbonnel, marquis de Canisy, seigneur de Cambernon, Tresgots, Marcambie, Orval, gouverneur d'Avranches, lieutenant des bailliages royaux de Caen, Cotentin et Alençon, et d'Anne de Matignon, et ainsi petit-fils du maréchal de Matignon. On le destina à l'église ; il fut même licencié en Sorbonne ; mais l'épée eut pour lui plus de charmes que la crosse. Il se contenta d'une pension de 2.000 livres sur l'évêché, qui lui furent exactement payées jusqu'en l'an 1636, auquel an il mourut en Piémont des blessures reçues en l'assaut de Valence.

Il commandait d'abord un régiment de mille hommes français. M. le duc de Savoie le créa maréchal de camp général de son armée. J'en ai vu l'acte en original et en ai pris copie ; en voici quelques termes :
« Charge, dit le duc, qui étant la principale d'une
« armée, ne se doit commettre qu'à des cavaliers au-
« tant pleins de mérite, expérience, vertu, affection
« à bien servir qu'en avait le sieur marquis de Canisy ».

NICOLAS BOURGOING

Il y avait à Paris deux familles du nom de Bourgoing : l'une noble, originaire du Nivernais et célèbre au parlement de France par Jean et Guillaume Bourgoing [et par Jacques Bourgoing], conseiller en la cour des aides, père de François, troisième général des pères de l'Oratoire, assez connu par ses *Méditations* et autres écrits ; l'autre originaire de la capitale du royaume, de laquelle était Edmond Bourgoing [1], prieur des Jacobins de Paris, fameux en l'histoire de la Ligue.

C'est de cette dernière qu'était notre Nicolas, docteur de Navarre. Il était fameux prédicateur et renommé controversiste ; il devint par son mérite théologal de Saint-Malo. La réputation en laquelle il était donna envie aux catholiques de la ville de Saint-Lo de

---

[1] Edmond Bourgoing, convaincu d'avoir publiquement loué Jacques Clément, religieux de sa maison, pour l'assassinat de Henri III, fut écartelé par arrêt du parlement, le 26 janvier 1590.

l'attirer en leur ville et en ce diocèse. Jean Dubois, procureur du roi en ce bailliage de Saint-Lo, personne illustre pour ses bienfaits à l'église et dont nous avons parlé en son lieu, crut ne pouvoir mieux faire pour soulager ce diocèse et l'église en particulier que de lui procurer M. de Bourgoing, personnage d'une science éminente et d'une éloquence semblable, pour résister aux artifices des hérétiques. Il négocia donc de telle manière auprès de lui que, après l'avoir engagé à permuter sa théologale de Saint-Malo contre celle de Coutances, il obtint dispense pour y joindre la cure de Notre-Dame de Saint-Lo. Il en jouit assez longtemps et le bien qu'il y fit fut tel qu'on ne l'oubliera jamais. Nous l'avons remarqué en plusieurs actes souscrit en qualité de chanoine théologal de Coutances ; ainsi en l'acte de 1615, pour les Capucins de Coutances, de la donation du lieu où ils sont, il est consentant et souscrit avec les autres, et, en 1620, il stipula pour messire Antoine Fayel, aussi docteur en théologie, curé de Saint-Paul à Paris, dans un contrat de fondation d'un obit le 20ᵉ janvier audit an ; il y a pour ce sujet 28 livres de rente.

Après donc le refus que fit le comte de Canisy de notre évêché et que cet évêché se trouva encore surchargé de 2.000 livres de pension, on songea à le remplir d'une personne de mérite et qui, au reste, ne fit point de difficulté sur la solution de ces pensions, et on jugea très sainement que le curé de Saint-Lo serait un sujet très propre. Il avait réputation de la science et était d'un âge à quitter l'évêché lorsqu'il serait nécessaire, et n'était point en apparence d'une disposition ni d'un naturel à contredire aux volontés des personnes distinguées qui lui procuraient l'honneur de l'épiscopat, ni à se faire des affaires au sujet de la baronnie de Saint-Lo. Ayant donc été nommé par le roi et ses bulles expédiées à Rome suivant la coutume, il fut sacré à Paris dans l'église des Mathurins, le 9º juillet 1623, par François de Harlay, archevêque de Rouen, assisté de Claude du Reul, évêque de Bayonne et de Henri Boivin [1], évêque de Tarse, coadjuteur d'Avranches.

Il se rendit aussitôt à son diocèse et, le 27º du même mois et an, il prit possession de son évêché en personne en la manière accoutumée. Il tint le siège épiscopal trois mois et quelques jours moins de deux ans, étant mort le 19º avril 1625. Quelques-uns ont cru qu'il avait été empoisonné ; il n'y a pas néanmoins d'apparence. Il fut fort regretté de son chapitre et de son peuple. La manière avec laquelle il s'appliquait aux choses de son devoir et les témoignages qu'il donnait de vouloir marcher sur les traces de M. de Briroy lui gagnèrent l'estime et l'amitié de tout le monde.

Le chapitre de Coutances était rempli de personnes distinguées par leur naissance, capacité, piété et mérites : Jacques de Franquetot, abbé de Hambie, chantre

---

[1] Henri Boivin, évêque de Tarse, était fils de Romain Boivin, sieur du Vaurouy, et d'Anne Péricard ; coadjuteur de son oncle, François Péricard, évêque d'Avranches, il était destiné à lui succéder, mais il mourut avant lui, le 12 février 1636.

et chanoine ; Charles de Parfouru, chanoine de Vire, archidiacre du Bauptois; Adrien de Briroy, archidiacre du Val-de-Vire, et Gilles Cartel, pénitencier, étaient les grands vicaires pendant la vacance du siège. Jean Le Roux, archidiacre du Cotentin, en était le secrétaire et Pierre de Lancise, trésorier official. M. Bourgoing, étant devenu évêque, se fit honneur d'avoir des officiers de ce noble caractère; il n'y apporta aucun changement.

Il faisait par lui-même ses fonctions autant qu'il lui était possible ; aussi la plupart des expéditions de son temps sont de lui-même et en son nom, dans lesquelles il est à remarquer que personne n'était pourvu d'aucun bénéfice sans qu'il eût fait auparavant profession par un acte particulier de la foi catholique. Ainsi, dans les provisions d'un nommé Louis Gendrin pour la première portion de Gouvets[1], datées du dernier de juillet 1623, qui sont les premières où nous trouvons le nom de notre évêque, il y est fait une mention expresse de la profession de sa foi et autres exemples qui seraient ennuyeux. Par acte du 13° décembre de cette même année 1623, Jean de Grimouville, chanoine de Coutances, fut par lui établi official de Valognes et grand vicaire dans toute l'étendue de cette officialité. Par un autre acte du 16° mai 1624, Gilles Cartel, aussi chanoine, fut établi vicaire général dans toutes les formes. Le 1ᵉʳ septembre 1624, il pourvut par forme de visa Louis Clerel de la pré-

---

[1] Arr. de Saint-Lô.

bende de Besneville[1] et de l'archidiaconé de Coutances, à lui résigné en cour de Rome par Michel Clerel, et enfin le dernier acte que j'ai vu de lui est la collation de la chapelle Saint-Eutrope en l'église cathédrale, faite le 7° avril 1625 à Richard Vallée sur la résignation de Charles Vallée.

La mémoire de Nicolas Bourgoing est demeurée en vénération en son chapitre. Le *Livre noir* le qualifie de très docte : « Nicolaus Bourgoing, vir doctissimus ». Il a fait plusieurs fondations en son église cathédrale, qui y rendront son nom éternel, entre autres l'office double de Sainte-Geneviève avec une messe des défunts au lendemain et le salut qui se fait le jour de Pâques en cette même cathédrale, après tout l'office fini. Voici les termes de l'obituaire au 4° article du mois de janvier : « Officium duplex et solemne de
« sancta virgine Genovefa cum missa defunctis in
« crastinum celebranda, ex fundatione reverendis-
« simi in Christo patris et domini Nicolai Bourgoing
« Constantiensis episcopi, doctoris theologiæ et civis
« Parisiensis, pro quo distribuitur summa quadraginta
« librarum, et non moveatur a die decima nona apri-
« lis, hora nona matutina, anno Domini 1625. Anima
« ejus requiescat in pace ».

Nous lisons de même au 23° article du mois d'avril[2] :
« Piis operibus ac dono reverendissimi in Christo pa-
« tris et domini Nicolai Bourgoing, Constantiensis

---

[1] Arr. de Valognes.
[2] Ms M : *Nous lisons de l'année 1626, au 23° article, etc.*

« episcopi, doctoris theologiæ ac civis Parisiensis,
« dicitur *Salve* post totum officium completum sacra-
« tissimæ Resurrectionis Domini nostri Jesu Christi et
« sequitur; hora sexta dominus cantor et archicori
« in choro cappis sericis albi coloris induti, into-
« nent responsorium *hæ dies*, deinde prosequantur
« alii de choro egredientes; postea cum organo et
« musica cantabitur *Te Deum*, in cujus fine dicetur
« *Benedicamus patrem et filium*, etc., cum oratione :
« *Concede, misericors Deus, fragilitati nostræ præsidium*
« *ut qui sanctæ Dei genitricis memoriam agimus, in-*
« *tercessionis ejus auxilio a nostris iniquitatibus resur-*
« *gamus. Per eumdem Christum dominum nostrum.*
« Deinde *O filii et filiæ* cum versu et oratione : *Gratiam*
« *tuam, quæsumus, Domine, mentibus nostris infunde,*
« *ut qui angelo nuntiante filii tui incarnationem cog-*
« *novimus, per passionem et crucem ejus ad resurrec-*
« *tionis gloriam perducamur. Per Christum dominum*
« *nostrum*. Amen. Postremo *De profundis* cum oratio-
« nibus assuetis, quibus devotè peractis, dicetur :
« *Ego sum resurrectio*. Tandem in introitu chori fiat
« distributio. »

Cette distribution est de 17 livres, suivant qu'il est porté dans ce compte de 1661 par nous tant de fois cité.

Après la mort de M. de Bourgoing, son inhumation et les services accoutumés, le chapitre s'étant assemblé, nomma pour vicaires généraux et autres officiers pendant la vacance du siège les mêmes personnes qui l'étaient avant et pendant son épiscopat, lesquelles se gouvernèrent avec tout le bon ordre et la prudence possible.

Cette vacance fut de plus de huit ans à compter depuis la mort de M. de Bourgoing, le 19° avril 1625 jusqu'au mois d'août 1633, que M. de Matignon, son successeur, fut sacré comme nous allons dire.

CHAPITRE IV

DE LÉONOR DE MATIGNON

La famille de ce prélat est très noble, et très ancienne, honorée des plus belles alliances du monde, et, au reste, si universellement connue de tous, qu'il serait inutile d'en écrire la généalogie. On me permettra seulement de dire ici ce que j'ai extrait[1] d'un manuscrit conservé en l'abbaye de Saint-Aubin-des-Bois en Bretagne par lequel nous apprenons qu'elle est aussi ancienne que l'établissement de la royauté en cette province.

Nous en apprenons, dis-je, que sur la fin du IV° siècle, l'empereur Maxime, établissant Conan Meriadec, roi de Bretagne, lui donna pour l'aider au gouvernement quarante-trois seigneurs ou chefs à qui on donna le nom de bannerets ; que ces bannerets furent divisés en trois bandes et que chacún de ces trois au-dessus de ce nombre de quarante fut établi chef de chaque bande ; que ces chefs de bande étaient distin-

---

[1] Ms. P et M : *ici que j'ai autant...*

gués par un nom particulier et nommés Matiberns, c'est-à-dire hauts seigneurs ; que chaque banneret avait sous sa conduite cent chevaliers et conséquemment chaque Matibern commandait à treize[1] cents chevaliers et enfin que le premier de ces trois Matiberns ou [chefs] des bannerets, avait nom Matignon, *Matinio*.

Ce manuscrit, dont j'ai tiré ce que j'ai dit, a pour titre : *Hic est liber, sive memoriale antiquitatum britannicarum et fundationis abbatiæ Sancti-Albini Cosconum in hac patria.*

Il fut traduit en rimes françaises en 1280, en faveur de Jeanne de Bretagne, épouse de Bertrand Goyon, sieur de Matignon, ainsi qu'il paraît par ces vers :

> Et[2] est ce beau livre en latin
> Que moi prior[3] de Saint-Aubin
> Jadis de la fondation
> Des aiels[4] du sire Goyon,
> Frater Guillelmus dit l'Amant
> Ai translaté par le commant
> De dame Jeanne de Bretagne,
> De Bertrand Goyon la compagne.
> Et fut mil[5] deux cent quatre vingt
> Que de translater ce m'avint.

Tous les autres faits que je viens d'alléguer sont en

---

[1] Les mss. portent : *à treize ou quinze cents chevaliers*, ce qui sans doute est le fait du copiste qui, trouvant ce nombre écrit en chiffres dans l'original, a hésité à voir un 3 ou un 5.

[2] Ms. M : *Il est...*

[3] Ms. M : *prieur*.

[4] Ms. P : *des ailes*.

[5] Ms. P : *Et mil*.

propres termes contenus en ce manuscrit, il n'est pas de notre sujet de les rapporter ici. J'ajouterai seulement que ces seigneurs ne portaient point d'autre nom que celui de leur premier Matibern, Matinio, et le donnèrent à cette ville qu'ils firent bâtir, que nous appelons encore aujourd'hui Matignon[1], jusqu'à un seigneur qui s'appelait Goyon ou Gouyon, sire de Matignon, lequel vivait du temps du duc Alain, surnommé Barbe torte, lequel fut si distingué dans sa famille :

> Que les succedans[2] et natifs
> De ce illustre personnage
> N'ont pris en leur race et lignage
> D'empuis autre nom que Goyon[3]
> Qui est trés noble et d'achoison.

Guy, aïeul du maréchal de Matignon, quitta tout à fait ce surnom de Goyon. Jacques, troisième du nom, seigneur de Matignon, à présent vivant et chef de la famille, l'a repris.

Jacques de Matignon, maréchal de France, eut plusieurs enfants de Françoise de Daillon, fille du comte du Lude, entre autres Charles de Matignon. Ce seigneur épousa Léonore d'Orléans, fille de Léonor, duc de Longueville, et de la princesse Marie de Bourbon, fille de François, comte de Saint-Paul, et d'Adrienne d'Estouteville. De cette noble alliance sortirent plusieurs

---

[1] Côtes-du-Nord, arr. de Dinan.
[2] Ms. M : *descendans*.
[3] Ms. M : *Depuis*... Ms. P : *que de Goyon*.

enfants, entre autres Léonor, notre évêque, et François[1], qui a continué la postérité.

Léonor naquit le dernier mai 1604 au château de Torigny. Il fut destiné à l'église. A l'âge de quatorze ans, il fut nommé abbé commandataire de l'abbaye de Torigny, et, quatre ans après, de celle de Lessay. Pierre de Lancise, chanoine et official de Coutances, reçut les bulles de Rome, et, le 24ᵉ janvier 1624, en mit en possession Mᵉ Raoul Le Pileur, théologal de Coutances, son procureur. Thomas Salet en fut nommé grand vicaire par[2] ce jeune seigneur, le 15ᵉ mai 1624, à Paris.

Trois mois après la mort de Nicolas Bourgoing, c'est-à-dire au mois de juillet 1625, Léonor de Matignon, qu'on nommait alors le baron de Saint-Lo, fut nommé pour être un des successeurs de saint Lo en notre évêché, étant seulement âgé de vingt et un ans et quelques jours. Il jouit par économat du revenu de cette église, en payant toujours la pension de 2.000 livres créée sur cet évêché en faveur de son cousin le comte de Canisy.

Il continua ses études et, méprisant les grands biens de sa maison qui lui étaient échus par la mort de ses frères aînés[3] en faveur de François son frère, il fut à Rome en 1629 à dessein de s'y perfectionner en la con-

---

[1] François de Matignon qui succéda, comme on le verra plus loin, aux biens et dignités de son père, mourut le 19 janvier 1675.

[2] Ms. M : *Pour*.

[3] Henri, qui mourut à l'âge de 12 ans, et Jacques, comte de Thorigny, qui fut tué en duel par le comte de Montmorency-Bouteville, le 25 mars 1626.

naissance de notre religion et des devoirs du sacerdoce et de l'épiscopat aux pieds du pape Urbain VIII, pontife dont le mérite était si éminent qu'on disait qu'il était né pape : « Vir tantis ornatus virtutibus, ut « natus pontifex, non factus, videretur ».

Le premier acte public où je le trouve après son retour de Rome, c'est en l'assemblée des évêques qui étaient à Paris au commencement de l'an 1631, au sujet de deux livres apportés d'Angleterre, dont l'un avait pour titre : *Modesta et brevis discussio aliquarum assertionum doctoris Kellisoni in tractatu de Ecclesiastica Hierarchia,* et l'autre : *Apologia [pro modo procedendi sanctæ sedis apostolicæ in] regendis Angliæ Catholicis, tempore persecutionis* [1]. Ces livres furent censurés, et dans la lettre circulaire qui en fut écrite aux prélats de France, nous y trouvons Léonor, nommé à l'évêché de Coutances, souscrit avec trente-cinq autres archevêques et évêques.

Il reçut quelque temps après ses bulles et fut enfin sacré, au mois d'août 1633 [2], en la ville d'Alençon, dans l'église Notre-Dame, par M° François Péricard, évêque d'Avranches, assisté de M° Guillaume Péricard, son frère, évêque d'Evreux [3] et de leur neveu Henri Boivin, évêque de Tarse, coadjuteur et futur évêque

---

[1] V. *Mémoires du Clergé de France,* t. II, 1re partie, p. 106.

[2] Le *Gallia christiana,* t. XI, 905, place ce sacre au 9 octobre 1633.

[3] Toustain de Billy a commis une confusion d'ailleurs facile entre les évêques du nom de Péricard, dont deux ont siégé à Avranches et deux à Evreux. François a bien été évêque d'Avranches de 1588 à 1639, après son frère Georges; mais Guillaume, frère des deux précédents, et évêque d'Evreux, était mort en 1613. Il avait eu pour successeur son neveu François, qui mourut en 1646.

d'Avranches [1]; sur quoi MM. de Saint-Marthe ont remarqué que le fameux Pierre Le Camus, évêque de Bellay, honora cette grande solennité d'un sermon très éloquent [2].

Le 15ᵉ décembre suivant, au dit an 1633, il vint à Coutances et prit possession en personne de son évêché. Il fut reçu de tous les ordres de la ville avec un applaudissement universel, ainsi que nous l'apprenons d'un livre que fit imprimer à Coutances sur ce sujet, en 1634, un nommé Nicolas Hubin [3], sieur du Bosbie, lequel est intitulé : *La Réjouissance publique sur l'entrée de monseigneur l'illustrissime et reverendissime messire Léonor de Matignon, évêque de Coutances,* dans lequel il explique les trois conditions nécessaires pour faire un bon évêque, savoir la puissance, la science et la bonté, toutes lesquelles se rencontraient éminemment en ce prélat, la première par sa puissante naissance, la seconde par ses travaux et la dernière par la grâce. Il remarque au sujet de la seconde ce que nous venons de dire, qu'il avait été à Rome pour s'y perfectionner aux belles connaissances et aux affaires ecclésiastiques, auquel lieu il avait reçu toutes sortes de caresses et marques de bienveillance du Saint-Père et du sacré collège.

Mais, auparavant de parler de son administration, il

---

[1] Voy. la note de la page 225.

[2] *Gallia christiana*, t. XI, 905 : « In cujus sacro Petrus Bellicensis episcopus eleganti sermone peroravit. »

[3] Frère (*Manuel du Bibliogr. norm.*) cite un autre ouvrage de Nicolas Hubin, curé de Saint-Gilles, mais ne dit rien de celui-ci.

est bon que nous remarquions quelques particularités que voici : la première est que le chapitre de Coutances ayant reçu la requête du sous-prieur et religieux du prieuré de Saint-Lo de Rouen par laquelle ils avaient exposé « que de tout temps immémorial, eux, leur pri-
« euré et leur paroisse de Saint-Lo et Saint-Jean-sur-
« Renelle avec leurs dépendances en la ville de Rouen,
« étaient dépendants au spirituel de l'évêché de Cou-
« tances, ainsi comme il apparaissait par leurs lettres
« et titres, fondations et autres chartes anciennes de
« leurs archives, par la longue et continuelle résidence
« que les évêques de Coutances y avaient faite et par
« la possession en laquelle ils en avaient toujours été,
« comme il se voyait encore de présent en leur maison
« épiscopale bâtie par eux, ainsi que par leurs ar-
« moiries qui étaient tant aux vitres du chœur qu'à
« la nef de l'église et ailleurs, et anciennes sépultures
« desdits évêques ; sur quoi le dit chapître ayant en
« 1629 député à ce sujet Me Jean Corbet, bachelier
« en théologie, chanoine de Coutances, et l'un des
« vicaires généraux pendant la vacance du siège, et
« ce grand vicaire leur ayant indiqué quelque jour
« pour faire ladite visite de leur prieuré, qui était le
« 20e janvier de ladite année 1629, il s'y transporta,
« et ayant pris pour greffier M. François Le Bas, avocat
« au siège présidial de Coutances, et receveur des
« aides de cette ville pour l'absence de l'ordinaire,
« et revêtu de surplis, étole, aumusse et bonnet carré,
« il entra dans l'église et dressant procès-verbal de
« la visite, il dit qu'il avait entendu la messe con-

« ventuelle, visité le sanctuaire [1], fait l'ostension du
« saint sacrement, qu'il avait trouvé dans une petite
« tasse d'argent, mise et enclose dans une petite cus-
« tode de cuivre, vieille, rompue et malhonnête; avait
« ensuite visité les lieux où étaient les saintes reli-
« ques, qu'il avait trouvées dans des châsses vieilles
« et rompues, savoir deux chefs, l'un de saint Lo et
« l'autre de saint Romphaire, avec plusieurs osse-
« ments desdits saints, ainsi que de saint Fromond,
« le cornet de saint Edmond, roi d'Angleterre, et la
« ceinture de sainte Anne; était entré de là dans la
« sacristie, avait vu les livres et les ornemens en petit
» nombre, spécialement de rouges; avait fait la visite
« de toute l'église, avait remarqué qu'en divers en-
« droits les vitres étaient rompues; avait fait par après
« sonner la cloche du chapitre, où étant entré et pris la
« première place, il avait fait un discours sommaire sur
« la règle de ces chanoines réguliers et leurs devoirs
« en général, les avait fait tous appeler les uns après
« les autres par nom et surnom, donné règlement
« et fait enfin toutes autres choses appartenantes à
« supérieur qui a droit de visite, sans aucune oppo-
« sition ni contradiction, dont il avait dressé son pro-
« cès-verbal dont voici un article : « Enquis s'ils ne
« reconnaissent pas le seigneur évêque de Coutances
« pour leur naturel et ordinaire supérieur pour le
« spirituel et s'ils ne promettent pas d'en prendre
« collation des bénéfices, démissoires et autres pou-

---

[1] Ms. M : *le sacraire.*

« voirs selon le temps, ont répondu qu'ils ont défense
« à eux faite de prendre les choses susdites ailleurs à
« peine de nullité et autres peines au cas apparte-
« nantes. »

M. Corbet, ayant été occupé presque toute la journée à la visite du prieuré de Rouen, avait remis celles des paroisses[1] à un autre temps ; elle fut négligée, ce que remarquant les grands vicaires de Rouen, ils voulurent se servir de l'occasion et faire cette visite. Les religieux s'y opposèrent, appelèrent comme d'abus et en donnèrent avis à M. de Matignon, sitôt qu'il eut pris possession de son évêché. Ce prélat aussitôt présenta sa requête au parlement et exposa « le droit des
« évêques de Coutances sur ce prieuré de Rouen et
« les paroisses y annexées, tendant à ce que vu les
« pièces et titres attachés à cette requête et autres
« qu'il était prêt à produire, il fût maintenu lui et
« ses successeurs ès droits de ses prédécesseurs, reçu
« partie dans l'instance d'appel comme d'abus inter-
« jeté par les religieux de cedit prieuré et cependant
« fût fait défense audit archevêque et à ses officiers
« d'y faire aucune visite. » Sur quoi la cour, par son arrêt du 20° décembre 1633, faisant droit et lui accordant les fins de sa requête, ordonna qu'elle serait communiquée à partie, ce qui fut fait trois jours après, et ils y acquiescèrent.

C'est ce qui nous paraît par un acte authentique exercé en la ville de Saint-Lo le 4° jour de mai 1634,

---

[1] De Saint-Lo, église distincte de celle du prieuré, et de Saint-Jean-sur-Renelle.

par lequel Léonor de Matignon, notre évêque, connaissant le mérite et la capacité de noble homme M° Pierre de Boisyvon, seigneur du lieu, conseiller clerc au parlement de Rouen[1], le créa son grand vicaire et official audit Saint-Lo de Rouen et paroisses adjacentes et territoires » pour y gérer, » porte l'acte, « juger, condamner, absoudre et faire toutes autres « fonctions qui à vicaires généraux et officiaux appar- « tiennent, et ainsi que lui constituant aurait pu faire. » Nous avons les lettres patentes du roi sur ce sujet, par lesquelles Sa Majesté ratifia le choix de M. de Boisyvon et lui accorda le même pouvoir qui lui avait été donné par notre évêque ; nous les omettons.

Nous citerons ici deux actes très authentiques qui regardent notre église et dont le premier est un témoignage du zèle du chapitre pour cette même église et du respect qu'ils avaient pour la mémoire du cinquième de leurs évêques, le bienheureux saint Lo.

Ils surent qu'une partie au moins des reliques de ce saint prélat reposait en la ville d'Angers dans une cathédrale qui est consacrée à sa mémoire et qui en porte le nom. S'étant donc assemblés en chapitre, ils députèrent vers le chapitre de Saint-Lo d'Angers deux personnes de mérite, MM. Campion, chanoine, et Louaintier, curé de Saint-Nicolas de Coutances, pour en obtenir quelques portions et en enrichir son église. Voici mot pour mot ce qui se passa en cette célèbre action :

---

[1] Il a rempli cette charge de juillet 1621 à juillet 1651, date de sa mort.

« Le lundi, 9° jour d'août, l'an 1632, MM. les doyen,
« chanoines et chapitre de l'église royale et collégiale
« de Saint-Lo-lez-Angers, les personnes vénérables
« et discrètes, MM^res François Thiom [1], doyen, Urbain
« Carré, chantre; Étienne Le Royer, Jean Davy, Nicolas
« Paroisse et René Pouvert, soussignés, assemblés en
« leur chapitre ordinaire pour délibérer de leurs
« affaires, ledit sieur doyen a présenté à mesdits
« sieurs une lettre de la part de MM. les vénérables
« chanoines et chapitre de l'église cathédrale Notre-
« Dame de Coutances, à lui présentée samedi dernier
« par noble et discrète personne messire Jean de Cam-
« pion, prêtre, curé de Néhou, prieur commendataire
« de Saint-Jean-de-Montrond, et chanoine prébendé en
« ladite église, député dudit chapitre, quant à l'effet
« ci-après; lequel serait entré en chapitre accompa-
« gné de vénérable et discrète personne messire Thomas
« Louaintier, aussi prêtre, curé de l'église Saint-Nico-
« las de ladite ville de Coutances, lequel sieur de Cam-
« pion a persisté aux fins de ladite lettre par laquelle
« lesdits sieurs de Coutances prient MM. de ce cha-
« pitre de leur faire part de quelques reliques de
« M. saint Lo, jadis évêque de Coutances, qui reposent
« en cette église. Sur quoi, mesdits sieurs délibérants,
« vu la prière et dévotion que mesdits sieurs de Cou-
« tances ont à leur saint patron, ont été d'avis et
« promis d'accomplir leur prière et, pour ce faire,
« ont chargé M. le chantre fabriqueur de faire trouver

[1] François *Thyon*, d'après le *Gallia christiana*, XIV, 544, qui le signale en l'année 1624.

« un orfèvre à deux heures après-midi de ce jour
« pour descendre et ouvrir ladite châsse qui est sur
« le grand autel de ladite église dans laquelle sont
« lesdites reliques; et sur lesdites deux heures après-
« midi dudit jour, mesdits sieurs se sont derechef
« assemblés et ont fait descendre ladite châsse et trans-
« porter en leur chapitre, et en leur présence et des-
« dits sieurs de Campion et Louaintier et de plusieurs
« habitués de cette église, aurait été fait ouverture
« de ladite châsse par honorable homme René Boyvin,
« maître orfèvre en cette ville, et dans icelle ont été
« trouvés deux grands paquets d'ossements enveloppés
« de linge blanc et couverts de deux peaux de cuir
« blanc au-dessus, lesquels paquets ont été tirés de
« ladite châsse et sous chacun d'iceux a été trouvée
« une lame de plomb pliée sur l'une desquelles étaient
« gravés ces mots : *Lauthoni, Rompharii, Coronarii*,
« dans laquelle lame de plomb ont été trouvés deux
« morceaux de parchemin enveloppés dans un morceau
« de linge, en l'un desquels est contenu ce qui suit :
« Tempore Fulconis Andegavorum comitis et domini
« Huberti episcopi [1], reseratæ sunt pariter hæ duæ
« capsæ a domino Primoldo abbate Sancti-Albini [2],
« præsentibus suis quibusdam monachis, et jussu ipsius
« comitis inventæ intus reliquiæ multo tutius sunt

[1] Foulques Nerra, comte d'Anjou, de 987 à 1040. — Hubert de Vendôme, évêque d'Angers, de 1010 à 1047.

[2] « Primoldus, alias Primasius, abbas renuntiatus est anno 1027; e Chronico S. Albini. Is est qui reliquias invenit S. Lanthonis, in capsa depositas; e chart. S. Laudi, inter Baluzii schedas.... Obiit, ex abbatiæ necrologio v non. Julii, ut videtur, 1036. » *Gallia christiana*, XIV, 607.

« repositæ in locum noviter ab eodem comite instruc-
« tum in honorem ipsorum sanctorum cum decenti
« totius monasterii devotione; sed et scripta in singu-
« lis capsis inventa taliter notificabant sanctorum
« nomina »; et une ligne au-dessous est écrit : « Hic
« sunt corpora sanctorum Marculphi et Cariulphi de
« pago Constantino », et plus bas : « Factum decimo
« calendas octobris »; et icelui paquet qui était en la
« partie de derrière de ladite châsse ayant été déve-
« loppé par le même sieur doyen avec les cérémonies
« comme dessus, s'y sont trouvés plusieurs autres
« reliques et ossements desquels en ont été tirés deux,
« savoir : l'os de l'épaule et une parcelle d'un os de
« hanche, lesquels avec les trois ci-dessus ont été
« mis et enveloppés en un linge blanc pour être liés
« et scellés du sceau de M. le doyen et être délivrés
« aux mains dudit de Campion pour les transporter en
« ladite église de Coutances et là être révérés. Et, en
« outre, en ladite châsse a été trouvé un autre mor-
« ceau de parchemin où est écrit ce qui ensuit : « Reli-
« quiæ hujusmodi visitatæ per nos Joannem de la
« Vignole, domini nostri regis in parlamenti curia
« Parisiensi consiliarium Andegavensem et ejus eccle-
« siæ Sancti-Laudi decanum, Guillelmum Clerembaut,
« cantorem Andegavensem, prædictæ ecclesiæ cano-
« nicum [1], Joannem de la Feaute etiam regis consi-
« liarium ac in præfata parlamenti curia inquæstarum

---

[1] Le texte du ms. P. donne seulement : .... *conciliarium Andegavensem et ejus ecclesiæ præfatæ canonicum;* il supprime ainsi la mention de Clerembaut.

« præsidentem, Joannem Josian, Joannem Pouquet,
« Henricum Castié, Joannem Brelé et Hardorinum
« Brehier [1], hujus præfatæ ecclesiæ canonicos, et fue-
« runt repositæ in hujusmodi capsa de novo reparata
« et in eadem capsa fuerunt loculis plumbeis repositæ
« et conditæ die 21ᵃ mensis decembris 1474. » Ce
« fait, lesdites reliques restées ont été renfermées dans
« le reliquaire où est la vraie croix et le chef dudit
« saint Lo et autres, attendu que mesdits sieurs veulent
« faire réparer les fractures qu'il a fallu faire à l'ou-
« verture de ladite châsse, et en témoignage de tout
« ce que dessus, le présent procès-verbal a été fait et
« signé de mesdits notaires capitulaires par leur com-
« mandement, et scellé des sceaux du chapitre et de
« M. le doyen pour être délivré audit sieur de Cam-
« pion, député dudit chapitre de Coutances, pour plus
« ample témoignage de la vérité desdites reliques [2].
« Fait au chapitre dudit Saint-Lo les jour et an que
« dessus. Signé : Thiom, Le Royer, Davy, Paroisse,
« René Pouvert. Par le commandement de mesdits
« sieurs du chapitre dudit Saint-Lo, signé : Viguet »,
avec deux sceaux de cire rouge.

M. Campion tarda peu à Angers après son expédition, et étant de retour à Coutances, il rendit compte

---

[1] Le ms. M dispose et orthographie différemment ces noms : *Johannem Delafaute....... Johannem Brelay et Maldorinum Bruhier hujus præfatæ ecclesiæ canonicos et Johannem Josian, Johannem Pouquet, Henricum Castie et fuerunt repositæ.....*

[2] Ms. M : *et scellé des sceaux dudit chapitre de Coutances pour plus ample témoignage de la vérité desdites reliques ont été scellées de M. le doyen pour être délivrées audit sieur de Campion, député du chapitre.*

au chapitre de sa négociation, suivant l'acte dont voici copie :

« L'an 1632, le 18ᵉ jour d'août, devant M. Merlet,
« président, [en] présence de MM. de Briroy, Le Pestour,
« des Isles, de Paulmier, Le Pileur, Corbet, Campion,
« Mortaing, prêtres, Mangon, Courcy et de La Luzerne,
« chanoines, le sieur de Campion a présenté au cha-
« pitre certain acte en parchemin en forme de procès-
« verbal daté de lundi 9ᵉ du présent mois, duement
« signé [et] scellé, contenant comme ledit jour les
« sieurs doyen, chanoines et chapitre de l'église royale
« et collégiale de Saint-Lo d'Angers avaient fait ouver-
« ture d'une châsse qui est sur le grand autel de leur
« église et trouvé dans icelle deux paquets d'osse-
« ments des corps de saint Lo, de saint Romphaire,
« saint Coronaire, saint Marculph et saint Cariulph,
« aux fins d'en départir quelque portion à cette église,
« suivant la prière qui leur en avait été faite par la
« teneur des lettres missives que le chapitre leur avait
« adressées à cette fin; a aussi présenté un paquet
« enveloppé de papier, clos et cacheté de chacun côté
« d'un cachet de cire rouge, dans lequel il a dit être
« quelques morceaux desdits ossements qui ont été
« pris de ceux ci-dessus et lui ont été baillés et déli-
« vrés par lesdits sieurs du chapitre d'Angers pour
« apporter céans. Sur quoi, après que lecture a été
« faite dudit procès-verbal et des lettres missives dudit
« sieur Le Royer, chanoine et procureur dudit chapitre,
« ledit paquet a été porté et mis dans le reliquaire en
« attendant qu'il sera fait des châsses pour mettre les-

« dits ossements à l'ornement et décoration du grand
« autel, pour être ouvert le jour et fête Saint-Lo pro-
« chain venant, et ordonne que ledit procès-verbal
« sera transcrit au présent registre. Fait comme des-
« sus. Signé : Authouard, greffier. »

Nous avons extrait des registres du secrétariat de l'évêché de cette ville un acte de cette même année 1632, qui est au nombre des démissoires accordés et des ordinations que j'ai cru ne devoir pas omettre ici. M. de Matignon n'était jusqu'alors que sous-diacre; il avait obtenu dispense pour être fait diacre et prêtre *extra tempora*, et, par cet acte, il prend un démissoire pour être promu à ces ordres par tel prélat qu'il lui plaira choisir. « Die 10ª mensis februarii 1632, illustrissimo
« ac reverendissimo domino de Matignon, subdiacono,
« invictissimi Francorum regis consiliario, electo Cons-
« tantiensi episcopo, sanctissimæque Trinitatis abba-
« tiæ seu monasterii de Exaqueio ejusdem diœcesis
« abbati perpetuo commendatorio, salutem in Domino.
« Ut a quocumque domino antistite catholicæ vitæ,
« canonicèque promoto et a sui officii exercitio [1] non
« suspenso, gratiam et communionem sanctæ Sedis
« apostolicæ obtinenti, ad sacros diaconatus et pres-
« byteratus ordines, temporibus jure permissis, extra
« tempora jure statuta, dominicis seu aliis de præ-
« cepto ecclesiæ festivis diebus continuis vel interpel-
« latis, anni curriculo non expectato, minusque servatis

---

[1] Les mss. portent : *a sui officii officio immo exercitio*.... Le scribe avait écrit *officio* par erreur; au lieu de biffer le mot, il l'a laissé, mais s'est corrigé en ajoutant *immo exercitio*, ou plutôt *l'exercice*.

« ad id a concilio Tridentino designatis interstitiis,
« mediante licentia, tibi domino Leonorio de Mati-
« gnon in romana curia apud Sanctum-Petrum, die ca-
« lendas martii anno millesimo sexcentesimo vicesimo
« octavo, concessa, ut latius in eadem continetur, pos-
« sis et valeas te facere promoveri; eidem domino
« antistiti catholico quem ad hoc adire malueris, con-
« ferendi tibique domino Leonorio ab eo recipiendi
« hujusmodi sacros diaconatus et presbyteratus ordi-
« nes licentiam impertimur atque in Domino conce-
« dimus facultatem. »

La première ordination que fit notre évêque après son sacre et sa prise de possession personnelle, est marquée dans les registres du secrétariat la même année 1633, aux quatre-temps de décembre sous ce titre : « Ordinati in minoribus et sacris ordinibus per
« illustrissimum ac reverendissimum dominum Leono-
« rium de Matignon, episcopum Constantiensem in
« ecclesia cathedrali Constantiensi diebus Veneris et
« Sabbati [16° et] 17ª decembris, anno 1633. » Ce même registre remarque encore en ces termes, sur cette même année, que le lundi 26° jour de décembre 1633,
« illustrissime et reverendissime père en Dieu, messire
« Léonor de Matignon, par grâce divine et du saint
« siège apostolique évêque de Coutances, a conféré le
« sacrement de confirmation à grand nombre de peuple
« en l'église cathédrale dudit lieu. »

Il arriva par après, je veux dire quelque temps après, une nouvelle occasion à notre prélat de faire paraître son zèle et son affection pour son épouse, sur quelque différend particulier qu'eurent deux religieux du prieuré de Saint-Lo de Rouen, l'un nommé Thomas Avice, curé de la paroisse de Saint-Lo, et l'autre Nicolas Gaumont. Ce dernier traduisit Avice devant l'official de Rouen, de quoi ayant porté sa plainte au parlement, la cour, par son arrêt du 24° mai 1636, fit défense audit Gaumont et à tous les autres de faire aucune poursuite sur ladite action devant ledit official, jusqu'à ce que par la cour en eût été autrement ordonné. Nous trouvons en outre que l'official de Rouen ayant, nonobstant ce que nous venons de dire, déclaré suspens *a divinis* ce même Avice, il en porta sa plainte au parlement et en appela comme d'abus. La cour enjoignit au grand vicaire de l'archevêque de Rouen de donner l'absolution *ad cautelam* audit Avice avant midi, et, à faute de ce faire, ordonna qu'il sera absous par messire Georges du Fay[1], conseiller ecclésiastique, sans préjudice du droit de juridiction. Ce fut le 27° octobre 1638.

Ce droit de juridiction fut si public et si reconnu à la cour et par tout Rouen que M. le procureur général[2] et M. de Colleville, son fils, voulant faire dire la messe et avoir une chapelle en leur maison, ne s'adressèrent pas à d'autres pour cela qu'au seigneur évêque de Coutances, ainsi qu'il paraît par l'acte dont voici copie : « Nous, Léonor de Matignon, évêque de Cou-

---

[1] Georges du Fay, sieur de la Haye-au-Vidame, prieur du Plessis-Grimoult, fut conseiller clerc au parlement de Normandie de 1625 à 1651.

[2] Georges Sallet, sieur de Quilly, qui exerça les fonctions de procureur général au parlement de Normandie de 1632 à 1641. Il eut deux fils : Alexandre Sallet, sieur de Colleville, et Georges Sallet, qui fut abbé d'Ardenne, au diocèse de Bayeux.

« tances, avons continué à M. de Colleville la permis-
« sion que nous avions ci-devant donnée à feu M. le
« procureur général son père de faire dire et célébrer
« la messe dans la chapelle ou oratoire qui est dans sa
« maison à Rouen, sous notre dépendance. En témoin
« de quoi, nous avons signé la présente de notre
« main et fait contresigner par notre secrétaire. En
« notre palais de Saint-Lo, le 20e octobre 1643. Ainsi
« signé : Léonor de Matignon, évêque de Coutances. »
Et plus bas : « Par mondit seigneur : de Portel. »

Le surplus du diocèse était cependant, dans une grande tranquillité, sous la conduite et le bon ordre de Léonor de Matignon ; et comme ce seigneur n'ignorait pas que la conservation de ce bon ordre consiste dans la connaissance des règles de son devoir et dans l'observation de ces règles, il s'appliqua particulièrement aux devoirs d'un bon évêque.

Ces statuts qui ont été renouvelés de nos jours par monseigneur de Brienne, notre très illustre prélat, sont l'ouvrage du seigneur de Matignon. Je ne prétends pas en faire l'éloge ; ils sont entre les mains de tout le monde. Chacun en peut juger selon son affection et son goût ; mais j'estime qu'on ne pouvait les faire avec plus de justesse et de discernement.

Il se trouvait peu ou point d'exemplaires des anciens statuts du diocèse. Du peu qu'il en restait, il y en avait qui ne pourvoyaient pas aux nécessités présentes qu'on n'avait pu prévoir ; il y en avait aussi dont le siècle ne permettait plus l'usage ; et ainsi Léonor de Matignon, ayant égard aux mémoires recueillis par les archidiacres dans le cours de leurs visites et aux avis de plusieurs bénéficiers zélés pour la gloire de Dieu et la discipline de l'Église, au synode pascal tenu le 21° avril de l'an 1637, et de son pontificat le quatrième, il publia ces beaux statuts avec les termes et les raisons les plus pressantes qu'il fut possible pour engager les ecclésiastiques de son diocèse à les observer, quoique, à vrai dire, la justice en soit telle qu'on ne peut s'en dispenser sans renoncer à tous sentiments de religion [1].

Il y a donc : 1° la résidence actuelle des bénéficiers en leurs bénéfices, doctrine si peu connue aux siècles précédents; 2°, la nécessité de l'instruction et par la parole et par l'exemple; 3° l'observation exacte des jours de fête; 4° l'honneur et la décence de la maison de Dieu; 5° la connaissance et la pratique des sacrements; 6° le culte et le respect que l'on doit avoir pour Dieu; 7° il voulut que tous les premiers dimanches de chaque mois, on lût au prône de la messe paroissiale deux chapitres de ces statuts, de manière que, pendant le cours de l'année, ils fussent tous lus et connus d'un chacun, et ce, à dessein non seulement de faire connaître au peuple ses obligations particulières, mais principalement afin que les paroissiens, apprenant par cette lecture les devoirs de leurs pas-

---

[1] D. Bessin, *Concilia Rotomagensis provinciæ*, 2° partie, p. 575 et suiv. : *Statuts et Reglements faits par Monseigneur l'illustrissime et reverendissime Leonor de Matignon, Evêque de Coustances : au Synode de son Diocese, tenu le vingt et unième d'Avril MDCXXXVI, renouvellez et augmentez par Monseigneur l'illustrissime et reverendissime Charles-François de Loménie de Brienne, Evêque de Coustances, en son Synode tenu le dix-neuvième de Mai MDCLXXVI.*

teurs et de leurs autres ecclésiastiques, ils fussent en même temps et les témoins de leur obéissance à ces statuts comme les censeurs publics des manquements qu'ils y apporteraient.

La piété fleurissait de tous côtés sous un si digne prélat. On voyait de toutes parts des personnes de mérite de l'un et de l'autre sexe abandonner avec joie tous les avantages qu'elles pouvaient avoir dans le monde pour suivre Jésus-Christ, fonder des monastères, ou s'y enfermer pour la gloire de Dieu, ainsi qu'il paraît par les couvents des Capucins[1] et de la Protection[2] à Valognes, des filles de Sainte-Marie à Carentan, des Pénitents[3] à Saint-Lo, des Hospitalières[4] et des Bénédictines[5] à Coutances, comme nous l'avons remarqué de ces monastères en leur lieu.

---

[1] « Les Capucins furent établis à Valognes en 1630, par les soins et « piété de trois nobles seigneurs, savoir : Adrien Poirier, écuyer, sei-« gneur d'Amfreville; Robert de Franquetot, écuyer, seigneur de Crete-« ville, lieutenant général du bailli de Cotentin, et président au présidial « de Coutances, et Robert Le Fèvre, écuyer, seigneur de la Fèvrerie; ce « dernier donna le fonds sur lequel ils sont, et les autres contribuèrent « avec zèle au bâtiment. La première pierre fut bénite par M. Corbet, « grand vicaire de Coutances, et placée par le seigneur d'Amfreville, le « dernier jour d'avril 1633. » Voy. *Mémoires sur le Cotentin*, p. 203.

[2] Le couvent des Bénédictins de Notre-Dame-de-Protection fut établi d'abord à Cherbourg, en 1624; il fut transféré à Valognes en 1631. L'église fut consacrée en 1648, par Claude Auvry.

[3] Le monastère et l'église des Pénitents du Tiers-Ordre furent établis en 1630 par le sieur du Bois, procureur du roi de la ville de Saint-Lo.

[4] Marthe de Malherbe, veuve de François de Sarcilly, fonda le monastère des religieuses bénédictines de Coutances, le 14 mai 1633, sous le titre de l'Annonciation de Notre-Dame. La première supérieure fut dame Gabrielle de Sarcilly de Brucourt, religieuse de Vignart (maison-mère).

[5] Les religieuses hospitalières furent appelées du couvent royal de Vernon, par acte du 26 mai 1643, ratifié par l'assemblée de la maison de ville de Coutances le 26 août, par le chapitre de la même ville le 28, approuvé par le roi le 18 juin 1644, et par le parlement de Rouen le 6 juillet 1645. Les religieux de Saint-Augustin, entre les mains desquels

Auparavant, l'épiscopat de Léonor de Matignon, le manoir épiscopal de l'évêché de Coutances était du côté gauche du chœur de la cathédrale. Le temps, le malheur des guerres l'avaient ruiné. Il ne le put souffrir, et ainsi il résolut de le bâtir de neuf, non au lieu où il était, mais en place de l'ancien château de la ville, au côté droit de l'église. Il le fit d'une manière digne de lui, à la modérne et de la manière que nous le voyons aujourd'hui, à la réserve de quelques aménagements qui y ont été ajoutés par ses successeurs, pour leur commodité et embellissement de la place que je puis dire avec vérité la plus belle du pays, où l'on voit encore de grands restes de cet ancien château, de ses murs et de ses fortifications.

Les *Mémoires du Clergé* nous apprennent qu'il assista à deux assemblées tenues à Paris pendant son pontificat aux années 1635 et 1645, et nous lisons son nom en divers contrats entre le roi et le clergé, au sujet des décimes, et du même clergé avec les receveurs de ces décimes sur le même sujet. C'est [tout] ce que nous en dirons; mais, comme notre prélat eut part à quelques autres résolutions qui furent prises en ces assemblées, je prie mes lecteurs de vouloir bien souffrir que j'en insère ici quelque chose et que je dise : 1° qu'il fut décerné que les archevêques avaient droit de faire porter la croix devant eux et de prendre les autres marques de leur dignité dans toute l'étendue de leur province, ainsi qu'en avait usé le feu cardinal

---

était l'Hôtel-Dieu de Coutances, se trouvant dépossédés, protestèrent; un accord fut consenti entre eux et les religieuses hospitalières.

du Perron, archevêque de Sens, qu'on avait vu souvent assister aux disputes de Sorbonne avec sa croix, et ainsi que M. l'évêque d'Apt n'avait pas lieu de s'opposer à ce que monseigneur l'archevêque d'Aix en usât ainsi au diocèse d'Apt; 2° on y approuva la Bible polyglotte de M. Le Jay[1]; 3° on y défendit aux évêques de faire aucunes fonctions épiscopales hors de leur territoire sans la permission de l'évêque diocésain ou de ses grands vicaires en son absence; 4° on y statua que les pensions ordonnées par le clergé aux ministres convertis ne seraient délivrées que sur l'attestation de vie et de mœurs de leur évêque; 5° que les mariages des princes du sang de France habiles à succéder à la couronne sont nuls sans le consentement du roi[2]. On y fit encore plusieurs autres règlements dignes de la grandeur des évêques qui les composaient, mais ce qui se passa à l'égard des évêques des villes d'Amiens [et de Léon] n'est pas plus de notre sujet que [ce que] nous venons de dire. Il mérite néanmoins notre curiosité; on en jugera.

Messire François Le Fèvre, évêque d'Amiens[3], faisait la visite de son diocèse, et fut prié par les habitants

[1] Guy Michel Le Jay ou Le Geay, avocat au parlement de Paris, mort le 10 juillet 1675. Sa Bible polyglotte, en 10 vol, in-fol., fut publiée de 1628 à 1645, par le libraire Antoine Vitré. V. l'approbation de la Bible polyglotte, *Mémoires du Clergé de France*, t. II, 1re partie, p. 129-131.

[2] Cette décision avait été prise sous la pression de Richelieu, qui voulait faire déclarer nul le mariage contracté, malgré la défense du roi, par Gaston d'Orléans avec Marguerite de Lorraine. Le pape Urbain VIII refusa de ratifier la décision de l'assemblée.

[3] François Le Fèvre de Caumartin fut nommé évêque d'Amiens en 1617 et mourut le 27 novembre 1652. Il était fils de Louis Le Fèvre de Caumartin, garde des sceaux, et de Marie Miron.

d'une paroisse nommée la Rue de leur faire restituer au moins en partie les reliques de saint Wulphy [1], lesquelles pendant les guerres des huguenots, ils avaient mises en dépôt au monastère de Saint-Sauve-de-Montreuil. Ce prélat se disposant à exécuter une si juste demande, du consentement des religieux, les habitants de Montreuil s'unirent contre lui, sonnèrent les cloches, entrèrent en armes et comme furieux dans l'église, où était cet évêque en rochet, camail et étole comme venant d'administrer le sacrement de confirmation, le maltraitèrent de paroles et même de corps dedans et dehors l'église et l'auraient apparemment tué sans le commandant d'un régiment qui y était en garnison, lequel y accourut avec ses soldats et tira le prélat de leurs mains. L'assemblée, ayant appris cette violence, en fit son affaire et obligea les habitants de Montreuil de lui en faire toute la satisfaction qu'il en souhaita. Le clergé de cette ville, accompagné du majeur et des échevins, porta solennellement les reliques de saint Wulphy en un lieu du faubourg préparé pour ce sujet. Les principaux auteurs de la sédition y assistèrent en habits de pénitents, demandèrent publiquement pardon au grand vicaire d'Amiens qui y avait été envoyé, subirent toutes les pénitences et peines temporelles qui leur

---

[1] Nos deux mss. ont défiguré les noms de saint Wulphy et de saint Sauve. Le ms. P écrit le premier *Tolsy* et *Wulsy*, le second *Sauvre*; le ms. M écrit le premier *Tolfy* et *Wolfy* et le second *Savare*. Voici le texte du *Gallia christiana*, X, 1209-1210 : « ... quum ut civium oppidi « de Rua precibus obsequeretur, partem reliquiarum corporis sancti « Wlflagii confessoris urbis patroni, quod in monasterio sancti Salvii « depositum erat, ipsis tradere statuisset.... »

furent imposées, rendirent ce qu'on voulut des reliques, fondèrent à perpétuité une messe en l'église d'Amiens au jour et fête de saint Wulphy qui est le 6° juin par 120 livres de rente, et enfin reçurent l'absolution de l'interdit et autres censures qu'ils avaient encourus.

L'autre affaire est telle. René de Rieux, rejeton de cette noble et illustre famille de Bretagne qui a donné tant de héros et de maréchaux de France [1], était évêque de Léon [2] et eut le malheur de n'être pas des amis du cardinal de Richelieu. Ce seigneur était non seulement évêque de Léon, mais encore maître de la chapelle du roi. Il fut accusé d'avoir plaint les malheurs de la reine-mère et de n'avoir pas approuvé l'ingratitude et les violences de ce ministre contre sa souveraine. C'en fut assez pour le perdre. L'ayant su, il se retira en Flandre. On lui fit son procès ; on l'accusa du crime de lèse-majesté ; on lui donna des commissaires ; il fut déposé [3] et on nomma Robert Cupif [4] à sa place.

Mais enfin, ce terrible ministre étant mort, il fut

---

[1] Il faudrait ajouter *et de Bretagne*, car la famille de Rieux n'a donné à la France que deux maréchaux, Jean de Rieux en 1397 et son fils Pierre de Rieux en 1417, qui lors de la querelle des Armagnacs et des Bourguignons, servit activement la cause du Dauphin, plus tard Charles VII. — René de Rieux était fils de René de Rieux, seigneur de Sourdéac, qui se dévoua à la cause de Henri IV, et de Suzanne de Saint-Melaine.

[2] Saint-Pol-de-Léon, dép. du Finisterre.

[3] René de Rieux fut déposé en 1635.

[4] Cupif était archidiacre, official et vicaire général de Quimper-Corentin. Il ne se soumit pas à la sentence du 6 septembre 1646 et se fit maintenir, par arrêt du conseil, dans la possession de l'évêché de Léon, qu'il ne quitta que lorsque le roi l'eut transféré, en 1648, à celui de Dol.

permis de se plaindre et de demander justice. René de Rieux s'adressa pour ce sujet aux prélats de l'assemblée de 1645, entre lesquels était le nôtre. Le clergé en fit son affaire et, s'expliquant par la bouche de Charles de Montchal, archevêque de Toulouse [1], remontra à la reine l'injure faite à l'épiscopat en la personne de l'évêque de Léon. Cette princesse écouta la voix des prélats et ordonna à son ambassadeur à Rome de soutenir de son autorité les négociations du sieur doyen de Saint-Géran que le clergé de France y avait envoyé exprès. Ainsi Sa Sainteté ayant par un bref du 23e décembre 1645 nommé de nouveaux commissaires, ils jugèrent le 6e septembre 1646 que messire René de Rieux avait été mal et injustement condamné, était innocent des crimes à lui imputés, serait renvoyé en son évêché où Cupif avait été mal à propos et contre les règles de justice placé, icelui Cupif condamné aux dépens [2].

Quelque part qu'eût eue Léonor de Matignon à la poursuite de cette sentence, la fin ne nous en regarde plus. Il n'était plus notre évêque au temps qu'elle fut donnée. L'évêché de Lisieux, qui est d'un plus grand revenu, ayant vaqué, le roi le lui donna [3] et ainsi le reste

---

[1] Charles de Montchal présidait cette assemblée de 1645. Renommé pour son érudition, qu'attestent ses travaux sur l'historien Eusèbe, il fut d'abord chanoine d'Angoulême, abbé de Saint-Amand, et obtint en 1628 l'archevêché de Toulouse, vacant par la démission du cardinal de la Vallette, dont il avait été le précepteur. Il mourut en 1651.

[2] V. sur cette affaire, les *Mémoires du Clergé de France*, t. 1, partie I, p. 42-58.

[3] Il fut nommé évêque de Lisieux en août 1648 et mourut le 14 février 1680.

de sa vie, qui a été environ de trente-quatre ans, n'est plus de notre sujet.

Il a été seulement notre évêque treize ans. On peut voir, par le peu que nous en avons dit, qu'il a fait en ce diocèse de très grandes choses; aussi son nom y est-il demeuré en vénération. L'église de Coutances et tout le Cotentin le perdirent avec un sensible regret; sa douceur naturelle et son affabilité lui avaient gagné le cœur de tous les ecclésiastiques et de ses diocésains. Lorsqu'il nous quitta, les armes de la ville de Coutances furent dépendues des places publiques où elles étaient, portées en la maison de ville et couvertes de drap noir en signe de deuil et du chagrin qu'avaient tous les états de perdre un si bon et si sage prélat.

La grandeur de sa naissance lui attirait les respects de tout le monde et sa douceur naturelle lui gagnait les cœurs. J'ai vu quantité d'épigrammes et d'autres vers latins et français faits à sa louange, aussi bien que diverses épîtres dédicatoires. Il n'y en a pas une où ces caractères de grandeur et de bonté naturelle n'aient été remarqués.

Enfin, nous finirons le chapitre par les termes du *Mercure galant* du mois de février 1680 en parlant de la mort de ce prélat qui avait, comme l'on sait, l'honneur d'être de l'ordre du Saint-Esprit : « On a perdu,
« dit-il (dans l'ordre), un Commandeur des plus an-
« ciens, en la personne de Messire Léonor de Mati-
« gnon[1], ancien Evesque de Lisieux, mort à Paris âgé

---

[1] C'est en 1677 que Léonor de Matignon se démit de l'évêché de Lisieux et des deux abbayes de Lessay et de Torigny en faveur de son neveu

« de soixante et seize ans. Il était fils de [Charles]
« de Matignon et de Henriette (c'est Léonor) d'Or-
« léans et Petit Fils du Maréchal de Matignon et de
« Marie de Bourbon, tante de Henry le Grand. Son
« mérite le fit élever fort jeune à l'Episcopat. Il fut
« Evesque de Coutances d'abord, et l'a été ensuite de
« Lisieux, où il a toûjours soûtenu l'honneur de son
« caractère avec autant de sagesse que de dignité.
« Mille occasions l'ont fait connoistre aussi généreux
« Amy qu'il a toûjours esté bon Parent. Il s'est dé-
« poüillé de tous ses Biens Ecclésiastiques longtemps
« avant qu'il soit mort en faveur de M. l'Abbé de Mati-
« gnon, son Neveu, sur lequel il a fait tomber deux
« Abbayes et l'Evesché de Lisieux, que ce Prélat gou-
« verne aujourd'huy avec tant de gloire. Il avoit cédé
« son droit d'Aînesse à feu M. de Matignon son Frère,
« Lieutenant du Roy en Normandie, et asseuré toutes
« ses Terres à ses Neveux [1]. »

Léonor II de Matignon, second fils de François de Matignon et d'Anne de Malon de Bercy. Ce prélat fut encore aumônier du roi. Il mourut âgé de 77 ans, le 14 juillet 1714.

[1] Le *Mercure galant*, février 1680, p. 273-275.

CHAPITRE V

DE CLAUDE AUVRY

On ne parle point des parents de ce prélat, parce qu'ils n'étaient pas d'un rang ni d'une distinction dans le monde à lui faire honneur, et on le regarde lui-même comme l'auteur de sa famille. Il était néanmoins d'une honnête et riche maison de Paris, ainsi qu'il paraît par les soins que l'on prit de son éducation et à bien cultiver ses rares talents de corps et d'esprit. Il eut pour précepteur un docteur de la maison et société de Sorbonne, Abraham Basire, personne d'un grand mérite et que Coutances vit, avec toute sorte de considération, chanoine de sa cathédrale, pénitencier, official et grand vicaire.

Claude Auvry avait un esprit vif, pénétrant et naturellement élevé. Il profita si bien des bonnes instructions de ce docteur qu'il devint bientôt lui-même capable d'enseigner les autres. Comme il avait fait choix de l'état ecclésiastique, il résolut de passer quelques années à Rome, afin de s'instruire mieux. Urbain VIII, ce docte et très grand pape [1], régnait et faisait l'honneur et les délices de l'univers, comme ses éminentissimes neveux, François et Antoine Barberin, faisaient la gloire de Rome [2]. L'ambition, ou plutôt le grand cœur de Claude Auvry, le porta à se faire connaître à cette cour et à s'y attacher, et à ces trois princes; la chose ne fut pas difficile à un grand génie. Ces seigneurs se faisaient honneur d'être les protecteurs des gens de lettres et des beaux esprits et certainement il en était du nombre. Il dédia des thèses de philosophie au souverain pontife et les soutint en sa présence avec tant de netteté d'esprit et de solidité qu'il charma toute la cour et acheva de s'y faire considérer comme un homme de grande espérance et qui se porterait loin. Il devint dès lors domestique et favori du cardinal François et le pape ne trouva aucune occasion de le gratifier sans s'y appliquer de grande affection. C'est ce qui parut bientôt après à ce qu'un certain bénéfice à la nomination du souverain pontife ayant vaqué en Lorraine, Urbain VIII en gratifia notre Auvry. Ce fut une espèce de jalousie entre lui et le

---

[1] Maffeo Barberini, qui fut élevé à la papauté le 6 août 1623 et qui prit le nom d'Urbain VIII, protégea les lettres et fut lui-même un lettré. Il a laissé quelques poésies italiennes et un grand nombre de poésies latines. Il mourut le 26 juillet 1644.

[2] Urbain VIII combla d'honneurs et de dignités ses deux neveux François et Antoine Barberin, et particulièrement le dernier, qui joua un rôle important dans les affaires politiques de son temps. François, élevé au cardinalat en 1623, exerça en France les fonctions de légat et mourut en 1679. Antoine, cardinal en 1627, fut en 1633 nommé par Louis XIII protecteur à Rome des affaires de France. A la mort de son oncle, il se retira en France, où il dut à la reconnaissance de Mazarin de devenir grand aumônier du roi en 1653. Il obtint ensuite l'évêché de Poitiers et l'archevêché de Reims. Il mourut à Némi, près de Rome en 1671.

seigneur Jules Mazarin qui était le favori et le domestique du cardinal Antoine, comme l'était M. Auvry du cardinal François [1]; tous deux demandèrent la même grâce; mais le généreux Auvry se contenta de l'honneur de cette préférence, fut trouver le cardinal Antoine, céda de grand cœur ce bénéfice au seigneur Mazarin et fit cette cession d'une manière si noble et si généreuse qu'on attribue à cette action la source de toute la grandeur à laquelle il a été élevé. Aussi ces deux grands hommes, je veux dire le cardinal Antoine et le seigneur Mazarin, lui continuèrent toujours depuis une très particulière estime. La grandeur de son génie se faisait de jour en jour plus connaître dans les diverses négociations que traitaient ses maîtres, spécialement au Piémont pour les affaires de Monferrat [2]. Ce fut là que, remarquant le train que prenait la fortune de M. de Mazarin, il s'attacha plus fortement à lui; il mérita même l'estime du cardinal de Richelieu jusque là qu'on dit qu'il fut longtemps comme le nœud du commerce qu'il y eut entre ces deux grands hommes d'État. Il fut lui-même employé en des affaires de grande importance dont on rapporte trois des principales. Les voici en peu de mots :

Le prince de Carignan, un des frères de Charles-Emmanuel de Savoie, plus connu en France sous le nom de prince Thomas [3], avait très bien servi en la

---

[1] Nous suivons ici la leçon de M; on lit dans P : *domestique de ce dernier, comme l'était M. Auvry du premier.*

[2] Mazarin fut le négociateur du traité de Cherasco, 1641, qui mit fin à la guerre de la succession de Mantoue et de Montferrat.

[3] Thomas-François de Savoie, prince de Carignan, était non pas le

guerre d'Italie, et même avait épousé la princesse Marie de Bourbon, fille de Charles, comte de Soissons; mais, après le traité de Monçon[1], ne pouvant supporter les hauteurs et les mépris du cardinal de Richelieu qui, par raison de politique ou par inclination, paraissait s'attacher à la maison de Savoie, il se retira en Flandre et prit les armes contre la France. On crut que cette défection ne s'était pas faite sans la participation de leur cour[2] et du duc de Savoie. On jugea donc que M. Auvry était un sujet propre pour s'en éclaircir et en demander raison. Il eut ordre de se rendre en cette cour pour ce sujet, sous prétexte d'aller à Rome, et il négocia avec tant de dextérité qu'on eut lieu d'en être pleinement satisfait. On eut aussi sujet de l'être des soins qu'il se donna pour la satisfaction que les Espagnols furent obligés de faire au maréchal d'Estrées, notre ambassadeur en cour de Rome, sur la mère d'un de ses écuyers qu'ils avaient assassiné, et sur la liberté de quatre esclaves turcs, lesquels, après s'être fait baptiser, s'étaient sauvés dans l'église des Minimes, qui est sous la protection de la France, contre les poursuites des Espagnols, qui voulaient les en arracher et les envoyer à la chiourme. M. Auvry vint à la cour en poste apporter la nouvelle

---

frère, comme le disent nos deux mss., mais le 5ᵉ fils du duc Charles-Emmanuel.

[1] Le traité de Monçon, signé avec l'Espagne en mars 1626, régla l'affaire de la Valteline.

[2] Il s'agit ici de la cour d'Espagne; il semble dès lors que quelques mots ont été précédemment omis et qu'il faudrait lire : il se retira en Flandre, *auprès des Espagnols.*

de cette satisfaction qui avait été telle qu'on la pouvait désirer.

Enfin, après la mort du comte de Soissons[1] en la révolte du duc de Bouillon et l'affaire de Cinq-Mars[2], M. Auvry fut envoyé à Sedan où ses efforts[3] furent si efficaces qu'on en fut tout à fait content, jusque-là qu'on lui offrit en récompense une grosse pension; mais on remarque qu'il eut tant de générosité pour la refuser. Il était domestique de M. Mazarin, lequel, ayant non-seulement obtenu le chapeau de cardinal, mais de plus la qualité de premier ministre après la mort de Louis XIII, sous la régence d'Anne-Elisabeth d'Autriche et la minorité de Louis XIV, il n'oublia pas son mérite et ses services. Ainsi, l'évêché de Saint-Flour étant devenu vacant, M. Auvry y fut nommé évêque; mais peu de temps après, Coutances ayant aussi vaqué par la translation de M. de Matignon à Lisieux, le cardinal Mazarin jugea qu'il pourrait rendre plus de services à la cour en basse Normandie qu'en la haute Auvergne.

Innocent X avait succédé à Urbain VIII[4]. La maison Barberine perdit beaucoup de son autorité en ce changement; elle fut obligée de sortir de Rome et, par un effet merveilleux de la fortune du cardinal Mazarin, les deux cardinaux, François et Antoine, se virent en

---

[1] Louis de Bourbon, comte de Soissons, périt le 6 juillet 1641 en combattant à la Marfée dans les rangs des Espagnols.

[2] Cinq-Mars fut décapité le 12 septembre 1642.

[3] Mss. P et M : *affaires*.

[4] En 1644.

nécessité de rechercher la protection de cet homme qui n'était parvenu que par la leur. Par l'éloignement de ces seigneurs, le cardinal Regnault d'Este[1], frère du duc de Modène[2], fut fait protecteur des affaires de France. En cette qualité, le 3e décembre 1646, il préconisa Claude Auvry pour évêque de Coutances, et comme son mérite et sa capacité n'étaient pas inconnus à Rome, les bulles lui furent aussitôt expédiées, et qui plus est, gratis. Elles furent même peu de temps après reçues en France et, le 15e janvier 1647[3], il fut sacré à Pontoise par Dominique de Vic[4], archevêque d'Auch, assisté de François Péricard, évêque d'Evreux, et d'Artus de Lionne[5], évêque de Gap.

Il fit son entrée triomphante en sa ville épiscopale et prit possession personnelle de son évêché, le dimanche 15e de septembre de la même année 1647. Nous en avons la description et les magnificences dans un livre imprimé, composé et donné presque en même temps au public par un conseiller au présidial de Cou-

---

[1] Lors de l'affaire de la garde corse, Regnault d'Este se signala par son zèle pour la France. Né en 1618, il mourut le 30 septembre 1672.

[2] François d'Este, duc de Modène et de Reggio, de 1626 à 1658.

[3] *Gallia christiana*, XI, 906 : « 15 febr. 1647. » — Le *Gallia* fait assister également François Péricard au sacre de Claude Auvry, mais cet évêque d'Evreux était mort le 24 juillet 1646 (*Ibid.* XI, 617), et avait été remplacé par Jacques Le Noël du Perron.

[4] Nos deux mss. défigurent les noms de Dominique de Vic et d'Artus de Lionne. Ms. P : *Dominique Tye, archevêque d'Auses ... et d'Arinhe de Fronne, évêque de Tabre*. Ms. M : *Dominique Thye, archevêque d'Auch, et d'Arinches de Fronne, évêque de Tarbes.*

[5] Artus de Lionne est le père du célèbre ministre de Louis XIV, Hugues de Lionne. Conseiller au parlement de Grenoble, il avait épousé Isabelle Servien, sœur d'Abel Servien, qui fut surintendant des finances. Elle mourut à l'âge de 21 ans. Le chagrin qu'il en éprouva le détermina à embrasser la vie ecclésiastique. Il fut nommé évêque de Gap en 1638,

tances, nommé M. Morel[1]. Ce livre est entre les mains de tout le monde, il serait inutile d'en dire rien ici. Je remarquerai ici seulement deux choses : la première, le serment de fidélité que nos évêques sont en obligation de faire devant la statue de saint Lo et à l'entrée de l'église entre les mains du chantre de la cathédrale et que fit M. Auvry entre les mains de M. l'abbé de Franquetot qui présidait à cette première dignité en notre cathédrale. Et voici le serment : « Ego Claudius Auvry,
« Dei et sanctæ Sedis apostolicæ gratia Constantiensis
« ecclesiæ et diœcesis humilis episcopus, jura, sta-
« tuta, consuetudines, libertates, honores, cœteraque
« omnia ad eamdem ecclesiam spectantia, nunc et
« in perpetuum illibata me servaturum et pro posse
« meo defensurum super sacrosancta hæc evangelia
« juro, spondeo, polliceor, et sic Deus optimus maxi-
« mus, intemerata virgo Maria atque omnes sancti me
« adjuvent. »

L'autre est que cette grande joie que témoignèrent les habitants de Coutances à la venue de leur nouvel évêque procédait de l'espérance qu'ils avaient conçue de son crédit auprès du premier ministre dont ils se promettaient mille biens, ainsi qu'il avait déjà fait voir par trois grandes grâces qu'il leur avait procurées : la diminution de la taille, l'exemption de logement

---

[1] Morel (Hilaire de) : *Relation veritable des ceremonies observées par les habitants de la ville de Constances, à l'entrée solennelle de Mgr. l'Illustrissime et Reverendissime Evesque dudit lieu prenant possession de son Evesché, le dimenche 15ᵉ jour de sept. année presente 1647. Ou le Triomphe de l'Eglise Cathedrale de Constances;* Constances (s. n. d'imprimeur), 1647, in-4. (Frère, *Manuel du Bibl. normand*, t. II. p. 324.)

des gens de guerre et principalement pour avoir déchargé la ville de la garde d'une très grande quantité de prisonniers espagnols dont elle était extrêmement foulée. On me permettra de reprendre la chose un peu plus haut.

Don Francisco de Melos [gouverneur] des Pays-Bas, voyant le feu roi à l'extrémité et enfin mort le 14⁰ mai 1643, pensa à se servir de l'occasion et de la faiblesse du gouvernement pour l'avancement des affaires de son maître. Il fut pour ce sujet mettre le siège devant Rocroy, place d'une très grande importance pour la conservation de la Champagne. On venait de faire généralissime des troupes françaises Louis de Bourbon, duc d'Enghien, si connu dans la suite sous le nom de prince de Condé. Ce jeune commandant n'avait que dix-neuf ans. Emporté du désir de la gloire, [il] entreprit contre toute sorte d'apparences de faire lever le siège. Il réussit et battit les ennemis d'une manière désolante pour eux[1]. Cette victoire fut suivie de tant d'autres qu'en peu de temps on vit les villes de France peuplées pour ainsi dire d'Espagnols prisonniers. Le malheur de Coutances voulut que les caves en fussent remplies. Il fallait du pain pour les nourrir et des gens pour les garder; on ne saurait dire de quel poids fut cette surcharge.

Claude Auvry, aussitôt qu'il fut notre évêque, travailla fort efficacement à l'en délivrer. Aussi M. Morel, parlant des obligations qu'avait la ville à

---

[1] Le 19 mai 1643.

se réjouir à son entrée « ... et par la décharge de la
« garde importune des prisonniers espagnols dont il
« avait procuré le délogement et fait prendre la poste à
« ses frais au sieur Gérard, l'un des siens, pour leur en
« apporter l'ordre, » [dit qu'elles allaient jusqu'à l'infini[1];] et M. Dupray, dans le panégyrique de notre évêque prononcé dans l'église des Jacobins et rapporté dans les mémoires de feu M. du Vaudôme, traitant délicatement ce même sujet : « Cette pauvre ville,
« dit-il, languissait dans le deuil et la tristesse; elle
« gémissait sous le poids de ses fers, sous la dureté
« de ses chaînes, et ne trouvant point de consolateur,
« elle élevait ses yeux baignés de larmes vers le ciel
« pour en obtenir. C'était le temps où la victoire de
« la France dans la fameuse bataille de Rocroy avait
« été, si je l'ose dire, très funeste à cette ville. La
« chute de ces Espagnols après leur défaite était plus
« à craindre à cette ville qu'elle n'avait été auparavant
« dans le champ de bataille à nos escadrons et les
« soldats victorieux étaient d'autres ennemis domes-
« tiques qui, par leur grand nombre et par la licence
« où ils vivaient, achevèrent de ruiner ce qui avait
« échappé à la subsistance des ennemis dans cette
« ville. Il y a toujours procuré la paix et le repos, en

---

[1] J'ai rectifié ce passage, visiblement incomplet dans les mss., d'après le texte même de Morel (ouvrage précité, p. 9) : « Or comme les bien-
« faits et les obligations qu'ils avoient receu de ses bontez, par la mo-
« dération des Tailles, qu'il leur avoit fait donner, par l'exemption des
« Gens de Guerre, qu'il avoit obtenu pour eux, et par la décharge de la
« garde importune des prisonniers espagnols, dont il avoit procuré le
« délogement, et fait prendre la poste à ses frais au sieur Gérard, l'un
« des siens, pour leur en apporter l'ordre, alloient jusqu'à l'infiny, etc. »

« éloignant d'elle ces fâcheux ennemis domestiques
« qui viennent chercher, pendant l'hiver, la récom-
« pense des travaux du printemps, qui regardent nos
« villes comme des villes ennemies. C'est de ces fâcheux
« hôtes dont il vida nos maisons comme nos caves
« d'Espagnols qui, tout enchaînés comme ils étaient,
« nous faisaient beaucoup de peine. »

Le 17ᵉ août de l'an 1646, le siège épiscopal ayant été réputé vacant, le chapitre avait choisi pour grands vicaires Jacques de Franquetot, conseiller aumônier du roi, prieur de Bohon, de Saint-Ermerand, chanoine et chantre de la cathédrale, Nicolas Mortaing et Michel Martel, archidiacre, et Raoul Le Pileur, théologal. Ce fut le premier qui, comme nous venons de dire, reçut M. Auvry; sur quoi on remarquera que le siège fut toujours réputé vacant jusqu'au jour de cette prise de possession personnelle et cette prestation de serment. Ainsi, trouvons-nous que six jours avant cette cérémonie, c'est-à-dire le 9ᵉ de septembre 1647, le même Jacques de Franquetot, en qualité de grand vicaire, le siège vacant, pourvut par forme de visa un nommé Pierre Rigault de la cure de Saint-Denis-le-Vestu [1]. Que la mémoire de ce M. de Franquetot doit être chère à l'église de Coutances pour avoir entre autres choses fondé l'office de l'octave du Saint-Sacrement par le don de 300 livres de rente foncière, suivant le contrat du 18ᵉ septembre 1647.

Claude Auvry, néanmoins, dès le 18ᵉ mai précédent,

---

[1] Arr. de Coutances.

avait choisi pour ses vicaires généraux deux personnes illustres, docteurs de Sorbonne, Abraham Basire et Antoine Andecenay, qui était du diocèse de Chartres, protonotaire apostolique et professeur de théologie à Reims, mais nous ne trouvons point qu'ils aient fait aucun exercice de cette charge, jusqu'après le 16° septembre, le lendemain de cette entrée solennelle, auquel jour ils présentèrent à l'audience des assises de Coutances tenues par Jacques de Saint-Simon [1], écuyer, lieutenant général du bailli de Cotentin, leurs lettres de grands vicaires lesquelles y furent lues et homologuées.

Je ne prétends pas faire un détail de toutes les actions ou expéditions de ce prélat en ce diocèse. Je remarquerai seulement que la première expédition que je trouve de son nom est celle des provisions par forme de visa du prieuré de Lestre [2] à frère Jean Préal [3], religieux de Blanchelande, le 19° de septembre, c'est-à-dire quatre jours après son entrée.

Il avait auparavant exercé quelques fonctions épiscopales. Le 20° avril précédent, étant à Paris, par la permission de François de Gondi [4], archevêque de cette

---

[1] « Jacques de Saint-Simon, escuyer, s^r de Plain-Marescq, conseiller du Roy en ses conseils d'estat et privé, lieutenant général au bailliage et siège présidial du Cotentin, maire perpétuel de la ville. » Acte du 26 août 1643, rapporté par Toustain de Billy, dans ses *Mémoires sur le Cotentin*, ms. de la Bibl. publ. de Rouen, f. Martainville, Y 43.

[2] Arr. de Valognes.

[3] Ms. M : *à François-Jean Michel.*

[4] Jean François de Gondi, oncle du cardinal de Retz, mort le 21 mars 1654. Il avait succédé comme évêque de Paris à son frère Henri, dit aussi le cardinal de Retz, lequel avait remplacé son oncle Pierre de Gondi, qui avait obtenu également le chapeau de cardinal. C'est pendant l'épiscopat de Paul-François que l'évêché de Paris fut changé en archevêché.

ville, il avait fait les ordres généraux à Saint-Lazare, et par la même permission, le 15° juin suivant, conféré le sous-diaconat à André Burnouf, clerc de son diocèse, dans la chapelle du Palais-Cardinal, et aux premières, c'est-à-dire qui suivirent son entrée, c'est-à-dire le samedi 21° septembre audit an 1647, il fit l'ordination générale en son église cathédrale, sur quoi on a dit et écrit qu'il fit cette auguste action avec tant de grâce et de majesté que les diocésains publiaient qu'il était [né] évêque. Il a été seulement onze ans notre évêque, s'en étant démis en faveur de M. de Lesseville, comme nous dirons bientôt, au mois de septembre 1658, et, pendant son épiscopat, il ne s'est presque rien passé digne de mémoire dans les affaires de l'Église gallicane ni de l'État sans qu'il y eût bonne part.

L'histoire de nos troubles pendant la minorité du roi est trop connue et trop funeste pour en renouveler ici la mémoire. Ils commencèrent[1] presque avec l'épiscopat de Claude Auvry et ne finirent entièrement qu'en l'an 1654. Notre prélat ne balança pas un moment sur le choix qu'il devait faire. Il avait prêté serment de fidélité entre les mains du roi et il craignait que, sous prétexte de s'attaquer à son premier ministre, on ne voulût s'attaquer à Sa Majesté même. Aussi soutint-il hautement les intérêts de ce premier ministre. On le vit dans les rues de Coutances, à cheval, armé de pied en cap, pour s'opposer à ses ennemis qui vou-

---

[1] Le premier mouvement éclata le 26 août 1648, journée des Barricades.

laient enlever les deniers de la recette, et nos mémoires nous sont des monuments assurés des soins qu'il se donna pour retenir ses diocésains dans le devoir et pour la conservation de Valognes, par la lecture de cet ordre suivant de feu M. [le duc] de Longueville[1] et d'Estouteville, pair de France, gouverneur pour le roi en Normandie[2] : « Sur l'avis qui nous a été donné des
« pratiques et cabales que fait journellement l'évêque
« de Coutances, contre le repos public et notre auto-
« rité, nous ordonnons à M. de Matignon[3], lieutenant
« général de Sa Majesté en basse province et de
« l'armée que nous avons fait lever pour le service du
« roi et la conservation de cette province, de faire
« arrêter la personne dudit évêque, le mettre en
« bonne et sûre garde, dont faire lui donnons pou-
« voir; mandons à tous ceux qu'il appartiendra, sur
« lesquels notre autorité s'étend, de lui donner main-
« forte pour cet effet. En témoin de quoi, nous
« avons signé le présent de notre main, fait contre-

---

[1] J'ai dû corriger ce passage altéré dans nos deux mss. P : *par la lecture de cet ordre suivant de feu M. de Longueville combien les poids et le port de cette affection à ses ennemis et le duc de Longueville et d'Estouteville*, etc. M : *pour la lecture de cet ordre suivant : Monsieur feu de Longueville et d'Estouteville*, etc.

[2] Beau-frère du prince de Condé par son mariage avec Anne-Geneviève de Bourbon, Henri d'Orléans, duc de Longueville et d'Estouteville, prince souverain de Neufchâtel, prit une part active à la Fronde. Né le 27 avril 1595, il fut d'abord gouverneur de Picardie, puis de Normandie, et mourut le 11 mai 1663.

[3] François de Matignon. Par la mort de Jacques, comte de Thorigny, tué en duel, 1626, par le comte de Bouteville, et la renonciation de Léonor de Matignon, évêque de Coutances, puis de Lisieux, ses frères aînés, François avait succédé dans ses biens et dignités à son père Charles de Matignon, maréchal de France, lieutenant général du roi en basse Normandie, mort le 8 juin 1648. Charles de Matignon, ayant épousé Eléonore d'Orléans, tante du duc de Longueville, François de Matignon était cousin-germain de ce prince. Il mourut le 19 janvier 1675.

« signer par un de nos secrétaires et apposer le
« cachet de nos armes. A Rouen, le 21° mars 1649,
« et est souscrit Henri d'Orléans; » et plus bas : « Par
« mondit seigneur, Pigeon, » avec paraphe; le cachet
est à côté.

L'Angleterre était en ces temps agitée de troubles
qui furent bien d'une autre conséquence. On ne peut,
sans horreur et sans indignation, penser au crime que
commit, cette même année 1649, cette nation perfide
contre son souverain. A quoi bon en renouveler le
funeste souvenir? Ils le contraignirent de sister en
jugement devant un prétendu conseil composé d'un
petit avocat et quelques autres misérables canailles
eucore de moindre condition, et après un million d'indignités, sans aucun respect des lois, de sa qualité, ni
de son innocence, lui firent tomber la tête sur un
échafaud. Ses deux fils, Charles, prince de Galles, et
Jacques, duc d'York, furent obligés de dérober leurs
têtes à ces scélérats par la fuite. Ils abordèrent à nos
côtes et nous comptons comme une des plus belles
époques de la vie de notre évêque l'honneur qu'il eut
de les recevoir en sa ville épiscopale et il le fit d'une
manière si pleine de générosité, que MM. de Sainte-Marthe, dans leur *Gallia christiana,* n'ont pas cru
devoir l'oublier : « Anno autem insequente (c'est
« 1649), Carolum secundum magnæ Britanniæ regem
« cum Jacobo Eboracensi principe in urbem suam
« excepit[1]. »

---

[1] Le texte de la dernière édition (V. Palmé) du *Gallia*, XI, 906, diffère de celui que donne Toustain de Billy. Le voici : « Partibus cardinalis

Au surplus, M. Auvry passait ses jours dans une agitation continuelle en son diocèse ou à Paris, selon les divers besoins de son peuple, de l'Église, de l'État ou de ses maîtres, je veux dire du cardinal Mazarin, dont il était maître de chambre, et du cardinal Antoine Barberin, dont il était grand vicaire, ainsi qu'il nous paraît de plusieurs actes que nous avons, datés de ces divers lieux; entre lesquels il y en a de datés du château de la Motte où il paraît, qu'à l'exemple de ses prédécesseurs, il se plaisait beaucoup. En voici quelques exemples : il était au château de la Motte le 19e mai 1648 où il donna au nommé Louis Jamet les provisions de la cure du Mesnil-Benoist[1] à la nomination du seigneur du lieu (elle était vacante par la mort de Jean Chappedelaine), étant de retour de Paris où le 10e de mars précédent, il avait fait au roi le serment de fidélité ordinaire, comme nous avons déjà remarqué. Il était à Paris le 14e mai 1649, où il conféra Saint-Christophe[2], paroisse du doyenné des Pieux, au nommé Gilles Le Canu. Il était de retour à Coutances, où le 23e de septembre dudit an, il conféra le bénéfice d'Auxais[3] à Gilles Bourdon. Il était à Rouen le 14e et 15e janvier 1650, où il conféra les cures de Tercet à

« Mazarini addictissimum, cum multa ejus gratia moveret, eum compre-
« hendere jussit dux Longævilleus regius inferioris Normanniæ præfectus
« 21 martii 1649. Ast aut nulla, aut emendata fuit accusatio, nam
« eodem anno Carolum II Angliæ regem cum Johanne Eboracensi duce
« fratre ejus in urbem suam excepit. »

[1] Dépt du Calvados, arr. de Vire.
[2] Saint-Christophe-du-Foc, arr. de Cherbourg.
[3] Arr. de Saint-Lo.

Charles Le Marchand, et de Gonneville[1] à un nommé Jourdain. Il était à Paris le 10° de mars suivant 1650 et encore le 14° août, ainsi que nous l'apprenons par les provisions des bénéfices de Carquebut[2] à Thomas Truffaut et de Briqueville-sur-la-Mer[3], à François Costel, et, enfin, le 20° septembre suivant, il était à Coutances où il conféra à Pierre Richouey la prébande de Trelly, pour la troisième portion à lui résignée par son oncle du même nom.

Abraham Basire, son vicaire général, vaquait à tout pendant son absence. Il était chanoine honoraire de Lisieux au commencement et le premier acte [où] je le trouve chanoine de Coutances est du 13° septembre 1650 en la collation de la chapelle Toulest[4], paroisse de la Pernelle, à Guillaume de Tilly, curé du lieu, présenté par Jean de La Houssaye. Il était pourvu de la prébende des Viviers[5]; j'ai vu l'acte par lequel, le 12° octobre 1650, le chapitre agréa la permutation faite entre lui et Gilles Cartel, par laquelle il

---

[1] Arr. de Cherbourg.
[2] Arr. de Valognes.
[3] Arr. de Coutances.
[4] Ms P..... *la chapelle Toulest, paroisse de la Pernelle, à Guillaume Tilly, curé du lieu, présenté par Jean de La Chaussaye.* Ms. M..... *la chapelle des Vantés, paroisse de la Pernelle, à Guillaume de Tilly, curé du lieu, présenté par Jean de La Houssaye.* — D'après les renseignements que je dois à l'obligeance de M. l'abbé Chasles, curé actuel de la Pernelle, et qu'il a tirés d'anciens mss. et de registres qui sont entre ses mains, on ne trouve point mention en cette paroisse d'une chapelle qui se serait appelée soit Toulest, soit des Vantés. Il y avait autrefois en cette commune cinq chapelles : de Sanoville, d'Ecarboville, dont Jacques de Tilly était le seigneur en 1584, du Vivier, des Moines et d'Ourville « dont Jean de Tilly était le seigneur en 1588, et dont Jean-François La Houssaye devint le propriétaire. »
[5] Paroisse de la Mancellière.

baillait à Cartel sa prébende des Viviers pour la pénitencerie [et] la prébende de Saint-Louet. Il est porté en termes exprès en cet acte que ledit Basire s'obligeait de réciter tous les jours dans le chœur de l'église cathédrale les psaumes : *Exaudi, Domine, justitiam meam; Diligam te, Domine, fortitudo mea; Cœli enarrant gloriam Dei; Exaudiat te, Dominus,* et *Domine, in virtute tua lœtabitur rex;* et, comme au pareil, Cartel devait réciter par raison de la prébende des Viviers : *Nisi Dominus œdificaverit domum; Beati omnes qui timent Dominum; Sœpe expugnaverunt; De profundis clamavi; Domine, non est exaltatum cor meum; Memento, Domine, David; Ecce quam bonum; Laudate nomen Domini; Confitemini Domino quoniam bonus,* et *Super flumina Babylonis,* après quoi l'évêque leur donna leur collation. Peu de temps après, ce Gilles Cartel résigna en cour de Rome la prébende des Viviers à Balthazar Cartel, son neveu. L'évêque refusa de lui en donner collation; appel comme d'abus. Par arrêt du parlement, il fut dit que, attendu le refus dudit sieur évêque de Coutances, ledit Cartel se retirerait par devant Me Antoine Gaudet, docteur en Sorbonne, et grand vicaire de Mgr l'archevêque, qui lui donnerait sa collation par forme de visa. Elle lui fut donnée parce qu'il serait en obligation néanmoins de rendre ses respects à son évêque. Il y fut; M. Auvry le refusa et ne voulut pas le voir. Cartel en présenta sa plainte au chapitre le mardi 8e janvier 1651. Le chapitre en rendit une espèce de procès-verbal et pria les sieurs Boucher, Basire et de La Luzerne, chanoines, de vouloir bien accompagner Cartel et le présenter à l'évêque et lui rendre ses respects; mais ils ne le voulurent pas. Ils y envoyèrent donc seulement Pacary, leur greffier; ils furent l'un et l'autre une heure entière dans la salle du palais épiscopal sans qu'on voulût leur donner audience, quoique plusieurs autres l'obtinssent et quoiqu'ils eussent prié le sieur Drieux, écuyer de l'évêque, et Encoignard, conseiller au présidial, son intendant, l'un après l'autre, de leur faire parler, dont ayant fait rapport au chapitre encore assemblé, le sieur Campion, archidiacre, fut prié de retourner avec Cartel et conjurer l'évêque de le recevoir et ses respects. Le prélat parut à cette fois; le sieur Cartel, le genou en terre, le pria d'agréer ses respects et ses obéissances, lui présenta sa signature en cour de Rome avec le visa de l'archevêque. Il les lut et se retira sans dire mot; de quoi ayant été fait rapport au chapitre, ce corps parut en être mal satisfait.

Etant à Paris le 18e avril 1651, il donna de nouveau de très amples et de très honorables lettres de grands vicaires à MM. Basire et Corbet, curé de Montpinchon. Elles contiennent entre autres choses que, depuis qu'il avait été élevé à l'épiscopat, il s'était particulièrement appliqué à choisir pour le secourir en son ministère : « vita et doctrina excellentes, virtutibus « eximios, prudentia illustres [viros] » et tels qu'étaient véritablement[1] ces deux grands hommes.

M. Auvry passa presque toute l'année 1651 à Paris,

---

[1] Ms. P : *verbalement;* ms. M : *en effet.*

et dans les expéditions que nous avons de lui en grande quantité, il ajoute ordinairement cette clause : « Datum Parisiis ubi nunc commoramur de rebus « episcopatus nostri », et semblables. Voici ce que nous en remarquons. Le roi, au droit de son joyeux avènement à la couronne, présentant, le 6° janvier 1651, un nommé Alexandre Durand, clerc de Bayeux, au premier canonicat qui vaquerait, usa de ces termes : « Si vous prions et néanmoins mandons et ordonnons « qu'en ladite première place de chanoinie vacante « vous ayez à le recevoir ». Et le 20°, Charles de Montchal, archevêque de Toulouse, étant abbé de Saint-Sauveur [1], résigna cette abbaye à Charles de Ruolz, du diocèse de Vienne [2]. M. Basire, en qualité d'official et grand vicaire, vérifia ses lettres et en mit en possession M. Gilles Denis, docteur en théologie, son procureur, le 4° jour d'octobre. Jean de Passelaigue, évêque de Belley, était abbé de Hambie [3] par la cession que lui avait faite de ce bénéfice le fameux messire Jean Camus, pour se retirer en l'hôpital des Incurables à Paris. Melchior de Polignac était alors abbé de Montebourg [4]; Alexandre-Guillaume Le Jay l'était

---

[1] Le *Gallia christiana*, XI, 926, accuse ce personnage d'avoir dépouillé l'abbaye de Saint-Sauveur de ses manuscrits.

[2] Nos mss. disent : *du diocèse de Trente;* mais le *Gallia, ibid.*, porte : *Carolus II de Ruolz diœcesis Viennensis.*

[3] Jean de Passelaigue était bien abbé de Hambie ; mais c'est au cardinal Alphonse de Richelieu, archevêque de Lyon, qu'il avait succédé. Quant au célèbre Jean Camus (et non Le Camus, comme l'appellent nos mss.), il possédait l'abbaye d'Aunay, au diocèse de Bayeux, dans laquelle il se retira après s'être démis, en 1629, de son évêché de Belley en faveur de Jean de Passelaigue, qui occupa ce siège jusqu'à sa mort 1664. Toustain de Billy a confondu l'évêché avec l'abbaye.

[4] Melchior de Polignac avait succédé à Juste de Serres, qui mourut le

de Cherbourg [1], et François Fouquet, évêque d'Agde, de Saint-Sever [2], lequel choisit pour son grand vicaire en cette abbaye le fameux Louis Abelly, docteur en théologie [3]. Enfin Vincent de Tulles, évêque de Lavaur [4], avait l'abbaye de Blanchelande.

Je crois encore ne devoir pas oublier que, le 16° mai 1651, Claude Foucault, clerc, bachelier en théologie, étant présenté à notre évêque pour être pourvu de la première prébende de Trelly, vacante par la mort de Julien Richouey, comme y étant nommé par Claude Foucault, conseiller au parlement de Paris, en vertu de l'indult [5] des chanceliers, présidents et conseillers

---

28 août 1641. Il fut conseiller du roi et aumônier de la reine, et mourut le 8 juillet 1699.

[1] Le *Gallia christiana*, xi, 944, dit à tort que cet abbé était premier président du parlement de Paris. Il l'a confondu avec Nicolas Le Jay, qui exerça en effet cette haute fonction de 1630 à 1640, date de sa mort.

[2] François Fouquet, évêque d'Agde, puis archevêque de Narbonne, mort en 1673, était le frère du surintendant des finances.

[3] Louis Abelly, qui fut évêque de Rhodez, a composé entre autres ouvrages une Vie de saint Vincent-de-Paul, et la *Medulla theologica*, qui lui a valu d'être appelé par Boileau le *moëlleux* Abelly.

[4] Nos mss. disent de Tarbes, ce qui est une erreur. Jean-Vincent de Tulles fut d'abord évêque d'Orange, après son oncle Jean de Tulles, dont il avait été le coadjuteur; il occupa ensuite l'évêché de Lavaur, de 1646 à 1668, date de sa mort. Il succéda encore à son oncle en 1640 comme abbé de Sainte-Marie-de-Longues, au diocèse de Bayeux.

[5] « L'indult du parlement de Paris est une grâce singulière, purement
« expectative, perpétuelle, accordée par le souverain pontife Eugène IV
« à la couronne de France, renouvellée, confirmée et amplifiée par les
« papes Paul III et Clément IX, sur les instances et la recommandation
« des rois très chrétiens Charles VII, François Ier et Louis XIV, en
« faveur des chanceliers de France, des présidens, conseillers et autres
« officiers du parlement de Paris, en vertu de laquelle ils ont droit une
« fois pendant leur vie, ou plutôt pendant le cours de l'exercice de leurs
« offices, de se présenter au roi, s'ils sont capables de bénéfices, ou de
« présenter des clercs à leur place, pour être ensuite nommez par le roi
« à un collateur de France, et ce une fois pendant la vie du roi, ou
« pendant le temps de la prélature du collateur, à l'effet que le nommé

audit parlement, le prélat lut ses titres et dit seulement ces deux mots : « Je ne saurais répondre à « cela », ce que ledit Foucault, qui s'était fait accompagner par un notaire apostolique, ayant pris pour refus, il en envoya un procureur à Coutances, et le jour Saint-Jean-Baptiste suivant, ce procureur voulant prendre possession, le chapitre s'y opposa, lui faisant connaître que la place était remplie par Pierre Richouey, auquel l'évêque l'avait conférée par la résignation dudit feu Julien et la possession prise du vivant même dudit résignant.

Les brouilleries de cour continuaient toujours et l'éloignement du cardinal retenait presque absolument notre évêque à Paris. Claude Auvry était son élève, sa créature et son domestique. Il fallait abîmer les ennemis de ce cardinal, non par le fer ni par la violence, mais par la force des négociations, et c'est à quoi notre prélat réussissait parfaitement, sachant bien d'ailleurs qu'en faisant les affaires de son maître, il faisait les siennes propres. Le cardinal, au retour de sa première retraite[1], le créa trésorier de la

---

« soit pourvu en vertu de la concession du S. Siège, et de la nomination « du roi, qui se fait par lettre du grand sceau, du premier bénéfice sé- « culier ou régulier de la qualité, valeur et revenu requis, venant à « vaquer par mort ou autrement, et étant à la disposition du collateur « chargé de la nomination du roi pour indult. » *Dict. de Moréri*, v° *Indult*.

[1] Mazarin, sorti de France en mars 1651, y rentra en décembre. Le *Gallia christiana*, XI, 906, fixe en 1653 la date de la nomination de Claude Auvry comme trésorier de la Sainte-Chapelle, cette nomination est donc postérieure à la seconde retraite de Mazarin, qui sortit de France en août 1652, et rentra à Paris le 3 février 1653. D'ailleurs, Edouard Molé, évêque de Bayeux, trésorier de la Sainte-Chapelle avant Claude Auvry, ne mourut que le 6 avril 1652.

Sainte-Chapelle du palais de Paris[1], bénéfice et qualité qu'on sait être préférables à beaucoup d'autres du premier rang ; aussi depuis en prit-il toujours le titre.

Dans les expéditions ordinaires que nous trouvons en grand nombre de ce prélat, après le *datum Parisiis*, il ajoute toujours « où nous demeurons pour les « affaires de notre église. » Cette addition était à juste titre. Il y avait une affaire de grosse conséquence, un procès contre son chapitre, qui dura plus de six ans. M. Auvry était bon, mais il avait le cœur haut et impérieux ; il voulait tout faire par lui-même et de sa propre volonté et autorité, et il exigeait de ses chanoines des soumissions que tous ne voulaient pas lui rendre. La cause de ce procès était double. M. Auvry avait vendu des bois de haute futaie dépendant de l'évêché pour 1.290 livres. Le chapitre prétendait qu'il ne le pouvait pas et qu'il était comptable de cette somme. Le 19ᵉ septembre 1650, et le 13ᵉ du mois de novembre de l'an suivant 1651, il s'éleva deux tempêtes si furieuses que la pointe d'une des belles tours de la cathédrale fut renversée et l'église en général si maltraitée que ses réparations en ayant été bannies en rabais par ordre de justice à 5.000 livres, le chapitre prétendait que l'évêque seul était obligé de faire faire ces réparations. L'affaire fut premièrement portée devant Jacques de Saint-Simon, lieutenant général du bailliage de Cotentin à Coutances, de là aux requêtes

---

C'est ainsi que Claude Auvry est devenu le *prélat terrible* du *Lutrin* de Boileau.

du palais et enfin terminées par le parlement en ces termes qui expliquent le tout si clairement que je n'ai pas cru pouvoir me servir d'autres termes. Les voici :

« Notre susdite Cour, par son jugement et arrêt, a
« mis et met les appellations respectivement inter-
« jetées, sentence et ce dont a été appelé, au néant
« sans amende, et mandant et faisant droit sur le
« tout, a ordonné et ordonne que ledit Auvry et ses
« successeurs, évêques de Coutances, auront l'admi-
« nistration de la fabrique de l'église dudit Coutances
« et des revenus dépendant d'icelle, ainsi que leurs
« prédécesseurs, suivant la sentence arbitrale de
« l'année 1263. Ce faisant, sera tenu icelui Auvry
« faire faire toutes les réparations ordinaires les-
« quelles sont à présent à faire dans ladite église sui-
« vant le procès-verbal qui en sera fait par vous, notre
« bailli de Coutances ou votre lieutenant, entretenir à
« l'avenir icelle de toutes lesdites réparations et four-
« nir les aubes, nappes et autres linges nécessaires
« pour le service[1] de ladite église. Jouiront lesdits
« chanoines et chapitre des droits des chappes, récep-
« tion et entrée des chanoines à ladite église, à la
« charge d'employer iceux en chappes, ornements et
« décorations de ladite église, sans qu'ils les puissent
« divertir à autres usages, ni les mettre en distribu-
« tion. Et pour ce qui concerne les ruines et les répa-
« rations extraordinaires arrivées en ladite église par

---

[1] Ms. P : *pour la sacristie.*

« accident et cas fortuit, le 19ᵉ septembre 1650 et
« 13ᵉ novembre 1651, lesquelles ont été rétablies
« moyennant la somme de 5.000 livres par le bail au
« rabais qui en a été fait le 8ᵉ janvier 1652, seront
« payées par moitié par ledit Auvry et ledit chapitre
« et chanoines, sur icelles préalablement déduite la
« somme de 1.290 livres provenant de ladite vente
« des bois de haute futaie dépendant dudit évêché,
« vendus par ledit Auvry, laquelle sera employée au
« paiement desdites réparations. Et quant à celles
« depuis survenues, si aucunes y restent jusqu'à pré-
« sent à faire, et qui arriveront à l'avenir à ladite
« église par vents, foudres, tonnerres et autres acci-
« dents et cas fortuits ou par vétusté et non faute par
« ledit Auvry d'avoir entretenu icelle et fait les répa-
« rations ordonnées, en cas que la dépense qu'il con-
« viendra faire pour lesdites réparations extraordi-
« naires qui surviendront par un ou plusieurs desdits
« accidents et cas fortuits en une même année,
« n'excède la somme de 1.000 livres précisément par
« les estimations de baux au rabais qui en seront
« faites de bonne foi, seront tenus lesdits Auvry et ses
« successeurs les faire seuls à leurs frais; et où lesdites
« réparations excèderont ladite somme de 1.000 livres,
« seront payées en communs frais, savoir moitié par
« l'évêque et l'autre moitié par lesdits chanoines et
« chapitre, sans que iceux pour se libérer desdites
« réparations, lorsqu'elles excèderont la somme de
« 1.000 livres, puissent prendre les baux en rabais
« d'icelles sous leurs indemnités ou autrement à ladite

« somme de 1.000 livres ou au-dessous, à peine d'en
« être tenus. Défense audit Auvry et à ses succes-
« seurs évêques de faire abattre aucuns bois de haute
« futaie dépendant dudit évêché sans le consentement
« desdits chanoines et chapitre et sans avoir au
« préalable obtenu nos lettres et icelles fait vérifier.
« Et sur les débats formés par ledit Auvry contre le
« compte-rendu par lesdits chanoines et chapitre et
« surplus des demandes desdites parties, mis icelles
« hors de cour et de procès sans dépens même des
« réserves par l'arrêt de notre conseil. Si vous man-
« dons qu'à la requête desdits chanoines, chantre et
« chapitre de ladite église cathédrale de Coutances, le
« présent arrêt vous mettiez à due et entière exécu-
« tion; de ce faire vous donnons pouvoir et au pre-
« mier notre huissier. Donné à Paris, en notre Cour,
« le 3° mars 1657, et de notre règne le quatorzième.
« Par la Chambre. Signé : du Tillet. »

L'évêque et le chapitre n'en demeurèrent pas là et ne voulurent pas faire les réparations de bonne intelligence. Nouveau procès au Parlement. La difficulté consistait à distinguer les réparations ordinaires et extraordinaires. Le juge de Coutances en avait rendu son procès-verbal, mais on le croyait insuffisant et on n'y voulait pas acquiescer. Il prétendait que les réparations excédant la somme de 1.000 livres, le chapitre devait y contribuer et demandait même qu'un conseiller commissaire descendît sur les lieux et distinguât les réparations ordinaires, à quoi il était obligé, des réparations extraordinaires. Il y eut di-

verses procédures, écrits et salvations[1] après lesquelles fut prononcé que « la Cour faisant droit sur le tout a
« ordonné et ordonne que les réparations contenues
« audit procès-verbal du 20° août 1657, seront faites
« et réparées par ledit Auvry, évêque de Coutances,
« et lesdits chantre et chanoines et chapitre, savoir
« pour les vitres et couverture de ladite église et ce
« qui concerne l'ardoise, clous, lattes, plomb et peines
« d'ouvriers, les deux tiers par ledit Auvry et l'autre
« tiers par lesdits du chapitre; et pour les réparations
« d'architecture, charpenterie, menuiserie, pavé et
« maçonnerie, ledit Auvry et le chapitre les feront
« faire à frais communs et y contribueront chacun par
« moitié; et si, après toutes lesdites réparations con-
« tenues audit procès-verbal, il en restait encore
« quelques-unes, elles seront incessamment faites sui-
« vant le présent arrêt, et sera procès-verbal fait tous
« les ans de l'état des lieux et édifices de ladite église
« pour la conservation et entretien d'icelle et suivant
« icelui seront toutes réparations incessamment faites
« tant ordinaires qu'extraordinaires qui arriveront par
« vents, foudres, tonnerres et autres accidents et
« cas fortuits ou par vétusté, suivant l'arrêt du
« 3° mars 1657, qui sera exécuté selon sa forme et
« teneur sans dépens entre les parties. Prononcé le
« 16° avril 1658. »

Ce procès et quelques autres mépris qu'il reçut de

---

[1] « Terme de palais, qui se dit des dernières écritures qu'on fournit dans un procès pour répondre aux contredits et objections de la partie adverse, et défendre les pièces qu'on a produites, et les inductions qu'on en a tirées. » *Dict. de Trévoux*, édit. de 1704.

son chapitre, furent suivis d'ennuis et enfin de la résolution qu'il prit de quitter absolument son évêché. Il le fit enfin cette même année 1658, au mois de septembre, en faveur de l'abbé de Lesseville par la permutation de quelques autres bénéfices, comme nous dirons bientôt, permutation néanmoins qui ne finit pas si tôt ses chagrins ni les persécutions du chapitre. Elle ne fut pas sitôt connue à Coutances que les chanoines assemblés, moins par droit que par dépit, déclarèrent MM. Basire et Godard, ses grands vicaires, et de La Luzerne, son promoteur général, déchus de leur autorité et nommèrent d'autres officiers, comme si, dès lors et sans attendre l'admission de son successeur et la permutation en cour de Rome, le siège avait été vacant, quoique peu de jours auparavant, c'est-à-dire dès le 2ᵉ octobre, on leur eût fait signifier l'arrêt du conseil du 26ᵉ avril 1657, par lequel, suivant la remontrance de la dernière assemblée du clergé, défenses sont faites aux chapitres de troubler les évêques en leurs fonctions et juridictions ordinaires, sous prétexte qu'ils auraient donné résignation ou procuration pour résigner. Leur nomination fut cassée par sentence du bailliage de Coutances et il y en eut appel au parlement, mais le procès finit par l'admission dudit sieur de Lesseville en cour de Rome, le 19ᵉ février de l'an 1659.

M. Auvry avait encore une espèce différente de chagrin de la part de M. l'archevêque de Rouen. Le 18ᵉ du mois de septembre 1655, cet archevêque, Mᵉ François de Harlay, par sentence donnée sur le réquisitoire de son promoteur général, déclara que M. Claude Auvry avait encouru la suspense et l'irrégularité et était conséquemment inhabile à assister à l'assemblée provinciale qui était prête de se tenir à Gaillon, et ce, pour avoir fait les fonctions épiscopales et conféré les ordres sacrés dans le diocèse d'autrui sans la permission de l'ordinaire. Voici le fait : Jean-François-Paul de Gondi[1], premièrement coadjuteur, et, après la mort de son oncle, archevêque de Paris, s'était tellement intrigué dans les brouilleries de la cour qu'il en avait à la vérité obtenu le chapeau de cardinal, mais aussi, quelque temps après, il eut le château de Nantes pour prison ; d'où, ayant trouvé le moyen de s'évader, il s'était retiré à Rome. Nous avons remarqué plusieurs fois que notre M. Auvry était créature du cardinal Mazarin. Celui-ci, qui n'aimait pas le cardinal de Retz, avait engagé notre évêque de faire les ordres à Paris. Les amis de l'exilé le trouvèrent mauvais, et M. de Rouen surtout, en trouvant cette occasion, s'en servit pour mortifier M. Auvry par cette sentence qui lui fut signifiée à

---

[1] Paul de Gondi, plus connu sous le nom de cardinal de Retz, naquit en 1614. Il devint, en 1643, coadjuteur de son oncle Jean-François de Gondi, archevêque de Paris, et fut nommé archevêque *in partibus* de Corinthe. On connaît le rôle important qu'il a joué dans la Fronde et sur lequel il s'est complaisamment étendu dans ses importants mémoires. Nommé, en 1652, cardinal malgré l'opposition de Mazarin, il fut arrêté la même année, 19 décembre, et enfermé à Vincennes. Il y subit une captivité de quatorze mois. Archevêque de Paris, le 21 mars 1654, par la mort de son oncle, il obtint d'être transféré, au mois d'avril de la même année, de Vincennes au château de Nantes, à la condition qu'il donnerait sa démission d'archevêque. Il réussit à s'évader de Nantes, le 8 août 1654, et se retira à Rome. Il revint plus tard en France et mourut le 24 août 1679.

Louviers où il était à dessein de se rendre à Gaillon le 20° septembre 1655, par un nommé Le Roux, prêtre, curé de Vesly, avec déclaration expresse qu'il avait encouru ladite suspense et irrégularité portée par les décrets pour les raisons que nous venons de dire.

Cette sentence au reste fut sans effet. Le conseil du roi et la cour de Rome approuvèrent ce que notre évêque avait fait et les personnes ordonnées par M. Auvry, que cette terrible sentence avait fait trembler, furent entièrement rassurées par le jugement du pape. L'archevêque se plaignait dans cette sentence que notre évêque n'avait pas rendu ses respects ni fait le serment ordinaire à l'église de Rouen. Il est pourtant vrai qu'il l'avait fait trois jours avant la sentence, qui était le 17° jour dudit mois et an, au rapport même de l'auteur de l'*Histoire de l'église de Rouen*. La cérémonie s'en était faite avec tant de solennité que la messe y avait été chantée double par M. le chantre, avec *Gloria* et *Credo*, quoique ce fût un jour de jeûne. Cette sentence ne fut pas non plus un obstacle à notre prélat qui l'empêchât de faire ses fonctions ordinaires ni d'assister à l'assemblée générale du clergé de 1656, et, ce qui est de plus désigné dans le contrat passé entre Sa Majesté et le clergé[1], le 19° mai 1657, il est porté en termes exprès que les seigneurs évêques de

---

[1] *Mémoires du Clergé de France*, t. IV, p. 703-714 : *Contract passé le dix-neufviesme Mai 1657, entre le Roy et le Clergé de France assemblé à Paris, pour le Don gratuit de deux millions sept cents mille livres accordé à sa Majesté par le Clergé pour les necessitez de l'Estat causées par la continuation de la guerre.*

Séez[1] et de Coutances avec quelques autres sont nommés députés par les ecclésiastiques de la province de Rouen, par acte du 22ᵉ septembre 1653[2], c'est-à-dire deux jours après la signification de cette sentence, et deux jours avant l'ordonnance de la faire enregistrer, publier et imprimer.

En ce temps dont nous parlons, les troubles de l'Etat étaient finis, et, sitôt que notre roi eut paru comme un nouveau soleil par son sacre[3] auquel notre évêque eut l'honneur d'assister, toutes les ténèbres et les brouillards du royaume furent dissipés. Il n'y eut plus de difficultés, et il fallut plus de temps à dissiper les brouillards[4] qui s'étaient élevés entre les théologiens qui troublaient la beauté de l'église gallicane. On entend assez que je veux parler de l'affaire des cinq propositions. Notre évêque y eut trop de part pour la passer tout à fait sous silence.

Un docteur de Louvain, nommé Cornélius Jansénius, qui fut pour un peu de temps évêque d'Ypres[5], composa un traité de la grâce, auquel il donna le titre d'*Augustinus*, et par lequel il prétendait réfuter la doctrine de Luther, des pélagiens et semi-pélagiens

---

[1] François-Rouxel de Médavy, né le 8 août 1604, fut élevé à l'évêché de Séez en 1651 ; il fut transféré à l'évêché de Langres en 1670, et devint bientôt après, 1671, archevêque de Rouen, en remplacement de François II de Harlay, promu à l'archevêché de Paris. Il posséda en Normandie les abbayes de Cormeilles, au diocèse de Lisieux, 1617, et de Saint-André-en-Gouffern, au diocèse de Séez. Il mourut le 29 janvier 1691.

[2] *Mémoires du Clergé de France*, t. IV, p. 705.

[3] Louis XIV fut sacré à Reims le 7 juin 1654.

[4] Ms. P : *brouilleries;* de même deux lignes plus bas.

[5] Il fut nommé évêque d'Ypres en 1636 et mourut le 6 mai 1638.

et établir uniquement celle de saint Augustin, du concile d'Orange [1] et de saint Prosper [2]. Il mourut avant de pouvoir faire imprimer son livre ; ses amis en eurent soin [3], mais il ne parut pas plus tôt que ses ennemis ne fissent tous leurs efforts pour l'étouffer dès le berceau, comme contenant quantité d'erreurs. Ses amis répondaient que ces erreurs étaient imaginées et que ce livre était odieux parce qu'il détournait [4] et réfutait en même temps les erreurs de certains théologiens, lesquels faisaient revivre en nos jours la doctrine des prêtres de Marseille [5]. Il se fit dès lors deux partis : on nomma les défenseurs de Jansénius, Jansénistes, et ses adversaires Molinistes, du nom d'un jésuite Molina [6] qu'on disait avoir renouvelé le semi-pélagianisme. Un docteur de Paris, grand-maître du collège de Navarre [7], publia cinq propositions qu'il disait avoir extraites du livre de Jansénius ; c'est ce qui fit le discord. Les défenseurs de l'évêque d'Ypres soutenaient que la doctrine contenue en ces propositions n'était pas celle de Jansénius ni de son livre. Ses ennemis, au contraire, le préten-

---

[1] Le deuxième concile d'Orange tenu en 529.

[2] Saint Prosper d'Aquitaine défendit contre les semi-pélagiens la doctrine de saint Augustin, et composa contre les *ingrats* (les non-partisans de la grâce), un poème latin traduit en vers français par Lemaistre de Sacy en 1646.

[3] L'*Augustinus* parut à Louvain en 1640.

[4] Il semble qu'il faudrait lire *découvrait*.

[5] Le semi-pélagianisme.

[6] Le jésuite espagnol Molina, né en 1535, mort en 1601, essaya de concilier la grâce et le libre arbitre, dans un traité qui fit naître beaucoup de controverses : *De liberi arbitrii cum gratiæ donis concordia*, 1588.

[7] Nicolas Cornet, dont Bossuet a prononcé, en 1663, l'oraison funèbre.

daient et donnèrent ainsi le change à leurs adversaires qui, au lieu de poursuivre leur route contre les semi-pélagiens, s'amusèrent à soutenir ou le droit ou le fait de ces propositions en disant ou qu'elles n'étaient pas condamnables dans le sens de Jansénius, ou qu'elles n'étaient pas dans son livre.

Les évêques et les docteurs se trouvèrent partagés. On en consulta le pape, et cet oracle qu'on a écouté dès les premiers siècles de l'Église s'étant fait entendre, on reçut sa bulle en France, datée du dernier jour de mai 1653, et les prélats qui étaient à Paris et à la cour s'étant assemblés, elle fut reçue avec toutes sortes de respects et de déférences.

M. Auvry, notre évêque, était de ce nombre. On en écrivit à Sa Sainteté et autres prélats du royaume pour rendre compte au premier de la réception de sa bulle et pour instruire les autres de ce qui s'était passé à cette réception et de ce qu'il était à propos qu'ils fissent. Notre prélat fut un des neuf commissaires députés par l'assemblée pour la lecture et l'approbation de ces deux fameuses épîtres, ce qu'il fit le 15° juillet audit an 1653. L'an suivant, le cardinal asssembla derechef les prélats au sujet de quelques difficultés nées à l'occasion de la bulle. M. Auvry fut de cette assemblée. On examina ces difficultés et tout se passa au désavantage des défenseurs de Jansénius. Le résultat fut que les cinq propositions étaient condamnées comme étant de Jansénius et au sens de cet évêque. Il fut encore résolu que le pape et les évêques seraient informés de ce jugement. M. de Toulouse écrivit la lettre au pape et

M. de Chartres celle aux évêques. Elles furent souscrites des prélats de l'assemblée le 28° mars, entre lesquels nous y voyons le nom de notre évêque, M. Auvry, comme l'un des plus zélés. Le 29° novembre 1654, le pape fit expédier un bref en réponse à cette épître du clergé de France; il fut adressé aux prélats de l'assemblée prochaine. Ce fut en 1656. Notre prélat y assista et souscrivit à toutes les résolutions qui furent prises contre les sentiments de Jansénius ou plutôt contre ses défenseurs et pour la condamnation d'un million d'écrits qui se publiaient tous les jours pour sa défense et pour faire voir que la doctrine des propositions condamnées n'était pas celle que l'évêque d'Ypres enseignait en son livre intitulé : *Augustinus*.

Ces occupations étrangères n'empêchaient point Claude Auvry d'avoir incessamment l'œil ouvert et vaquer sur son troupeau. Nous avons dans les registres des expéditions ordinaires de l'évêché et dans ceux des insinuations, des preuves littérales de cette vigilance : qu'il venait de temps en temps à Coutances pour y faire les ordinations, et que ses grands vicaires, que nous avons nommés et qui étaient personnes de mérite et de distinction, faisaient les autres fonctions en son diocèse, lorsqu'il en était absent. Nous ne nous y arrêtons pas; mais nous sommes en obligation de remarquer qu'il a procuré trois grands avantages à tout le diocèse, à ses successeurs et à la ville de Coutances : premièrement, par l'érection de deux séminaires; secondement, par l'augmentation qu'il a faite du revenu de son évêché; troisièmement enfin, par l'affranchissement des tailles et la modération qu'il a procurée à la ville épiscopale.

Ces deux séminaires sont : l'un à Coutances [1] et l'autre à Valognes [2]. Nous avons rapporté dans l'histoire de ces villes ce que nous savons de chacun d'eux, il n'est pas nécessaire de le rapporter ici ; mais je ne dois pas oublier ce que je crois déjà avoir touché ailleurs. Le revenu de l'évêché avait déjà grandement diminué par le mauvais ménage d'Arthur de Cossé, et particulièrement par l'aliénation de sa baronnie de Saint-Lô. Son cœur généreux ne put le souffrir davantage ; il s'en plaignit et il trouva M. de Matignon disposé à lui faire justice. Ainsi, par acte passé devant les tabellions, on lui donna pour supplément les sei-

---

[1] Les séminaires de Coutances et de Valognes ont été fondés par le père Jean Eudes, frère de l'historien Mézeray, originaire d'Argentan. Le père Eudes fut d'abord oratorien et dirigea pendant longtemps, à titre de supérieur, la maison que l'ordre possédait à Caen. L'amour de l'indépendance, dit Toustain de Billy dans ses *Mémoires sur le Cotentin* (p. 96 du ms. de la Bibl. de Rouen, f. Martainville, Y 44), le porta à établir un ordre nouveau. Il institua un premier séminaire à Caen, avec la permission de l'évêque de Bayeux, Jacques d'Angennes. Claude Auvry l'autorisa, par acte du 8 décembre 1650, à en fonder un autre à Coutances. Le 23 janvier suivant, le lieutenant général du bailli de Cotentin, le maire et les échevins de Coutances, accordèrent permission au père Eudes et à ses associés d'établir leur congrégation en cette ville, et le 22 avril 1651, le vicaire général, Abraham Basire, les mit en possession de la place du séminaire et bénit leur chapelle, érigée en l'honneur du cœur de la Vierge.

[2] « A l'égard du séminaire de Valognes, on peut dire avec vérité que
« c'était le plus bel ornement non seulement de cette ville, mais de
« toute la basse province, moins par la beauté des bâtiments et de
« ses jardins, sa riche bibliothèque et autres choses semblables, que
« par les grands biens que l'on y faisait et les avantages publics qui en
« provenaient. Ces avantages ont seulement duré 18 ou 20 ans, après
« quoi les fonctions du séminaire ayant été interdites et les ecclésiastiques
« qui y étaient, renvoyés chez eux, ce beau lieu est demeuré désert et
« seulement habité par le fondateur jusqu'au mois de septembre 1699,
« qu'il mourut. » *Mémoires sur le Cotentin*, p. 204.

gueuries de Bonfossé, Cotanville et de Tournières[1], dont ses successeurs ont toujours depuis joui et jouissent encore aujourd'hui paisiblement.

M. Duprey, panégyriste de M. Auvry, parlant du grand malheur dont la ville de Coutances était accablée par la sujétion de la taille dont ce prélat les affranchit par son crédit : « Et ce qui était, dit-il, de
« plus dur que tous les maux, chaque citoyen était
« ennemi de son concitoyen. Tout était rempli de divi-
« sions dans les familles, de haine, de vengeance, de
« cruauté par la rigueur de ceux qui devaient porter
« à l'épargne les deniers publics. Cette dureté était
« excessive et accablante à cette pauvre ville, puisque
« ses persécuteurs étaient ses propres citoyens. Ses
« prisons étaient remplies de ses habitants qui,
« tour à tour, après avoir perdu leurs biens, ache-
« vaient de perdre la liberté dans la pauvreté. » Et, poursuivant son discours qu'il adresse à ses concitoyens : « Quel bien, ajoute-t-il, n'a-t-il pas fait à
« votre ville, messieurs, et quelle grâce avez-vous de-
« mandée que vous n'ayez obtenue ou de sa bonté ou
« de son crédit. Votre ville était en esclavage sous la
« domination de ceux qui n'avaient en vue que leur
« intérêt particulier; il la rendit libre. Votre ville
« était dans une assiette semblable à celle qui fait

---

[1] « Ce sont trois fermes ou trois terres comprises dans les paroisses de Saint-Sauveur-de-Bonfossé et de Saint-Evremond-de-Bonfossé. Elles appartenaient autrefois à la baronnie de Saint-Lô, et se trouvaient à peu de distance du château de la Motte, construit par Geoffroi de Montbrai et restauré par Geoffroi Herbert. En somme, le seigneur de Matignon rendait à Claude Auvry une partie des terres de la baronnie de Saint-Lo, vendue par Arthur de Cossé. » (*Note communiquée par l'évêché de Coutances.*)

« gémir nos campagnes et il l'a anoblie. Votre ville
« était dans le trouble et la division, et il y a établi
« la paix et le repos, y ajoutant les nobles privilèges
« dont vous jouissez, lorsqu'il trouva ce juste tem-
« pérament de rendre au prince tout ce qu'il deman-
« dait et d'ôter aux particuliers les occasions de
« vengeance, de haine et de rapine, et d'empêcher
« d'enfermer tant d'honnêtes citoyens qui n'avaient
« d'autres crimes que de ne pouvoir suppléer à ce que
« les pauvres ne pouvaient payer. »

Il travailla fortement pour cet amoindrissement de la taille de la ville de Coutances dès l'an 1658. Néanmoins, le dernier arrêt pour ce sujet, je veux dire pour le tarif[1] au lieu de la taille, est daté du 21ᵉ juillet 1662, auquel temps il n'était plus notre évêque, et les bourgeois de cette ville lui en sont d'autant plus obligés que, rompant le lien spirituel qu'il y avait entre lui et eux, par la renonciation à l'évêché, il n'avait pas rompu le nœud de l'amitié qu'il avait pour eux, et n'a pas cessé de leur procurer la satisfaction qu'ils désiraient le plus.

C'est ce que nous pouvons dire de l'épiscopat de M. Auvry. Il a vécu longtemps après l'avoir quitté, mais le surplus de sa vie ne nous regarde plus. J'ajouterai seulement ici quelques époques de son pontificat que peut-être je ne dois pas oublier ; car, le 28ᵉ décembre 1651, il assista dans l'église

---

[1] « C'est un droit que les habitans ont imposé sur eux-mêmes pour tenir lieu de taille, sur les marchandises qui se débitent dans leur ville, dont ils ont fait une taxe et un *tarif*. » *Dict. de Trévoux*, édit. de 1704, vº *Tarif*.

des Chartreux, avec Édouard Molé[1], évêque de Bayeux, Nicolas, des comtes de Balneo[2], nonce du pape Innocent X, au sacre de feu François de Harlay de Champvallon, pourvu de l'archevêché de Rouen sur la démission de son oncle du même nom[3]; 2° le 10° du même mois et an, il avait rendu le même office dans l'église des religieux de saint Thomas, proche la porte de Richelieu à Paris, à feu messire Gabriel de Boislève[4] pourvu de l'évêché d'Avranches, avec Robert Cupif, évêque de Dol[5], et Jean d'Estrades, évêque de Condom[6]; 3° il rendit encore le même service à M. de Lesseville, son successeur, en l'église des pères jésuites, en la rue Saint-Antoine, au carême de 1659. Il a été plus de quarante ans grand vicaire des cardinaux Barberin et de Bouillon[7], en leurs qualités de

---

[1] Fils de Mathieu Molé, premier président du parlement de Paris, et de Renée Nicolaï. Il fut nommé évêque de Bayeux le 22 mai 1647, trésorier de la Sainte-Chapelle en 1649, et mourut le 6 avril 1652, à l'âge de 43 ans.

[2] *Gallia christiana*, XI, 111 : « Tandem V calendas Januarii sequentis, in Cartusia Parisiensi consecratus est (Franciscus de Harlay) a Nicolao e comitibus Balnei, sedis apostolicæ apud regem nuncio, assistentibus Constantiensi et Bajocensi episcopis, suffraganeis suis. »

[3] François Ier de Harlay fut élu archevêque de Rouen en 1615, après la mort du cardinal de Joyeuse, dont il avait été le coadjuteur. Il se démit en 1641, en faveur de son neveu, François II de Harlay, qui, en 1671, quitta l'archevêché de Rouen pour celui de Paris. François II de Harlay mourut le 6 août 1695. L'abbé Le Gendre a composé son éloge cette même année et publié en 1720 l'histoire de sa vie.

[4] Gabriel de Boislève fut évêque d'Avranches de 1651 à 1657.

[5] Robert Cupif, qu'on a vu plus haut disputer l'évêché de Léon à René de Rieux, avait été transféré à Dol en 1648.

[6] Jean d'Estrades n'était plus évêque de Condom en 1651, d'après le *Gallia christiana*, II, 971-972. Promu à cet évêché en 1647, il avait abdiqué en 1649, pour se retirer dans l'abbaye de Saint-Melaine de Rennes, dont il était abbé; il y mourut en 1685. Le maréchal d'Estrades était son frère.

[7] Emmanuel-Théodore de La Tour d'Auvergne, cardinal de Bouillon,

grands aumôniers de France. Enfin, il mourut à Paris le [9 juillet 1687], âgé [de plus de 80 ans[1]], et fut inhumé dans la chapelle basse de la Sainte-Chapelle. MM. du chapitre de Coutances, ayant appris sa mort, firent en la cathédrale un service solennel pour lui, auquel M. de Brienne, notre évêque, officia, et son éloge fut prononcé par feu M. Blanger, chantre, grand vicaire et official, et les officiers et bourgeois de cette même ville, en témoignage et mémoire des bienfaits qu'ils avaient reçus de lui, firent un second service dans l'église des Jacobins, où M. Duprey, prêtre de cette ville, fit cette belle oraison funèbre que feu M. du Vaudôme a bien voulu insérer dans ses mémoires, et dont nous avons inséré ici quelque chose.

Enfin, je remarquerai que l'abbaye ou prieuré de Saint-Michel-du-Bosq, dont nous avons déjà parlé, qui est l'unique couvent de filles qui fût en ce diocèse avant l'épiscopat de M. de Matignon, commença de se rétablir en ce temps-ci; les guerres et l'injure des temps l'avaient rendue déserte. Par traité passé le 24ᵉ octobre 1626, entre Henri d'Orléans, marquis de Rothelin, seigneur et châtelain de Varenguebec [2], et, en cette dernière qualité, fondateur de ce monastère, d'une part, et dame Élisabeth de Bouillé [3], abbesse

grand aumônier de France, a possédé entre autres abbayes celle de Saint-Ouen de Rouen, de 1667 à 1715.

[1] *Gallia christiana*, XI, 907 : « octogenario major. »

[2] Ce personnage qui fut gouverneur de Reims et mourut en 1651, avait épousé Catherine-Henriette de Loménie-Brienne, tante de François de Loménie, qui fut évêque de Coutances.

[3] Élisabeth de Bouillé, fille de René de Bouillé, comte de Créances, et de Renée de Bois-Dauphin, fut prieure de Sainte-Marie de Moutons de 1605 à 1637. *Gallia christiana*, XI, 534.

de Moutons, d'autre, ledit monastère ou prieuré de Saint-Michel fut uni à l'abbaye de Moutons[1] au diocèse d'Avranches, sans aucune autre obligation que d'y entretenir un prêtre qui dirait la messe trois fois la semaine, tant audit lieu de Saint-Michel qu'au prieuré du Parc. Mais, comme il était stipulé dans ce traité qu'en cas que le revenu de ce monastère se trouvât augmenté ou par la libéralité des seigneurs de Varenguebec ou autrement, la réunion pourrait cesser, il arriva qu'en l'an 1640 ou 1641, sœur Marthe de La Rocque, religieuse de Moutons, qui était titulaire de Saint-Michel-du-Bosq, s'y retira à raison de quelques brouilleries qu'il y avait à Moutons avec sœur Renée d'Arelais de Montaucis, obtint sentence de l'official de Rouen en sa faveur contre l'opposition de l'abbesse de Moutons, et ayant, sur la fin de l'année 1652, résigné en cour de Rome Saint-Michel-du-Bosq à sœur Jacqueline d'Arelais, sœur de ladite Renée, religieuse de Villiers-le-Bocage, M. Basire, notre grand vicaire, l'en pourvut par forme de visa, et cette communauté s'y est depuis maintenue et augmentée à l'honneur de ce diocèse et à l'édification de tout le peuple.

M. Auvry portait un écu d'azur à la fasce d'or, chargée d'une tête de lion de sable, accompagnée de trois roses d'argent, deux en chef et une en pointe.

[1] Le prieuré de Sainte-Marie de Moutons, fondé à peu de distance de Mortain par Henri Ier, roi d'Angleterre, a été transféré à Avranches par l'évêque Daniel Huet en 1693 et uni à un autre couvent de filles établi dans cette ville en 1635, sous le patronage de Sainte-Anne. *Gallia christiana*, XI, 533.

CHAPITRE VI

DE EUSTACHE DE LESSEVILLE

Le véritable nom de la famille de ce prélat est Le Clerc; elle porte d'azur à trois croissants d'or, à quoi on a ajouté un lambel d'argent, et, comme il y en a d'autres de ce même nom de Clerc, ceux de cette famille ou branche se sont nommés de Lesseville pour se distinguer.

Je ne sais pas assez bien leur généalogie pour la rapporter ici; mais je sais que cette famille qui est de robe, est très bonne et a de très belles alliances. Il y a eu et il y a encore des conseillers au parlement de Paris, des maîtres des comptes, des maîtres des requêtes, des procureurs généraux et autres grandes dignités.

Le père de l'évêque dont nous avons à parler avait nom Nicolas Le Clerc de Lesseville, seigneur de Thun et d'Eucquemont[1]. Il est mort doyen de la chambre des comptes. Son épouse, mère de notre Eustache, ne lui cédait pas en noblesse; elle avait nom Catherine Le

---

Eucquemont (Bayle), *Eucquemont* (Moréri).

Boulanger ; elle était sœur du président, lequel avait été prévôt des marchands. Eustache avait trois frères et une sœur ; l'aîné de ses frères avait nom Charles ; il est mort sous-doyen au grand conseil. Le *Mercure galant*, parlant du fils de ce Charles qui épousa, en 1678, Madeleine Le Prévôt, dit que ce Charles de Lesseville était un juge d'une intégrité parfaite et que, « comme
« sa charge lui donnoit la connoissance de toutes les
« affaires qui concernoient les monastères et les ab-
« bayes, son humeur bienfaisante l'en avait rendu le
« protecteur[1]. » Le deuxième de ses frères, appelé Nicolas, fut maître des comptes. Le troisième de ce nom, nommé Pierre, était conseiller au parlement. Sa sœur, enfin, fut mariée à François Le Gras, maître des requêtes.

Le *Mercure*, parlant au mois de novembre de la mort de ce premier frère, disait :

« La mort de M. Le Clerc de Lesseville, conseiller
« honoraire à la première chambre des enquêtes du
« palais, est arrivée dès le mois passé. Il était fils de
« feu M. Le Clerc de Lesseville doyen des maîtres de
« la chambre des comptes de Paris, et frère de' mes-
« sire Eustache Le Clerc de Lesseville, évêque de Cou-
« tances. Il laisse deux fils, dont l'aîné est conseiller
« au parlement de Paris en la seconde chambre des en-
« quêtes du palais, et l'autre substitut de M. le procu-
« reur général dans le même parlement, et une fille
« mariée à M. D'Orge, conseiller à la cour des aides. »

---

[1] *Mercure galant*, juillet 1678, p. 284.

C'est ce que je connais présentement de cette famille. Eustache était le troisième des quatre fils de Nicolas de Lesseville. Il était d'un naturel doux et d'un esprit très vif et très pénétrant. Ces qualités, jointes à une bonne éducation et une inclination toute particulière à l'étude, en firent en très peu de temps un excellent sujet. « Deux ans, » dit M. Le Moussu, son panégyriste chez M. du Vaudôme, « après qu'il eut paru entre les
« premiers écoliers, il devint le premier entre les
« maîtres, ce que je crois sans exemple; et ne crois
« pas que les Parisiens aient vu que, dans un âge où
« l'on n'a pas la disposition de ses biens domestiques,
« un des leurs ait obtenu la première magistrature de
« la première et plus ancienne université qui soit dans
« l'Église, dans un âge, dis-je, auquel les Romains
« ne croyaient pas devoir demander la robe virile, on
« lui ait vu cette maîtresse robe et les marques de
« l'amplissime dignité. C'est qu'il fut fait recteur de
« l'université de Paris, qu'il n'était âgé que de dix-
« sept ans, auquel temps, entrant en cette dignité, il fit
« une harangue latine dont tout le monde fut charmé.
« On la fit imprimer. Elle est du 22ᵉ septembre 1633,
« et les registres de l'université portent en termes
« exprès que : « Eustachius de Lesseville Le Clerc,
« nobilis Parisiensis baccalaureus, theologus, philo-
« sophiæ professor et rector universitatis, orationem
« habuit de pristina Academiæ dignitate et singuli
« homines [1] gesta domini rectoris comprobaverunt. »

---

[1] Ms. P : *Singuli ordinis gesta domini rectoris comprobantur.*

On dit que c'est lui qui fit le premier aller l'université en carrosse, au lieu qu'auparavant elle allait toujours à pied, ce qui avait fait dire autrefois à Henri IV, lorsque l'université lui fut rendre ses respects, que sa fille aînée était bien crottée, car on sait que cette université de Paris s'appelle la fille aînée de nos rois.

Eustache étudia en théologie, prit les ordres sacrés, fut fait prêtre et ensuite docteur de la maison et société de Sorbonne. Bientôt après, le roi Louis XIII, connaissant son mérite et sa grande capacité, le choisit pour un de ses aumôniers ordinaires et lui donna l'abbaye de Saint-Crespin-lès-Soissons avec quelques bénéfices de moindre considération.

Après la mort de ce monarque, il traita d'une charge de conseiller clerc au parlement de Paris, qu'il exerça en juge très bon et très éclairé, et comme l'église collégiale de Saint-Julien de Brioude, ville d'Auvergne, sur la rivière de l'Allier, donne de toute antiquité à ses chanoines le titre et la qualité de comte, aussi bien que celle de Lyon, il trouva moyen de s'agréger en ce noble chapitre, afin de se l'acquérir. Aussi l'a-t-il tellement considérée qu'il ne l'a point quittée même depuis qu'il fût notre évêque, non plus que celle de conseiller au parlement et conseiller du roi.

M. Bayle, auteur du *Dictionnaire historique et critique*, et qui a inséré un abrégé de la vie de notre prélat[1], nous en apprend une particularité que je n'ai pas vue ailleurs et que je ne dois pas oublier ici.

---

[1] T. III, éd. de 1730, p. 97-98.

Il dit donc que notre M. de Lesseville fut encore curé de Saint-Gervais à Paris et que cette circonstance lui sauva la vie, dans cette cruelle sédition arrivée à l'assemblée tenue à Paris en la maison de ville, peu de jours après la bataille Saint-Antoine en 1652[1]. Il y eut quantité de personnes considérables tuées en cette sédition, et entre autres M. Le Gras, dont nous venons de parler, beau-frère de M. de Lesseville; ce que voyant les paroissiens de Saint-Gervais et craignant pour leur curé, ils s'armèrent aussitôt, furent l'arracher du milieu de l'assemblée des séditieux, l'enlevèrent et ne le quittèrent point qu'il ne fût en lieu de sûreté et que la sédition ne fût tout à fait passée. C'est l'état où était M. de Lesseville, lorsque M. Auvry fit dessein de quitter l'évêché de Coutances. Il jeta la vue sur lui et, ayant obtenu facilement l'agrément du roi, ils en traitèrent par mille livres[2] de pension, l'abbaye de Saint-Crespin-lès-Soissons et un prieuré proche de la Charité-sur-Loire, dont il ne me souvient pas du nom, M. de Lesseville donnant par cette permutation à M. Auvry bien plus de revenu qu'il ne lui en restait.

Ce traité, comme nous l'avons dit, est du mois de septembre 1658, et M. [de Lesseville] fut admis en cour

---

[1] V. *Mémoires du cardinal de Retz*, (éd. Aimé-Champollion-Figeac), Paris, Charpentier, 1859, t. IV, p. 43-52. Les deux mss. donnent la date de 1634, et cette date se trouve reproduite dans l'*Histoire des Evêques de Coutances*, par M. Lecanu, curé de Bolleville. Cet auteur cite au nombre de ses sources l'ouvrage de Toustain de Billy, mais cette erreur et quelques autres qui lui sont communes avec les mss. que nous avons eus à notre disposition, prouvent qu'il n'a pas eu, plus que nous, la bonne fortune, d'avoir entre les mains le texte même de Toustain.

[2] Le ms. M dit 100 livres de pension; le *Gallia christiana*, t. XI, 907, dit 12,000 livres de pension annuelle.

de Rome le 19° février suivant 1659, et sacré, comme nous avons aussi remarqué, au carême suivant 1659. Il resta encore à Paris jusqu'au mois de mai de cette même année, sur la fin duquel mois il vint en son diocèse.

Il arriva à Coutances le 24ᵉ dudit mois sur le soir. Il ne voulut point qu'on lui fît d'entrée solennelle ; c'est pourquoi il vint de nuit. Il fut reçu à la manière accoutumée par M. l'abbé de Franquetot, chantre et chef du chapitre, entre les mains duquel il fit le serment ordinaire.

Il a été seulement évêque de Coutances six ans, six mois et quatorze jours. Il s'y est attiré l'estime et l'amitié de tous ses diocésains. Ils le pleurèrent comme leur véritable père. Son nom y est demeuré en grande vénération. Il aimait véritablement toutes les personnes de son diocèse, mais on a remarqué qu'il avait une considération toute particulière pour les prêtres, auxquels on dit qu'il ne préférait jamais qui que ce fût. Il n'y en avait point dans toute l'étendue de son diocèse qui ne fussent distingués quelque peu par leur vertu ou par leur science, pour lesquels il n'eût des égards très grands. C'était la conversation et la compagnie de ces personnes savantes qui lui était la plus agréable. Il était non seulement docteur de la maison et société de Sorbonne, comme nous avons dit, mais très docte et excellent théologien. Il aimait à approfondir et à entendre les sentiments d'un chacun sur celles[1] qui se

---

[1] Il y a *celles* dans les deux mss., ce qui permet de supposer une lacune ;

proposaient, toutes lesquelles il reprenait, pour ainsi dire, et expliquait avec une netteté d'esprit et une pénétration qui charmait.

C'est le témoignage que m'en ont porté plusieurs personnes de mérite, qui l'ont connu et qui ont eu l'avantage d'assister à ses belles conversations ou conférences. A propos de quoi, je crois ne devoir pas oublier que le chapitre général des ermites de saint Augustin s'étant tenu dans leur église à Barfleur, notre évêque y fut invité, et y assista ; et dans les disputes générales des thèses de théologie qui y furent proposées, Eustache de Lesseville y parla avec tant de grandeur, de netteté et de science que sa mémoire s'en conservera à jamais, ainsi que l'ont dit les religieux de ce couvent.

En parlant de Valognes et du séminaire de cette ville, nous avons rapporté la sentence de M. de Lesseville du 31 mars 1660, en faveur de M. l'abbé de la Luthumière et de son séminaire, que ses ennemis accusaient d'être janséniste. Je prie mes lecteurs de ce que j'écris ici de se donner la peine de lire et de réfléchir sur cette sentence. Ils y connaîtront la prudence, la vigilance et le génie de ce prélat, et avec quelle exactitude il s'appliquait aux affaires de conséquence de son diocèse. Il avait été quatorze ans conseiller au parlement de Paris ; il n'avait pas une connaissance moins parfaite des lois et de la jurisprudence [1]

l'auteur parlait sans doute auparavant de questions ou de difficultés à résoudre.

[1] Le ms. P porte : *et de la juridiction, dis-je, jurisprudence*, ce qui

séculière que de la théologie ; aussi nous savons qu'on s'adressait à lui de toutes les parties de cette province sur les difficultés les plus grandes qui se présentaient et qu'il a terminé plusieurs procès où les jurisconsules les plus éclairés n'y voyaient goutte.

Il avait un soin particulier des choses de son devoir. Nos registres nous sont témoins qu'il faisait ses fonctions épiscopales exactement, et par soi-même les ordinations ordinaires et l'examen des ordinands, voulant soigneusement connaître le mérite et la capacité de ceux qui entraient dans les ordres sacrés et dans les bénéfices à charge d'âmes, sans vouloir souffrir qu'il s'introduisît aucune nouveauté dans son diocèse, ni aucune partialité entre ses ecclésiastiques par des noms de cabales et de divisions qu'ils se donnassent les uns aux autres.

M. de Lesseville était un grand homme, bien fait, de bonne mine, les yeux vifs et pleins de feu, déjà avancé en âge, lorsqu'il fut sacré notre évêque, agréable, d'un abord qui inspirait naturellement du respect, mais affable, d'un entretien aisé et qui charmait lors spécialement qu'il s'agissait de doctrine.

S'étant défait de son abbaye et de ses autres moindres bénéfices et, en outre, payant une grosse pension sur son évêché, qui, comme l'on sait, n'est pas d'un gros revenu, il lui restait fort peu de biens d'église. Néanmoins, il était magnifique en toutes choses et riche, parce qu'il était bon économe et savait parfai-

---

paraît le fait d'un copiste ayant d'abord écrit un mot pour un autre et rétablissant ensuite le vrai.

tement ménager son patrimoine qui était considérable. Aussi, quoiqu'il fût grand aumônier et libéral, on dit qu'il avait beaucoup d'or et d'argent quand il est mort, et qu'il avait deux grands desseins: le premier d'aller à Rome, à l'intention d'en revenir cardinal, et l'autre de retirer la baronnie de Saint-Lo [1].

Le diocèse lui a obligation du bréviaire dont on se sert à présent. M. de Briroy en avait fait imprimer un à Rouen et à Coutances en usage et ce, en 1603, mais il en restait très peu ou point. La disposition du temps demandait du changement, une exactitude plus grande et quelque politesse plus conforme à celle de notre siècle. Il y avait des saints canonisés depuis ce temps-là dont il était à propos de faire l'office entier ou mémoire pour le moins, pour se conformer à l'église universelle. Il y en avait d'autres de ce diocèse même, desquels à peine faisait-on mention, tels qu'étaient saint Léon, natif de Carentan, archevêque de Rouen [2] et apôtre de Bayonne et de la Biscaye, saint Marcouf, abbé de Nanteuil, et ses compagnons saint Hélier, saint Sever et plusieurs autres dont les exemples et suffrages méritaient bien qu'on s'y appliquât. Ces raisons, jointes ensemble avec plusieurs autres, engagèrent notre évêque à donner ses soins à cette réforme et à cette nouvelle impression du bréviaire de Coutances.

[1] On a vu plus haut que cette baronnie avait été cédée par l'évêque Arthur de Cossé à M. de Matignon. — Le ms. M écrit au lieu de *retirer*, *retenir*.

[2] Dans le ms. M, on lit après *archevêque de Rouen* : *on ne pense pas que Saint Léon ait été archevêque de Rouen, et apôtre de Bayonne et de la Biscaye*.

« ... et nunc edimus, » dit-il en sa préface, « seve-
« ritati nostrum temporum accommodatius. Addidimus
« plures sanctorum præsertimque domesticorum et
« recens cœlestibus per inconcussam Sedem Aposto-
« licam adscriptorum historias... »

Il observa prudemment de ne point changer les antiennes, les répons, les hymnes, ni les autres choses notées dans les antiphonaires, graduels et processionnaires, parce qu'il n'était pas aussi facile de les changer et d'en faire de nouveaux comme il l'était des bréviaires, et [afin] que le commun du peuple, qui était accoutumé à ces paroles et à ces notes anciennes, demeurât toujours dans la même facilité d'appliquer leurs cœurs et leurs voix à louer Dieu : « Nobis vero, » dit-il, « antiphonas, invitatoria, responsoria aut hym-
« nos immutare religio fuit, ne qui in singulis ser-
« vantur ecclesiis antiqui et notati, ut vocant, libri
« inutiles remanerent : atque ut plebs sua sancta his
« assueta laudem septies in die expeditius unà cum
« clero diceret, cum beatus existat populus, sicut dicit
« psalmista, qui scit jubilationem [1]. » Il fut publié et achevé d'imprimer au mois d'avril 1663.

L'an suivant 1664 et le premier septembre sont célèbres par l'invention des reliques de saint Gaud, autrefois évêque d'Evreux, puis religieux à Sciscy,

---

[1] *Breviarium Constantiense in Neustria, editum jussu Illustrissimi ac Reverendissimi Domini D. Eustachii de Lesseville, episcopi ecclesiæ Constantiensis, Domini nostri Regis in suis consiliis ac parlamenti curia consiliarii, Comitis Brivatensis, Doctoris ac socii Sorbonici; necnon ejusdem ecclesiæ capituli consensu. Pars Hiemalis.* Parisiis, apud Fredericum Leonard, via jacobea, sub scuto veneto. M. D. C. LXIII. *Cum privilegio Regis.*

duquel nous avons déjà parlé deux fois[1]. M. de Lesseville, faisant sa visite en l'église paroissiale de Saint-Pair, fut averti que le corps de ce saint évêque gisait encore dans cette église depuis environ onze cents ans, qu'il y mourut en saint ermite après avoir quitté son évêché ; que, selon qu'il est contenu en un ancien manuscrit de cette église[2], en 1131, le 22ᵉ juillet, sous l'épiscopat de Richard de Brix, ce corps saint avait été par révélation trouvé par le curé du lieu dans un tombeau de pierre entier[3], ayant encore sa chair et sa peau « cutem cum carne adhuc haben-« tem », avec l'inscription que nous avons déjà remarquée : « Hic requiescit sanctus Gaudus, episcopus Ebroi-« censis », gravée sur la pierre ; qu'il s'y était fait plusieurs miracles ; que ce tombeau avait été rétabli sans rien changer au corps de ce saint, ni à sa situation, mais seulement mis au-dessus une forme de sépulcre de pierre avec de petites fenêtres, ainsi qu'il est expressément porté par cet ancien manuscrit, et que, depuis ce temps-là, il s'y était toujours opéré et s'opérait encore tous les jours plusieurs merveilles, spécialement à l'égard des malades du flux de sang :
« Post hoc facta sunt et fiunt adhuc miracula in-« numerabilia ad laudem et honorem sanctissimi con-« fessoris Gaudi. »

Toutes ces choses obligèrent le seigneur évêque de

---

[1] V. t. Iᵉʳ de cet ouvrage, p. 7, 10, 13, 14, 171, 172, 173.
[2] V. *ibidem*, p. 171-173.
[3] Les deux mss. ajoutent ici les mots *de Saint Gaud*, que nous avons cru devoir supprimer.

se faire lire ce manuscrit et, étant très humblement supplié par tous les paroissiens de Saint-Pair et autres assistants et spécialement par le curé du lieu, plusieurs autres curés et prêtres voisins, de faire fouir en ce lieu et visiter ce saint corps, il se revêtit de son rochet, camail et croix pastorale, invoqua le nom de Dieu et le fit invoquer par tous les assistants, fit le signe de la croix sur la terre, donna le premier coup de pelle, qui fut suivi par les prêtres seuls qui tirèrent la terre, et, après avoir foui trois ou quatre pieds, trouvèrent une forme de sépulcre de pierre, rempli seulement de terre avec les petites fenêtres telles qu'elles sont désignées dans ledit manuscrit. On tira toute cette terre et on découvrit une couverture de ciment de la longueur d'un corps humain en forme de dos de bahut. Chacun, par ordre de l'évêque, redoubla ses prières ; ensuite de quoi, ayant recommencé à donner le coup le premier sur le cercueil, qui était très dur et très épais, les prêtres continuèrent. On l'ouvrit enfin et on vit les ossements de saint Gaud encore tous rangés, attenant les uns avec les autres, vermeils comme s'ils venaient d'être dépouillés de leurs chairs, avec même un peu de chair et de peau à des endroits. Ils semblaient encore tout onctueux, comme s'ils avaient nagé longtemps en quelque précieux baume.

L'évêque défendit d'en faire une plus grande ouverture, ni d'en prendre aucuns ossements et fit recouvrir ce lieu décemment, en attendant une célèbre translation avec toutes les cérémonies et solennités requises. Il entonna ensuite le *Te Deum*, chanta l'oraison du saint après l'antienne, et, le verset des confesseurs pontifes chanté par le chœur, on en dressa procès-verbal, et c'est de lui que j'ai extrait ce que nous venons de dire [1].

L'an suivant, 1665, le 3ᵉ décembre [2], nous perdîmes ce bon prélat, comme nous avons déjà marqué. L'assemblée générale du clergé devait se tenir; il était un des députés de la province; il était logé à Paris, proche les grands Augustins. Il fut saisi d'une apoplexie de laquelle il mourut presque subitement. Son corps fut inhumé dans l'église de ces religieux, dans la chapelle de Sainte-Monique, en une cave qui appartient à ceux de cette famille de Lesseville et où ses ancêtres sont inhumés.

Comme il fut surpris de la mort, il ne fit point de testament, mais ses héritiers y ont suppléé abondamment. Ils ont anobli la chapelle de Saint-Eustache en notre cathédrale et ont fondé l'office de ce même saint martyr dont il portait le nom, avec un obit le lendemain de cette fête pour le repos de son âme, et ont en outre donné à cette église un ornement complet de velours noir, qui est parfaitement beau.

Le nécrologe de l'abbaye de Cherbourg fait mémoire de lui et marque son décès le 4ᵉ décembre en ces termes : « Pridie nonas decembris, obiit Eustachius

---

[1] E. Frère cite (*Manuel du Bibliographe normand*, II, 504) une *Vie de saint Gaud*, in-12, publiée à Coutances cette même année 1664.

[2] Le *Gallia christiana*, XI, 908, fixe en effet sa mort au 3 décembre; les deux mss. dont nous nous servons donnent la date du 8 décembre, mais il est vraisemblable que les copistes ont pris pour un 8, un 3 mal fait.

« de Lesseville, episcopus Constantiensis, anno
« 1665. » Il marque encore un service pour le repos
de son âme le 7° du même mois, aussi en ces termes :
« 7ª idus decembris, commemoratio pro memoria Eustachii, Constantiensis episcopi. » C'est le seul lieu de
piété autre que la cathédrale où j'ai remarqué où l'on
ait mémoire de lui.

Le chapitre, ayant appris sa mort, ordonna et fit
faire aussitôt le service accoutumé, après lequel s'étant
assemblé à l'ordinaire, furent choisis pour vicaires
généraux, pendant la vacance du siège, les sieurs de
Gourmont, Le Rossignol, Duchemin et Basire. L'office
de secrétaire fut continué à M. de Cheruse[1], et celui
d'official à M. Basire et de promoteur à M. de La Luzerne, tous chanoines et qui avaient eu les mêmes
dignités du vivant de M. de Lesseville, tant cet illustre
corps avait de respect pour sa mémoire.

[1] Ms. M : *M. Chervise.*

CHAPITRE VII

MÉMOIRE POUR LA VIE DE MESSIRE CHARLES-FRANÇOIS DE BRIENNE, ÉVÊQUE DE COUTANCES, DE PRÉSENT SÉANT.

Ce prélat est d'une des plus nobles et des plus illustres familles du royaume, tant du côté de feu M. son père que de celui de feu Mme sa mère, ce qui paraîtra par le dessein que nous avons de donner ici la généalogie [1] de l'un et de l'autre.

DE LA MAISON DE LOMÉNIE

Cette famille de Loménie est limousine et porte le nom d'une terre noble nommée Loménie, dans une paroisse nommée Flavignac des Cars [2], à deux lieues de Limoges, laquelle terre est encore possédée présentement par des seigneurs du nom et des armes de

---

[1] Cette partie de nos mss. est très incorrecte. Les noms de personnes et de lieux y sont très fréquemment altérés. Nous nous sommes attaché à les rectifier, sans juger nécessaire de reproduire en note toutes les mauvaises leçons de ces mss.

[2] Tel est le texte des mss. Il semble qu'il faudrait lire : *Flavignac proche des Cars*; les deux paroisses appelées Flavignac et les Cars étaient en effet distinctes et sont voisines l'une de l'autre.

Loménie. Le premier de cette noble famille dont j'ai connaissance, avait nom Raymond, seigneur de Loménie et de Faye [1], lequel vivait sur la fin du xiv° siècle. Il portait comme tous ses descendants d'or à l'arbre arraché de sinople, les racines chargées du besant d'or au chef d'azur, chargé de trois losanges d'argent [2]. Il épousa en 1402 Blanche de [La] Tour, d'une noble et ancienne famille, qui portait de gueules à la tour d'argent. Elle le rendit père de trois fils : Adrien, Gaspard et Raymond, qui eurent postérité.

Gaspard de Loménie, second fils dudit Raymond, de la postérité duquel il s'agit, écuyer, seigneur de Guimont, de Loménie et de Faye, fut marié en 1440 à demoiselle Rose d'Alibert, d'une famille noble, qui portait d'azur à la fasce d'or, accompagnée de trois étoiles de même. Il sortit de cette noble alliance :

Louis, seigneur de Loménie et de Faye, lequel, suivant son traité de mariage du 25° janvier de l'an 1470 [3], fut conjoint par mariage avec demoiselle Alison de Preuilly, fille de messire Alexis de Preuilly, chevalier, seigneur des Couves [4], qui portait d'or à trois aiglons d'azur, à la herse de gueules en cœur, et de noble dame Alison de Combes. De ce mariage sortirent

---

[1] La terre de la Faye était également dans la paroisse de Flavignac.

[2] D'après le P. Anselme : d'or, à l'arbre de sinople, au tourteau de sable, au chef d'azur, chargé de trois losanges d'argent. D'après La Chesnaye-Desbois : d'or à l'orme de sinople, au chef d'azur, chargé de trois losanges d'argent, aliàs d'un tourteau de sable en pointe.

[3] Ms. P : 1440, ce qui est une date évidemment fausse, d'après celles qui précèdent et qui suivent.

[4] Ms. M : *seigneur de* Course.

deux fils Aymeric et François, qui fut seigneur de Guimont et de Vesly.

Aymeric, seigneur de Loménie, de Faye, Pignol et autres, épousa en 1530 demoiselle Claude du Val, fille de Florimond du Val, écuyer, seigneur de Vigeras, qui portait d'azur à trois croix d'or, et de Liesse de Montalembert de la maison de Vaux en Poitou, qui portait d'azur à la croix ancrée d'argent[1], qui le rendit père entre autres de Martial et de François de Loménie.

Martial de Loménie, écuyer, seigneur dudit lieu et de Faye, épousa demoiselle Jacquette Pinault, qui lui donna de grands biens; entre autres, elle le rendit seigneur de Versailles, et de la Grange-Lessart; laquelle Jacquette était fille de Jean Pinault, écuyer, seigneur de Villeneuve, qui portait d'azur à six pommes de pin d'argent, trois, deux et un, et de Radegonde Bailly, fille de Bernard Bailly, qui portait d'argent au lion de *tour*[2], et de Suzanne de Vendi, son épouse, dont l'écu était d'argent à trois doloires adossées de gueules[3]. Martial de Loménie fut conseiller secrétaire du roi et de ses finances et greffier de son conseil. Il fut très particulièrement aimé du roi de Navarre, qui fut par après notre roi Henri le Grand. Il avait, comme beaucoup d'autres, donné dans les nouveautés de son temps; aussi il eut le malheur d'être, comme eux, sa-

---

[1] Moréri et La Chesnaye-Desbois disent : d'argent à la croix ancrée de sable.

[2] Ainsi, dans les deux mss. Ce mot remplace un nom d'émail, mais lequel?

[3] Ms. M : *et de Suzanne de Renti, son épouse, dont l'écu était d'argent à trois lorrets* (l. lorrés) *adossés de gueules*.

crifié à la cruelle journée de la Saint-Barthélemy. J'ai vu un acte exercé devant les notaires de Paris, daté du 28° mars 1573, contenant le procès-verbal de l'état des biens meubles et immeubles de Claude et Antoine de Loménie, ses enfants mineurs, par lequel il paraît : 1° que les bourreaux de Martial, leur père, le laissèrent languir jusqu'au 10° septembre qu'il mourut, pillèrent généralement tous ses meubles, et que cinq jours après son décès, c'est-à-dire le 15ᵉ septembre 1572, comme pour surcroît d'affliction, les Célestins de Paris, en qualité de seigneurs féodaux, saisirent sur ces mineurs les seigneuries de Versailles et de la Grange-Lessart pour devoirs non faits ; 2° qu'à l'égard des terres et héritages de Loménie et de Faye en la paroisse de Flavignac, au pays de Limoges, échues audit feu Martial de la succession d'Aymeric de Loménie son père, le tuteur n'en avait encore rien reçu.

Martial avait deux fils, Claude et Antoine. Claude de Loménie avait été reçu en survivance des charges de son père dès l'an 1555, quoiqu'il ne fût alors âgé que de six ans. J'ai vu l'arrêt du conseil daté du 22° novembre audit an 1555, pour l'entérinement des lettres patentes du roi Henri II, données à ce sujet avec celles de dispense d'âge. On voit par là en quelle considération était dès lors cette maison.

Messire Antoine de Loménie, chevalier, baron de la Ville-aux-Clercs, second fils de Martial, fut tout à fait considéré de Henri le Grand. Ce monarque, qui avait aimé le père, eut pour ce sujet des égards très grands et très particuliers pour ce seigneur ; aussi en reçut-

il des services bons et fidèles, avant et depuis son avènement à la couronne. Il l'honora des premières et plus grandes charges et dignités du royaume. Il l'envoya ambassadeur en Angleterre en 1595, le fit secrétaire de son cabinet, de ses commandements, enfin conseiller et secrétaire d'Etat et commandeur de ses ordres. J'ai vu les lettres patentes du feu roi Louis XIII, en date du 10° août 1615, par lesquelles ce monarque
« ayant égard aux fidèles, signalés et recommandables
« services, dit-il, que son amé et féal conseiller en ses
« conseils d'Etat et privé et secrétaire d'Etat de ses com-
« mandements et finances, messire Antoine de Lomé-
« nie, chevalier, baron de la Ville-aux-Clercs a faits à
« cette couronne depuis 25 ans en plusieurs charges
« et affaires d'importance, où il a été envoyé pendant
« le règne du feu roi, lequel il avait servi aussi plus
« de 25 ans auparavant, et depuis son avènement à
« la couronne sans aucune discontinuation, sans y
« avoir épargné ni sa vie, ni ses moyens, etc., Sa Ma-
« jesté consent que pour le repos du père et l'élé-
« vation du fils, il résigne en survivance à sondit fils
« ses états et donne par ces présentes lesdits états
« de conseiller et secrétaire d'Etat et de ses comman-
« dements audit fils à condition de survivance, etc. »

Ce seigneur Antoine de Loménie mourut à Paris, le 17° janvier 1638, âgé de 82 ans. Il avait épousé, en 1593, noble dame Anne d'Aubourg, fille de Charles, seigneur de Porcheux et de Liencourt en partie, gouverneur de Châlons, qui portait d'azur à trois fasces d'or, et d'Anne de Cléry, de la maison de Laënonville.

Il en eut trois enfants, un fils et deux filles. Nous parlerons de ce fils après avoir remarqué que l'aînée de ces filles, nommée Marie-Antoinette, fut mariée deux fois : la première, en 1612, à André de Vivonne seigneur de la Châteigneraye, conseiller d'Etat et privé, capitaine des gardes du corps de la reine-mère, grand fauconnier de France, etc., duquel mariage sortit une fille qui épousa François de La Rochefoucault, sixième du nom, prince de Marsillac, fils aîné de François cinquième [du nom], premier duc de La Rochefoucault, mort en 1680, qui l'a rendu père de François, septième du nom ; la deuxième fois, à Jacques Chabot, marquis de Mirebeau, baron de Brion, etc., chevalier des ordres du roi, capitaine de cent hommes d'armes, lieutenant pour le roi au gouvernement de Bourgogne, dont il n'a point eu d'enfants. La seconde fille, nommée Henriette de Loménie[1], [fut mariée] en 1620, à Henri d'Orléans, chevalier, marquis de Rothelin, baron de Varenguebec, Méautis, et autres.

Le fils d'Antoine de Loménie et d'Anne d'Aubourg était messire Henri-Auguste de Loménie, comte de Brienne, de Montbrun et de Conac, prince de Montaigne, baron de Pougy et de la Ville-aux-Clercs, conseiller du roi en tous ses conseils, secrétaire d'Etat, chevalier des deux ordres, maître des cérémonies et commandeur de l'ordre du Saint-Esprit. Il naquit à Paris et fut baptisé en l'église de Saint-Germain, le 28° octobre 1595, et mourut en 1666, le 5° novembre.

---

[1] Moréri la nomme Catherine-Henriette.

C'était un seigneur et un ministre d'Etat d'une capacité, d'une fidélité et d'une sagesse au-dessus de tout ce qu'on en peut penser, au rapport de ceux qui l'ont connu ou ont écrit de lui ou des affaires de France pendant qu'il a été dans le ministère. Il y eut surtout du merveilleux à sa conduite, durant les troubles qui arrivèrent pendant la minorité du roi. Il se ménagea avec tant de prudence que, quoique entièrement dévoué aux intérêts du roi et de la cour, il ne se rendit jamais odieux à ceux qui leur paraissaient contraires, et il fut comme le médiateur de la paix qu'il plut bientôt au roi donner à ses sujets. J'ai vu plusieurs mémoires et diverses lettres qui témoignent ce que je dis et que le roi qui, tout jeune qu'il était, savait très bien distinguer ses bons et fidèles serviteurs, aussi bien que les bons services, lui témoignait souvent son estime et sa reconnaissance.

Nous parlerons bientôt de son mariage; mais je veux encore insérer ici auparavant quelques monuments de sa famille. On trouve dans le chartrier de Limoges un Pierre de Loménie, licencié aux lois, chanoine de cette église, archiprêtre de Cajarc au diocèse de Cahors, curé de Campolire[1], et administrateur perpétuel de la prévôté de Faye, qui est une chapelle située en ce lieu, [fondée] par les anciens seigneurs de Loménie[2];

---

[1] Nous n'avons trouvé nulle part cette localité que le ms. M écrit *Campolue*. Serait-ce Chamboulive, canton de Seilhac (Corrèze), ou Cambouly, sur la Celle, à peu de distance de Cajarc (Lot)?

[2] Nous avons rétabli *fondée* qui semble bien amené par le contexte. Citons toutefois ce passage du Pouillé manuscrit de Nadaud, dont nous devons la connaissance à M. Lecler, curé doyen de Compreignac : « Il y

un Jean de Loménie, licencié aux décrets, aussi chanoine de Limoges, prieur de l'église de Saint-Julien de Rodez et de Saint-Martin-le-Vieux dudit Limoges et curé de Saint-Genez au diocèse de Sarlat[1], lesquels le 15ᵉ juin 1581 fondèrent conjointement la messe qui se dit derrière le grand autel de l'église de Limoges, la dotèrent de dîmes achetées exprès de la paroisse de Servillac[2] et de 300 livres d'argent comptant, qu'ils donnèrent pour acheter d'autres revenus. Il y a encore un autre Pierre de Loménie, bachelier en l'un et l'autre droit, licencié aux décrets, lequel on trouve en 1510 avoir été trésorier de l'église et chapitre de Limoges, garde-scel ou chancelier de l'officialité et curé de Donzenac, laquelle cure il permuta audit an avec François de Loménie, bachelier aux décrets, pour la cure de Saint-Crespin, proche Salignac, au diocèse de Cahors. On trouve encore un autre François de Loménie, chanoine de Limoges, qui vivait en 1555, et encore un autre nommé Jean, qui était doyen de la même église de Limoges, et qui mourut au mois de juin en 1561, lequel fut inhumé en ladite église au lieu de la sépulture de ses ancêtres. Enfin je ne ferai plus mention que de feu messire François de Loménie[3], fils de Claude, fils de François de Loménie, frère de Martial, et évêque de Marseille, duquel nous trouvons

---

avait (à la Faye) une vicairie fondée par Pierre de Loménie, chanoine de la cathédrale (de Limoges), par acte du 8 avril 1506. »

[1] Saint-Genès, au nord de Sarlat.

[2] Ms. M : *Serillac*. Sans doute Séreilhac, canton d'Aixe (Haute-Vienne).

[3] François de Loménie fut promu à l'évêché de Marseille en 1624 et mourut le 27 février 1639.

le nom aux assemblées du clergé de 1625, 1626 et 1628, et duquel la piété et les autres vertus étaient si grandes, qu'il est encore aujourd'hui regardé en son diocèse comme un bienheureux et par toute la France comme le modèle d'un parfait évêque.

Enfin, pour terminer tout d'un coup ce paragraphe, je le finirai[1] par les propres termes de feu M. d'Hozier[2], si connu par tout le monde, extraits d'un manuscrit en parchemin que j'ai vu daté de 1623 : « Le lieu, « dit-il, dont MM. de Loménie portent le nom, est « situé en Limousin et dans le diocèse de Limoges. « De cette maison, dont l'origine se connaît depuis « plus de 300 ans, sont sorties plusieurs personnes « illustres et de toutes sortes de dignités. Les uns « ayant suivi la profession des armes se sont signalés « dans les occasions de gloire qui se sont présentées « de leur temps et y ont rendu de grands services ; « les autres ayant quitté le monde pour Dieu ont paru « comme de grands ornemens de l'église et ont sou-« tenu l'épiscopat avec une pureté de vie qui ne « démentait point la netteté de leur naissance, et les « autres se sont sacrifiés pour le service de leur pa-« trie et se sont mis aux affaires avec une telle inté-« grité que jusqu'ici l'envie même et les changements « qui sont ordinaires à la cour, n'ont pu en faire au-« cun en cette famille. Pour les alliances médiates et « immédiates, elles ont été toujours nobles et avec la « plupart des grandes maisons de l'Europe. Les biens

---

[1] Ms. P: *Je l'écrirai...*
[2] Pierre d'Hozier, mort en 1660.

« qui n'ont pas accoutumé de suivre la vertu, n'ont
« pas laissé de violer l'ordre ordinaire pour se trouver
« dans cette maison. Enfin, tout ce qui peut contribuer
« à rendre les hommes très heureux et très considé-
« rables s'y rencontre. » C'est ce que je sais de cette
famille paternelle de notre prélat.

Voici ce que je connais de la famille de feu noble
dame Louise de Béon du Massès, sa mère, et épouse
dudit feu Henri-Antoine de Loménie.

DE LA FAMILLE DE BÉON DU MASSÈS

La famille de Béon[1] tire son origine des premiers
souverains de Béarn ; aussi en porte-t-elle les armes
qui sont d'or à deux vaches passantes de gueules cor-

---

[1] Toustain de Billy a commis beaucoup d'erreurs dans cette généalogie des Béon du Massès. Je me suis borné à corriger dans le texte quelques noms propres altérés par Toustain ou par ses copistes, et je donne ici la généalogie rectifiée d'après les renseignements qui m'ont été fournis par M. de Cassalade du Pont, curé de Saint-Pierre d'Auch, secrétaire des Archives historiques de Gascogne, et par le *Nobiliaire de Guyenne et de Gascogne*, de M. J. Bourrousse de Laffore, in-4°, Paris, Dumoulin, qui contient, t. III, p. 265-337, un travail sur la maison de Béon, rédigé d'après des titres originaux.

Pierre (II) de Béon, vicomte de Sère, fut père d'Arnaud-Guillaume, et peut-être de Bernard-Guillaume, mentionné dans un titre de 1424, et de Guillaume-Arnaud, baron de Miglos, qui épousa Marguerite de Foix-Rabat.

Arnaud-Guillaume de Béon, vicomte de Sère, marié avant le 8 janvier 1422, à D^lle Constance de Mohtault, fille du baron de Beinac en Bigorre. Il teste, en 1428, appelle son père Pierre et institue pour héritier Pierre, son fils aîné.

Pierre (III) de Béon, vicomte de Sère, épousa Guiste de Devèze, fille du seigneur de Devèze en Magnoac. (Le *Gallia christiana* la dit femme d'Arnaud-Guillaume de Béon, vicomte de Sère). Il en eut deux fils : Bernard de Béon, qui continue la descendance des vicomtes de Sère, et Pierre (IV), auteur des seigneurs du Massès, etc.

Pierre (IV) de Béon, seigneur du Massès en Astarac, a de Jeanne de Chelles, fille de Gaillardet de Chelles :

Bernard de Béon, seigneur du Massès, marié en 1513, à Antonie de

nées d'azur[1]. Le premier que je connais de cette famille est Pierre de Béon, seigneur de Cerefracte[2] au comté d'Astarac, diocèse d'Auch, lequel vivait en 1304 et fut père de Bernard de Béon, chevalier, seigneur desdits lieux de Cerefracte, du Massès et autres audit comté d'Astarac, diocèse d'Auch. [Il] vivait en 1360 et fut père d'Arnauld-Guilhème de Béon, chevalier, seigneur desdits lieux et de Miglos, lequel vivait en 1392 et auquel par acte que l'on a, daté du 4ᵉ juin audit an 1392, Jean, comte de Foix, son cousin, ainsi qu'il est nommé audit acte, lui permit de faire construire un pont sur la rivière de l'Ariège. Il épousa demoiselle Marie de Lagoursan, de la maison de Bellegarde, qui porte d'azur à la cloche d'argent au battant et cercles de sable, et fut père de... Arnauld de Béon[3], deuxième du nom, seigneur et comte de Cerefracte. Il épousa Gavotte de Devèze, dont il eut deux fils, tous deux du nom de Pierre. Il testa en 1428 et institua son principal héritier Pierre de Béon, son aîné. Il fut seigneur, vicomte de Cerefracte.

Devèze, fille de Bertrand, seigneur de Saint-Bris ou Saint-Pris en Magnoac, dont il a deux fils, Aimeric et Jean, et deux filles.

Aimeric de Béon, seigneur du Massès, épouse le 16 novembre 1540 Marguerite de Castelbajac, fille d'Arnaud de Castelbajac et de Marguerite d'Isalguier. Il en a deux fils : Jean-Pierre, marié à Marguerite de Faudoas, et

Bertrand de Béon du Massès, seigneur d'Esclassan en Astarac, baron de Bouteville, marié en premières noces, 1572, à Gabrielle de Marrast, dame d'Esclassan, et en secondes noces à Louise de Luxembourg.

[1] La Chesnaye-Desbois décrit ainsi ces armes : « d'or, à deux vaches passantes de gueules, accornées, accolées, clarinées et onglées d'azur ».

[2] Sella-Fracta ou Cella-Fracta (Sère). Nos mss. écrivent *Cerefracte* et *Cerefraite*.

[3] Ms. M : *Bernard de Béon*.

La postérité de cet aîné a été distinguée par ce nom de Béon de Cerefracte.

Il s'agit ici de la postérité du cadet qui fut Pierre de Béon, fils dudit Arnauld-Guilhème de Béon et de Gavotte de Devèze[1]; [il] eut pour son partage la seigneurie du Massès et sa postérité a été distinguée par ce nom. Il fut chevalier, et le 7ᵉ de juillet 1472, il épousa Jeanne de Chelles, fille de Gaillard de Chelles, chevalier, seigneur du lieu, qui portait d'azur à la croix ancrée d'argent. Il eut deux fils : le cadet fut chevalier de Rhodes, l'aîné fut Bernard de Béon, chevalier, seigneur du Massès, conseiller, chambellan du roi de Navarre, lequel le 13ᵉ juillet 1513 épousa Antoinette de Devèze, de la même famille que sa grand'mère, sœur de Bernard, seigneur de Saint-Bris en Magnoac, de laquelle il eut quatre fils : le premier, Jean qui eut postérité, le second Bernard, le troisième Georges, le quatrième Aymeric qui fut l'aîné et de la postérité duquel il s'agit.

Aymeric de Béon, seigneur du Massès, chevalier de l'ordre du roi, capitaine de cinquante hommes d'armes, qui épousa le 10ᵉ novembre 1540, Marguerite de Castelbajac, fille d'Arnauld, seigneur de Bernet, qui portait d'azur à la croix alaisée d'argent, et de Marguerite Ysalguier. Il en eut quatre enfants : Pierre qui épousa Marguerite de Faudoas, fille d'Olivier et de Marguerite de Sérillac ; il a laissé postérité ; Bernard, dont nous allons parler ; Marie, qui fut conjointe par mariage à

---

[1] Ms. M : *qui fut Pierre de Béon, second fils dudit Bernard-Guilhème de Béon et de Gavote de Vère.*

Carbon de Sariac, et le quatrième est Philiberte, mariée à Jean de Béon, vicomte de Cerefracte.

Bernard de Béon du Massès, troisième du nom, chevalier, seigneur et baron de Bouteville, Corneton, Esclassan, etc., est partout qualifié de conseiller du roi en ses conseils d'Etat et privé, lieutenant général pour Sa Majesté des gouvernements et provinces de Saintonge, Angoumois, pays d'Aunis, haut et bas Limousin. Il fut marié deux fois : la première à Gabrielle de Marrast qui le rendit père de trois enfants : Jean, mort sans postérité, Jeanne, mariée à Jean-Louis de Rochechouart [1], la troisième, Marguerite, qui épousa Jean Frich de Magnault, seigneur de Montagu. En secondes noces, notre Bernard de Béon du Massès épousa Louise de Luxembourg qui le rendit père de Charles de Béon du Massès et de cette noble dame qui nous donne occasion de ceci, Louise de Béon du Massès, mère de notre évêque.

DE LOUISE DE LUXEMBOURG, GRAND'MÈRE DE NOTRE PRÉLAT, CHARLES-FRANÇOIS DE LOMÉNIE DE BRIENNE

Cette noble dame Louise de Luxembourg, aïeule de notre évêque et de laquelle les seigneurs de Loménie ont hérité en partie et spécialement du comté de Brienne dont ils portent maintenant le surnom, était sans contestation d'une des plus nobles et des plus illustres

---

[1] Jean-Louis de Rochechouart, seigneur de Clermont, d'Ysalguier, etc., fils de Jacques de Rochechouart, baron de Barbazan, Faudoas, etc., et de Marie Ysalguier, veuve de Sébastien de Béon, vicomte de Sère.

familles du monde. Elle lui a donné cinq empereurs, trois rois de Bohême, six reines, une infinité de princes et princesses, sans parler des autres grandes dignités du monde, maréchaux et connétables de France, gouverneurs de provinces, généraux d'armées, et, sans faire mention des grandeurs ecclésiastiques que j'ignore ou qui ne me reviennent pas à la mémoire, j'y connais un patriarche, deux cardinaux et sept évêques. Je ne prétends pas en faire ici l'histoire. On pourra la voir dans Vignier[1] et dans beaucoup qui en ont écrit, et même en abrégé dans Moréri. Je souhaite seulement que l'on remarque qu'il y a sur la rivière d'Aube, non loin de la ville de Troyes, une ville nommée Brienne[2], qui est un des sept anciens châteaux palatinats de Champagne. Cette ville a eu, dans les xe, xie, xiie et xiiie siècles, une famille qui portait son nom de Brienne, des plus nobles et des plus distinguées de l'univers. Un seigneur de cette famille, nommé Jean de Brienne, troisième fils d'Erard, [deuxième] du nom, comte de Brienne et palatin de Champagne, fut roi de Jérusalem et empereur de Constantinople. Son frère, nommé Gaultier de Brienne, fut roi de Sicile et duc de la Pouille. Celui-ci eut postérité; un de ses descendants nommé Gaultier, cinquième du nom, comte de Brienne et de Liches, duc d'Athènes, laissa deux enfants : 1° Gaultier VI, [qui] fut connétable de France et mourut sans postérité ; 2° Isabeau de Brienne, du-

---

[1] Nicolas Vignier, né en 1530, mort en 1596, historiographe de France, a composé entre autres ouvrages une *Histoire de la maison de Luxembourg*.

[2] Départ. de l'Aube, arr. de Bar-sur-Aube.

chesse d'Athènes; elle épousa Gaultier d'Anguyen[1], quatrième du nom, et le rendit père de Louis, lequel, ayant épousé Jeanne de Saint-Séverin, fut père de Marguerite d'Anguyen. Cette Marguerite ayant épousé Jean de Luxembourg, fils de Guy, comte de Ligni, de Saint-Paul, elle lui porta le comté de Brienne et fit qu'on distingua sa postérité par l'addition du terme de Brienne à celui de Luxembourg. Le bienheureux Pierre de Luxembourg, cardinal[2], était frère de ce Jean, et Louis, aussi cardinal de Luxembourg, archevêque de Rouen[3], était son fils. Le surplus de cette postérité serait trop long et trop ennuyeux. Je dirai seulement que d'Antoine de Luxembourg, deuxième du nom, fils de Charles, comte de Brienne et de Ligni, Roussi, etc., et de Marguerite de Savoie, son épouse, fille de René, comte de Villars et de Tende, sortirent deux fils, Jean dont nous parlerons en l'article suivant, et François, aïeul de Charlotte de Luxembourg, mariée à Charles-Henri de Clermont[4], dont sortit Madeleine de Clermont, laquelle épousant Henri de Montmorency, maréchal de France, connu sous le nom de duc de Luxem-

---

[1] Nous conservons l'orthographe ancienne de ce nom qu'on écrit maintenant Enghien.

[2] Né en 1369, évêque de Metz en 1384, cardinal en 1386, mort en 1387, à l'âge de 18 ans.

[3] Louis de Luxembourg, chanoine de l'église de Rouen, devint évêque de Thérouanne en 1414. Il fut, à cette époque de la guerre de Cent ans, un des plus fermes champions des Anglais dans la province de Normandie. Chancelier du roi Henri VI, il fut, par l'influence de ce prince, nommé archevêque de Rouen en 1436. Il reçut le chapeau de cardinal en 1439. Prévoyant la reprise de la Normandie par les Français, il s'était fait donner l'évêché d'Ely en Angleterre, et mourut en ce pays, le 18 septembre 1443.

[4] De Clermont-Tonnerre.

bourg[1], lui porta une partie des biens de la maison de Luxembourg.

Jean de Luxembourg, comte de Brienne et de Ligni, chevalier de l'ordre du roi, capitaine de cinquante hommes d'armes, épousa Guillemette de la Marck, fille de Robert, quatrième du nom, duc de Bouillon, maréchal de France, et de Françoise de Brézé. Elle le rendit père de Charles, mort en 1608, sans enfants ; de Diane, mariée au comte de Carmans[2], et de cette dame dont nous cherchons l'origine, qui fut Louise de Luxembourg. Elle fut mariée deux fois : elle épousa en premières noces Georges d'Amboise, baron de Casaubon, fils de Louis, comte d'Aubijoux ; elle épousa en deuxièmes noces messire Bernard, comte de Béon du Massès, dont nous avons parlé.

DE LA POSTÉRITÉ DE MESSIRE HENRI-AUGUSTE DE LOMÉNIE ET DE LOUISE DE BÉON DU MASSÈS

Nous avons vu et lu l'article du traité de mariage par lequel « haute et puissante dame Louise de Luxembourg, « veuve de haut et puissant seigneur messire Bernard « de Béon du Massès, en son vivant chevalier de « Bouteville, etc., en présence, [et] par l'avis et con- « sentement du roi notre souverain seigneur, de la « reine son épouse, de la reine sa mère, de madame

---

[1] L'illustre vainqueur de Fleurus, de Steinkerke et de Nerwinde, fils posthume du comte de Bouteville qui fut décapité en 1627, pour s'être battu en duel au mépris des édits de Richelieu.

[2] Louis de Plusquelec, comte de Kaërman en Bretagne.

« Henriette sa sœur, d'illustres princesses, mesdames
« Louise de Lorraine [1], princesse de Conti, Anne de
« Montafié, comtesse de Soissons [2], de très haut et
« puissant prince monseigneur de Bourbon, comte de
« Soissons [3], de M⁰ Antoine de Loménie, etc., père de
« Henri, de messire Charles de Loménie, chevalier,
« seigneur de Faye, conseiller du roi en ses conseils
« d'Etat et privé, grand-maître des ordres et cérémo-
« nies de Sa Majesté, cousin-germain dudit de la Ville-
« aux-Clercs, de messire Juste de Luxembourg, de
« Pontal, duc de Piney, comte de Ligny, oncle de la
« demoiselle du Massès, de messire Charles de Béon
« du Massès, seigneur et baron de Bouteville, etc.,
« son frère, en faveur du mariage entre ledit Henri-
« Auguste de Loménie, fils d'Antoine, et de demoiselle
« Louise de Béon du Massès, sa fille, etc. » Ledit
Antoine donne à son fils les charges dont il avait déjà
les survivances, sur lesquelles, après le décès dudit
père, il tiendra compte à la succession de 60,000 livres.
Icelle dite dame du Massès donne à ladite sa fille
150,000 livres des deniers de François et Henri de
Luxembourg, père et fils, en conséquence d'un arrêt
contradictoire du grand conseil du dernier de dé-

---

[1] Nos deux mss. disent Louise de Loménie, par une des erreurs trop nombreuses de leurs copistes. Il s'agit de Louise-Marguerite de Lorraine, fille de Henri de Guise, qui avait épousé en 1605 François de Bourbon, prince de Conti, fils de Louis de Bourbon, prince de Condé, qui mourut à Moncontour en 1569. Louise de Lorraine, devenue veuve le 3 août 1614, mourut le 30 avril 1631.

[2] Anne de Montafié, veuve, le 10 novembre 1612, de Charles de Bourbon, comte de Soissons et de Dreux, morte en 1644.

[3] Louis de Bourbon, né le 16 mai 1604 de Charles de Bourbon, comte de Soissons, et d'Anne de Montafié, et tué à la Marfée le 6 juin 1641.

cembre 1615, etc., et le contrat est daté du 7° février 1623.

Je trouve qu'il sortit de cette noble alliance quatre filles et trois fils. J'apprends du manuscrit de feu M. d'Hozier le nom de ces filles, lequel écrivant sur ce sujet en 1630, ne nomme point les fils, parce qu'ils étaient encore à naître. Ces filles étaient : 1° Marie-Antoinette ; 2° Charlotte-Louise ; 3° Marie-Emmanuelle et 4° Madelaine. Les fils sont Louis-Henri ; 2° Charles-François ; 3° Alexandre-François [1].

Marie-Antoinette de Loménie épousa, le 4° juin de l'an 1642, messire Nicolas-Joachim Rouault, chevalier des deux ordres, marquis de Gamaches, etc., un descendant de ce très fameux Joachim Rouault à qui la France et notre province ont tant d'obligation, qui servit si bien contre les Anglais sous le roi Charles VII, et qui fut maréchal de France sous Louis XI. Elle le rendit père de deux enfans : [1°] Joseph-Emmanuel-Joachim Rouault, comte de Saint-Valery, colonel d'un régiment de cavalerie et brigadier d'armées, mort au service du roi à Saluces en 1691, qui avait épousé Marguerite de Bullion, fille du marquis de Montlouet, qui le rendit père de Henri-Joseph Rouault [2] qui marchant sur les traces de ses ancêtres, fut au service du roi dès l'âge de 17 ans ; 2° Claude-Jean-Baptiste-Hyacinthe Rouault, comte de Cayeu, aussi colonel d'un

---

[1] Le P. Anselme et Moréri, suivis en cela par La Chesnaye-Desbois, ne donnent que trois filles à Henri-Auguste de Loménie : Marie-Antoinette qui épousa Nicolas-Joachim Rouault, Jeanne et Madeleine, mortes jeunes. Ils donnent au troisième fils les noms d'Alexandre-Bernard.

[2] Moréri et La Chesnaye-Desbois l'appellent Jean-Joseph.

régiment de cavalerie, qui a été par mariage conjoint à sa cousine Louise-Madelaine de Loménie de Brienne, fille de Louis-Henri, comte de Brienne. Je ne sais point le sort des autres filles.

Louis-Henri de Loménie, comte de Brienne [1], fils aîné des enfans de Henri-Auguste de Loménie et de Louise de Béon du Massès, fut en 1651, à l'âge de 16 ans, pourvu en la survivance de la charge de secrétaire d'État, et créé conseiller du roi en tous ses conseils. Il visita ensuite presque toutes les cours souveraines de l'Europe. Il était en 1654 à Stockholm où il reçut le titre d'ambassadeur extraordinaire et eut ordre en cette qualité de féliciter Charles-Gustave, roi de Suède, sur son mariage avec la princesse de Holstein. Nous avons son itinéraire en latin composé par lui-même [2], lequel, quand nous n'en aurions nulle autre preuve [3], suffirait seul pour nous témoigner sa beauté et la capacité de son esprit. Il eut l'honneur, en qualité de secrétaire d'État, de signer au mariage du roi, ainsi qu'à tous les autres traités qui se firent à la paix des Pyrénées, en 1660. Il se démit de sa charge quatre ans après en faveur de M. de Lyonne

---

[1] Ajoutons aux renseignements donnés par Toustain de Billy que Louis-Henri de Loménie, après s'être défait de sa charge, 1663, soit par ordre du roi, soit par suite du chagrin qu'il éprouva de la mort de sa femme, mena une conduite pleine d'extravagance qui le fit enfermer comme fou aux abbayes de Saint-Germain-des-Prés et de Saint-Benoît-sur-Loire, puis à Saint-Lazare, où il resta de 1674 à 1692. Il fut mis alors en liberté par suite de la levée de la sentence d'interdiction, mais reçut bientôt l'ordre de se retirer à l'abbaye de Saint-Séverin à Château-Landon, où il mourut le 17 avril 1698.

[2] *Ludovici Henrici Lomenii, Briennæ comitis, itinerarium*, Paris, 1660, in-12.

[3] Ms. P : *quand nous en aurions mille autres preuves.*

et mourut en 1698. Il avait épousé en 1656 Henriette Bouthillier, fille de Léon, comte de Chavigny, aussi ministre d'État, dont il est resté un fils et deux filles. Le fils est Henri-Louis de Loménie, comte de Brienne et de Montbrun, lequel en 1685[1] épousa Anne-Charlotte Brulart[2], fille de Nicolas, seigneur de Bordes, premier président au parlement de Bourgogne, dont il y a postérité. Les filles sont Louise-Madelaine, mariée, comme nous avons dit, au comte de Cayeu, et Marie-Thérèse de Loménie, conjointe par mariage avec Joseph d'Angennes, marquis de Poigny, dont il y a des enfants. Le troisième des fils de feu M. le comte de Brienne était Alexandre-Bernard de Loménie et de Brienne ; il fut chevalier de Malte et commandeur de la Rochelle et mourut en 1673.

DE MESSIRE CHARLES-FRANÇOIS DE BRIENNE
ÉVÊQUE DE COUTANCES

Ce seigneur était le deuxième des fils de messire Henri-Auguste de Loménie, comte de Brienne, et de dame Louise de Béon du Massès que nous avons tant de fois nommée. Il naquit à Paris le... du mois de... 1638 ; il fut baptisé en l'église de Saint-Germain-l'Auxerrois et nommé par...

Il passa ses premières années auprès du roi et y fut élevé en qualité d'enfant d'honneur ; après quoi, il fut renfermé dans un collège sous la discipline des

[1] Le 6 février 1689, d'après le P. Anselme.
[2] Le P. Anselme et Moréri l'appelent *Jacqueline-Charlotte*.

plus excellens maîtres qu'on put choisir pour y être instruit de ce que des personnes de sa qualité ne peuvent ignorer sans honte. Il portait alors le nom et la qualité de comte de Montbrun[1], qui est une ville en Angoumois, laquelle, de baronnie qu'elle était, fut érigée en comté par lettres que j'ai vues du feu roi Louis XIII, datées de Saint-Germain-en-Laye au mois d'octobre 1634 et vérifiées au parlement le 30 décembre 1636, « en considération et mémoire « des bons services dudit seigneur de Loménie ». Ce sont les propres termes. Notre jeune comte embrassa de son propre choix l'état ecclésiastique, et le roi lui donna les abbayes de Saint-Germain d'Auxerre et de Saint-Eloi de Noyon, qu'il a toujours possédées depuis. Il fut toujours après nommé l'abbé de Brienne. Il continua ses études et, comme il avait un esprit aisé, vif et pénétrant, il acquit une connaissance si parfaite et si universelle, qu'il n'y a aucun art ni science dont il ne parle dans tous les termes propres des plus expérimentés. Feu M. Pierre Blanger, docteur de la maison et société de Sorbonne, que nous avons vu depuis peu ici chanoine, archidiacre, chantre[2], official et grand vicaire, fut son précepteur en philosophie et en théologie. Il profita de manière qu'il eut la gloire de passer pour le premier de sa science. Il reçut le

---

[1] Montbrun, Montbron ou Montberon (*Mons Berulfi*), dép. de la Charente, arr. d'Angoulême.

[2] Pierre Blanger exerça les fonctions de chantre du 10 mars 1684 à l'année 1705. (*Gallia christiana*, XI, 911.) Ed. Frère (*Manuel du Bibl. normand*, t. I, p. 112), cite de ce personnage, qu'il appelle P. de Blanger l'*Oraison funèbre de Claude Auvry, évêque de Coutances*; Coutances, 1687, in-4°.

bonnet de docteur, et fut reçu de la maison et société de Sorbonne, le 8° mars 1665, par les mains de M. Loisel, curé de Saint-Jean-en-Grève et chancelier de l'église Notre-Dame de Paris, qui lui dit que les autres étaient honorés de ce bonnet et de cette association, mais que lui, il leur faisait honneur.

Cette même année, M. de Lesseville, notre évêque, étant mort, notre roi, qui connaissait le mérite de M. l'abbé de Brienne, le choisit pour lui succéder[1]. Le brevet de sa nomination est du 5° décembre 1666, et, comme notre évêché, qui n'est pas d'un grand revenu, était chargé d'une pension, Sa Majesté, pour y suppléer, gratifia ce seigneur de l'abbaye de Saint-Cyprien de Poitiers.

Les bulles furent expédiées à Rome le 12° décembre de l'an 1667. Il fut sacré dans l'église des religieuses Carmélites de Saint-Denis, le 19° février suivant 1668, par messire François de Harlay, archevêque de Paris, assisté de messires Henri de Maupas du Tour, évêque d'Evreux[2], et François de Nesmond, évêque de Bayeux[3]. Il prit possession en personne, le 28° octobre de la même année 1668, et fut reçu au serment ordinaire et installé par feu messire Antoine de La Luzerne de Bre-

---

[1] D'après le *Gallia christiana*, XI, 908, Claude Auvry aurait été nommé de nouveau évêque de Coutances, en mai 1666, et c'est sur son refus que Charles-François de Loménie aurait été choisi.

[2] Henri Cauchon de Maupas du Tour, d'abord évêque du Puy en 1641, occupa le siège d'Evreux de 1661 à 1680. Le ms. P. porte au lieu de *du Tour, évêque... duc et évêque...*

[3] François de Nesmond fut nommé évêque de Bayeux en 1661, sacré en 1662 et mourut en 1715.

vans, chantre [1] et chef du chapitre de Coutances. Ainsi à l'heure que j'écris ceci, qui est le 22e décembre 1708 [2], il y a plus de quarante ans qu'il gouverne notre église, ce que je remarque d'autant qu'à la réserve de Geoffroy de Montbray et de saint Lo, il n'y a eu aucun de nos évêques qui ait tenu le siège autant de temps, sans parler de ce qu'il le tiendra, étant d'une santé parfaite et sans aucune de ces incommodités que la vieillesse enfante communément.

Il a toujours résidé et réside actuellement dans son diocèse, sans en sortir que pour des affaires de la dernière conséquence qui regardent, ou le clergé en général, ou son église en particulier. Il s'y est appliqué indispensablement à faire ses fonctions par lui-même, sans donner que très rarement la peine à ses grands vicaires d'aller chercher des saintes huiles ni des évêques pour des ordinations hors de son église.

Je ne prétends pas ici faire son panégyrique, il ne le voudrait pas et je n'en suis pas d'humeur. Grâce à Dieu, je suis né libre et, dans l'état où je suis, je n'ai rien à craindre ni à espérer en ce monde. Je rapporterai donc simplement et succinctement ce que j'en connais.

Sitôt après son élévation à l'épiscopat, M. de Brienne s'appliqua à connaître les besoins de son diocèse et y remédier. Il y réussit par ces moyens :

1° En n'élevant à l'état ecclésiastique que des per-

---

[1] A partir du 22 septembre 1664, après Jacques de Franquetot, qui lui avait cédé son office, jusqu'à sa mort, 1684.

[2] On voit que Toustain de Billy termina cette histoire peu de temps avant sa mort, qui arriva le 17 avril 1709.

sonnes qu'il connaissait d'une vie et d'une science irréprochables ; et il les connaît particulièrement par les séminaires, dans lesquels les ecclésiastiques qui y président sont assez éclairés pour discerner le génie et les inclinations d'un chacun pendant un an qu'on est en obligation d'y passer, auparavant que de pouvoir être promu à la prêtrise ; outre que dans chaque ville et lieu distingué, il a établi un ou plusieurs prêtres de mérite pour distinguer les inclinations des jeunes écoliers et pour veiller sur leur conduite.

2° Par les visites de ses archidiacres. Après son élévation à l'épiscopat, non-seulement il ne tarda pas à rendre ses hommages au roi et faire le serment accoutumé entre ses mains, comme il était obligé, mais aussi, pour fermer la régale et s'acquérir le droit de pourvoir aux dignités et canonicats de son église, il leva à la chambre des comptes l'acte de ce serment de fidélité. Par cette sage conduite, outre les autres avantages qu'il a procurés à son chapitre, il a créé pour me servir de ces termes, ses yeux et s'est choisi pour archidiacres des personnes de probité, de capacité et de vertu qui lui rendent tous les ans un compte exact de ce qui se passe en chaque paroisse de leur juridiction, conformément au procès-verbal qu'ils en rendent.

3° Par ces sortes d'assemblées des curés de chaque paroisse et doyenné qu'on appelle calendes ; elles se tiennent[1] régulièrement une fois par an. L'évêque y

---

[1] Les deux mss. que nous suivons donnent *se trouvent*.

assiste ordinairement. Après l'invocation du saint Esprit, la messe et le sermon, on y lit l'appel de chaque curé, le procès-verbal et les ordonnances de l'archidiacre en sa dernière visite, et, par ce moyen, le prélat connaît l'état de chaque paroisse, l'application ou l'inapplication de chaque curé et des autres ecclésiastiques aux devoirs de leur charge[1]. Au reste, les louanges qu'il sait proportionner aux mérites des uns et les corrections charitables et prudentes qu'il fait aux autres, font naître en eux une sainte émulation dont on remarque de merveilleux effets. Aussi voyons-nous de nos propres yeux que, depuis qu'il est évêque, toutes les églises de notre diocèse, sans en excepter aucune, ont changé de figure. Les curés, à l'exemple de leurs supérieurs, se sont montrés zélés, non-seulement pour l'observation de la discipline ecclésiastique, mais aussi pour l'ornement et la décoration de la maison de Dieu, en sorte qu'on voit presque tout neuf dans les églises : magnifiqnes contretables, autels, tabernacles, tableaux, peintures, sculptures, dorures, riches calices, ciboires, ornements, livres, chaires, bancs, et le tout avec la netteté et propreté qu'on peut souhaiter.

4° Les conférences : c'est un moyen merveilleux pour entretenir entre les ecclésiastiques la science et la piété. Elles se font tous les quinze jours entre ceux de chaque canton. Monseigneur de Brienne n'eut pas plutôt connu l'utilité de ces sortes d'assemblées[2] qu'il s'y

---

[1] V. D. Bessin : *Concilia Rotomagensis provinciæ....* 2e partie, p. 593.
[2] Ms. P : *de cès saintes assemblées.*

appliqua avec toute l'affection possible et il a dit publiquement qu'il n'aurait aucun égard pour les ecclésiastiques qui négligeraient d'y assister. C'est en effet un moyen puissant aux savants de se conserver en la connaissance et en la pratique de la science des saints, aux autres de s'en instruire, et enfin à tous de s'en entretenir et de s'entre-secourir dans le chemin du salut, tant pour eux que pour le peuple. Il a choisi en sa ville épiscopale un prêtre de mérite à qui on envoie de temps en temps les résolutions qui y sont prises ; il les voit, les examine, et le jugement qu'il porte est une décision belle et nette de ce qu'il en faut faire. Ce serait une histoire particulière que celle de ces heureuses conférences. Je ne crois pas qu'elle soit de mon sujet ; je n'en dirai pas davantage.

5° Le mémoire instructif est un excellent moyen de connaître en particulier l'état de chaque paroisse. Notre prélat a ordonné à chaque curé de dresser chaque année une espèce de procès-verbal de l'état de [sa] paroisse et de son église, suivant les articles qui lui sont marqués dans les statuts et sur lesquels les évêques sont en obligation de veiller. On met ce mémoire entre les mains du doyen de chaque canton pour être présenté à l'évêque au synode d'automne. Le prélat le lit et le conférant avec les autres mémoires des années précédentes, il remarque sans peine ce qu'il y a à faire, le soin, la négligence qu'on y apporte, et donne les réglements qu'il juge à propos.

Un des premiers soins de notre prélat, sitôt qu'il fut élevé à l'épiscopat, fut de donner à son clergé et à son peuple un catéchisme ou formule de la doctrine qui se devait enseigner et qu'on devait suivre. Il trouva dans son diocèse une espèce de division entre les savants ; les uns étaient de Céphos, les autres d'Apollon[1]. Il crut que ces petits commencements pourraient avoir des suites par lesquelles les liens de la charité pourraient être affaiblis. Il s'attacha très particulièrement à ce que tous ses diocésains fussent à Jésus-Christ seul, voulut que tous eussent le même respect et la même déférence pour la constitution des papes que lui ; et il s'est conduit en ce chemin scabreux d'une manière si sage et si prudente qu'on ne s'en est presque pas aperçu et qu'il n'y eut que très peu d'esprits entêtés contre qui il a été obligé d'user de son autorité.

En 1676, il fit réimprimer et renouveler les statuts de ce diocèse que feu messire Léonor de Matignon avait fait publier en 1637, comme nous avons dit[2]. Il n'a changé, ni diminué en ce que son illustre prédécesseur avait statué ; il y a seulement retranché quelques termes[3] de sévérité, qui ne sont pas de son caractère, et ajouté quelques particularités que l'expérience, la suite des temps et les remontrances des plus affectionnés de son clergé et de son conseil lui ont fait ajouter ; ce qu'il a voulu être distingué par caractères différents afin qu'on pût distinguer aisément ce qui était de M. de Matignon et de lui.

Feu M. de Lesseville avait, comme nous avons dit,

---

[1] Ms. M : *les uns étaient pour Céphos, les autres pour Apollon.*
[2] Voy. p. 249.
[3] Ms. M : *quelques traits...*

donné un bréviaire nouveau, et il y a apparence qu'il aurait aussi enrichi le diocèse d'un missel et d'un rituel, s'il avait vécu. M. de Brienne a suppléé à ce défaut; il nous en a donné de très beaux en 1677. Il ne se trouvait presque plus de ces missels que feu M. de Briroy avait donnés au commencement de l'autre siècle. L'usage avait changé les cérémonies; elles étaient différentes de celles de notre temps, et nous voyons par expérience que le peu qui en reste sont si embarrassantes par la multitude même des collectes et des épitres sur un même introït, par les abréviations, la mauvaise impression, le méchant papier et mille autres choses qui étaient du goût de ce temps-là, qu'on ne peut s'en servir qu'à peine, au lieu que, dans le nouveau on a évité ces défauts; le papier est excellent, l'impression belle et nette, la méthode toute semblable à celle de Rome, les instructions sur le calendrier faciles et nobles; en un mot, rien n'y manque.

Je dois dire la même chose du rituel. La manière de parler français dans le prône et dans ce qui regarde l'administration des sacrements où l'on doit se servir de la langue maternelle, avait vieilli. Ainsi on ne pouvait s'en servir sans mille incongruités. On y a sagement remédié aussi bien qu'à plusieurs instructions. C'est ce qui paraît même par les lettres pastorales que notre évêque a adressées en général à ses pasteurs et aux autres ecclésiastiques qui sont admis à l'administration des saints sacrements et à la direction des âmes. « Mis-
« salia manualia et alia id genus volumina ad Dei cultum
« aut sacramentorum administrationem pertinentia et

« usu trita et lacera et, nisi nova omnino cuderentur,
« brevi futurum ut omnis sacer ritus interiret, etc. » Et
parlant ensuite de la nécessité de conformer le missel
au bréviaire de feu M. de Lesseville : « Debuit, dit-
« il, certe a nobis missalis editio procurari ut concors
« sit in posterum et constans apud omnes et officium
« recitandi et sacra faciendi norma et ratio. » Enfin, il
conclut par ces belles paroles : « Faxit deus ut quas
« pro nobis preces fuderint aut a nobis pro diœcesi
« fusæ fuerint, acceptæ fiant et gratum habeant cleri
« Constantiensis sacerdotes oblatum a nobis munus. »

La lettre pastorale du rituel me paraît si belle que
je la donnerais ici tout entière si nos ecclésiastiques
ne l'avaient pas. On me permettra d'en insérer ici
quelques termes seulement pour faire voir la grandeur
et la bonté du génie qui nous gouverne : « Novam,
« dit-il, libri manualis editionem, in tanta quà labo-
« ratis ritualium penuria, eo lubentius concedimus
« quod ex ipsa nominis significatione in omnium ves-
« trum manibus esse debeat..., etc. » Il ajoute : « Hunc
« vero si in nonnullis alium a superiore exhibemus,
« id profecto non studio novitatis ullius a quo semper
« longe abfuimus, non etiam mitigatæ in multis
« veteris disciplinæ revocandæ zelo... sed ejus quæ
« Ecclesia duce probante aut saltem admittente, quo-
« cumque tempore viguerit, observantia et existima-
« tione ducti, etc. » Il finit par ces paroles charmantes
adressées à son clergé : « Vestrum erit posthac, dit-il,
« sacerdotes Dei, pastores Israël, aperire librum et
« solvere septem signacula ejus. Utinam digni sitis

« tanta legatione qua pro Christo fungimini, neque vos
« pæniteat unquam fuisse aut nos etiam forte fecisse
« pastores. »

Je ne remarquerai plus sur le sujet de ces livres que ces paroles de sa lettre pastorale qui est à la tête de son catéchisme : « Deux avis me restent à donner à
« ceux qui s'attacheront à cet emploi d'enseigner la
« doctrine chrétienne. Le premier, c'est de faire en
« sorte que leur vie soit conforme à leur doctrine, afin
« qu'ils ne détruisent pas par leur mauvais exemple ce
« qu'ils auront édifié par leurs paroles, et qu'ils ne
« soient pas semblables aux Pharisiens qui disaient
« d'une façon et faisaient de l'autre. La seconde, c'est
« de faire le catéchisme de cette sorte qu'ils ne s'élè-
« vent point trop pour en expliquer les grandeurs et
« qu'ils ne s'abaissent point trop non plus par des
« comparaisons basses ou ridicules, et qu'enfin, ils le
« rendent intelligible aux pauvres comme aux riches,
« au peuple comme aux savants. Je finis par ces paroles
« que saint Paul adresse à Timothée et que j'adresse
« à tous les pasteurs : Soyez attentifs à votre conduite
« propre et vous appliquez à instruire les peuples ;
« attachez-vous avec persévérance à cet emploi, parce
« que si vous vous en acquittez dignement, vous opé-
« rerez votre salut et celui de ceux qui vous écou-
« tent. »

Ce peu que je rapporte ici nous témoigne deux choses : la première est le vrai caractère de cet évêque qui est la douceur et la piété ; l'autre est l'élévation et la beauté de son style en l'un et l'autre genre d'écrire. Mais s'il écrit bien, il parle encore mieux ; je n'ai point vu de personnes qui s'expliquent mieux, ni avec plus de netteté dans une chaire en prêchant, soit dans une conférence particulière. Je suis assuré d'avoir autant de témoins de son éloquence qu'il y a de gens qui l'ont écouté. Je laisserai sur ce point seulement deux sermons publiés, sauf aux autres d'en alléguer d'autres. Le premier est l'oraison synodale qu'il fit au synode pascal de l'an 1667. Il monta en chaire précédé de son porte-crosse, vêtu en évêque, couvert de sa chappe, et la mitre en tête. Il prit pour texte ces paroles de saint Luc, chapitre onzième : « Amice, « commoda mihit res panes ». Il expliqua, après Pierre de Blois, ces trois pains de trois sortes de nourriture qu'un pasteur doit à ses ouailles : « Pasce verbo, pasce « exemplo, pasce sacramento », et parla avec tant de force et d'éloquence que non-seulement tout le monde l'admirait et disait : « Nunquam sic homo locutus est », mais aussi que la mémoire en sera éternelle.

L'autre est qu'après la révocation de l'édit de Nantes[1], notre prélat ayant jugé à propos qu'on fît une mission générale à Saint-Lo pour l'instruction des nouveaux catholiques dont cette ville était remplie, où toutes les paroisses à trois lieues à la ronde étant assemblées, il fit lui-même l'ouverture de cette mission le dimanche de la Sainte-Trinité 1686, il prit pour texte de son sermon l'évangile du jour qui est de saint Mathieu, chapitre XXVIII « Euntes docete, etc. »

[1] 17 octobre 1685.

J'y étais. Il était élévé sur un perron dans la cour du château. En vérité, je ne crois point qu'on puisse parler plus savamment, ni plus éloquemment, et ce qui me le fait croire, c'est que mon jugement se trouva conforme à celui de tout l'auditoire qui était très nombreux. Les autres actions publiques qu'il fit en cette mission, qu'il avait faites auparavant et qu'il a faites depuis, n'ont pas eu moins d'applaudissements. Aussi on peut dire qu'il a tous les talents d'un parfait orateur, l'estomac fort, la voix sonore, le geste beau et naturel, la mémoire, l'érudition, et cette grande facilité de s'énoncer, que les Grecs appelaient la *parrisia*[1], et enfin cet air de puissance et de maîtrise que les juifs même remarquaient si bien en Jésus-Christ, et ce, tout autre que celui de leurs docteurs.

Mais si cet air est charmant en chaire, il ne l'est pas moins dans les conférences ou les conversations particulières. J'ai pour témoins de ce que je dis autant de personnes qu'il y en a eu qui ont eu[2] conversation avec lui. Au temps de la révocation de l'édit de Nantes, les nouveaux catholiques s'adressaient à ce prélat pour avoir les éclaircissements des choses qui leur faisaient de la peine ; il les recevait, il les écoutait, entrait dans leurs difficultés, les résolvait en véritable père, avec des honnêtetés et des bontés qui les charmaient et qui gagnaient leurs cœurs avec la même facilité qu'il convainquait leurs esprits.

Je le répète : ce que je dis ici est uniquement pour

---

[1] Le mot παρρησία signifie : parler avec franchise et avec assurance.
[2] Ms. P : *qu'il y en a eu en.*

porter les témoignages à la vérité. Je ne suis pas flatteur et je n'ai aucun sujet de l'être ; je n'ai jamais reçu aucune faveur de ce prélat et je n'en prétends, ni n'en demande aucune. Au contraire, il y a quinze ans, lorsque je pensai à cet ouvrage, j'étais seulement à 43 livres pour toutes taxes. Il a plu à MM. de la Chambre ecclésiastique, pour me donner courage à travailler, de m'augmenter seulement de 57 livres, en sorte que j'en suis présentement à 100 livres[1]. Je ne dois donc point être suspect en ce que je dis et ce qui me reste à dire de mon évêque.

Ce prélat a encore un autre talent que je ne dois pas omettre sans injustice : c'est d'être pacifique et de terminer les différends à quoi ordinairement ses diocésains sont sujets, qui, rompant la charité entre les familles, sont très souvent la cause de la ruine de leurs biens et de leurs âmes. Il sait leur expliquer ce que je dis avec tant de douceur, de charité et si distinctement, qu'il les rend capables de sentir la vérité et la raison et enfin d'y acquiescer suivant le jugement qu'on en apporte.

Il y a peu de familles nobles au Cotentin qui n'en puissent porter d'excellents témoignages ; je n'en citerai que celui-ci. Il y a des gentilhommes frères, mes voisins, qui étaient dans un terrible procès capable de les ruiner. Les aînés prétendaient que certaines terres et maisons étaient nobles et conséquemment leur

---

[1] Les mss. portent : 105 *livres*. Faut-il lire 100 ou supposer que Toustain de Billy avait écrit plus haut 48 livres et que les copistes ont pris pour un 3 un 8 mal formé ? Nous adoptons la première hypothèse.

appartenaient sans tomber en partage ; les cadets prétendaient le contraire, et tous soutenaient leurs prétentions avec tant d'entêtement que les efforts des plus grands seigneurs du pays et les remontrances de leurs parents et de leurs amis étaient inutiles. Je fis en sorte de traduire la chose devant notre seigneur évêque. Il s'y appliqua avec tant de charité qu'après avoir gagné les cœurs de ces entêtés et s'être fait donner un compromis, il termina le différend avec tant d'équité qu'ils en sont tous demeurés là et ont toujours avec plaisir suivi le conseil qu'il leur a donné. Il a des manières tout à fait insinuantes, une patience angélique ; il laisse aux gens leurs bons ou faibles raisonnements tant de fois qu'ils veulent, il ne les rebute point, il entre, du moins en apparence, dans leurs sentiments, il les écoute tant qu'ils veulent, il les gagne, et, leur faisant sentir à eux-mêmes leurs faiblesses, il les conduit peu à peu à la raison et les entraîne nécessairement et agréablement à la paix, à leur repos et à la conservation de leurs biens.

Mais si tous ses diocésains en général ont tant de sujet d'être satisfaits de sa charité paternelle et de ses soins envers eux, ses manières civiles, honnêtes, condescendantes, lui sont très particulières pour son clergé. Il considère les prêtres comme ses frères ; il y en a peu ou point qu'il connaisse, dont il ne sache les qualités et le mérite ; il les reçoit tous avec une affabilité tout à fait engageante qui lui est naturelle ; il les écoute autant qu'ils veulent, résout leurs difficultés, satisfait à leurs besoins, de manière que chacun sort de sa présence pleinement content; et si quelquefois le zèle de la discipline ecclésiastique ou les règles de son devoir l'obligent d'user de quelque correction, il la fait avec tant de charité, de prudence et de douceur qu'on n'a aucun sujet de s'en plaindre.

M. de Loménie, en s'appliquant de la manière que nous venons de dire à la paix et au bon ordre de son diocèse, a cru qu'il était encore de son devoir de donner au moins une partie de ses soins à ces illustres monuments de la piété de ses prédécesseurs, à ces saintes maisons pour être des écoles de la vertu et des asiles pour ceux qui voudraient véritablement servir Dieu.

Il y en a eu de cette sorte cinq de l'ordre de saint Benoît : Saint-Sever, Hambie, Saint-Sauveur, Lessay et Montebourg; trois de chanoines réguliers de saint Augustin et un de Prémontrés : Saint-Lo, Cherbourg, la Bloutière et Blanchelande. Il a commencé par les chanoines réguliers avec espérance de faire de même à l'égard des autres, si Dieu lui en donnait le temps.

En 1659, feu messire André Merlet[1], abbé de Saint-Lo, fit venir en son abbaye des chanoines réguliers de la congrégation de Sainte-Geneviève et ainsi, ce monastère étant réformé, restait celui de Cher-

[1] Il y a eu successivement deux André Merlet, abbés de Saint-Lo. Le premier, André Merlet du Jardin, docteur en théologie de la faculté de Paris, fut abbé de 1641 à 1646. Il eut pour successeur son neveu André Merlet, conseiller et aumônier du roi, fils de Jean Merlet, docteur régent de la faculté de médecine de Paris, conseiller et médecin ordinaire du roi. Il mourut en septembre 1664. C'est à lui que fut due la réforme dont parle Toustain de Billy. V. *Gallia christiana*, XI, 939.

bourg et de la Bloutière. Notre prélat commença par le plus considérable. Il traita pour ce sujet en 1689 avec Alexandre Le Jay, abbé commendataire, et frère Claude Héron, prieur claustral de ce monastère, et autres religieux d'une part, et frère Jean Moulins, prieur de Bourg-Achard [1], pour y introduire la nouvelle réforme que ce prieur avait donnée depuis peu à divers autres monastères du même ordre; et deux ans après, c'est-à-dire en 1691, notre évêque, par un style particulier signé de sa main, ratifia ce même traité qu'il avait moyenné, « comme étant content, « dit-il, de la conduite régulière, de la piété et bonnes « mœurs desdits religieux, chânoines réguliers, depuis « qu'ils demeuraient en son diocèse, sauf à leur faire « donner un acte plus ample et en meilleure forme, « lorsqu'ils lui représenteraient l'acte de leur établis- « sement fait par M. l'archevêque de Paris en l'abbaye « d'Hyverneaux [2] »; auquel acte il voulut conformer le sien. Il les a aussi établis à la Bloutière du consentement des prieurs commendataires et du peu de reli-

---

[1] Dép. de l'Eure, arr. de Pont-Audemer.

[2] L'abbaye de Sainte-Marie d'Hiverneaux était située dans l'Ile-de-France, à une lieue de Brie-Comte-Robert (Seine-et-Marne). — *Gallia Christiana*, VII, 849-850 : « Damna plurima Hibernale monasterium pertulit tam ab domesticis bellis, quam ex hæreticorum depopulationibus, adeo ut anno 1630, jam a longo tempore canonicis regularibus vacuum duo tantum presbyteri seculares administrarent. Quare sancti Cirici de Friardel diœcesis Lexoviensis canonici regulares anno 1684 in eo conventum sub novis suis constitutionibus, earumque auctore Johanne Moullin priore restituerunt, annuente Francisco de Harlay Parisiensi archiepiscopo, et curante Alexandro Bontemps tunc primo regis Ludovici Magni cubiculario ordinario, antea commendatorio abbate, qui ad resarcienda cum ecclesiam, tum loca regularia et ad conventum sustentandum non parum contulisse perhibetur. Feliciter hactenus perseverat sub eodem instituto, nempe Boschi-Achardi, *Bosc-Achard*, sub quo militant quatuordecim monasteria. »

gieux qui y restait, et au contentement de tous les gens de bien. L'acte est du 10° octobre 1695, devant Le Peu et Boudier, notaires apostoliques de Coutances.

Mais pendant qu'il travaillait ainsi avec tant de zèle à ramener à leurs devoirs les étrangers, pour ainsi dire ses propres enfants, ses domestiques, tâchaient de se relever de la régularité et de l'obéissance qu'ils lui devaient : je veux parler des religieux de l'Hôtel-Dieu de Coutances. Ces messieurs, sans considérer à qui ils sont redevables de leur être et de leur subsistance, eurent dessein de sortir de la maison de leur père pour se soumettre à des étrangers. Ils se disaient membres des Hospitaliers du Saint-Esprit de Montpellier, voulaient se soumettre à ... qui se disait général de cet ordre ; mais ayant été déboutés de cette grande prétention par la vigilance de notre évêque, ils n'en demeurèrent pas là. Ils s'adressèrent à ... de Montmorency, fils du maréchal de Luxembourg, en la qualité de... croyant qu'il aurait autant d'affection que de puissance à les favoriser dans l'indépendance qu'ils recherchaient uniquement[1]. Ce

[1] Le *Dictionnaire* de Moréri contient, v° *Esprit* (ordre du Saint-Esprit de Montpellier), un assez long article sur les origines de cet ordre, son extension, ses rapports avec la papauté, et surtout les disputes qui s'élevèrent au commencement du XVII° siècle sur la qualité de chef d'ordre. Nous dirons seulement que, par un édit du mois de décembre 1672, le roi mit « l'ordre du Saint-Esprit de Montpellier au nombre de ceux qui « étaient déclarés éteints de fait et supprimés de droit, et en réunit tous « les biens à l'ordre des chevaliers de S.-Lazare, dont M. de Louvois « fut fait grand-maître sous le nom de vicaire général ». Après la mort de Louvois, l'ordre fut rétabli. Le roi lui rendit tout ce qui avait été réuni à celui de S.-Lazare, et nomma grand-maître le second fils du

fut fatiguer M. de Brienne d'un voyage de Paris pour faire voir au conseil où l'affaire avait été traduite, l'injustice des prétentions de ces religieux et il l'expliqua si manifestement qu'on fut obligé d'y acquiescer.

Il est jaloux, comme il le doit être, notre prélat, des droits et de l'honneur de l'église qui est son épouse. Il n'a jamais fléchi dans les occasions où il s'est agi de les soutenir. Cette noble partie de son diocèse[1], qui est au milieu de la ville de Rouen, sur laquelle un de ses prédécesseurs a fait bâtir le siège souverain de la justice de la province, a été enviée depuis longtemps par les officiers de l'archevêché. Ils n'ont presque jamais cessé de faire éclater la passion qu'ils ont pour cela, quoiqu'ils souffrent sans jalousie les droits des évêques de Lisieux sur diverses paroisses en leur ville et aux environs[2] qui ne sont pas mieux établis que les nôtres.

maréchal de Luxembourg, Pierre-Henri Thibaut de Montmorency, qu'on appelait l'abbé de Luxembourg et dont le frère aîné, Charles-François-Frédéric de Montmorency, était gouverneur de Normandie.

D'après ces détails, il semble qu'on pourrait remplir ainsi les blancs laissés par Toustain de Billy : ... *voulaient se soumettre à* [l'abbé de Luxembourg] *qui se disait général de cet ordre; mais ayant été déboutés de cette grande prétention par la vigilance de notre évêque, ils n'en demeurèrent pas là. Ils s'adressèrent à* [Charles-François-Frédéric] *de Montmorency, fils du maréchal de Luxembourg, en la qualité de* [gouverneur de Normandie], etc.

Remarquons toutefois que, vers cette époque, d'autres personnages se prétendirent généraux de cet ordre. C'est ainsi que, vers 1690, un sieur de La Coste se disait grand-maître malgré la suppression de l'ordre, comme ayant été élu canoniquement par les chevaliers. Deux arrêts du conseil du roi condamnèrent ses prétentions.

Nous avons cru dès lors bien faire de laisser tel quel le texte de Toustain de Billy.

[1] Le prieuré et la paroisse de Saint-Lo dans laquelle fut commencée en 1499, d'après Farin, la construction du Palais de Justice, dont Geoffroi Herbert, évêque de Coutances, était alors le premier président.

[2] L'exemption de Lisieux comprenait, dans le diocèse de Rouen, les

Dès l'an 1666, le siège épiscopal de Coutances étant encore vacant, MM. du chapitre furent en obligation par le ministère d'un sergent de faire itératives défenses à M. Louis Mithon de Froideville, prieur curé de Saint-Lo de Rouen, de reconnaître d'autres supérieurs au spirituel que le chapitre ou ses grands vicaires, le siège vacant, ni de recevoir aucune visite que de leur part; pour laquelle faire, ils prétendaient députer un de leursdits grands vicaires. Et M. de Brienne, le 24° mars 1683, par le ministère d'un nommé Botté, sergent, fit renouveler défenses audit sieur de Froideville, tant pour lui que pour le couvent et prieur dudit Saint-Lo* et [le] curé de Saint-Jean de Rouen, de reconnaître autre supérieur au spirituel que ledit seigneur évêque de Coutances, et de recevoir aucune autre visite que celle que ledit seigneur évêque y prétend faire ou faire faire, ni faire ou souffrir acte qui lui puisse préjudicier à peine d'en répondre. Sur quoi, le 2° novembre suivant, de Fieux, official de Rouen, ayant reçu la requête à lui présentée par quelqu'un des trésoriers de ladite paroisse de Saint-Lo de Rouen, mit son ordonnance au pied. Ledit sieur de Froideville, trois jours après, fit signifier par un sergent copie entière de ladite défense de notre évêque audit de Fieux et aux trésoriers, avec protestations de nullité de l'ordonnance dudit official de tout ce qui pourrait être fait à l'avenir contre et

---

paroisses de Saint-Cande-le-Vieux (à Rouen), d'Étrépagny, du Petit-Couronne, de Sotteville-lès-Rouen et de Saint-Étienne-du-Rouvray. Voy. Du Bois, *Histoire de Lisieux*, t. I., p. 357-359.

au préjudice de ladite défense du seigneur évêque de Coutances [1].

En l'année 1693, un certain particulier nommé Abraham Besselièvre [2], déguisant son nom et sa qualité, se nommant simplement Le Lièvre et se disant de la paroisse de Saint-Lo de Rouen, fit publier les bancs du mariage qu'il voulait contracter avec Suzanne de La Haye, son affidée ; mais ledit sieur de Froideville, curé, ayant découvert que c'était un franc huguenot, lequel voulait éluder les ordonnances du roi et tromper ledit curé, qu'il n'avait été que six jours à diverses fois en ladite paroisse et que ladite prétendue affidée n'y avait point été, cessa de poursuivre la publication des bancs, et, ayant parlé à Besselièvre, cet homme lui avoua franchement qu'il était huguenot et poursuivant insolemment son entreprise, il somma le 10e juillet suivant ledit curé par un sergent de lui donner une attestation de ses bancs et, sur son refus, lui donna assignation par devant l'official de Rouen, et ledit sieur de Froideville, soutenant les intérêts de notre évêque son prélat, trois jours après la susdite défense à lui faite par monseigneur de Coutances, répondit à l'official, vice-gérant promoteur, et autres officiers de ladite officialité de Rouen en parlant à leur greffier, et à Besselièvre en parlant à son procureur, leur déclarant qu'il ne pouvait connaître leur juridic-

---

[1] V. Farin, *Histoire de la ville de Rouen*, éd. de 1738, in-12, 4e partie, p. 127-128.

[2] Le ms. P. écrit ici *Besselin*.

tion et protestant de nullité des autres poursuites et diligences qu'ils pourraient faire au contraire comme de juge incompétent et à faire casser icelles avec intérêts et dépens comme d'attentat aux différentes défenses et aux arrêts du parlement. Les officiers du seigneur archevêque en demeurèrent là et je n'ai pas connaissance qu'ils y aient rien attenté.

C'est ainsi que notre seigneur évêque soutient les droits de son église et il n'est pas moins jaloux que Naboth de l'héritage de ses pères, je veux dire de la vérité de notre religion dont il est le dépositaire, te qu'il a reçu de ses prédécesseurs. Grâce à Dieu, il n'y a jamais eu de prélat dans l'église de Coutances qui ait chancelé en la foi catholique. La foi que prêcha saint Ereptiole qui fut le premier de nos évêques, est celle dont nous faisons aujourd'hui profession, sans qu'il y soit arrivé aucun changement ni aucune altération. Je me contenterai de citer ici deux actes pour faire voir combien M. de Brienne, notre prélat, est éloigné de toutes nouveautés en matière de religion.

Le premier est un mandement daté de Coutances le 3º novembre 1699, adressé au clergé de son diocèse pour la réception de la bulle du pape Innocent XII, pour la condamnation d'un livre composé par monseigneur l'archevêque de Cambrai qui a pour titre : l'*Explication des Maximes des Saints sur la vie intérieure*, lequel mandement commence ainsi[1] : « La pureté de la

---

[1] V. dans D. Bessin : *Concilia Rotomagensis provinciæ*, 1ʳᵉ partie, p. 249 et suiv. le procès-verbal de l'assemblée provinciale tenue à

« doctrine est le dépôt que l'apôtre saint Paul veut
« que les évêques gardent avec plus de fidélité, et ils
« doivent, quand elle peut être altérée, renouveler
« leurs soins et leur application. Dans tous les siècles
« de l'Eglise, nous avons vu cette sainte doctrine com-
« battue. Dans les premiers siècles, le démon a publi-
« quement attaqué nos mystères et s'est servi de la
« prévention de nos sens et de la faiblesse de notre
« raison pour persuader que ce qui est au-dessus d'elle
« devait être incroyable. Vaincu cependant par l'au-
« torité de l'Eglise, il semble qu'il ait encore voulu
« prendre une autre voie et que, se transfigurant avec
« beaucoup plus d'adresse en ange de lumière, il
« l'ait voulu attaquer par l'apparence d'une plus
« grande perfection. C'est ce qui a paru par les livres
« des faux mystiques qui ont été mis au jour depuis
« quelque temps, dans lesquels, sous prétexte de con-
« duire les autres par des voies plus élevées, il les
« entraîne dans de plus grands maux. Cette manière
« est d'autant plus dangereuse qu'elle peut même
« surprendre ceux dont les intentions sont bonnes.
« C'est ce qui a paru dans le livre intitulé: l'*Explica-*
« *tion des Maximes des Saints* par Monseigneur l'arche-
« vêque de Cambray... A ces causes voulant de notre
« part nous opposer autant qu'il est en nous à ce que
« la doctrine de l'Eglise reçoive aucune altération,
« tant que le dépôt nous en sera confié, conformément

Gaillon à laquelle assistait Loménie de Brienne, et qui condamna le livre
de Fénelon, et p. 253 et suiv. le mandement de Jacques-Nicolas Colbert,
archevêque de Rouen, et le bref de condamnation du pape Innocent XII.

« à ce qui en a été résolu en l'assemblée de notre
« province, le 30° de juin dernier, nous acceptons
« avec soumission la condamnation faite par notre
« saint Père le pape dudit livre intitulé l'*Explication
« des Maximes des Saints*, etc., par la constitution en
« forme de bref du 12° mars dernier, ainsi que celle
« des vingt-trois propositions qui en ont été extraites.
« Condamnons aussi de notre part ledit livre et les
« propositions, ainsi qu'il l'a fait. Défendons à tous
« ceux qui nous sont soumis de soutenir aucune des-
« dites propositions condamnées, ni de garder ledit
« livre, etc. »

L'autre regarde certaines propositions qui[1], ayant été portées en Sorbonne et décidées par plusieurs savants docteurs de cette savante compagnie, de manière qu'on crut qu'elles altéraient les constitutions des papes Innocent X et Alexandre VII, de sorte que le roi, qui ne veille pas moins à l'honneur de l'Eglise qu'à celui de son royaume, les ayant envoyées au pape, et ce juge souverain en ayant décidé, et les évêques de France, en leur assemblée générale, ayant reçu avec soumis-

---

[1] En 1701, une Consultation connue sous le nom de *Cas de Conscience*, tendant à établir qu'on pouvait signer le formulaire imposé aux jansénistes, moyennant certaines réserves implicites, avait reçu les signatures de quarante docteurs de la Sorbonne. Il en résulta de vifs débats entre les théologiens. On accusa le *Cas de Conscience* de ranimer les anciennes querelles et de favoriser les équivoques et restrictions mentales. Il fut condamné, le 5 mars 1703, par un mandement du cardinal de Noailles, archevêque de Paris, et par un arrêt du Conseil, en date du même jour. Le 16 juillet 1705, le pape Clément XI, publia la bulle *Vineam Domini Sabaoth*, par laquelle il décidait que le silence respectueux sur les faits condamnés par l'Eglise ne suffît pas, et exigeait qu'en signant le formulaire, on jugeât effectivement le livre de Jansénius infecté d'hérésie. Cette bulle fut reçue par l'assemblée du clergé de 1705, sur l'invitation du roi.

sion son ordonnance et jugement, notre évêque qui avait assisté à cette assemblée, étant de retour, publia en son synode automnal, le 6° octobre 1706, son ordonnance sur ce sujet, [de laquelle] voici quelques termes : « Charles-François de Loménie de Brienne...
« Quoique nous ayons tâché par notre exemple de porter
« non-seulement les peuples qui sont soumis à notre
« conduite, mais aussi ceux avec qui nous avons eu
« quelque conversation sur les matières de la grâce,
« à recevoir les décisions des souverains pontifes avec
« le respect et la soumission intérieure et sincère
« qui leur est due, cependant nous avons vu avec
« douleur les efforts que des esprits inquiets ont
« faits depuis quelques années pour renouveler les
« contestations sur le Jansénisme et pour affaiblir, par
« des écrits remplis de fausses et dangereuses maximes,
« l'autorité des constitutions des souverains pontifes
« qui doivent, après l'acceptation que le corps des
« pasteurs en a faite, être regardées comme le juge-
« ment et la loi de toute l'Eglise [1] » ; et il dit que, quoique les écrits eussent été rejetés par tous les vrais fidèles, il était à propos que les constitutions des papes Innocent X et Alexandre VII, auxquelles on voulait donner atteinte, fussent confirmées et renouvelées par la décision du Saint-Siège. Il ajoute que Pierre a donc parlé par la bouche de son digne successeur ; que celui qui doit affermir la foi de ses frères a rejeté

---

[1] Voy. dans Dom Bessin le mandement par lequel Jacques-Nicolas Colbert, archevêque de Rouen, ordonne, 26 novembre 1706, la publication de la bulle du pape Clément VII, et à la suite cette bulle *Vineam Domini Sabaoth : Concilia Rotomagensis provinciæ*, 2° partie, p. 209-220.

toutes les nouveautés profanes qui pourraient altérer la vérité et troubler la paix ; que le chef des pasteurs, excité par les prières du roi, a dissipé, par la constitution du 16e juillet 1705, tous les vains prétextes auxquels on avait recours ; enfin, il conclut qu'après avoir fait de sérieuses réflexions sur une affaire si importante et le saint nom de Dieu invoqué, « nous déclarons, dit-il, par notre présente ordonnance, que nous
« acceptons derechef en notre particulier avec sou-
« mission et obéissance, comme nous l'avons déjà fait
« dans l'assemblée du clergé, la constitution du Saint-
« Siège, et en nous renfermant absolument dans la dé-
« cision qu'elle contient, nous déclarons que l'on ne
« satisfait point par le silence respectueux à l'obéis-
« sance qui est due aux constitutions des souverains
« pontifes Innocent X et Alexandre VII [qu'il faut]
« s'y soumettre intérieurement... [1] »

---

[1] Ce passage a été emprunté presque textuellement au mandement de Jacques-Nicolas Colbert, archevêque de Rouen, ce qui nous a permis de le compléter par les mots placés entre crochets. Ce mandement ajoute après *intérieurement* : « rejetter non-seulement de bouche, mais même de cœur, et condamner comme hérétique le sens du livre de Jansénius, condamné dans les cinq Propositions ». P. 210.

APPENDICE

CHARLES-FRANÇOIS DE LOMÉNIE DE BRIENNE, 76ᵉ ÉVÊQUE DE COUTANCES

Ce seigneur était le second fils de messire Henri-Auguste de Loménie, comte de Brienne, et de dame Louise de Béon-Massès. Il naquit à Paris en 1638 et fut baptisé en l'église de Saint-Germain-l'Auxerrois.

Il passa ses premières années auprès du roi et y fut élevé en qualité d'enfant d'honneur; après quoi il fut enfermé dans un collège sous la discipline des plus excellents maîtres qu'on put choisir, pour y être instruit de ce que les personnes de sa qualité ne peuvent ignorer sans honte. Il portait alors le nom et la qualité de comte de Montbrun, ville en Angoumois, laquelle de baronnie fut érigée en comté par Louis XIII au mois d'octobre 1624, en considération et mémoire perpétuelle des bons services dudit seigneur de Loménie père.

Notre jeune comte embrassa de son propre choix l'état ecclésiastique et le roi lui donna les abbayes de Saint-Germain d'Auxerre et de Saint-Eloi de Noyon qu'il a possédées jusqu'à sa mort. Il fut toujours depuis nommé l'abbé de Brienne. Il continua ses études et, comme il avait un esprit aisé, vif et pénétrant, il s'acquit une connaissance si universelle qu'il n'y a aucun art ni science dont il ne parlât dans tous les termes propres des plus expérimentés.

Maître Pierre Blanger, docteur de la maison et société de Sorbonne, chantre, archidiacre, chanoine, official et grand vicaire de Coutances, fut son précepteur en philosophie et en théologie. Il profita de manière qu'il eut la gloire de passer pour le premier de sa licence. Il reçut le bonnet de docteur et fut reçu de la maison et société de Sorbonne, le 8 mars 1665, par les mains de M. Loisel, curé de Saint-Jean-en-Grève et chancelier de l'église Notre-Dame de Paris, qui lui dit que les autres étaient honorés de ce bonnet et de cette association, mais que lui, il leur faisait honneur.

Monseigneur de Lesseville étant mort la même année, Louis XIV, qui connaissait le mérite de l'abbé de Brienne, le choisit pour lui succéder. Le brevet de sa nomination est du 5e décembre 1666, et comme l'évêché de Coutances était chargé d'une grosse pension, Sa Majesté gratifia ce seigneur de l'abbaye de Saint-Cyprien de Poitiers. Les bulles furent expédiées à Rome le 12 décembre 1667. Il fut sacré dans l'église des religieuses Carmélites de Saint-Denis, le 19 février 1668, par messire François de Harlay, archevêque de Paris, assisté de messire Henri de Maupas du Tour, évêque d'Evreux, et messire François de Nesmond, évêque de Bayeux.

Il prit possession en personne le 28 octobre 1668, et fut reçu au serment ordinaire et installé par feu M° Antoine de La Luzerne de Brevans, chantre et chef du chapitre de Coutances.

Un des premiers soins de ce prélat, sitôt qu'il fut élevé à l'épiscopat, fut de donner à son clergé et à son peuple un catéchisme ou formule de doctrine qui se devait enseigner et qu'on devait suivre dans le diocèse et dont on se sert actuellement dans les institutions et les écoles.

En 1676, il fit réimprimer et renouveler les statuts de ce diocèse que monseigneur Léonor de Matignon, soixante-treizième évêque de Coutances, avait fait publier en 1637. Il est inutile d'en parler, puisque tous les ecclésiastiques les ont entre les mains.

En 1679, il mit par ses soins la réforme en l'abbaye de Saint-Lo, en faisant venir par le moyen de M. André Merlet, abbé dudit lieu, des chanoines réguliers de la congrégation de Sainte-Geneviève [1].

En 1690, il mit aussi la réforme dans l'abbaye de Cherbourg, et on fit venir des religieux du Bourg-Achard. Et ensuite il mit la réforme aussi au prieuré de la Bloutière qui est du même ordre que les précédents. Il rangea à leur devoir les religieux de l'Hôtel-Dieu de Coutances qui voulaient se distraire de son

---

[1] L'auteur de cette vie, en résumant Toustain de Billy, n'a pas compris le passage qui correspond à celui-ci. La réforme de l'abbaye de Saint-Lo fut opérée en 1659 et non en 1679, non pas par Loménie de Brienne qui n'était pas encore évêque, mais par l'abbé André Merlet, qui *mourut* en 1664. Voy. p. 345 le texte de Toustain de Billy et notre note.

obéissance, de sorte qu'ils ont toujours été paisibles depuis.

Notre prélat était si jaloux de la vérité de notre religion, dont il était le dépositaire et qu'il avait reçue de ses prédécesseurs, qu'il veillait continuellement pour éloigner ses diocésains de toute nouveauté en matière de religion. En voici des exemples.

Le premier est un mandement daté de Coutances le 3 novembre 1699, et adressé au clergé de son diocèse pour la réception de la bulle du pape Innocent XII, pour la condamnation d'un livre composé par monseigneur l'archevêque de Cambray, qui a pour titre l'*Explication des Maximes des Saints sur la vie intérieure*, lequel mandement commence ainsi : « La pureté de la
« doctrine est le dépôt que l'apôtre saint Paul veut
« que les évêques gardent avec plus de fidélité, et ils
« doivent, quand elle peut être altérée, renouveler
« leurs soins et leur application. Dans tous les siècles
« de l'Eglise, nous avons vu cette sainte doctrine
« combattue. Dans les premiers, le démon a publique-
« ment attaqué nos mystères et s'est servi des préven-
« tions de nos sens et de la faiblesse de notre raison
« pour persuader que ce qui est au-dessus d'elle devait
« être incroyable. Vaincu cependant par l'autorité de
« l'Eglise, il semble qu'il ait voulu prendre une autre
« voie et que, se transfigurant avec plus d'adresse en
« ange de lumière, il l'ait voulu attaquer par l'appa-
« rence d'une plus grande perfection..... C'est ce
« qui a paru dans le livre intitulé l'*Explication des*
« *Maximes des Saints*, par monseigneur l'archevêque de

« Cambray, etc., etc... A ces causes, voulant de notre
« part nous opposer autant qu'il est en nous à ce que
« la doctrine de l'Eglise ne reçoive aucune altération,
« tant que le dépôt sacré nous en sera confié, confor-
« mément à ce qui a été résolu dans l'assemblée de
« notre province du 30 juin dernier, nous acceptons
« avec soumission la condamnation faite par notre saint
« Père le pape dudit livre intitulé *Explication des*
« *Maximes des Saints*, etc., etc., par sa constitution en
« forme de bref du 12e mars dernier, ainsi que celle
« des vingt-trois propositions qui en ont été extraites.
« Condamnons aussi de notre part ledit livre et les
« propositions ainsi qu'il l'a fait. Défendons à tous
« ceux qui nous sont soumis de soutenir aucune
« desdites propositions condamnées ni garder ledit
« livre, etc., etc. »

Le second exemple regarde certaines propositions, qui ayant été portées en Sorbonne et décidées par plusieurs docteurs de cette savante compagnie, de manière qu'on crut qu'elles altéraient les constitutions des papes Innocent X et Alexandre VII, en sorte que Louis XIV, qui ne veillait pas moins à l'honneur de l'Eglise qu'à celui de son royaume, les ayant envoyées au pape, et ce juge souverain en ayant décidé, et les évêques de France, en leur assemblée générale, ayant reçu avec soumission son jugement, notre évêque qui avait assisté à cette assemblée, étant de retour, publia, en son synode automnal, le 6 octobre 1706, son ordonnance sur ce sujet, de laquelle voici quelques termes :

« Charles-François de Loménie de Brienne, etc., etc.

« Quoique nous ayons tâché de porter par notre
« exemple non-seulement tous les peuples qui sont
« soumis à notre conduite, mais aussi ceux avec les-
« quels nous avons eu quelque conversation sur les
« matières de la grâce, à recevoir les décisions des
« souverains pontifes avec le respect et la soumission
« entière et sincère qui leur est due, cependant nous
« avons vu avec douleur les efforts que des esprits in-
« quiets ont faits depuis quelques années pour renou-
« veler les contestations sur le Jansénisme et pour affai-
« blir par des écrits remplis de fausses et dangereuses
« maximes, l'autorité des constitutions des souverains
« pontifes qui doivent, après l'acceptation que le
« corps des pasteurs en a faite, être regardées comme
« le jugement et la loi de toute l'Eglise, etc., etc. » Il
dit que, quoique ces écrits eussent été rejetés par tous
les vrais fidèles, il était à propos que les constitutions
des papes Innocent X et Alexandre VII auxquelles on
voulait donner atteinte, fussent confirmées et renouvelées par la décision du Saint-Siège. Il ajoute que Pierre
a donc parlé par la bouche de son digne successeur ;
que celui qui doit affirmer la foi de ses frères a rejeté
toutes les nouveautés profanes qui pourraient altérer
la vérité et troubler la paix ; que le chef des pasteurs,
excité par les prières du roi, a dissipé par sa constitution du 16 juillet 1705[2] tous les vains prétextes auxquels on avait recours ; et enfin, il conclut qu'après
avoir fait de sérieuses réflexions et le saint nom de

---

[1] Bulle *Vineam Domini Sabaoth*.

Dieu invoqué, « nous déclarons, dit-il, par notre pré-
« sente ordonnance que nous acceptons derechef en
« notre particulier avec respect et soumission comme
« nous l'avons déja fait dans l'assemblée du clergé la
« constitution du Saint-Siège, et en nous renfermant
« absolument dans la décision qu'elle contient, nous
« déclarons que l'on ne satisfait point par le silence
« respectueux à l'obéissance qui est due aux cons-
« titutions des souverains pontifes Innocent X et
« Alexandre VII, [qu'il faut] s'y soumettre intérieure-
« ment, etc., etc. »

Le troisième est un mandement dudit évêque pour la publication de la constitution de notre saint Père le pape Clément XI du 8 septembre 1713, portant condamnation des cent-une propositions extraites d'un livre imprimé en français et divisé en plusieurs tomes, intitulé : *Le nouveau Testament en français avec des réflexions morales sur chaque verset*, à Paris, 1699, et autrement : *Abrégé de la morale de l'Evangile, des Epîtres de saint Paul, des Epîtres canoniques*, etc., etc., ou *Pensées chrétiennes sur le texte de ces livres sacrés*, à Paris, 1693 et 1694, etc., etc., avec prohibition de ces livres qui ont paru ou qui pourront paraître à l'avenir pour sa défense. Dans ledit mandement, notre évêque nous fait remarquer qu'après une assemblée nombreuse de prélats qui s'était tenue à Paris sur la fin de 1713 ou le commencement de 1714 pour recevoir ladite bulle, et ladite assemblée lui ayant adressé ses délibérations sur cette importante affaire, il continue en ces termes : « A ces causes, lecture faite de la

« constitution de notre saint Père le pape Clément XI du
« 8 septembre 1713, vu aussi l'acte d'acceptation qui
« en a été faite par nos seigneurs les cardinaux, arche-
« vêques et évêques, assemblés à Paris, le 23 janvier
« 1714, et après avoir fait les réflexions que l'étendue
« et l'importance de la matière demandaient, tout con-
« sidéré, le saint nom de Dieu invoqué, nous adhé-
« rons à ce que nosdits seigneurs les cardinaux, etc.,
« etc., ont déjà statué, et nous y conformant, décla-
« rons que nous reconnaissons avec une extrême joie
« dans la constitution de notre saint Père *Unigenitus*
« *Dei*, etc., etc., en date du 8 septembre 1713, la
« doctrine et la tradition de notre Eglise ; que nous
« acceptons avec soumission et avec respect cette cons-
« titution, etc., etc. ; que nous condamnons le livre
« des *Réflexions morales* et les cent-une propositions
« qui en ont été extraites, de la manière et avec les
« mêmes qualifications que le pape les a condamnées ;
« que nous défendons à tous les fidèles de l'un et
« l'autre sexe de notre diocèse de penser, d'enseigner
« ou d'écrire sur lesdites propositions autrement qu'il
« n'est marqué dans ladite constitution ; comme aussi
« de lire ou de garder tant ledit livre que les autres
« livres, libelles ou mémoires, soit manuscrits, soit
« imprimés, qui ont paru ou qui pourront paraître
« dans la suite pour la défense du livre ou des pro-
« positions condamnées, ou d'en conseiller ou auto-
« riser la lecture ; leur ordonnant d'en apporter ou
« envoyer incessamment les exemplaires à notre se-
« crétariat, le tout sous peine d'excommunication en-

« courue par le seul fait, comme il est porté par la-
« dite constitution; nous réservant et à nos vicaires
« généraux le pouvoir d'en absoudre; que nous pro-
« céderons par les voies de droit contre ceux qui
« oseront parler, enseigner, prêcher ou écrire contre
« ladite constitution, etc., etc. Donné à Coutances,
« et lu au synode général, le mercredi 11 avril 1714. »

Nous trouvons notre prélat au nombre des cardinaux, archevêques et évêques qui écrivirent au pape Clément XI touchant la constitution et qui lui rendaient un compte exact et fidèle de la manière qu'ils avaient reçu ladite constitution. Ladite lettre est datée de Paris le 5 février 1714.

Le quatrième est un autre mandement du 20 septembre 1718 par lequel notre évêque défend toutes sortes d'appel contre ladite constitution. Le voici en son entier :

Mandement de Monseigneur l'évêque de Coutances au sujet de la constitution Unigenitus *et des appels qui en ont été faits au futur concile.*

« Charles-François de Loménie de Brienne, par la
« grâce de Dieu et du Saint-Siège apostolique, évêque
« de Coutances, au clergé séculier et régulier, exempt
« et non exempt, et à tous les fidèles de notre dio-
« cèse, salut et bénédiction en Notre Seigneur.

« Nous ne doutons point, mes chers frères, que
« vous ne soyez pénétrés d'une vive douleur à la vue
« des troubles dont l'Eglise de France est agitée au
« sujet de la constitution *Unigenitus*, pendant que les
« autres Eglises qui l'ont unanimement reçue jouis-

« sent d'une parfaite tranquillité. Nous n'avons pas
« cessé de demander à Dieu qu'il daignât faire suc-
« céder le calme à la tempête et rendre à l'Eglise de
« France une paix également nécessaire à la religion
« et à l'État. A ces causes, vu la constitution *Unige-*
« *nitus* de N. S. Père le pape du 8 septembre 1713,
« les délibérations et instructions pastorales de l'as-
« semblée de 1713 et 1714, notre mandement du
« 11 avril 1714, les mandements de plus de cent
« des évêques de France pour l'acceptation de ladite
« constitution, duement informé de l'acceptation des
« évêques des différentes nations catholiques ; vu en
« outre un autre imprimé qui a pour titre : *Instrumen-*
« *tum appellationis interjectœ die prima martii 1717*, et
« en français : *Acte d'appel interjecté le 1er mars 1717*,
« et plusieurs libelles répandus pour la défense dudit
« imprimé, en outre celui qui est intitulé *Consulta-*
« *tion.....* celui qui est intitulé : *Mémoire dans lequel*
« *l'appel interjeté au futur Concile général de la Cons-*
« *titution Unigenitus...*; lesquels libelles sont tous sans
« nom d'auteur et d'imprimeur ; et, après en avoir
« conféré avec d'habiles théologiens et canonistes, et
« après même en avoir communiqué avec plusieurs
« de nos confrères, le saint nom de Dieu invoqué,
« nous renouvelons et confirmons l'acceptation par
« nous faite de la constitution *Unigenitus*, nous vous
« exhortons de nouveau à la lecture de notredit
« mandement et de l'instruction pastorale de 1714 qu
« a été donnée pour vous faciliter l'intelligence de
« ladite bulle et pour vous prémunir contre les

« fausses interprétations des personnes mal intention-
« nées ; ordonnons à tous les prêtres et autres ecclé-
« siastiques séculiers et réguliers, exempts et non
« exempts, et à tous les fidèles de notre diocèse de se
« soumettre de cœur et d'esprit à ladite constitution
« *Unigenitus*, comme étant un jugement dogmatique
« de l'Eglise universelle, duquel tout appel est nul,
« frivole, illusoire, téméraire, scandaleux, injurieux
« au Saint-Siège et au corps des évêques, contraire à
« l'autorité de l'Eglise, schismatique et tendant à
« renouveler et fomenter les erreurs condamnées ;
« défendons à tous nos diocésains, sous peine d'ex-
« communication encourue par le seul fait, dont nous
« réservons le pouvoir d'absoudre à nous et à nos
« vicaires généraux, d'interjeter aucun appel de
« ladite constitution, soit dans la forme contenue
« audit imprimé intitulé *Acte d'appel*, etc., soit dans
« quelque autre forme que ce puisse être, comme
« aussi de rien dire, écrire ou faire qui puisse être
« contraire au respect et à l'obéissance due à ce juge-
« ment de l'Eglise catholique, ou qui puisse favoriser
« l'appel de ladite constitution, en quoi jusqu'ici
« nous n'avons que lieu de rendre des grâces conti-
« nuelles à Dieu de notre union aux pasteurs de
« Jésus-Christ et de notre attachement à la paix de
« notre Eglise. Défendons enfin de lire et de retenir
« l'imprimé intitulé en latin : *Instrumentum appella-*
« *tionis interjectæ prima die martii 1717*, et en fran-
« çais : *Acte d'appel au futur Concile de la bulle Uni-*
« *genitus*, ensemble les écrits ou mémoires imprimés,

« ou manuscrits qui ont paru jusqu'ici ou qui pour-
« ront paraître dans la suite, tant sur la justification
« dudit appel que contre la constitution. Ordonnons
« qu'à la diligence de notre promoteur général, notre
« présent mandement sera publié et affiché partout
« où besoin sera. Donné à Coutances, en notre palais
« épiscopal, le 20° jour de septembre 1718. Signé,
« Charles-François, évêque de Coutances, » et plus
bas, « Par Monseigneur, de Villars. »

On voit, par tout ce que nous venons de rapporter, la pureté de foi de notre prélat et son grand attachement aux sentiments du souverain pontife, qui, étant le digne successeur de saint Pierre, nous fait voir aussi qu'il est le véritable pasteur par la nourriture qu'il donne à ses brebis et par le soin qu'il prend de les préserver et garantir du loup.

Notre prélat, voyant que l'union était nécessaire entre tous les ecclésiastiques, pour l'entretenir il établit des conférences presque dans tous les cantons de son diocèse, afin que chacun puisse s'instruire des choses convenables et nécessaires à son état.

En 1715, il fit imprimer un bréviaire nouveau ou plutôt réformer l'ancien, et enjoignit, comme on y lit au commencement, à tous les ecclésiastiques de son diocèse de s'en servir sous les peines de droit et en vertu de l'obéissance qu'on lui avait promise, et défendit sous les mêmes peines l'usage de celui de monseigneur de Lesseville.

Enfin, après cinquante ans d'épiscopat passés pour la gloire de Dieu et le salut de ses diocésains, monseigneur de Brienne tomba malade et mourut à Coutances le 7° jour d'avril 1720, dans les mêmes sentiments de piété et de religion qu'il avait vécu. Il fut inhumé dans le chœur de son église cathédrale du côté de l'évangile et il fut si peu de temps malade qu'il ne put pas faire de testament.

TABLE DES NOMS D'HOMMES

(Les chiffres romains indiquent les tomes; les chiffres arabes, les pages.)

Abbon, évêque d'Auxerre, i, 65, 73.
Abelly (Louis), dr en théologie, iii, 277.
Abrincenses, i, 12.
Achard, évêque d'Avranches, i, 229, 312.
Achard, gentilhomme, i, 146.
Achery (dom Luc d'), ii, 180, 194.
Actard, évêque de Nantes, i, 77.
Ada, femme de Simon de Morville, i, 310.
Ada, fille de Roger de Morville, i, 310, 311.
Adalbert. V. Willebert.
Adam (Jean), prieur de Saint-Manvieu, iii, 194.
Adon, évêque de Vienne, i, 63, 75.
Adrevaldus, moine de Fleury, i, 69.
Adrien IV, pape, i, 211, 212, 219, 220, 228, 251.
Adventius, évêque de Metz, i, 73.
Æneas Sylvius. V. Pie II.
Agathée (S.), évêque de Coutances, i, 58, 59.
Agebert, évêque de Coutances, i, 84.
Agneaux, gouverneur de Saint-Lo, iii, 421.

Aigneaux (Hébert d'), ii, 126.
Aigneaux (maison d'), iii, 198.
Aigradus, moine, i, 58.
Ailly (Pierre d'), évêque de Cambray, ii, 193.
Aimeri, archevêque de Rouen, ii, 135.
Airard, évêque de Lisieux, i, 72.
Airard (Etienne), père de Thomas, maître de vaisseau, i, 163.
Alain, dit Barbe-Torte, duc de Bretagne, iii, 232.
Alain, légat, d'Avignon, ii, 304.
Alain, personne de Morville, i, 275.
Alanus, i, 272.
Albamassa (Gilbertus de), i, 241.
Albert, duc d'Autriche, ii, 237, 238.
Albert, évêque d'Ostie, i, 194.
Albert (Simon), curé de Saint-Germain au diocèse de Nantes, iii, 70.
Albigeois (les), i, 335, 348, 349.
Albret (Charlotte d'), ii, 352.
Albret (Jean d'), roi de Navarre, ii, 352.
Albret (Jeanne d'), iii, 177.
Alençon (Charles duc d'), iii, 43.
Alençon (François duc d'), iii, 110, 138, 172, 173, 177.

TABLE DES NOMS D'HOMMES.

Aldobrandin (cardinal), III, 201.
Allegrin (Michel), scolastique et grand vicaire de Coutances, III, 56.
Alexandre, I, 225.
Alexandre III, pape, I, 230, 246, 252, 254.
Alexandre V, pape, II, 196, 197; III, 67.
Alexandre VI, pape, II, 350.
Alexandre VII, pape, III, 353, 354, 355, 361, 362, 363.
Alexandre III, roi d'Écosse, I, 169.
Alez (Henri), curé de Saint-Denis-le-Vêtu, II, 210.
Alfred, fils d'Ethelred, roi d'Angleterre, I, 133.
Algare, évêque de Coutances, 175 à 203, 205, 217, 218, 231, 239.
Algeronde, évêque de Coutances, I, 24, 84, 85, 88, 89, 90, 97.
Alibert (Rose), femme de Gaspard de Loménie, III, 312.
Alicie, mère de Saint-Léon, I, 81.
Aligot (Radulphus), II, 95.
Alix, femme de Henri 1er, roi d'Angleterre, I, 165.
Alix, femme de Robert du Lorey, clerc, II, 31.
Allain, auteur d'une vie de Thomas Hélie, II, 52.
Aloigny (Jean d'), évêque de Castorie, III, 10, 43.
Alomete (Richard), prêtre, I, 276.
Alveredus, chantre de Coutances, I, 222, 236, 244. V. Auvray.
Alveredus Gigas, I, 167.
Alzo de Rizemberg, gouverneur de Bohême, II, 232, 233, 238.
Amande, fille de Guillaume de Morville, I, 311.
Amauri, I, 262.
Ambibares, I, 195.
Amboise (Aimeric d'), grand prieur de France, II, 357.
Amboise (Georges d'), baron de Casaubon, III, 326.
Amboise (Georges I d'), cardinal, archevêque de Rouen, II, 350,

351, 352, 353, 357, 358, 359; III, 26, 27, 28, 29, 87.
Amboise (Georges II, d'), cardinal, archevêque de Rouen, III, 45, 87, 90.
Amboise (Louis d'), comte d'Aubijoux, III, 326.
Amboise (Pierre d'), seigneur de Chaumont, II, 350.
Amboise (Pierre d'), III, 132.
Ambroise (S.), I, 22.
Ambroise, abbé de Saint-Lo, II, 12.
Ambroise d'Évreux, curé de Sainte-Geneviève, I, 306.
Amédée, duc de Savoie. V. Félix V.
Amfreville (Jean d'), chevalier, II, 14, 15.
Amicharius, évêque de Séez, I, 50.
Amiot (Thomas), II, 67.
Amlacarius, évêque de Séez, I, 47.
Amphion, III, 86.
Anaclet, antipape, I, 178.
Anastase, empereur, I, 322.
Ancis (Robert d'), clerc, I, 318.
Andecenay (Antoine), grand vicaire de Coutances, III, 268.
Anfère (Julien), procureur de Jean d'Anfernet, III, 183.
Anfernet (Jean d'), III, 183.
Angennes (Claude d'), évêque du Mans, III, 194.
Angennes (Joseph d'), marquis de Poigny, III, 330.
Angerville (Guillaume d'), I, 232, 233.
Angerville (Jean d'), sieur de Tréauville, II, 394.
Angevins (les), III, 241.
Anglais (les), I, 68, 113, 133, 135, 136, 137, 151, 257, 314, 357, 360, 371; II, 24, 183, 204, 215, 217, 218, 257, 258, 266, 269, 271, 278, 305; III, 38, 76, 115, 121, 328.
Angot, abbé de la Luzerne, I, 261.
Angot, chapelain de Tourlaville, II, 125.
Angot, fils Pépin, II, 125.

Angot (Guillaume), lieutenant général du vicomte de Rouen, II, 334.
Angulon, évêque de Coutances, I, 58.
Anguyen (Gaultier d'), III, 325.
Anguyen (Louis d'), III, 325.
Anguyen (Marguerite d'), femme de Jean de Luxembourg, III, 325.
Anjou (René d'), roi de Naples, III, 58.
Anna, femme de Richard Turstin, I, 130.
Anne (Ste), III, 237.
Anne de Bretagne, veuve de Charles VIII, II, 352.
Anne, sœur de Guillaume de Briqueville, I, 278.
Anneville (Michel d'), chevalier, II, 156.
Anneville (Robert d'), seigneur de Chiffrevast, II, 364.
Anquetil, père de Guillaume de Cléville, I, 340.
Ansbert, archevêque de Rouen, I, 58.
Anschitillus, doyen de Coutances, I, 231.
Ansegaud, évêque d'Avranches, I, 72.
Anségise, primat des Gaules et de Germanie, I, 80.
Anslec de Briquebec, I, 103.
Antheus, II, 376.
Antonin (S.), II, 195.
Antonin, empereur, I, 3, 4.
Apollon, III, 337.
Arcambault, III, 199.
Architiclin, curé de Daye, III, 125.
Arclais de Montamis (Jacqueline d'), prieure de Saint-Michel du Bosq, III, 296.
Arclais de Montamis (Renée), religieuse de Moutons, III, 296.
Arcona (Gaspard, seigneur d'), III, 181, 182.
Arcy (Gui d'), bailli d'Autun, II, 174.
Argenton (Guillaume d'), chanoine de Coutances, II, 4.
Argenton (Jean d'), chantre de Coutances, I, 397.
Argouges (Guillaume d'), II, 164.
Argus, II, 356.
Armagnacs (les), II, 205.
Arnaud de Brescia, I, 168.
Arnoul, évêque de Lisieux, I, 202, 212, 230, 250.
Arnould, comte de Flandres, I, 192.
Arthur de Bretagne, I, 295, 296.
Atharpoin, I, 250. V. note.
Auber (Guillaume), chanoine de Coutances, II, 304.
Auberive (Guillaume d'), grand vicaire de Coutances, II, 246, 255.
Aubert (Anne), femme du marquis de Tessé, I, 264.
Aubert (Hue), clerc, garde des sceaux, II, 129.
Aubert (Nicole), avocat du roi à Carentan, II, 355; III, 86.
Aubervice (Guillaume), chanoine de Coutances, II, 274.
Auberville (Robert d'), II, 17.
Aubery, II, 189, 295, 304; III, 2, 18, 20, 29, 33.
Aubigni (famille d'), I, 118.
Aubigni (Noël d'), I, 118.
Aubigny (Olivier d'), I, 225; II, 2.
Aubin (S.), évêque d'Angers, I, 28.
Aubourg (Anne d'), femme d'Antoine de Loménie, III, 315, 316.
Aubourg (Charles d'), seigneur de Porcheux et de Liencourt, III, 315.
Aubril (Pierre), III, 204.
Aubriot (Hugue), II, 161.
Aubusson (François d'), duc de la Feuillade, III, 2.
Aubusson (maison d'), III, 2.
Augis (d'). V. Richard de Longueil.
Auguste (César), II, 356.
Augustin (S.), III, 288.
Augustin (ermites de S.), III, 303.
Augustin (ordre et règle de S.),

I, 65, 181, 187, 189 ; II, 25, 140, 170, 171, 198, 347 ; III, 475, 345.
Augustins (les), I, 239 ; II, 66.
Augustins (les) de Barfleur, II, 65, 66, 162, 335 ; III, 7.
Aumont (maréchal d'), III, 198.
Auroy (Étienne d'), curé de Gouvets, III, 116.
Auroy (Louise d'), femme de Jean Turgot, III, 117.
Authouard, greffier à Coutances, III, 245.
Autriche (Anne-Elisabeth d'), III, 262.
Auvray, III, 130.
Auvray, chantre de Coutances, I, 219, 238, 245, 251. V. Alveredus.
Auvray (Jean), III, 56.
Auvry (Claude), évêque de Coutances, III, 258 à 296, 301.
Auxais (Louis d'), III, 197.
Auxais (Philippe d'), III, 197.
Aux-Epaules (Guillaume), I, 104.
Aux-Epaules (Pierre), II, 107.
Aux-Epaules (Richard), II, 91.
Avenel (Guillaume), fils Henri, I, 339.
Avenel (Richard), I, 214, 226.
Avice (Thomas), curé de Saint-Lo de Rouen, III, 247.
Avoie (Gille), curé de Saint-Martin-d'Octeville-sur-Cherbourg, III, 171.
Avranches (maison d'), I, 354.
Avranches (Robert d'), I, 173.
Aycelin (Gilles), archevêque de Rouen, II, 118, 119.

Bacon (Gilbert), écuyer, II, 104.
Badin (Nicolas), curé de Lingreville, II, 101.
Baillet (Thibaut), conseiller du roi, II, 327.
Bailleul (Jean de), I, 169.
Bailly (Bernard), III, 313.
Bailly (Radegonde), femme de Jean Pinault, écuyer, III, 313.
Baiocenses, I, 12.
Balnéo (les comtes de), III, 294.

Balou (Jean de), abbé de Savigny, II, 30.
Balue (cardinal de), II, 332, 333, 334.
Barbe (Ste), I, 284 ; III, 214.
Barberin (Antoine), cardinal, III, 259, 260, 262, 272, 294.
Barberin (François), cardinal, III, 259, 260, 262.
Barberine (maison), III, 262.
Barbet (Guillot), I, 167.
Barbet (Hugues), I, 225.
Barentin (Dreu de), bailli du roi, I, 394.
Baronius, I, 322.
Barthélemy, chambrier, I, 314.
Basire, femme de Guillaume d'Angerville, I, 232, 233.
Basire (Abraham), grand vicaire de Coutances, III, 258, 268, 273, 274, 275, 276, 284, 296, 310.
Basire (Jean), chanoine, official de Saint-Lo, III, 9.
Basire (Richard), II, 375.
Basqueville (les seigneurs de), III, 96.
Bassompierre (Christophe de), sr de Saint-Sauveur-Lendelin, etc., III, 148.
Baubigny (Guillaume de), I, 276, 363.
Baubigny (Jean de), I, 362.
Baubigny (Robert de), I, 362 ; II, 56.
Baudastes, presbyter, I, 30.
Baudoin (Etienne), II, 67.
Baudouin, archevêque de Cantorbéry, I, 264.
Baudouin, évêque d'Evreux, I, 436.
Baufrid, évêque de Bayeux, I, 70, 72.
Bavent (Robert), pénitencier de Coutances, III, 72.
Bayle, III, 300.
Bazin (Thomas), évêque de Lisieux, II, 210, 218.
Beaudouin, prieur de Sainte-Marie-de-Cherbourg, I, 235.
Beaulieu (Simon de), évêque de Béziers, II, 103.

TABLE DES NOMS D'HOMMES.

Beaumont (Alix de), femme de Jean I de Harcourt, II, 77.
Beaune (Renault de), archevêque de Bourges, III, 194, 199.
Beausent (Jean de), sieur de la Lande, II, 394.
Beautroy (Jean), lieutenant du gouverneur de Jersey, III, 62.
Beauvais (Raoul de), I, 373.
Beauvais (Robert de), I, 317.
Beauveau (Charles de), protonotaire ecclésiastique, III, 15.
Beauveau (Jean de), évêque d'Angers, II, 333.
Becket (Thomas), archevêque de Cantorbéry, I, 228, 245, 246, 247, 254, 257, 283, 285, 286, 299, 310; II, 162.
Becquet (Robert), III, 140.
Bedfort (duc de), régent de France, II, 213.
Belamy (Jean), vicaire général de Coutances, III, 61, 62.
Belin (Jean), chanoine, official de Coutances, III, 43.
Belin (Jean), curé du Ver, III, 9.
Bellaise (D. Julien), bénédictin de Fécamp, I, 50; II, 54, 259, 305.
Belleforest, historien, III, 18, 42.
Bellegarde (maison de), III, 321.
Bellême (Robert de), I, 162.
Belot (Roger), II, 383.
Bénédictines de Coutances (les), III, 250.
Bénédictins (les), I, 239.
Bénédictins réformés de Saint-Maur (les), I, 40; III, 98.
Bénigne, 1er abbé de Saint-Sauveur, I, 130.
Benjamin, abbé de Cherbourg, I, 288.
Benoît (S.), I, 92.
Benoît, antipape, III, 67.
Benoît (ordre de S.), I, 196, 206; II, 25, 57, 170, 171; III, 54, 59, 345.
Benoît, pape, I, 75.
Benoît XIII, pape, II, 191, 192, 194, 195, 196, 197.
Benoît (Jean), bourgeois de Coutances, II, 137.

Béor. (V. Vigor.)
Béon (Arnauld de), seigneur de Céréfracte, III, 321.
Béon (Arnauld-Guilhème de), seigneur de Céréfracte, III, 321, 322.
Béon (Aymeric de), seigneur du Massès, III, 322.
Béon (Bernard de), seigneur de Céréfracte, III, 321.
Béon (Bernard de), seigneur du Massès, III, 322.
Béon (Bernard de), fils de Bernard, III, 322.
Béon (Bernard, comte de) du Massès, III, 326.
Béon (Bernard de) du Massès, baron de Bouteville, III, 322, 323.
Béon (Charles de) du Massès, III, 323, 327.
Béon (famille de) du Massès, III, 320.
Béon (Georges de), fils de Bernard, III, 322.
Béon (Jean de), fils de Bernard, III, 322.
Béon (Jean de), vicomte de Céréfracte, III, 323.
Béon (Jean de), III, 323.
Béon (Jeanne de), femme de Jean-Louis de Rochechouart, III, 323.
Béon (les) de Céréfracte, III, 322.
Béon (Louise de) du Massès, femme d'Henri-Antoine de Loménie, III, 320, 323, 326, 327, 329, 330, 357.
Béon (Marguerite de), femme de Jean Frich de Magnault, III, 323.
Béon (Marie de), femme de Corbon de Sariac, III, 322.
Béon (Philiberte de), femme de Jean de Béon, III, 323.
Béon (Pierre de), seigneur de Céréfracte, III, 321, 322.
Béon (Pierre de), fils d'Aymeric, III, 322.
Bérauville (Richard de), curé du Mesnil-Rogues, III, 47, 49, 51.
Bérenger, hérésiarque, I, 123.

Bernard (S.), I, 168, 194, 200, 204, 264.
Bernard, abbé du Mont Saint-I, 179.
Bernard, abbé de Solignac, I, 77.
Bernard-le-Danois, comte de Harcourt, I, 103; II, 76.
Bernard (Charles) grand vicaire de Coutances, III, 161, 174, 185, 194, 204.
Bernard (Jean), frère prêcheur du couvent de Coutances, II, 177.
Bernard (Nicolas), chanoine, vicaire général de Coutances, III, 149.
Bernay (Richard de), I, 373.
Bernoin, abbé de Nanteuil, I, 48, 49.
Bérou, boucher de Rouen, I, 164.
Berry (Jean, duc de), II, 180.
Bertrand (frère), prieur de Jobourg, II, 118.
Bertrand (Guillaume), sieur de Fauguernon, II, 105.
Bertrand (Jeanne), femme de Guillaume Painel, II, 215.
Bertrand (Robert), seigneur de Briquebec, II, 7, 8, 82, 106.
Bertrand (Robert), chevalier, sire de Briquebec, maréchal de France, II, 215, 216.
Bertrand (Robert), écuyer, sieur de Fauguernon, II, 106.
Besselièvre (Abraham), III, 350.
Bessin (Jean), curé de Saint-Germain-de-Varreville, II, 372.
Betto, episcopus ecclesiæ de Julio Bona, I, 47.
Beuzeville (Michel de), prêtre, II, 43.
Beuzeville-la-Luzerne (marquis de), I, 241.
Bibiane (Bernard de), cardinal-évêque de Coutances, III, 16, 18, 33 à 43, 44.
Bienfaite (Nicolas de), archidiacre, II, 103.
Bienfaite (Richard de), grand justicier d'Angleterre, I, 140.
Bigot, I, 105.

Bigot (Roger), I, 207, 225.
Billon (Guillaume), III, 64.
Binius, I, 29, 31.
Bircot (Joannes, dictus), II, 95.
Blanche (de Castille), reine, I, 357; II, 3, 26, 32.
Blanchet (Hugues), trésorier de la Sainte-Chapelle, II, 191.
Blancmonnier (Roger), II, 68.
Blanger, chantre et grand vicaire de Coutances, III, 295, 331, 358.
Blarru (Hugues de), II, 366.
Blois (Pierre de), III, 341.
Blome, I, 204, 205.
Blondel (André), promoteur de Saint-Lô, III, 9.
Blondel (Gilles), bourgeois de Coutances, III, 78.
Blondel (Jean), curé d'Yvetot, III, 194.
Blouvel (Guillaume), prébendé de Néhou, III, 154.
Bocage (Richard du), II, 294.
Boëce, III, 356.
Bohémiens (les), II, 224, 228, 230, 231, 234, 235, 236, 244, 283.
Bohon (Engelger de), I, 211, 232, 243, 244, 245, 359.
Bohon (Léonore de), I, 205.
Bohon (Marie de), I, 205.
Bohon (Onfroi Ier seigneur de), I, 204.
Bohon (Onfroi II de), grand sénéchal d'Angleterre, I, 204, 207; connétable, I, 241, 242.
Bohon (Richard de), grand doyen de Bayeux, puis évêque de Coutances, I, 152, 202, 204 à 253, 254, 256, 318, 341, 352, 393; II, 83.
Bohon (Thomas), I, 319.
Bohun (Unfridus de), I, 209.
Boine (Guillaume de), I, 317.
Bois-Jean (Louis du), III, 11.
Boislève (Gabriel de), évêque d'Avranches, III, 294.
Boissy (les seigneurs de), III, 11.
Boisyvon (Pierre de), conseiller au parlement de Rouen, III, 239.

Boivin (Henri), évêque de Tarse, III, 225, 234.
Boivin (Jean), proviseur du collège d'Harcourt, II, 385.
Bolland, I, 29.
Boniface (S), évêque de Mayence, I, 62.
Boniface VIII, pape, II, 77, 89, 102, 103, 278.
Boniface IX, pape, II, 192, 193.
Boniface (Raoul), abbé de Saint-Sauveur, II, 375.
Bonnet (Estienne), huissier, II, 325.
Bonnet (Jean), curé de Quettreville, III, 53.
Bonnivet. V. Gouffier (Guillaume).
Bordeaux (Pierre de), abbé de Saint-Sever), II, 374.
Borgia (César), II, 352.
Bos (Unfridus), I, 231.
Boscbo (Gilles), prieur de Marchésieux, III, 63.
Botté, sergent, III, 349.
Boucart (Jean), évêque d'Avranches, II, 297, 324.
Boucher, chanoine de Coutances, III, 274.
Boucher (Charles), abbé de Montebourg, évêque de Mégare, III, 56, 70.
Boucher (Laurent), I, 125.
Boudet (Jean), *dit* de Crosville, III, 188.
Boudier, notaire apostolique à Carentan, III, 347.
Bouge (Nicolas), curé de Villedieu, III, 63.
Bouhavard (Gilles), tabellion à Coutances, II, 127.
Bouillé (Elisabeth de), abbesse de Moutons, III, 295.
Bouillon (cardinal de), III, 294.
Bouillon (duc de), III, 262.
Boulbert (Nicolas de), curé de Saint-Ouen de Sideville, II, 103.
Boulenger (Jean), président au parlement de Paris, II, 293.
Boullen (Jean), bourgeois de Saint-Lo, II, 154.
Boulley (Jean), II, 382.
Boulliers (François de), abbé de Blanchelande, III, 123.
Boulogne (maison de), I, 209.
Boulonnais (les), I, 209.
Bourbier (Thomas), II, 139.
Bourbon (Charles, cardinal de), III, 134, 139, 145, 152, 163, 164.
Bourbon (Charles de), fils de l'amiral de Bourbon, et de Jeanne de France, II, 361, 364.
Bourbon (Charles de), comte de Soissons, III, 261, 262.
Bourbon (François de), comte de Saint-Paul, I, 195, 232.
Bourbon (François de), duc de Montpensier, III, 197, 198.
Bourbon (François de), comte de Vendôme, I, 195.
Bourbon (Louis de), comte de Roussillon et de Valognes, amiral de France, II, 311, 361, 366.
Bourbon (Louis de), comte de Soissons, III, 327.
Bourbon (Louis de), duc d'Enghien, puis prince de Condé, III, 265.
Bourbon (Marie de), duchesse de Longueville, etc., I, 195; III, 195, 196, 232, 257.
Bourbon (Marie de), fille du comte de Soissons, III, 261.
Bourbon (Nicolas), poète, III, 69.
Bourdon (Gilles), bénéficier d'Auxais, III, 272.
Bourgeois (Louis), huissier, II, 325.
Bourgneuf (MM. de), III, 118.
Bourgoing (Edmond), prieur des Jacobins de Paris, III, 223.
Bourgoing (familles de), III, 223.
Bourgoing (François), général de l'Oratoire, III, 223.
Bourgoing (Guillaume), conseiller au parlement de Paris, III, 223.
Bourgoing (Jacques), conseiller à la cour des aides, III, 223.
Bourgoing (Jean), conseiller au parlement de Paris, III, 223.

TABLE DES NOMS D'HOMMES.

Bourgoing (Nicolas), évêque de Coutances, III, 221, 223 à 229, 233.
Bourguenole (Catherine de), femme de Guillaume de Longueil, II, 276.
Bourguenole (famille de), II, 299.
Bourrey (Guillaume de), prêtre, II, 80.
Bouthillier (Léon), comte de Chavigny, III, 330.
Bouthillier (Henriette), femme de Louis-Henri de Loménie, III, 330.
Boutron (Robert), chanoine, curé de Cherbourg, III, 117, 125.
Bouvel (Guillaume), II, 139.
Boyvin (René), orfèvre à Angers, III, 241.
Bras (de), II, 354; III, 112, 113, 114, 126, 132, 147.
Brèche (Etienne de), chanoine de Paris, archidiacre du Cotentin, III, 90.
Brèche de la Trémouille (René de), évêque de Coutances, III, 33, 42, 53 à 57, 59, 60, 89.
Brehier (Hardorinus), chanoine d'Angers, III, 243.
Bressie (Guillaume de), II, 144.
Bretagne (Jeanne de), III, 231.
Bretel (Raoul), sieur de Gremonville, garde des sceaux du parlement de Normandie, III, 87.
Breteuil (Guillaume de), I, 150.
Breteuil (Roger de), comte de Hereford, I, 140.
Bretons (les), I, 69, 77.
Bretteville (Mathieu de), curé de Belval, II, 64.
Bretteville (Roger de). V. Breteuil.
Breuil (Charles de), écuyer, sieur des Trauts, II, 350.
Breulcour (Gauffridus de), I, 241.
Brézé (Françoise de), femme de Robert de la Marck, III, 326.
Briard (Guillaume), curé de Saint-Lo-de-Foucarville, I, 395.
Bricquebec (maison de), II, 116.

Bricqueville (Robert de), chevalier, II, 55.
Bricqueville (Robert de), écuyer, II, 55.
Brie (Félix de), abbé de Saint-Evroul, II, 375.
Briele (Hélin de), I, 225.
Brienne. V. Loménie.
Brienne (Evrard, comte de), III, 324.
Brienne (Gaultier de), connétable de France, III, 324.
Brienne (Gaultier de), duc d'Athènes, III, 324.
Brienne (Gaultier de), roi de Sicile, III, 324.
Brienne (Isabeau de), duchesse d'Athènes, III, 324.
Brienne (Jean de), empereur de Constantinople, III, 324.
Brionne (Antoine de), élu abbé de Saint-Antoine-de-Vienne, II, 306.
Brionne (Humbert de), abbé de Saint-Antoine-de-Vienne, II, 306.
Briqueville (Guillaume de), I, 277, 278.
Briqueville (Robert de), I, 343.
Briroy (...), curé de Biville, III, 188.
Briroy (... de), prêtre, III, 244.
Briroy (...), sieur de la Comté, III, 188.
Briroy (Adrien de), archidiacre du Val-de-Vire, III, 188, 199, 217, 218, 226.
Briroy (Guillaume de), frère de Nicolas de Briroy, évêque, III, 188.
Briroy (Guillaume de), père de Jean II de Briroy, III, 188.
Briroy (Jean II de), III, 188.
Briroy (Jean III de), III, 188, 218. V. Note.
Briroy (Marie de), femme de Pierre de Harcourt, III, 188.
Briroy (Nicolas de), vicaire général, puis évêque de Coutances, III, 40, 69, 134, 137, 138, 141, 142, 143, 144, 148, 149, 153, 154, 162, 164, 167, 169, 170,

171, 185, 186 à 220, 221, 225, 305, 338.
Briroy (Nicolas de), curé de Fierville, iii, 189.
Briroy (Raoul de), fils de Jean, iii, 188.
Briroy (Robert de), père de Guillaume, iii, 188.
Brissac (Charles, maréchal de), iii, 59.
Brissac (ducs de), iii, 59.
Brissonnet (Denis), abbé de Saint-Paul-de-Cormery, iii, 63.
Bris (Adam de) ou de Bruis, i, 152, 237, 384.
Brix d'Annandale (les), i, 170.
Brix (David II de), i, 169.
Brix (Edmond de), de Kinloss, i, 170.
Brix (famille de), i, 169, 170, 353, 384.
Brix (Guillaume de), i, 273.
Brix (Luce de), femme de Guillaume du Hommet, i, 384, 385.
Brix (Marie de), femme de Gautier Stuard, i, 169.
Brix (Richard de), évêque de Coutances, i, 169 à 174; iii, 307.
Brix (Robert de), i, 169, 354, 384.
Brix (Thomas de), prêtre, i, 352, 353.
Broë (Bon de), abbé de Montebourg, iii, 149.
Brouaul (Jean), ministre à Carentan, iii, 219.
Brelé (Jean), chanoine d'Angers, iii, 243.
Bruce (famille de), i, 170.
Brucorch, chevalier, i, 354.
Brucourt (Geoffroi de), i, 352.
Brucourt (Guillaume de), ii, 105, 106.
Brucourt (Henri de), i, 373.
Brucourt (maison de), ii, 12.
Brucourt (seigneur de), i, 354.
Bruiera (Simo de), i, 263.
Brulart, iii, 134, 137, 144, 158.
Brulart (Anne-Charlotte), femme de Henri-Louis de Loménie, iii, 330.

Brulart (Nicolas), seigneur de Bordes, premier président au parlement de Bourgogne, iii, 330.
Brulleyo (Radulphus de), i, 281, 282.
Brunehaut, i, 41.
Bruyer (Gilles), ii, 236.
Bruyer (Martin), doyen de Tours, ii, 240, 241.
Buchanan (Georges), iii, 102, 103.
Budé (Guillaume), iii, 65, 66, 67, 68.
Buham (frère Robert), ii, 154.
Buisson (Josias), ii, 383.
Buisson (Louis), porcher, ii, 383.
Bullion (Marguerite de), femme de Joseph-Emmanuel-Joachim Rouault, iii, 328.
Bureau (Jehan), archidiacre, ii, 366.
Burnel, cuisinier, à Coutances, ii, 372.
Burnouf (André), clerc du diocèse de Coutances, iii, 269.
Busquet (Louis), de Rouen, chapelain de Saint-Thomas, iii, 104.
Busquet (Robert), bailli de Cotentin, ii, 120.
Butorel (Guillaume), ii, 43.

Cabart (François), prébendé de Vire, iii, 183.
Cabart (Pierre), chapelain de Néhou, iii, 149.
Cablière (Thomas), curé de Saint-Martin-le-Vieux de Jersey, ii, 375.
Cadier (Jean), chanoine de Coutances, ii, 366, 372.
Cadier (Jean), secrétaire de l'évêché de Coutances, iii, 44, 54, 56.
Cadier (Nicolle), avocat à Coutances, iii, 77.
Cadot (Roger de), i, 226.
Cagnebourne (Robert de), évêque de Rosse, abbé de Saint-Lo, iii, 43.

Caillebot (Louis), marquis de la Salle, III, 97.
Calimache (Pierre), bourgeois de Carentan, III, 181.
Calixte, pape, I, 161, 162.
Calixte III, pape, II, 268, 279, 280, 302.
Calvin, I, 24; III, 102, 111.
Cambernon (Barbe de), femme de Jean de Gourfaleur, III, 73.
Cambernon (Guillaume de Cambernon), I, 365.
Cambernon (Guillaume de), seigneur de Monpinchon, etc., III, 73.
Cambernon (Jean de), curé de Montpinchon, III, 73.
Cambernon (Jean de), seigneur de Montpinchon, III, 74.
Cambernon (Jeanne de), femme de Jacques Dubois, III, 74.
Cambernon (Marguerite de), femme d'Olivier Martel, III, 74, 97.
Cambernon (Martin de), II, 375.
Camden, I, 118, 134.
Caminus (Ricardus), I, 263.
Campion, archidiacre, III, 275.
Campion, prêtre de Coutances, III, 244.
Campion (Jean de), II, 91.
Campion (Jean), chanoine de Coutances, III, 239, 240, 241, 242, 243, 244.
Camprond (Enguerran de), I, 244.
Camprond (Enguerran de), écuyer, sieur de Nicorps, II, 350.
Camprond (Geoffroi de), fils d'Enguerran, I, 244.
Camprond (Guillaume de), fils d'Enguerran, I, 244.
Camprond (Jacques de), III, 15.
Camprond (Jacques de), chanoine de Coutances, II, 271, 273.
Camprond (Jean de), II, 375.
Camus (Jean-Pierre), évêque de Belley, III, 235.
Cande (S.), I, 34.

Candie (Pierre de), cardinal de Milan. V. Alexandre V.
Canisy (maison de), III, 196, 198.
Canut, fils de Suen, roi d'Angleterre, I, 133.
Canut II, roi d'Angleterre, I, 133.
Canvilla (Ricardus de), I, 263.
Capresse (Jean), bailli de Cotentin, II, 75.
Capucins de Coutances (les), III, 212, 215, 224.
Capucins de Valognes (les), III, 250.
Caracalla, I, 4.
Carante (Richard), II, 80.
Carbonnel (Guillaume), I, 236.
Carbonnel (Guillaume), II, 92, 93, 94, 95, 112, 344.
Carbonnel (Hervé de), sieur de Canisy, III, 197, 198, 222.
Carbonnel (Hugues), I, 356.
Carbonnel (Jacques), marquis de Canisy, nommé à l'évêché de Coutances, III, 221, 222, 223, 224.
Carbonnel (Jean), prêtre, III, 98.
Carbonnel (les seigneurs du nom de), I, 356.
Carbonnel (Philippe), seigneur de Canisy, III, 98.
Carbonnel (Raoul), I, 356.
Carbonnel (René), marquis de Canisy, II, 344.
Carbonnel (Richard), chevalier, II, 12.
Carignan (le prince Thomas de), III, 260.
Cariti (Bernard), archidiacre d'Eu, II, 160.
Cariulph (S.) III, 242, 244.
Carloman, I, 86.
Carlomannus, dux Francorum, I, 62.
Carmans (comte de), III, 326.
Carmélites de Saint-Denis, III, 332, 358.
Carnet pour Nicole, I, 251.
Carnet (Louis), II, 370.
Carolus, imperator, I, 79.
Carré (Urbain), chantre de Saint-Lo d'Angers, III, 240.

Cartel (Balthazar), prébendé des Viviers, III, 274, 275.
Cartel (Gilles), grand vicaire de Coutances, III, 226, 273, 274.
Carteret (Jacques de), curé de Saint-Ouen de Jersey, II, 375.
Castelbajac (Arnauld de), seigneur de Bernet, III, 322.
Castelbajac (Marguerite de), femme d'Aymeric de Béon, III, 322.
Castié (Henri), chanoine d'Angers, III, 243.
Castiglione (Branda de), cardinal, II, 264, 268.
Castiglione (Geoffroi de), cardinal, II, 264, 268.
Castiglione (Geoffroi de). V. Célestin IV.
Castiglione (Jean de), évêque de Coutances, cardinal du titre de S. Clément, II, 264 à 274, 276.
Castiglione (Octavien de), cardinal, II, 268.
Castille (Philippe de), III, 144.
Catherine de Médicis, III, 99.
Caton, I, 379.
Cats (Gilbert de), I, 217.
Cauchon (Pierre), évêque de Beauvais, II, 261, 278.
Caulers (J. de), conseiller au parlement de Paris, II, 325.
Caumont (Richard de), prieur de Saint-Lo de Rouen, II, 169, 170, 185.
Cauvin (Nicolas), prêtre, II, 139.
Cavigny (Robert de), chanoine, I, 238.
Célestin III, pape, I, 269.
Célestin IV, pape, II, 264, 268.
Cenalis (Robert), I, 6, 15, 17, 23, 27, 44, 107, 170, 207, 287, 342; II, 309.
Cenomanni, I, 12.
Centeville (Osmond de), I, 103.
Céphos, III, 337.
Cerberus, II, 378.
Cerceau (Jacques de), abbé de Saint-Sauveur-le-Vicomte, III, 145, 203.

Cerisay (Jean de), archidiacre de Coutances, III, 57.
Cerisy (les de), II, 301.
César, I, 195; II, 356; III, 32, 164.
Cestre (comte de), I, 354.
Chabannes (Jean de), comte de Dammartin, seigneur du Pas, II, 364.
Chabot (Jacques), marquis de Mirebeau, etc., III, 316.
Chambellan (Chrétien), clerc, bailli de Cotentin, II, 56.
Chambloi (Gautier de), archidiacre de Cotentin, II, 62.
Chambreure (Pierre), II, 139.
Chaumilly (Pierre), II, 190.
Champagne, II, 344.
Champrepus (Gilles de), chapelain de Saint-Romphaire, III, 169.
Champtone (Louis de), curé de Saint-Laurent de Jersey, II, 374.
Chantelou (Fouque de), I, 274.
Chantelou (Pierre de), I, 356.
Chantelou (Robert de), I, 371.
Chappedelaine (Jean), curé du Mesnil-Benoist, III, 272.
Charibon, évêque de Coutances, I, 46, 47.
Charlemagne, I, 92, 180.
Charles IV, empereur d'Allemagne, II, 225.
Charles II, roi d'Angleterre, III, 271.
Charles (Charlemagne), I, 80.
Charles V, roi de France, II, 159, 173.
Charles VI, roi de France, II, 127, 160, 161, 173, 184, 190; III, 67.
Charles VII, roi de France, II, 205, 269, 292; III, 2, 328.
Charles VIII, roi de France, II, 352, 392; III, 2, 54.
Charles IX, roi de France, III, 110, 134, 140, 179.
Charles d'Autriche (Charles-Quint), III, 79.
Charles-le-Chauve, roi de France, I, 66, 72, 73, 75, 79, 84, 86.

Charles-le-Gros, empereur, I, 86.
Charles-Gustave, roi de Suède, III, 329.
Charles-Martel, I, 198, 239.
Charles-le-Simple, roi de France, I, 86, 92, 93, 94, 98.
Charles-le-Téméraire, duc de Bourgogne, II, 333.
Charliens (les), I, 66.
Charlier (Gilles), doyen de l'église de Cambrai, II, 229.
Chartier (Alain), II, 283.
Charuel (Nicolas), curé de Montebourg, III, 104.
Chelles (Gaillard de), III, 322.
Chelles (Jeanne de), femme de Pierre de Béon, III, 322.
Chenevières (Philippe de), bailli du Cotentim, II, 15, 16.
Cheruse (de), secrétaire de l'évêché de Coutances, III, 310.
Chevenon (Guillaume) ou Chevron, évêque de Porphyre, II, 329, 334, 335, 342, 343, 344, 372, 374; III, 6, 7, 8, 15, 43.
Childebert, roi, I, 12, 15, 17, 29.
Chilpéric, roi, I, 41, 42.
Chlothovechus rex (Clovis Ier), I, 14.
Ciaconius, II, 295, 300.
Cicéron, I, 379.
Cinq-Mars, III, 262.
Cinquemelle (Gilles), curé de Glatigny, III, 116.
Cirou (Pierre), curé de Bretteville-sur-la-Mer, III, 126, 127.
Citeaux (ordre de), II, 187, 257.
Citure (frère Jean), II, 344.
Clair (S.), I, 59, 61, 62, 81.
Clais (les seigneurs de), II, 363.
Clause (Raoul de), abbé de Notre-Dame-du-Vœu, II, 60.
Clémengis (Nicolas de), bachelier au collège de Navarre, II, 179, 180.
Clément, curé de Biville, II, 52.
Clément V, pape, II, 110.
Clément VI, pape, II, 138, 148, 154, 164.
Clément VII, pape, II, 178, 180, 214.
Clément VIII, pape, III, 195, 200.

Clément XI, pape, III, 363, 364, 365.
Clermont (Jean de), archidiacre de Bayeux, I, 36.
Clerel, III, 215.
Clerel, seigneur de Rampan, I, 238.
Clerel (Louis), archidiacre de Coutances, III, 226.
Clerel (Michel), archidiacre de Coutances, III, 204, 227.
Clerembaut (Guillaume), chantre d'Angers, III, 242.
Clermont (Madeleine de), femme de Henri de Montmorency, maréchal, III, 325.
Cléry (Anne de), femme de Charles d'Aubourg, III, 315.
Cléville (Guillaume de), fils Anquetil, I, 340.
Clotaire III, roi, I, 50.
Clovis, roi, III, 178.
Clovis II, roi, I, 46.
Cocagne, tabellion à Coutances, III, 77.
Cocagne (Paul), tabellion à Coutances, II, 127.
Colardin (Jacques), III, 107.
Colleville (de), III, 247, 248.
Colleville (Guillaume de), I, 243.
Colomb (Richard), II, 210.
Colombières (marquis de), III, 114, 121, 122, 123, 139.
Colonne (Gilles), général des Augustins, II, 65, 66.
Colonne (maison de), II, 66.
Columbert (Mathieu de), I, 311.
Combes (Alison de), III, 312.
Comman (Nicolaus), I, 280.
Commines (Philippe de), III, 58.
Compagnon (frère Antoine), II, 307.
Conan Meriadec, duc de Bretagne, III, 230.
Concessus, évêque d'Evreux, I, 50.
Conrad, I, 72.
Conrad, évêque de Porto, I, 348, 349.
Conrad (de Franconie), I, 178.
Conrad, légat du pape, I, 160.
Conrade (Charles de), prieur

conventuel de Saint-Jouvin-de-Marnes, III, 98, 118, 132.
Conrario (Ange). V. Grégoire XII.
Constance de Bretagne, I, 275, 296.
Constance Chlore, I, 4.
Constantienses, I, 12, 16.
Constantin-le-Grand, I, 322.
Coquerel (Hector), grand vicaire et official de Rouen, II, 286, 287.
Corbet (Corbetanus), I, 44, 45.
Corbet, curé de Montpinchon, grand vicaire de Coutances, III, 275.
Corbet, prêtre de Coutances, III, 244.
Corbet (Guillaume), chevalier, I, 294 ; II, 27.
Corbet (Jean), chanoine de Coutances, III, 236, 238.
Corbet (Payen), fils de Guillaume Corbet, II, 27.
Corbet (Robert), boursier du collège d'Harcourt, II, 386.
Corbière (Jean de), II, 344.
Corbin (Michel), seigneur de Canville, vicomte de Valognes, II, 364.
Corde (Guillaume de), chevalier, II, 27, 35.
Cordeliers de Granville (les), III, 75, 76, 149.
Cordeliers de Rouen (les), II, 58, 73.
Cordeliers de Valognes (les), II, 340, 396 ; III, 115.
Cordière (Grisine), II, 384.
Cornet (Robert), I, 192.
Cornet (Thomas), II, 366.
Cornet (Thibaud), I, 241.
Coronaire (S.), III, 241, 244.
Corville (René de), archidiacre du Val-de-Vire, III, 146.
Cosme Meliorati. V. Innocent VII.
Cossa (Balthazar). V. Jean XXIII.
Cossé (Arthur de), évêque de Coutances, III, 97, 109 à 185, 186, 187, 190, 208, 217, 291.
Cossé (Arthur, maréchal de), III, 59.
Cossé (Charles de), maréchal de Brissac, III, 86, 109, 122.
Cossé (Charles II de), III, 58.
Cossé (famille de), III, 58.
Cossé (Jean de), sénéchal de Provence, III, 58.
Cossé (Philippe de), évêque de Coutances, III, 58 à 85, 86, 97, 189.
Cossé (René de), grand panetier et grand fauconnier de France, III, 58, 59.
Costard (Jean), seigneur de Coudeville, II, 158, 159.
Costel (François), bénéficier de Briqueville-sur-la-Mer, III, 273.
Cosville (Philippine), II, 383.
Cotentin (Jean de), II, 273.
Cotentin (Nicolas), sieur du Val, II, 394.
Cotentin (Thomas de), I, 344.
Cotentin (Thomas de), fils de Guillaume, I, 278, 306.
Cotentinais (les), I, 102, 103, 114.
Cottereau (René), prébendé de la Foulerie, III, 74, 88.
Cotton (Geoffroi), prêtre, II, 99, 100.
Coulombières (Françoise de), II, 394.
Coulombières (Jean de), seigneur de Brucourt, II, 394.
Courbet (Guillaume), curé de Couville, II, 111.
Courçon (famille de), I, 334.
Courçon (Robert de), cardinal, I, 335.
Courcy (Guillaume de), surnommé de Romilly, II, 55.
Courcy (Thomas de), II, 44.
Cousin (Antoine), curé de Saint-Marcouf, III, 101.
Couvette (Guillaume), prieur de Saint-Lo de Rouen, II, 185, 197.
Crémone (de) 1. *Carmone*, président au parlement de Rouen, II, 356.
Crèvecœur (Antoine de), fils de Jacques, II, 176.
Crèvecœur (François de), fils d'Antoine, II, 176.
Crèvecœur (Guillaume de), évêque de Coutances, II, 173, 175,

176, 177, 178, 180, 185, 186, 187, 188, 193.
Crèvecœur (Jacques de), II, 176.
Crèvecœur (Jacques de), fils de Jean, II, 176.
Crèvecœur (Jean de), frère de l'évêque Guillaume, II, 176.
Crèvecœur (Louise de), fille de François, II, 176.
Crèvecœur (Philippe de), seigneur de Guerdes, maréchal de France, II, 176.
Crochier (Jean), curé de Bourey, III, 101.
Croisé (Simon), III, 161.
Crosville. V. Boudet.
Cugnières (Pierre de), II, 140.
Cupif (Robert), évêque de Léon, puis de Dol, III, 254, 255, 294.
Cuves (Raoul de), I, 211.

Dachery (Luc), I, 287.
Daci, I, 137.
Dagier (Raoul), curé du Homméel, III, 170.
Dagobert, roi, I, 77.
Daillon (Françoise de), femme du maréchal de Matignon, III, 232.
Dalila, II, 355.
Dancel (Gilles), lieutenant général au bailliage de Cotentin, III, 185.
Danois (les), I, 68, 69, 133, 136.
Dastin (Charles), chevalier, seigneur de Villeray, II, 364.
Dastin (Guillaume), bourgeois, III, 13.
Dauphin (le). V. Charles VII.
David (Gervais), prieur de Saint-Germain, II, 118.
David (Jacques), chapelain de Saint-Maurille d'Angers, III, 148.
Davy (Jean), III, 240, 243.
De Caen, prieur et régent de rhétorique au collège de Coutances, I, 390.
De la Cour (Nicole), chanoine de Coutances, II, 386.
De la Croix (Jean), prieur de Saint-Lo de Rouen, II, 169.
De la Croix, greffier au parlement de Rouen, II, 357.
De la Haye (Geoffroi), I, 307.
De la Haye (Hugues), I, 347.
De la Haye (maison de), II, 392.
De la Haye (Raoul), I, 209, 210, 225, 232 ; II, 22.
De la Haye (Richard), I, 209, 210, 217, 224, 225, 226 ; II, 43.
De la Haye (Robert I), II, 104, 105, 106.
De la Haye (Robert II), chevalier, seigneur de Néhou, II, 104.
De la Haye (Suzanne), III, 350.
De la Haye-Comtesse (Nicole), II, 16.
De la Haye-Hue (famille de), II, 104.
De la Haye-Hue (Michel), II, 392.
De la Mare (Etienne), chanoine de Coutances, II, 386.
De la Mare (Gabriel), tabellion, III, 92.
De la Mare (Guillaume), II, 340, 379.
De la Mare (Rolland ou Rouland), chanoine, pénitencier et trésorier de Coutances, II. 342, 347, 387, 394 ; III, 10, 44.
De la Porte (Collin), tabellion, II, 137.
De l'Ile (Guillaume), I, 279.
De l'Isle, conseiller, II, 374.
Delphine, mère de saint Romphaire, I, 37, 39.
Démocharès (Antoine de Mouchy), I, 6.
Demogorgon, II, 355.
Denis (S.), I, 201.
Denis (Gilles), d^r en théologie, III, 276.
Denneville (M. de), I, 42, 91 ; II, 353.
Denyau, curé de Gisors, I, 84.
Denyse (Nicolas), grand vicaire de Coutances, II, 394, 395.
Derval (Girote de), II, 348.
Des Barres (Guillaume), I, 346.
Des Barres (Jean), I, 361.
Des Barres (les seigneurs), I, 360.
Des Chambres (Thomas), abbé du Mont-Saint-Michel, I, 342.

TABLE DES NOMS D'HOMMES.

Des Champs (Gilles), évêque de Coutances, cardinal, II, 189 à 201.
Des Champs (Robert), frère de l'évêque Gilles, II, 190.
Des Champs (Robert), seigneur de Tourville, maître et premier capitaine de Rouen, II, 189, 190.
Des Fontaines (Robert), chanoine de Coutances, II, 273.
Des Hogues (Nicolas), garde des sceaux de la vicomté de Coutances, II, 127.
Des Isles, prêtre à Coutances, III, 244.
Des Isles (Julien), III, 107.
Des Jardins (Raoul), garde des Jacobins de Coutances, II, 52.
Des Landes, III, 78.
Des Landes (Pierre), fils de Raoul des Landes, II, 43.
Des Landes (Raoul), II, 44.
Des Moitiers (Robert), chevalier, II, 119.
Des Monts (Paterne), III, 117.
Des Moustiers (Robert), curé de Gouville, II, 85.
Des Moutiers (Roger), I, 217, 273.
Des Pins (Jeanne), II, 163.
Des Prés (Renaud), clerc, notaire en la cour de Rouen, II, 154.
Des Roches (Guillaume), seigneur d'Agon, sénéchal héréditaire d'Anjou, I, 370.
Des Rues (François), III, 210.
Des Ursins (Juvénal), évêque de Poitiers, II, 333.
Devèze (Antoinette de), femme de Bernard de Béon, III, 322.
Devèze (Bernard de), seigneur de Saint-Bris-en-Magnoac, III, 322.
Devèze (Gavotte de), femme d'Arnaud-Guilhème de Béon, III, 321.
Dicet (Pierre de), I, 260, 262.
Dierette (Guillaume), I, 389.
Dijon (Jean), curé de Saint-Laurent-de-Naqueville, II, 136.
Dinteville (Pierre de), évêque de Nevers, chancelier de Philippe, duc de Bourgogne, II, 174.
Dion de Nicée, III, 224.
Dioret (Guillaume), vicaire perpétuel de Sainte-Croix-en-la-Hague, I, 348, 349.
Dives (Robert de), chanoine de Coutances, I, 343.
Diviti, III, 33.
Domitianus, évêque d'Angers, I, 40.
Domnulus, évêque du Mans, I, 40.
Dormy (André), évêque de Belley? III, 135.
Douesse (Gilles), III, 117.
Douessey (Marie), II, 383.
Douize (Edmond), curé de Sainte-Marguerite de Contrières, III, 104.
Dreu, connétable, I, 314.
Drieux, écuyer de l'évêque Claude Auvry, III, 275.
Drogon, fils de Tancrède de Hauteville, I, 114, 123.
Drogué. V. Dreu.
Du Billard (Bertrand), III, 78.
Du Bois, III, 144.
Du Bois (Guillaume), II, 27.
Du Bois (Guillaume), écuyer, II, 84, 142.
Dubois (Jacques), seigneur de Pirou, etc., III, 74.
Du Bois (Jean), II, 382.
Dubois (Jean), archidiacre du Val-de-Vire, III, 141.
Du Bois (Jean), curé de Saint-Martin-de-Bonfossé, II, 303.
Dubois (Jean), procureur du roi à Saint-Lô, III, 224.
Dubois (Louis), s^r de Cérences, vicaire général de Coutances, III, 117, 123, 125, 126, 129, 130, 133.
Du Bois (Louis), fils Jean, III, 11.
Dubois (Richard), curé de Cambernon, III, 146.
Du Boscq (Pierre), bourgeois de Coutances, III, 137.
Du Bourg (Geoffroi), chanoine et archidiacre, I, 272, 275.
Du Bourg (Guillaume), prieur de

Saint-Lo de Rouen, ii, 198, 199.
Du Breuil (Bertrand), chanoine, iii, 126, 130; 170, 181, 183.
Du Buisson (Simon), ii, 81.
Du Bullet (Guillaume du), iii, 83.
Duchemin, vicaire général de Coutances, iii, 310.
Du Chesne (André), i, 1, 9, 24, 25, 67, 69, 256, 281, 302; ii, 34, 35.
Du Coudray (Guillaume), ii, 112.
Dudon de Saint-Quentin, i, 67, 101.
Du Douit (Jacquet), ii, 273.
Du Douit (Perrin), ii, 273.
Du Fay (Georges), conseiller au parlement de Normandie, iii, 247.
Dufour (Jean), curé de Saint-Georges-de-Montcocq, iii, 101.
Dugdale, i, 310.
Du Guesclin (Bertrand), connétable, ii, 164.
Du Hamel (Philippe), ii, 27.
Du Hamel (Robert), ii, 27.
Du Hamel (Roger), ii, 62.
Du Hommet (Enguerrand du), i, 282.
Du Hommet (Guillaume), connétable de Normandie, ii, 11.
Du Hommet (Guillaume), connétable de Normandie, i, 243, 264, 265, 282, 384, 385; ii, 10, 11, 12, 13, 83.
Du Hommet (Henri), i, 282.
Du Hommet (Jean), i, 282.
Du Hommet (Jourdain), évêque de Lisieux, i, 27, 300.
Du Hommet (Jourdain), connétable de Normandie, ii, 15.
Du Hommet (les seigneurs), ii, 10.
Du Hommet (Richard du), i, 243, 264, 273, 385.
Du Hommet (Thomas), i, 282.
Du Houguet, vicomte de Valognes, ii, 328.
Du Lis (Louis), iii, 124.
Du Marcheys (Nicolas), chanoine de Coutances, iii, 9, 14, 15.
Du Marchez (Nicole), prêtre, ii, 346.
Du Mas (Jean), ii, 385.
Du Mas (Jean), bailli de Cotentin, ii, 392.
Du Mesnil, official, chanoine et curé de Quettehou, iii, 45.
Du Mesnil (Guillaume), ii, 12.
Du Mesnil (Jean), chanoine, official de Coutances, iii, 13, 14.
Du Mesnil (Mathieu), iii, 83.
Du Mesnil (Renaud), i, 211.
Du Mesnil (Richard), i, 352.
Du Mesnil-Guillaume (Catherine), femme de Geoffroi de Magneville, ii, 387; iii, 82.
Du Mesnil-Guillaume (Marguerite), femme de Jean de Magneville. iii, 82.
Du Mesnil-Hermant (Olivier), i, 274.
Du Mesnil-Normand (Robert), chevalier, i, 369.
Du Monstier (le P. Arthur), i, 112, 131, 230, 266, 292, 293; ii, 73, 258, 262.
Du Mont, i, 201.
Du Moulin, i, 89, 102, 246, 251.
Du Moulin (Jean), curé de Saint-Lo-de-Troisgots, ii, 348.
Du Moulin (Robert), chanoine de Coutances, iii, 142, 149, 150, 153, 170.
Duncey (Bertrand), chancelier de Philippe, duc de Bourgogne, ii, 174.
Dunelmensis episcopus, i, 259.
Du Neubourg (Henri), i, 232.
Du Neubourg (Robert), i, 250.
Du Parc (Michel), ii, 88.
Du Pas, iii, 140, 144.
Du Perron, cardinal, évêque d'Évreux, puis archevêque de Sens, iii, 200, 201, 252.
Du Plessis (Jean), curé de Saint-Romphaire, iii, 73.
Du Port (Richardus), i, 272.
Dupray, iii, 266.
Duprey (Jean), cordelier, ii, 314.
Duprey (M.), iii, 292, 295.
Du Quesnai (Pierre), i, 217.

Du Quesne (Gabriel), sieur de Courcy, II, 394.
Du Quesne (Guyon), écuyer, sieur de Rideauville, II, 362.
Du Quesney (Nicolas), chanoine, vicaire général, III, 146, 171, 204.
Duræmortis (Ægidius), ou de Duramorte. V. Duremort (Gilles de).
Durand, abbé de Troarn, I, 265.
Durand (Alexandre), clerc de Bayeux, III, 276.
Duremort (Gilles de), évêque de Coutances, II, 257, 258, 259, 260, 261, 263, 264, 265.
Du Reul (Claude), évêque de Bayonne, III, 225.
Du Rosel (Luce), I, 347.
Du Saussay, I, 17, 32, 38; II, 51.
Du Saussey (Guillaume), écuyer, II, 138.
Du Sens-Villodon (M.), III, 103.
Duthot (Mathurin), III, 171.
Du Tillet, I, 80; II, 86, 106, 143, 160, 161, 332; III, 79.
Du Tillet, III, 282.
Duval, II, 258.
Du Val (Claude), femme d'Aymeric de Loménie, III, 313.
Du Val (Florimond), écuyer, seigneur de Vigeras, III, 313.
Du Val (Robert), II, 382.
Du Vaudôme (M.), II, 181, 188, 304, 374, 376; III, 26, 77, 266.

Ebbon, archevêque de Reims, I, 71, 75.
Ecossais (les), III, 121.
Edelin, II, 126.
Edine, père de Robert, I, 297.
Edmond (S.), roi d'Angleterre, III, 237.
Edouard (le Confesseur), roi d'Angleterre, I, 133.
Edouard III, roi d'Angleterre, I, 205; II, 449.
Edouard, frère de Ratbert, fondateur de l'abbaye de Charlieu, I, 80.
Egidius, II, 59.

Eldred, archevêque d'York, I, 135.
Eléonore (de Guyenne), I, 252, 269, 295.
Eleutère, évêque d'Auxerre, I, 29.
Eloi (S.), évêque de Noyon, I, 48, 77.
Emma, femme de Nicolas de Morville, I, 311.
Emma, sœur de Thomas de Gorges, I, 240.
Emma, veuve d'Ethelred, I, 133.
Emma ou Emmeline, mère de Hugues de Morville, évêque, I, 374, 381.
Emmon, évêque de Sens, I, 50.
Emmurées (les), à Rouen, III, 90.
Encage (Guillaume), clerc, notaire en la cour de Rouen, II, 154.
Encoignard, conseiller au présidial de Coutances, III, 275.
Engain (Guillaume), I, 310.
Engain (Raphaël), I, 310.
Enguerran, curé de Monthuchon, I, 372, 374.
Epiney (André d'), cardinal, archevêque de Lyon et de Bordeaux, abbé de Saint-Wandrille, II, 372.
Equilly (François d'), archidiacre de Coutances, III, 129.
Erasme, III, 65.
Ercambert, évêque de Bayeux, I, 76.
Erchenrad, évêque de Châlons, I, 73.
Ereptiole, évêque de Coutances, I, 1 à 9; III, 351.
Erloin, évêque de Coutances, I, 64 à 83.
Ernaud (Thomas), prêtre, frère de l'Hôtel-Dieu de Coutances, II, 477.
Erquery (Louis d'), évêque de Coutances, II, 143, 150 à 162, 164.
Erquery (Simon d'), frère de Louis d'Erquery, II, 150, 151.
Ervisius, abbé de Saint-Victor de Paris, I, 188.

TABLE DES NOMS D'HOMMES.

Escoulant (Nicolas), sieur de Muneville, II, 394.
Escupilio, presbyter, I, 29.
Esnault (Georges), archidiacre du Val-de-Vire, III, 154, 155.
Espagnols (les), III, 172, 173.
Esquetot (Charlotte d'), fille de Jean d'Esquetot, III, 86, 96.
Esquetot (Jean Le Sueur, dit d'), III, 86.
Esquetot (Payen d'), évêque de Coutances, III, 86 à 96, 97, 104.
Essey (Enguerran d'), I, 200; II, 2.
Essey (Jean d'), archidiacre, puis évêque de Coutances, I, 360, 361, 387, 388; II, 1 à 53, 54, 69, 169.
Essey (Mathieu d'), II, 36.
Essey (Thomas d'), chanoine de Coutances, frère de Jean d'Essey, évêque, II, 43, 45.
Estaquerel (Jean), I, 376.
Este (François d'), duc de Modène, III, 263.
Este (Regnault d'), cardinal, III, 263.
Esther, III, 249.
Estien (Pierre d'), I, 307.
Estoul (Guillaume), I, 247.
Estouteville (Adrienne d'), I, 195; III, 76, 77, 232.
Estouteville (Estoul d'), abbé de Fécamp, II, 257, 259.
Estouteville (Guillaume d'), archevêque de Rouen, II, 276, 286.
Estouteville (Héloïse d'), I, 310.
Estouteville (Jacqueline d'), femme de Jean d'Estouteville, II, 373; III, 76, 77.
Estouteville (Jacques d'), garde de la prévôté de Paris, II, 361.
Estouteville (Jean, sire d'), III, 9, 13.
Estouteville (Jean III d'), I, 195; II, 373.
Estouteville (Jean d'), chevalier, seigneur de Torcy et de Blainville, prévôt de Paris, etc., II, 351.
Estouteville (Louis), I, 195; II, 215.
Estouteville (Robert d'), II, 345.
Estrades (Jean d'), évêque de Condom, III, 294.
Estrées (maréchal d'), III, 261.
Ethelred, roi d'Angleterre, I, 112, 113, 133.
Etienne, abbé de Montebourg, II, 194.
Etienne, abbé de Saint-Sever, I, 289.
Etienne, archidiacre, I, 350.
Etienne, comte de Boulogne, I, 186, 187.
Etienne, doyen, I, 266.
Etienne de Poitiers, I, 306.
Eude (Guillaume), prébendé d'Urville, III, 147.
Eudes, abbé de Cherbourg, I, 289, 297, 304, 305.
Eudes, cardinal, I, 194.
Eudes, comte d'Anjou, roi de France, I, 87, 88.
Eudes, évêque de Bayeux, I, 123, 133, 134, 135, 140, 145, 149.
Eudes, évêque de Tusculum, II, 36.
Eudes le Bouteiller, I, 273.
Eudes, surnommé au Chapel, fils de Richard Turstin, I, 130.
Eudes Rigaud, archevêque de Rouen, II, 17, 18, 19, 58.
Eugène III, pape, I, 190, 194.
Eugène IV, pape, I, 243; II, 219, 220, 222, 223, 243, 258.
Euphronius, évêque de Tours, I, 30.
Eustache, comte, I, 207.
Eustache Ier, évêque de Coutances, I, 392; II, 54 à 75, 78.
Eustache, fils d'Etienne, comte de Boulogne, I, 186, 187.
Eustache (frère), franciscain, II, 58.
Evrard, abbé de Saint-Médard-près-Soissons, II, 331.
Exupérat (S.), évêque de Coutances, I, 4, 9, 10.

Fabien (Robert), chanoine, III, 141.

TABLE DES NOMS D'HOMMES.

Fabri (Robert), II, 336.
Fabri (Thomas), official à Valognes, II, 156.
Famillion (Pierre), III, 14.
Faoucq (Guillaume), chanoine de Coutances, II, 366.
Fargis (le sieur de), III, 174.
Farin, historien de Rouen, I, 95, 351; II, 60, 152, 262, 354, 352, 357, 358, 359; III, 87.
Fauchet (le président), I, 56, 80.
Faudoas (Marguerite de), femme de Pierre de Béon, III, 322.
Faudoas (Olivier de), III, 322.
Fauvel (Jean), prieur de l'Hôtel-Dieu de Coutances, II, 177.
Fayel (Antoine), curé de Saint-Paul, à Paris, III, 224.
Fayel (Thomas), vicaire général de Coutances, III, 148.
Fazelus (Thomas), I, 115.
Félix, évêque de Nantes, I, 40.
Félix V, pape, II, 244.
Ferdinand, roi d'Aragon, II, 292.
Ferrière (Pierre de), évêque de Noyon, II, 103.
Fervaques (le sieur de), III, 174.
Feuardent (François), cordelier, III, 219.
Feugeram (Jean de), conseiller au parlement de Paris, II, 325.
Fierville (de), receveur des décimes, III, 128.
Fieux (de), official de Rouen, III, 349.
Filleul ou Flavius, archevêque de Rouen, I, 29.
Firmat. V. Guillaume.
Flamands (les), I, 5.
Flavacour (Guillaume de), archevêque de Rouen, II, 88, 91, 100.
Flavius. V. Filleul.
Fleuri (Robert), I, 265.
Fleuri (Robert), curé de Moutier-Brûlé I, 280.
Florent, cardinal, neveu du cardinal Bibiane, III, 42.
Floscel (S.), I, 3.
Foasse (Géraud), cordelier, II, 311.

Foix (cardinal de), II, 332.
Foix (comtes de), II, 34.
Foix (Jean, comte de), III, 321.
Foligny (Hélène de), veuve de Fouque de La Bellière, II, 274.
Folligny (Louis de), abbé d'Igni, III, 91.
Folligny (Richard de), curé de Carantilly, II, 345.
Folliot (Samson), I, **217**.
Fontaine (Robert de), chanoine de Coutances, II, 270, 271.
Fontenay. V. Helin de Fontenay.
Formentière (Thibaud de), pénitencier, III, 11.
[Formier] (Martial), évêque d'Évreux, II, 219.
Fortunat (Venance), I, 12, 21, 40.
Fosse (Jean), II, 11.
Foucault (Claude), conseiller au parlement de Paris, III, 277.
Foucault (Claude), clerc, III, 277, 278.
Fougère (Robert), III, 162.
Fouque, abbé de Hambie, I, 238.
Fouque, évêque de Lisieux, II, 18, 19.
Fouquet (François), évêque d'Agde, abbé de Saint-Sever, III, 277.
Fragaire (S.), I, 59, 60.
Français (les), I, 66, 79, 86, 87, 91, 92, 93, 94, 103, 139, 162, 208, 217, 257, 291, 292, 297, 337; III, 12, 38, 173, 174.
François (ordre de S.), I, 358; II, 58.
François Ier, roi de France, III, 3, 5, 11, 12, 17, 23, 25, 26, 36, 46, 59, 65, 77.
Francon, archevêque de Rouen, I, 93, 97, 183.
Franquetot (abbé de), II, 371.
Franquetot (Jacques de), chantre de Coutances, III, 215, 225, 264, 267.
Franquetot (Jacques de), neveu du précédent, III, 302.
Frapier (Richard), chevalier, II, 42, 43.

Fraternus, abbé de Saint-Ouen, I, 200.
Fréchier (Robert), secrétaire de l'évêché de Coutances, III, 56, 60.
Fréculphe, évêque de Lisieux, I, 65, 70.
Frédégonde, I, 41, 42, 43.
Frédéric III, empereur d'Allemagne, II, 267, 268.
Frémond, évêque de Coutances, I, 44, 46, 50, 51, 52, 53, 54, 55, 57, 58, 95, 96; III, 237.
Frères mineurs (les) de Guernesey, II, 343.
Fréret (Michel), curé de Lingreville, II, 148.
Frestoit (Guillaume), I, 352.
Fricam (Gilles), prébendé d'Yvetot, III, 14.
Fricam (Jacques), secrétaire de l'évêché de Coutances, III, 72, 80.
Fricam (Jean de), bailli de Cotentin, I, 361, 362, 363, 378.
Frich de Magnault (Jean), III, 323.
Frizon, II, 189, 190, 295, 298, 299, 301; III, 2, 3.
Frodoard, I, 71.
Fromentières (Thibaud de), ou de Fromentiers, chanoine, pénitencier et vicaire général, II, 334, 342, 347, 366, 386.
Fromond. (V. Frémond).
Fulbert, archidiacre de Rouen, I, 149.
Fulco, Andegavorum comes, III, 244.

Gal, évêque de Clermont, I, 29.
Gallardon (Etienne de), I, 351.
Gallien (Jean), archidiacre du Cotentin, III, 171.
Gallois (Martin), cordelier, II, 311.
Gallot (François), prieur de Sainte-Hélène, III, 195.
Galobie le Pelé, official de Coutances, II, 366.
Galterius, prêtre, I, 173.
Gambien (Raoul), II, 256.
Ganei (Adrien), clerc tabellion, II, 129.
Ganes (Groult), tabellion, II, 144.
Garel (Thomas), prébendé de Néhou, III, 154.
Garimbert, évêque, II, 298.
Garnier, prêtre, I, 252.
Garros (le seigneur de), II, 245.
Garselle (Jean de), I, 244.
Garville, V. Gerville.
Gascons (les), III, 38.
Gaud (S.), I, 7, 10, 13, 14, 171, 172, 173; III, 306, 307, 308.
Gaudet (Antoine), d^r en Sorbonne, III, 274.
Gaultier (François), curé de Saint-Georges-de-Montcocq, III, 101.
Gaumont (Nicolas), religieux de Saint-Lo de Rouen, III, 247.
Gautier, archevêque de Sens, I, 349.
Gautier, curé de Sciscy, I, 172.
Gautier (Charles), sieur de la Beuserie, II, 394.
Gautier de Coutances, archevêque de Rouen, I, 256, 258, 259, 264, 267, 268, 292, 293, 300, 301, 303.
Gautier (François), écuyer, sieur de la Beuserie, II, 350.
Gautier (Guillaume), II, 58.
Gautier (Jean), écuyer, sieur de la Beuserie, II, 350.
Gautier (Jourdain), II, 85.
Gavray (Guillaume de), avocat du roi, II, 293.
Gavray (Jean de), I, 197.
Gehan (Raoul), I, 222.
Gélase, pape, I, 14.
Gendrin (Louis), III, 216.
Generosus, abbé de Saint-Jouin-sur-Marnes, I, 10, 41, 42.
Geneste (Bertrand), archidiacre, II, 180.
Geneviève (Sainte), III, 227.
Geneviève (congrégation de Sainte-), III, 345, 359.
Geoffroi, II, 2.
Geoffroi, abbé de Saint-Wandrille, II, 54.

TABLE DES NOMS D'HOMMES.

Geoffroi, archevêque de Rouen, I, 441, 459, 461, 162, 166, 171.
Geoffroi, archidiacre de Saint-Lo, I, 184.
Geoffroi, chancelier de l'église de Coutances, I, 277.
Geoffroi, chevalier, I, 343.
Geoffroi, comte d'Anjou et duc de Normandie, I, 186, 343.
Geoffroi, évêque d'Avranches, II, 100.
Geoffroi, évêque de Senlis, chancelier de France, I, 357.
Geoffroi, fils de Henri II, I, 257, 295.
Geoffroi, fils de Tancrède de Hauteville, I, 114.
Geoffroi, prêtre, I, 340.
Georges, prêtre de Sottevast, I, 247.
Gérard, III, 266.
Gérard, évêque d'Evreux, I, 104, 105.
Gerbert, prêtre, cardinal, I, 194.
Gerbou, prétendu évêque d'Evreux, I, 59, 60.
Germain, évêque de Rouen, I, 7, 9, 13, 34.
Germain (Richard), I, 311.
Gervais, frère de Saint-Léon, évêque de Bayonne, I, 82.
Gerville (Geoffroi de), I, 334.
Geryon, II, 377.
Gilbert, II, 125.
Gilbert, abbé de Caen, I, 145.
Gilbert, archidiacre, I, 197.
Gilbert, évêque de Coutances, I, 97, 100, 104.
Gilbert, évêque d'Evreux, I, 149.
Gilbert, évêque de Lisieux, I, 149.
Gilles (S.), I, 59, 60, 107.
Gilles d'Avranches, I, 30.
Gilles ou Gislain, évêque de Coutances, I, 387 à 398; II, 60, 74, 72.
Gilles, évêque d'Evreux, I, 248, 251.
Gilles, évêque de Rouense, III, 106, 120.

Gillette, mère de Guillaume du Hommet. II, 83,
Giorème (Nicolas), abbé de Lessay, III, 11,
Girard, I, 184.
Girard, évêque de Séez, I, 229.
Gislain. V. Gilles.
Gline (Jean), doyen de Jersey, II, 374.
Glos (Robert de), III, 60.
Gobout (Guillaume), II, 136.
Godard (S.), archevêque de Rouen, I, 5, 14, 20, 23.
Godard, vicaire général, III, 284.
Godard (Jean), curé du Mesnil-Opac, III, 72.
Godard (Nicolas), I, 200.
Godefroi de Bouillon, I, 150.
Goeslardus (Guillelmus), I, 243.
Golleville (Roger de), I, 275.
Gombert, évêque d'Evreux, I, 72.
Gonbaud, archevêque de Rouen, I, 70.
Gondi (François de), archevêque de Paris, III, 268.
Gondi (Jean-François-Paul de), archevêque de Paris, III, 285.
Gonfreville (Raoul de), I, 334.
Gonnor, femme de Richard I, duc de Normandie, I, 109, 111; II, 124; III, 96.
Gonthier, archevêque de Cologne, I, 73.
Gontran, roi, I, 42, 43.
Gorges (famille de), III, 232.
Gorges (Thomas de), I, 240, 384.
Gorgiis (Radulphus de), I, 263.
Gosselin (Jean), I, 397.
Gosselin (Nicolas), garde de la bibliothèque du collège de Clermont, III, 220.
Goubert (Robert), archidiacre du Bauptois, I, 397.
Goueslard (Jean), sieur de la Carbonnière, II, 394.
Gouffier, 3e duc d'Aquitaine, III, 1.
Gouffier (Adrien), cardinal de Boissy, évêque de Coutances, III, 1 à 32, 40, 59, 82.

Gouffier (Aimard ou Emeric), évêque d'Albi, III, 3, 10, 14.
Gouffier (Arthur), duc de Roannez, III, 2.
Gouffier (Arthur), comte d'Estampes, grand maître de France, III, 2, 18, 23.
Gouffier (Charlotte), fille d'Arthur, duc de Roannez, III, 2.
Gouffier (Charlotte), fille de Guillaume Gouffier, seigneur de Boissy, III, 59.
Gouffier (Guillaume), seigneur de Boissy, etc., III, 2, 59.
Gouffier (Guillaume), amiral Bonnivet, II, 176; III, 3, 23.
Gouffier (Louis), abbé de Saint-Maixent, III, 3.
Gouffier (maison de), II, 176; III, 1, 30.
Gouffier (Pierre), abbé de Saint-Denis, III, 3.
Goujon (Marie), femme de Jean de Quesnelée, II, 374.
Gourfaleur (Jean de), seigneur de Bonfossé, etc., III, 73.
Gourfaleur (Rouland de), III, 73.
Gourmont (de), vicaire général de Coutances, III, 310.
Goyon. V. Matignon.
Graffard, frère de Geoffroi le Fèvre, II, 136.
Graffard (Raoul), seigneur du Mesnil-Bonand, I, 333.
Graigne (Richard de), I, 244.
Graigne (Thomas de), I, 243.
Grainville (Robert de), trésorier de Coutances, II, 366.
Gramont (Gabriel, cardinal de), III, 78.
Gratot (Guérard de), chevalier, II, 5, 38.
Gratot (le sire de), II, 140.
Gréauline (Jean), curé de Courcy, II, 386.
Gréauville (Guillaume de), I, 276.
Grecs (les), I, 122, 243, 266; III, 342.
Grégoire, cardinal-diacre de Saint-Ange, I, 194.
Grégoire, chapelain, I, 280.
Grégoire VII, pape, I, 141, 142.
Grégoire IX, pape, II, 264.
Grégoire X, pape, II, 278.
Grégoire XI, pape, II, 164.
Grégoire XII, pape, II, 194, 195, 196, 197, 207, 208.
Grégoire XIII, pape, III, 165, 166, 180, 220.
Grégoire de Tours, I, 21, 41, 42.
Grésile (Thomas), III, 107.
Grevet (Jean), curé de Saint-Jean-des-Champs, II, 84.
Grimouville (Arthur de), curé de Tréauville et des Pieux; III, 103.
Grimouville (Guillaume de), chanoine, vicaire-général de Coutances, III, 64, 69, 70, 72, 79, 80, 88, 89, 90, 91, 95, 99, 100, 103, 117, 125.
Grimouville (Jacques de), prébendé d'Yvetot, abbé de Saint-Sauveur, III, 90, 103, 123, 145.
Grimouville (Jean de), chanoine de Coutances, official de Valognes, III, 226.
Grimouville (Jean de), sieur de Tournebu, III, 183.
Griver (Raoul), II, 139.
Grosparmi (Jean), chanoine de Coutances, II, 30.
Grosparmi (Siméon), bourgeois de Périers, II, 34.
Groult (Pierre), chapelain de Néhou, III, 149.
Gruger (Jean), abbé de Saint-Sauveur-le-Vicomte, III, 75.
Guader (Raoul de), comte de Suffolk et de Norfolk, I, 140.
Guérin, I, 314.
Guérin (Jeanne), femme de Jean Herbert, II, 313.
Guérin (Robert), abbé de Lessay, I, 287.
Guérin (Robert), curé de Lingreville, III, 154.
Guermauville (Guerlin de), I, 226.
Gueroul, secrétaire de Gilles de Duremort, II, 259.
Gueurey (Jean), chapelain de Saint-Christophe, III, 192.
Gui, bouteiller, I, 318.

TABLE DES NOMS D'HOMMES.

Gui, diacre des SS. Côme et Damien, i, 194.
Gui, évêque de Bayeux, ii, 18, 19.
Guibert, iii, 94.
Guichenon, ii, 305.
Guillardus. V. Willart.
Guillaume (S.), i, 214, 215.
Guillaume, i, 275.
Guillaume, ii, 384.
Guillaume, abbé de Hambie, i, 289; ii, 194.
Guillaume, abbé de Montebourg, i, 214, 247, 222, 263, 287, 288, 297.
Guillaume, abbé de Saint-Lo, i, 238, 245, 247, 266.
Guillaume, abbé de Savigny, i, 265.
Guillaume, dit de Masel, abbé de Saint-Lo, i, 288.
Guillaume, archevêque de Reims, i, 349.
Guillaume, archevêque de Rouen, i, 148, 149.
Guillaume (lisez Gautier), archevêque de Rouen, i, 281.
Guillaume, archidiacre, i, 219, 223, 234, 233, 236, 238, 243, 245, 248.
Guillaume, aumônier de Henri Ier, roi d'Angleterre, i, 159.
Guillaume, chantre de Coutances, i, 254; ii, 42.
Guillaume, chapelain de Henri Ier, roi d'Angleterre, i, 165.
Guillaume, comte d'Arondel, i, 247.
Guillaume, cordelier, i, 391.
Guillaume, évêque d'Avranches, i, 268, 293, 300, 312, 349, 364; ii, 18.
Guillaume, évêque de Coutances, i, 259, 268.
Guillaume, évêque de Durham, i, 145.
Guillaume, évêque d'Evreux, i, 133.
Guillaume, évêque de Lisieux, i, 349, 364.
Guillaume, évêque de Paris, ii, 279.
Guillaume, évêque de Porphyre. V. Chevenon.
Guillaume (frère), dit l'Amant, iii, 231.
Guillaume, prieur, i, 182.
Guillaume, prieur de Sainte-Barbe, i, 189.
Guillaume, prieur de Saint-Côme, i, 220, 221, 223.
Guillaume d'Aquitaine, i, 252.
Guillaume d'Arques, i, 112.
Guillaume de Bayeux, i, 339.
Guillaume le Bouteiller, i, 199, 240; ii, 2.
Guillaume le Breton, i, 296, 348.
Guillaume Cliton, i, 160, 162, 163.
Guillaume le Conquérant, i, 26, 109, 117, 118, 124, 125, 127, 130, 131, 133, 134, 135, 140, 141, 143, 144, 151, 163, 166, 167, 169, 216, 322; ii, 69, 121, 122, 128, 336, 337.
Guillaume de Cotentin, i, 278, 306, 340.
Guillaume d'Evreux, prieur de Sainte-Barbe, i, 180.
Guillaume, fils de Henri Ier, roi d'Angleterre, i, 163.
Guillaume, fils de Tancrède de Hauteville, i, 114, 123.
Guillaume de Jumièges, i, 94, 102, 113, 124, 206, 207.
Guillaume Ier [Longue-Epée], duc de Normandie, i, 100, 101, 102, 103, 106.
Guillaume de Paris, i, 391; 392.
Guillaume de Poitiers, i, 124, 134.
Guillaume, fils Raoul, grand sénéchal de Normandie, i, 268.
Guillaume II [le Roux], roi d'Angleterre, i, 144, 146, 147, 150, 206, 216.
Guillaume Talvas, comte de Séez, etc. i, 200.
Guillebert. V. Gilbert, évêque de Coutances.
Guillelmus, ii, 59.
Guillelmus, filius Radulphi, i, 243.

Guillelmus longæ ensis (Guillaume le Conquérant), I, 172.
Guillemot (Jean), prêtre, II, 382.
Guillette, femme de Jean Benoît, II, 138.
Guilloste (Jacques), abbé de Saint-Sauveur-le-Vicomte, III, 75.
Guisle (Guillaume), III, 180.
Guisle (Jean), doyen de la Chrétienté, III, 56.
Guisle (Pierre), frère prêcheur du couvent de Coutances, II, 177.

Hacquart (Michel), principal du collège de Coutances, III, 129.
Haguais (Richard de), curé de Brévands, II, 374.
Haigrold, roi de Danemark, I, 95, 100, 101, 103.
Hairon (Richard), I, 272, 276.
Halwin (Antoine d'), seigneur de Piennes, II, 176.
Halwin (maison d'), II, 176.
Ham (Guillaume de), chanoine de Coutances, I, 328.
Ham (Richard de). V. Heucey.
Hamars (Raoul d'), écuyer, seigneur de Villodon, II, 136.
Hambie (Robert de), I, 197.
Hamon (Guillaume), I, 187, 259.
Hamon Pitus, I, 282.
Han (Willelmus de), I, 222.
Hangest (Jean de), évêque de Noyon, III, 135.
Harang (Guillaume), II, 46.
Harcourt (Gui d'), évêque de Lisieux, II, 91, 92, 100.
Harcourt (Jean Ier d'), chevalier, seigneur de Saint-Sauveur, II, 70, 77.
Harcourt (Jean d'), frère de Robert, évêque, II, 96, 97, 98.
Harcourt (Jean d'), chevalier, II, 271.
Harcourt (Jean VII d'), II, 76.
Harcourt (Louis d'), archevêque de Rouen, II, 210.
Harcourt (maison d'), I, 169; II, 76.
Harcourt (Marguerite d'), veuve de Jean d'Harcourt, II, 271.
Harcourt (les marquis d'), seigneurs d'Ecausseville, II, 115.
Harcourt (Philippe d'), évêque de Bayeux, I, 27, 229, 250.
Harcourt (Pierre d'), baron d'Olonde, etc., III, 188.
Harcourt (Raoul d'), frère de Robert, évêque, archidiacre du Cotentin, etc., II, 91, 107, 108, 109, 385.
Harcourt (Richard d'), I, 261.
Harcourt (Richard d'), II, 77.
Harcourt (Robert d'), I, 392.
Harcourt (Robert II d'), II, 77.
Harcourt (Robert d'), évêque de Coutances, II, 70, 76 à 114, 115, 117, 144, 385.
Hare (Richard), II, 43.
Harlay (François Ier de), archevêque de Rouen, I, 83; III, 225.
Harlay (François II de), archevêque de Rouen, puis de Paris, III, 284, 294, 332, 358.
Harold, I, 133, 134, 163.
Haselbach (Thomas), II, 241, 242.
Hasting, I, 66, 67, 68, 85.
Hauteville (les seigneurs de), I, 115, 122.
Hauteville (Tancrède de), I, 114, 123.
Havard, tabellion à Coutances, III, 77, 92.
Havel (Thomas), I, 338.
Haya (Radulphus de), I, 200.
Haya (Willelmus de), I, 200.
Heauville (Raoul de), I, 287.
Heauville (Richard de), archidiacre, I, 272, 287.
Hebercuria (Guido de), élu abbé de Saint-Evroult, II, 375.
Hébert, évêque de Salisbury, I, 396, 397.
Hébert, seigneur de l'Aigle, I, 359.
Hébert (Guillaume), III, 94.
Hébert (Jean), II, 139.
Hébert (Raoul), I, 192.
Hecquard (François), curé d'Agneaux, II, 374.
Hector, II, 203.
Helaine (Richard), prêtre, III, 135.

TABLE DES NOMS D'HOMMES.

Hélène, fille de Richard de Morville, 1, 311.
Hélie (Jean), prêtre, 11, 358.
Hélie (Pierre), religieux de l'Hôtel-Dieu de Coutances, 11, 51.
Hélie (Thomas), prêtre, 11, 51.
Hélier (S.). 1, 35, 187; 111, 305.
Helin de Fontenay, 1, 225.
Héliogabale, 1, 4.
Hélouin, 1er abbé du Bec, 1, 109.
Hélouin, comte de Ponthieu, 1, 102.
Hélye (François), curé de Saint-Pierre de Coutances, 111, 216.
Hemery (Jean), collecteur de dîmes, 11, 302.
Hemery (Jean), vicomte de Rouen, 11, 331.
Henri, abbé de Préaux, 1, 248.
Henri de Caen, chanoine, 1, 390.
Henri, chantre, 1, 266.
Henri, comte de Cotentin, 1, 150.
Henri V, empereur d'Allemagne, 1, 186.
Henri VI, empereur d'Allemagne, 1, 270.
Henri, évêque de Bayeux, 1, 233, 234, 235, 257, 259, 265, 266, 268.
Henri, fils de Jean le Roux, 1, 316.
Henri, fils de Henri II, 11, 257, 258, 295.
Henri de Lancastre, comte de Derby (Henri IV), 1, 205.
Henri, père de Guillaume Avenel, 1, 339.
Henri Ier, roi d'Angleterre, 1, 118, 144, 145, 146, 147, 149, 151, 153, 154, 158, 159, 160, 161, 162, 163, 172, 186, 204, 207, 227, 234.
Henri II, roi d'Angleterre, 1, 141, 186, 199, 208, 227, 228, 229, 234, 235, 237, 245, 246, 252, 253, 254, 256, 257, 258, 259, 263, 266, 267, 288, 295, 302, 303, 304, 305, 310, 311, 358.
Henri III, roi d'Angleterre, 1, 311, 357.
Henri V, roi d'Angleterre, 1, 131.
Henri VI, roi d'Angleterre, 11, 213, 269.
Henri, roi d'Angleterre, 11, 111.
Henri Ier, roi de France, 1, 125, 167.
Henri II, roi de France, 111, 100, 314.
Henri III, roi de France, 111, 98, 110, 140, 155, 158, 159, 160, 162, 167, 187, 190.
Henri IV, roi de France et de Navarre, 111, 138, 177, 190, 192, 193, 199, 201, 202, 220, 257, 300, 313, 314.
Henricus, episcopus Dunelmensis (de Durham), 1, 259.
Henricus de Hastingus, 1, 360.
Henriette de France, 111, 327.
Henry (Jean), conseiller au parlement de Paris, 11, 293.
Henry (Jean), écuyer, seigneur de Tracy, 111, 92.
Hense (Jean), écuyer, 111, 116.
Herauville (Roger de), 1, 279.
Herbert, évêque d'Avranches, 1, 214.
Herbert Ier, évêque de Coutances, 1, 84, 97, 100.
Herbert II, évêque de Coutances, 1, 108, 110.
Herbert, évêque de Lisieux, 1, 112, 116.
Herbert (Charles), archidiacre du Val-de-Vire, 11, 390; 111, 44, 56.
Herbert (Charles), curé de Saint-Germain-de-Tallevende, 11, 372, 373.
Herbert (Claude), dame d'Ossonvilliers, femme de François de Montmorency, 11, 313.
Herbert (François), seigneur de Sainteny, 11, 314, 383.
Herbert (François), 11, 373.
Herbert (Geoffroi), évêque de Coutances, 11, 343 à 396; 111, 5, 6, 8, 17, 82, 83.
Herbert (Jean), seigneur d'Ossonvilliers, 11, 313, 369, 390.
Herbert (Jean), seigneur d'Ossonvilliers, baron de Courcy, 11, 314, 383.
Herbert (Louis), archidiacre, abbé de Saint-Lo, évêque d'A-

vranches, ii, 314, 347, 348, 366, 373, 374, 387, 388, 389, 390; iii, 8, 82.
Herbert (Philippe, archevêque d'Aix, ii, 314.
Hercule, ii, 376, 377, 378.
Hérenguerville (Nicolle de), femme de Raoul Le Gros, ii, 68.
Hériman, évêque de Nevers, i, 72.
Herlebaud, évêque de Coutances, i, 84, 85, 89.
Herloin. V. Erloin.
Herman, fils de Tancrède de Hauteville, i, 123.
Hermann d'Arbona, i, 168.
Hermolaüs, père de saint Romphaire, i, 37, 39.
Héroard (Raoul), clerc, ii, 47.
Héron (Claude), prieur claustral de l'abbaye de Cherbourg, iii, 346.
Héron (Robert), curé de Lingreville, iii, 154.
Héroult (Jacques), bourgeois de Coutances, ii, 300.
Hérouville (Roger de), chanoine, i, 356.
Herpin (Raoul), seigneur d'Erquery, chevalier, grand panetier de France, ii, 150, 151.
Hervé, chanoine, i, 371, 388.
Hervé, dit Vatan, ii, 81.
Hervieu, vicaire substitut de l'évêque de Coutances, iii, 138, 140, 141.
Hervieu (Toussaint), pénitencier de Coutances, iii, 134.
Hesse (Robert), i, 352.
Heubert (Robert), ii, 13.
Heuce (Richard de). V. Heucey.
Heucey (Richard de), i, 236.
Hieu (Geoffroi), ii, 139.
Hieu (Pierre), ii, 139.
Higgo, évêque de Lisieux, i, 50.
Hildebrand, évêque de Séez, i, 72, 76.
Hildegaire, évêque de Meaux, i, 73.
Hilduin, évêque d'Evreux, i, 76.
Hinard (Thomas), curé de Barfleur, ii, 296.

Hincmar, archevêque de Reims, i, 65, 71, 73, 75, 76, 78.
Hincmar, évêque de Laon, i, 78.
Hirom (Gauffridus), i, 263.
Hoitteville (Gilles de), ministre protestant, iii, 127.
Holstein (princesse de), iii, 329.
Homère, ii, 356.
Honnequin, archidiacre de Coutances, iii, 129.
Honorius II, pape, i, 171.
Honorius III, pape, i, 323, 325, 338.
Hospitalières (les) de Coutances, iii, 250.
Hospitaliers (Ordre des), ii, 111.
Hospitaliers (les) du Saint-Esprit de Montpellier, iii, 347.
Hotot (Robert de), chevalier, seigneur du Hommet, ii, 104.
Hozier (d'), iii, 319, 328.
Hubert, évêque d'Angers, iii, 244.
Hubert, évêque de Coutances, i, 58.
Hubert (Jean), abbé de Cherbourg, iii, 31.
Hubert (Jean), prieur-curé de Barfleur, iii, 64.
Hubin (Nicolas), sieur du Bosbie, iii, 235.
Hue (Guillaume), ii, 270.
Huet (Thomas), prébendé de la Vauterie, iii, 73.
Hughierus. V. Huldericus.
Hugues, abbé de Cerisy, i, 231.
Hugues, archevêque de Rouen, i, 141, 181, 182, 183, 200, 201, 208, 214, 229.
Hugues, archidiacre, i, 277.
Hugues, ermite, i, 283, 284.
Hugues, évêque d'Avranches, i, 124.
Hugues, évêque de Bayeux, i, 142.
Hugues Ier, évêque de Coutances, i, 97, 100, 104, 105, 107, 108, 110.
Hugues, évêque d'Evreux, i, 112.
Hugues, évêque de Lisieux, i, 133, 136.

TABLE DES NOMS D'HOMMES.

Hugues d'Avranches, comte de Chester, i, 146, 147.
Hugues, fils Amauri, i, 262.
Hugues de Saint-Denis, i, 238.
Huiville (Hubert de), i, 244.
Hulderic, évêque de Coutances, i, 46, 49, 50, 56.
Humbert, fils de Tancrède de Hauteville, i, 114.
Hus (Jean), ii, 225, 226.
Hussites (les), ii, 225, 226, 231, 232, 236, 237, 283.

Ile (Gérard de l'), ii, 34.
Iles (archidiacre des), ii, 28.
Imare, évêque de Tusculum, i, 194.
Imbert, iii, 140.
Ingarville (Roger de), i, 388.
Inguehou (Hamon de), prêtre, ii, 74, 75.
Injuriosus, évêque de Tours, i, 29.
Innocent, évêque de Rouen, i, 8.
Innocent Ier, pape, i, 4, 5.
Innocent II, pape, i, 176, 177, 181.
Innocent III, pape, i, 297, 309, 335, 338.
Innocent IV, pape, ii, 18, 19, 264.
Innocent VII, pape, ii, 193.
Innocent VIII, pape, ii, 332; iii, 34.
Innocent X, pape, iii, 262, 294, 353, 354, 355, 361, 362, 363.
Innocent XII, pape, iii, 354, 360.
Isabelle, femme de Guillaume de Morville, i, 344.
Ismaël, i, 391.
Italiens (les), i, 79; iii, 38.
Ives, évêque de Séez, i, 133.

Jacobins de Coutances (les), ii, 52, 176, 177, 272, 290, 330, 374; iii, 149, 295.
Jacobins de Guernesey (les), iii, 8.
Jacobins de Paris (les), iii, 223.
Jacobins de Saint-Lo (les), ii, 374.
Jacqueline (demoiselle), ii, 383.
Jacques (S.), iii, 249.
Jacquet (Guillaume), frère de l'Hôtel-Dieu de Coutances, iii, 134.
Jahurs, ii, 199.
Jamar, changeur, ii, 384.
Jamet (Louis), curé du Mesnil-Benoist, iii, 272.
Jansénistes (les), iii, 288.
Jansénius (Cornélius), évêque d'Ypres, iii, 287, 288, 289, 290.
Jason, ii, 355.
Jauregui, iii, 173.
Jean (S.), ii, 250, 379.
Jean, i, 391.
Jean, ii, 384.
Jean, abbé d'Aunay, i, 265, 266.
Jean, abbé de Lessay, ii, 194.
Jean, abbé de Saint-Lo, ii, 194.
Jean, archevêque de Reims, ii, 279.
Jean Ier, archevêque de Rouen, i, 81, 82.
Jean II, archevêque de Rouen, i, 143.
Jean-Baptiste (S.), iii, 215.
Jean, chapelain, i, 305.
Jean, clerc, i, 356.
Jean de Coutances, doyen de l'église de Rouen, i, 268.
Jean II, duc d'Alençon, ii, 280, 281.
Jean, duc de Berry, frère de Charles V, ii, 173.
Jean, évêque d'Avranches, i, 133, 136.
Jean, évêque de Castorie, iii, 16, 40, 44, 51, 71.
Jean, évêque de Dol, i, 312.
Jean, évêque d'Evreux, i, 259.
Jean, évêque de Janopolis, ii, 289, 290, 296, 297, 310, 328.
Jean, évêque de Lisieux, i, 159, 166, 171.
Jean, évêque de Séez, i, 171.
Jean, fils Raoul, i, 369.
Jean, lieutenant du roi d'Angleterre, ii, 374.
Jean VIII, pape, i, 79.
Jean XXII, pape, ii, 140.
Jean XXIII, pape, ii, 197, 198, 199, 207, 264; iii, 67.
Jean de Caen, prêtre, i, 398.

TABLE DES NOMS D'HOMMES.

Jean, comte de Mortain, roi d'Angleterre, i, 257, 269, 270, 274, 293, 295, 296, 297, 299, 300, 302, 304, 311, 337, 364, 370.
Jean, roi de France, ii, 159, 173.
Jeanne d'Arc, ii, 217, 261, 262, 278, 379.
Jeanne, femme de Gilbert Bacon, ii, 104.
Jeanne, femme de Jourdain Gautier, ii, 85.
Jeanne de France, fille de Louis XI, ii, 352.
Jeanne de France, veuve de l'amiral de Bourbon, ii, 360, 361, 362, 363, 366.
Jérémie, i, 85.
Jérome (S.), ii, 379.
Jérome de Prague, ii, 226.
Jésuites (les), iii, 220.
Jésuites de Caen (les), iii, 132, 147.
Jésuites de Paris (les), iii, 294.
Joannes, dictus Bircot, ii, 95.
Job, ii, 247; iii, 219.
Jocelinus, i, 280.
Johannes, i, 250.
Jolivet (Jean), chanoine de Coutances, ii, 271.
Jolivet (Jean de), seigneur de Montpinchon, ii, 375.
Jolivet (Robert), abbé du Mont-Saint-Michel, iii, 132.
Jonas, iii, 219.
Jonas, abbé de Cherbourg, i, 188.
Jores (Silvestre de), ii, 4.
Joresme (Nicolas), abbé de Lessay, iii, 103.
Joret (Mathurin), prieur de Saint-Germain-des-Vaux, iii, 195.
Josias (Jean), chanoine d'Angers, iii, 243.
Josset (Robert), lieutenant général du bailli de Cotentin, ii, 392.
Jossolinus, i, 244.
Josué, évêque de Coutances, i, 58.
Joué (Robert), ii, 112.

Jourdain, abbé de Fausse-Neuve, i, 269.
Jourdain, archidiacre de Bayeux, i, 266.
Jourdain, curé de Gonneville, iii, 273.
Jourdain de Rouen, i, 363.
Jourdan (Etienne), tabellion à Coutances, ii, 270, 271.
Jourdan (Guillaume), tabellion à Coutances, ii, 127, 300, 336, 358, 365, 394.
Jouvin, architecte, i, 126.
Judas, i, 391.
Jude (S.), iii, 219.
Judith, iii, 32.
Juganville (Nicolas de), clerc, ii, 16.
Juhel du Maine, i, 370.
Jules II. V. La Rovère (Julien de).
Julien (le cardinal), ii, 219, 220, 223, 227, 244.
Jumel (Alix de), i, 398.
Jumel (Robert de), i, 398.
Junon, ii, 378.
Justinien, empereur, i, 322.
Juvigny (Bernard de), doyen d'Avranches, vicaire général de l'abbaye du Mont-Saint-Michel, iii, 148.
Justra (Lucas), archidiacre et official de Coutances, ii, 154.

Kellison (le D^r), iii, 234.

La Balaine (Nicolas), i, 396.
Labbé (Olivier), curé de Saint-Romphaire, iii, 73.
Labbe (le P.), i, 268.
La Bellière (Fouque de), chevalier, ii, 271.
La Bellière (François de), religieux de la Bloutière, iii, 169.
La Benoise (Jeanne), ii, 383.
Labusis, iii, 87.
La Cervelle (famille de), ii, 163.
La Cervelle (Bonaventure de), écuyer, seigneur du Désert, ii, 163.
La Cervelle (Guillaume de), ii, 163.

La Cervelle (Hervé de), seigneur de Villiers, ii, 163.
La Cervelle (Jacques de), ii, 163.
La Cervelle (Sylvestre de), évêque de Coutances, ii, 163 à 172, 175, 176.
Laci (Gautier de), i, 140.
La Cour (de). V. Le Tourps.
La Croix (Jean de), prieur de la ville de Saint-Lo, ii, 162.
Ladislas, roi de Hongrie, ii, 283.
Ladislas, roi de Naples, ii, 207.
La Feaute (Jean), président aux enquêtes du parlement de Paris, iii, 242.
La Foidre (Pierre), i, 240.
Lafont (Jean de), chanoine de Coutances, iii, 72.
La Garde (Germain), iii, 78.
Lagoursan (Marie de), iii, 321.
La Hague (Robert de), i, 280.
La Haulle (Henri de), i, 217.
La Haulle (Jean), ii, 260.
La Haulle (Pierre de), administrateur de l'hôpital de Saint-Lo, ii, 373.
La Heuse (Osbert de), i, 288.
La Hougue (André de), curé de Saint-Hélier de Jersey, ii, 374.
La Hougue (Michel de), abbé de Saint-Sauveur-le-Vicomte, ii, 211, 212.
La Hougue (Thomas de), diacre, i, 389.
La Houssaye (Jean de), iii, 273.
Laignel (Jean), ii, 256.
Lair (Guillaume), tabellion à Coutances, ii, 127, 336.
La Lande (Jean de), clerc et notaire public à Bonfossé, ii, 138.
La Lande d'Airou (Geoffroi de), i, 363.
La Lande d'Airou (Guillaume de), i, 363.
La Lune (Pierre de), ii, 180, 191. V. Benoît XIII.
La Luthumière (abbé de), iii, 130, 303.
La Luzerne (de), chanoine, promoteur général, iii, 274, 284, 310.
La Luzerne de Brevans (Antoine de), chantre de Coutances, iii, 332, 359.
La Marck (Guillemette de) femme de Jean de Luxembourg, iii, 326.
La Marck (Robert de), duc de Bouillon, iii, 326.
Lancastre (Guillaume de), i, 311.
Lancastre (Henri de), i, 205.
Lancise (Pierre), trésorier et official, iii, 154, 204, 214, 226, 233.
Landri, évêque de Paris, i, 47.
Lanfranc, abbé de Caen, puis archevêque de Cantorbéry, i, 138, 139, 140, 143.
Langlois (Jacques), abbé de Saint-Sauveur, ii, 375.
Langlois (Jean), ii, 140.
Langlois (Richard), écuyer, ii, 272.
Languillier (François), archidiacre du Bauptois, iii, 129.
Lanquetot (Robert de), écuyer, ii, 27, 28.
Laune (Robert de), chevalier, i, 355.
La Pinne (Roger de), i, 276.
La Planque (Jean de), curé de Sainte-Catherine de l'Hôtel-Dieu de Saint-Lo, iii, 43.
La Pôle (Guillaume de), comte de Suffolk, ii, 215.
La Pommeraye (le P.), ii, 263.
L'Arbalestrier (Jean), vice-régent du doyenné de Jersey, iii, 62.
Larcher (Robert), archidiacre de Coutances, iii, 57.
La Rivière (Robert de), ii, 2.
La Rochefoucault (François V de), iii, 316.
La Rochefoucault (François VI de), prince de Marsillac, iii, 316.
La Rochefoucault (François VII de), iii, 316.
La Roche-Taisson (Raoul de), i, 103.
La Rocque (de), chanoine et archidiacre de Coutances, iii, 105.

La Roque, I, 256; II, 12, 35, 151, 202; III, 9, 78.
La Roque (abbé de), II, 135.
La Roque (Marthe de), religieuse de Moutons, III, 296.
La Roque (Philippe de), I, 370.
La Rose (Philippe de), trésorier, II, 276.
La Rovère (familles de), II, 308.
La Rovère (François de). V. Sixte IV.
La Rovère (Julien de), évêque de Coutances, cardinal, puis pape sous le nom de Jules II, II, 308, 309, 310, 312, 314, 333; III, 12, 34.
La Rovère (Léonard de), II, 309.
La Rovère (Raphaël de), II, 309.
La Rue (Jeanne de) III, 54.
La Tour (Blanche de), femme de Raymond de Loménie, III, 312.
La Trémouille (Jean de), seigneur de Brèche, III, 54.
La Trémouille (Louis de), III, 54.
L'Aubépine, III, 106.
Laudus (S.). V. Lo (S.)
Laumerville (Pierre de), I, 225.
Launodobus, évêque de Lisieux, I, 47.
Lauscius, episcopus, I, 31.
Lauthonus (Saint-Lo), III, 241.
Lauto. V. Lo (S.).
Laure (Guérin ou Guy de), abbé de Lessay, III, 10, 11.
Lautrec (François de), secrétaire, puis vicaire général de l'évêché de Coutances, abbé de Hambie, III, 60, 69, 70, 72, 79, 80, 88, 89.
La Vallée (Guillaume de), II, 43.
La Vallée (Jean de), curé de Foucarville, II, 72.
La Vallée (Orence de), II, 43.
La Vieille (Nicolas), curé de la Vendelée, II, 255.
La Vignole (Jean de), conseiller au parlement de Paris, III, 242.
Lavon (Jacques de), chevalier, II, 86.
Laye (Hugue de), ou de La Haye, grand vicaire de Coutances, II, 246, 271.

Le Barbier (Mathilde), femme de Henri de Marle, II, 202.
Le Bas (François), avocat au présidial de Coutances, III, 236.
Le Bigard (Thomas), abbé de Saint-Sauveur-le-Vicomte, II, 212.
Le Blanc (Guillaume), chanoine d'Agen, nommé à l'évêché de Coutances, III, 221, 222.
Le Blanc (Guillaume), vicaire général de la légation d'Avignon, III, 221.
Le Blanc (Guillaume), évêque de Grasse, III, 222.
Le Blanc (Pierre), II, 139.
Le Blond (frère Gautier), abbé de Cherbourg, II, 296, 297.
Le Bœuf (Guillaume), II, 139.
Le Bohu (Raoul), II, 12.
Le Bossu (Gautier), II, 56.
Le Boucher (Charles), évêque de Mégare, abbé de Montebourg, III, 43, 89.
Le Boulanger (Catherine), femme de Victor Le Clerc de Lesseville, III, 298.
Le Bourg (Guillaume), prieur de Saint-Lo de Rouen, II, 263, 284.
Le Bourgeois (frère Guillaume), curé de Sainte-Catherine de l'Hôtel-Dieu de Saint-Lo, II, 347.
Le Bouteiller (Auvrai), I, 390.
Le Bouteiller (Bernard), II, 81.
Le Bouvier (Nicolas), surnommé le Brun, II, 85.
Le Breton (frère Laurent), curé de la Bloutière, II, 158.
Le Breton (Richard), I, 245.
Le Brun. V. Le Bouvier.
Le Canu (Gilles), curé de Saint-Christophe, III, 272.
Le Cauf (François), d'Huberville, III, 63.
Le Chandelier (Pierre), clerc, notaire en la cour de Rouen, II, 154.
Le Chartier (Guillaume), prieur de la Bloutière, III, 123.

Le Cheminant (Guillaume), chanoine, I, 305, 328, 343.
Le Chevalier (Guillaume), curé de Bourey, 196.
Le Chipé (Robert), religieux de l'Hôtel-Dieu de Saint-Lo, III, 141.
Le Cirier (Antoine), évêque d'Avranches, III, 135.
Le Clerc (Nicolas), I, 260.
Le Clerc (Perrinet), II, 204.
Le Clerc (Pierre), notaire apostolique, II, 154.
Le Clerc (Raoul), abbé de la Luzerne, II, 149.
Le Cocq (Pierre), curé de Briqueville-la-Blouette, III, 15.
Le Cointe (Jean), chanoine de Paris, II, 384.
Le Cointe (le P.), 28, 34, 41, 59, 64, 65.
Le Coq (Simon), II, 44.
Le Cordier (Guillaume), bailli et garde des sceaux de la haute justice de Moyon, II, 169.
Le Cordier (Pierre), écuyer, seigneur de Beauserie, II, 302.
Le Corgne. V. Marle (de).
Le Courtois (Jean), évêque de Bayeux, II, 347.
Le Dive (Robert), II, 349.
Le Ebrithe (Guillaume), II, 27.
L'Ecrivain (Robert), clerc, I, 397.
Le Fèvre (François), évêque d'Amiens, III, 252.
Le Fèvre (Geoffroi), II, 136.
Le Fillastre, évêque de Capoue, III, 76.
Le Fillastre (Léobin), abbé de Cherbourg, III, 31, 32, 62, 64, 100.
Le Flambe (Pierre), curé de Vasteville, III, 154.
Le Forestier, abbé de Lessay, I, 287.
Le Galliot (Thomas), II, 345.
Le Gallois (Roger), archidiacre du Val-de-Vire, III, 144, 146.
Le Gascoing (Jean), écuyer, garde des sceaux de la vicomté de Coutances, II, 127, 336.
Le Gascoing (Louis), sieur des Veis, II, 394.
Le Geay, sieur de Cartot, III, 129, 130.
Legerius de Menouvilla, I, 244.
Le Goupil (Jean), archidiacre, II, 274, 303.
Le Goupillot (Louis), curé de Magneville, III, 194.
Le Grand (Guillaume), II, 14.
Le Grand (Nicolle), bourgeois de Coutances, III, 77.
Le Gros (François), maître des requêtes, III, 298, 301.
Legros (Guillaume), prieur de Sainte-Barbe, I, 283.
Le Gros (Guillaume), curé de Saint-Ouen de Sideville, II, 103.
Le Gros (Guillaume), prieur de la Bloutière, II, 157.
Le Gros (Pierre), écuyer, III, 181.
Le Gros (Raoul), II, 68.
Le Hoguais (Jean), III, 134.
Lehotivel (Colin), de Condé-sur-Vire, II, 343.
Le Jay (Alexandre), abbé de Cherbourg, III, 346.
Le Jay (Alexandre-Guillaume), abbé de Cherbourg), III, 276.
Le Jay (Guy-Michel), III, 252.
Le Jeune (Pierre), clerc, notaire en la cour de Rouen, II, 154.
Le Jolis (Jean), II, 373.
Le Jolivet, abbé du Mont-Saint-Michel, II, 272.
Le Jolivet (François), III, 74.
Le Jolivet (Jean), chanoine de Coutances, II, 274.
Le Jolivet (Jean), sieur d'Audouville, II, 394; III, 74.
Le Laboureur, II, 164, 173, 174, 178.
Le Laboureur (Geoffroy), principal du collège du Bois, III, 126.
Le Lièvre, II, 364.
Le Lièvre, III, 350.
Le Lièvre (Drouet), II, 139.
Le Lièvre (Guy), clerc, notaire du roi, II, 366.

TABLE DES NOMS D'HOMMES.

Le Lièvre (Richard), cordelier, II, 314.
Le Long (Guillaume), vicaire général de Coutances, II, 373.
Le Long (Jacques), curé de Hardinvast, III, 146.
Le Long (Richard), chanoine de Coutances, II, 366.
Le Louey (Richard), chanoine de Coutances, curé de Tourlaville, II, 374.
Le Loup, II, 232, 233.
Le Lureur (Robert), II, 16.
Le Maistre (Nicolas), écuyer, vicomte de Coutances, II, 365, 393.
Le Marchand (Charles), curé de Tercet, III, 273.
Le Marchand (Guillaume), II, 54, 62.
Le Marchand (Jehan), grand doyen d'Avranches, II, 366, 387.
Le Marchand (Nicolas), II, 139.
Le Marchez (Nicole), chanoine de Coutances, II, 393.
Le Marquetel (Gilles), III, 97, 99.
Le Marquetel (Jacques), curé de Monthuchon et de Vesly, III, 124, 133.
Le Marquetel (Jacques), curé de Senilly, III, 107.
Le Marquetel (Jacques), chantre, grand vicaire de Coutances, III, 105.
Le Marquetel (Jean), seigneur de Saint-Denis, III, 185.
Le Marquetel (Jean), chanoine, archidiacre, III, 103.
Le Marquetel (Jean), prébendé de Muneville, III, 102.
Le Marquetel (Jean), prébendé de Vire, III, 72.
Le Marquetel (maison de), III, 103.
Le Marquetel (Robin), bourgeois de Coutances, II, 272.
Le Masson (Jean), III, 74.
Le Mayre (Robert), abbé de Falaise, I, 229.
Le Mercier (Nicolas), huissier, II, 325, 326.

Le Messire (Guillaume), sieur des Hiettes, II, 394.
Lemmalière (Collette), II, 383.
Le Moine (Guillaume), prieur de Saint-Lo de Rouen, II, 285.
Le Moine (Jean), cardinal du titre de Saint-Pierre-et-Marcelin, II, 103.
Le Monnier (Geoffroy), II, 128.
Le Moussu, III, 299.
Le Neveu (Geoffroi), I, 308.
Le Neveu (Jean), cordelier, II, 311.
Le Neveu (Mathieu), abbé de Cherbourg, III, 64.
Le Neveu (Richard), I, 334.
Le Neveu (Robert), I, 308, 328, 342.
Le Neveu (Roger), I, 394.
Léon (S.), archevêque de Rouen, évêque de Bayonne, I, 81, 82, 83; III, 305.
Léon, évêque de Coutances, I, 58.
Léon, prétendu évêque de Coutances, I, 36, 37.
Léon IX, pape, I, 121, 124.
Léon X, pape, III, 12, 35, 42.
Léonard (Thomas), abbé de Cherbourg, II, 335.
Léontier (S.), évêque de Coutances, I, 10, 11, 12, 13, 14, 15, 36, 37, 171.
Léopold, duc d'Autriche, I, 270.
Le Pauvre (Richard), I, 373.
Le Peley (Guillaume), vicaire général de Coutances, II, 373.
Le Pelley (Laurent), chapelain de Saint-Romphaire, III, 169.
Le Pestour, prêtre à Coutances, III, 244.
Le Petit (Geoffroi), II, 27.
Le Peu, notaire apostolique à Carentan, III, 347.
Le Pileur, prêtre à Coutances, III, 244.
Le Pileur (Raoul), théologal de Coutances, III, 233, 267.
Le Pinchon (Thomas), prêtre, II, 374.
Le Pionnier (Pierre), curé de Coudeville, III, 176.

TABLE DES NOMS D'HOMMES.

Le Prêtre (Nicolas), recteur de Sainte-Croix-en-Bocage, II, 144.
Le Prêtre (Nicolas), II, 170.
Le Prévost, I, 83, 104, 174, 256, 366; II, 58, 189, 190, 200, 265, 300, 312, 314, 351, 357; III, 5, 54, 55, 87.
Leprévost, II, 294.
Le Prévost, III, 145.
Le Prévost (Guillaume), trésorier, vicaire général de Coutances, III, 95, 107, 134.
Le Prévôt (Madeleine), III, 298.
Ler (Guillaume), tabellion, II, 365.
Ler (Nicolas), III, 61.
Le Rat (Jean), grand vicaire de Coutances, II, 296, 298.
Lereaux (Jacques de), curé du Tanu, II, 85.
Le Rentier (Jean), curé de Villedieu, III, 63.
Le Révérend (Toussaint), curé de Sainte-Croix-du-Bocage, III, 146.
Le Roi (Geoffroi), official de Saint-Lo, III, 75.
Le Rossignol, vicaire général de Coutances, III, 310.
Le Roux, III, 212.
Le Roux, curé de Vesly, III, 286.
Le Roux (François), abbé du Mont-Saint-Michel, III, 131.
Le Roux (Jean), I, 316, 373.
Le Roux (Jean), archidiacre du Cotentin, III, 204, 215, 226.
Le Roy (famille de), III, 66.
Le Roy (Julienne), femme de Jacques Painel, III, 15.
Le Roy (Louis), professeur de philosophie à Paris, III, 66, 67, 68.
Le Roy (Pierre), abbé de Saint-Taurin, de Lessay et du Mont-Saint-Michel, III, 66, 67.
Le Roy (Pierre), curé de Geffosse, III, 176.
Le Royer (Étienne), chanoine d'Angers, III, 240, 243, 244.
Lesage (Pierre), clerc, II, 170.

Le Sauvage (Guillaume), boursier du collège d'Harcourt, II, 386.
Le Sieur (Lucas), III, 78.
Lesseville (Charles de), sous-doyen au grand-conseil, III, 298.
Lesseville (Eustache de), évêque de Coutances, I, 7, 8, 13, 23, 40; III, 210, 269, 284, 294, 297 à 310, 332, 337, 339, 358, 368.
Lesseville (famille de), III, 309.
Lesseville (Nicolas Le Clerc de), doyen de la chambre des comptes, III, 297, 298, 299.
Lesseville (Nicolas de), maître des comptes, III, 298.
Lesseville (Pierre de), conseiller au parlement, III, 298.
Lestre (Eudes de), I, 273, 335.
Lestre (Raoul de), I, 273.
Lestre (Robert de), II, 74, 75.
L'Estumier (Denis), messager, III, 140.
Le Sueur (Guillaume), seigneur d'Esquetot, etc., III, 86.
Le Tellier (Guillaume), sieur de la Mancelière, III, 143, 144.
Le Tellier (Henri), curé de Sainte-Marie-du-Mont, II, 91.
Le Tellier (Jourdain), I, 294.
Le Tellière (Isabelle), II, 383.
[Le Tellière] (Michelle), fille d'Isabelle Le Tellière, II, 383.
Le Tenneur (Collin), écuyer, seigneur de Bricqueville, II, 169.
Leticia, femme de Jourdain Taisson, I, 151.
Le Tonnellier (Pierre), scolastique de Coutances, II, 98.
Le Tonnelier (Pierre), II, 140.
Le Tonnelier (Vincent), II, 140.
Le Tourps, III, 197.
Leucade, évêque de Bayeux, I, 27, 30.
Leucianus (S.). V. Léontien.
Leudovald, évêque de Bayeux, I, 43.
Leurot (Guerrand) ou Lievarot, curé de Sainte-Catherine de

l'Hôtel-Dieu de Saint-Lo, II, 347.
Le Valloys (Nicole), recteur de l'université de Caen, III, 126.
Leveillé (Jean), II, 383.
L'Evêque (Nicolas), curé de Saint-Martin-le-Vieux, III, 10.
Le Verrier (François-Robert), prieur de Bolleville, III, 104.
Le Verrier (Guillaume), I, 274.
L'Hermite (Richard), abbé de Hambie, III, 51, 56.
Licinius, évêque d'Evreux, I, 30.
Licurgus, II, 356.
Liégard (Jean), curé de Soule, II, 376.
Lievarot. V. Leurot.
Liéville (Guillaume de), I, 250, 273.
Lion (Nicolas de) ou Le Lion. V. Ler.
Lionne (Artus de), évêque de Gap, III, 263.
Lisiard, évêque de Séez, I, 268.
L'Isle-Adam (le seigneur de), gouverneur de Pontoise, II, 204.
Liste, évêque de Coutances, I, 84.
Litarede, évêque de Séez, I, 14.
Litasse, évêque de Lisieux, I, 229.
Livin, évêque de Coutances, I, 58, 59.
Livinius, I, 59.
Livrée (Robert), chanoine de Coutances, III, 170.
Lizet, III, 27.
Lo (S.), évêque de Coutances, I, 7, 14, 15, 18 à 35, 36, 38, 39, 44, 45, 46, 50, 95, 96, 97, 98, 181, 293, 294; III, 105, 237, 239, 240, 243, 244, 264, 333.
Lohier (Jean), archidiacre, II, 303.
Loisel, curé de Saint-Jean-en-Grève, III, 332, 358.
Loménie (Adrien de), III, 312.
Loménie (Alexandre-François de), III, 328.
Loménie (Alexandre-Bernard de), III, 330.

Loménie (Antoine de), secrétaire d'Etat, III, 314, 315, 316, 327.
Loménie (Aymeric, seigneur de), etc., III, 313.
Loménie (Charles de), seigneur de Faye, III, 327.
Loménie (Charles-François de), évêque de Coutances, III, 210, 248, 295, 323, 330 à 369.
Loménie (Charlotte-Louise de), III, 328.
Loménie (Claude de), secrétaire du roi, III, 314.
Loménie (Claude de), III, 318.
Loménie (François de), III, 313, 318.
Loménie (François de), chanoine de Limoges, III, 318.
Loménie (François de), curé de Saint-Crespin, proche Salignac, III, 318.
Loménie (François de), évêque de Marseille, III, 318.
Loménie (Gaspard de), III, 312.
Loménie (Henri-Antoine de), III, 320.
Loménie (Henri-Auguste de), III, 316, 326, 327, 329, 330, 331, 357.
Loménie (Henri-Louis de), comte de Brienne, III, 330.
Loménie (Henriette de), femme de Henri d'Orléans, marquis de Rothelin, III, 316.
Loménie (Jean de), chanoine de Limoges, III, 318.
Loménie (Jean de), doyen de l'église de Limoges, III, 318.
Loménie (Louis, seigneur de), et de Faye, III, 312.
Loménie (Louis-Henri de), comte de Brienne, secrétaire d'Etat, III, 328, 329.
Loménie (Louise-Madelaine de), femme de Hyacinthe Rouault, comte de Cayeu, III, 329, 330.
Loménie (Madelaine de), III, 328.
Loménie (maison et seigneurs de), III, 311, 312, 319, 323.
Loménie (Marie-Antoinette de), femme 1° d'André de Vivonne, 2° de Jacques Chabot, III, 316.

TABLE DES NOMS D'HOMMES. 405

Loménie (Marie-Antoinette de), femme de Nicolas-Joachim Rouault, III, 328.
Loménie (Marie-Emmanuelle de), III, 328.
Loménie (Marie-Thérèse de), femme de Joseph d'Angennes, III, 330.
Loménie (Martial de), III, 343.
Loménie (Pierre de), chanoine de Limoges, III, 317.
Loménie (Pierre de), trésorier de l'église de Limoges, III, 318.
Loménie (Raymond de), III, 312.
Loménie (Raymond, seigneur de), et de Faye, III, 312.
Longchamp (Guillaume de), évêque d'Ely, chancelier d'Angleterre, I, 269.
Longiac (Jean de), abbé de Saint-Lo, III, 53.
Longrais (Perrine), II, 383.
Longueil (Christophe), II, 301.
Longueil (famille de), II, 275, 300.
Longueil (Guillaume de), fils de Jean de Longueil, grand vicaire de Coutances, II, 276, 296.
Longueil (Guillaume de), 3e du nom, II, 276.
Longueil (Jean de), 2e du nom, II, 276.
Longueil (Jean de), fils de Guillaume de Longueil, II, 276.
Longueil (Richard-Olivier), cardinal, évêque de Coutances, II, 275 à 304.
Loquet (Denis), II, abbé de Saint-Sauveur-le-Vicomte, II, 244.
Loquet (Richard), II, 44.
Loremier (Roger), I, 263.
Loremier (Willelmus), fils de Roger, I, 263.
Lorey (Robert de), clerc, II, 34.
L'Orfèvre (Jean), président de Luxembourg, II, 280.
Lorge (le P. de), I, 144.
Lorraine (cardinal de), III, 131, 139.
Lorraine (Jean, cardinal de), III, 78.
Lorraine (Louis de), comte de Vaudemont, III, 155.
Lorraine (Louise de), femme de Henri III, III, 153.
Lorraine (Louise de), princesse de Conti, III, 327.
Lothaire I, empereur, 68, 71.
Lothaire II, empereur d'Allemagne, I, 178.
Louaintier (Thomas), curé de Saint-Nicolas de Coutances, III, 239, 240, 241.
Louis (S.). V. Louis IX.
Louis, cardinal, archevêque d'Arles, II, 244.
Louis, comte de Touraine, puis duc d'Orléans, frère de Charles VI, II, 173.
Louis le Débonnaire, I, 65, 68.
Louis, duc d'Anjou, frère de Charles V, II, 173.
Louis II, empereur, I, 79.
Louis le Bègue, I, 86.
Louis de Germanie (le Germanique), I, 72, 73, 87.
Louis le Gros, I, 160, 161, 162.
Louis le Jeune, roi de Germanie, I, 82.
Louis d'Outremer, I, 103.
Louis III, roi de France, I, 86.
Louis VII, roi de France, I, 201, 214, 252.
Louis VIII, roi de France, I, 337, 350; II, 26, 32.
Louis IX, roi de France, I, 343, 357, 378; II, 3, 23, 26, 32, 33, 34, 50, 52, 106, 178, 262.
Louis XI, roi de France, II, 218, 282, 292, 293, 294, 333, 352, 363, 392; III, 328.
Louis XII, roi de France, II, 350, 351, 352, 353, 357, 396; III, 11, 13.
Louis XIII, roi de France, III, 58, 262, 300, 315, 331, 357.
Louis XIV, roi de France, III, 262, 364.
Louvel (frère Louis), prieur de Savigny, II, 303.
Louvel (Fouque), I, 396.
Louvel (Guillaume), sieur du Pont-Roger, II, 394.

Louvel (Jean), écuyer, sieur de Maupertuis, vicomte de Coutances, ii, 294.
Louvel (Jourdain), i, 396.
Luc (S.), ii, 192, 222; iii, 341.
Lucas, évêque d'Évreux, i, 300.
Luce, femme de Guillaume de Vernon, i, 216.
Luce, femme de Raoul de Hamars, ii, 136.
Luce, mère de Richard de Vernon, i, 247.
Lucine, femme de Léonard de La Rovère, ii, 309.
Lucius II, pape, i, 194.
Lucius III, pape, i, 255, 256.
Lude (comte du), iii, 232.
Lundonii, i, 137.
Lupicinus, i, 36.
Lupicius (S.), 46.
Lurienne (Richard), prêtre, frère de l'Hôtel-Dieu de Coutances, ii, 177.
Lusignan (Guy de), roi de Jérusalem, i, 266.
Lusores (Roger de), i, 197.
Luther, iii, 102, 287.
Luxembourg (Antoine de), iii, 325.
Luxembourg (Charles de), comte de Brienne, etc., iii, 325.
Luxembourg (Charles de), iii, 326.
Luxembourg (Charlotte de), femme de Charles-Henri de Clermont, iii, 325.
Luxembourg (Diane de), femme du comte de Carmans, iii, 326.
Luxembourg (François de), iii, 325, 327.
Luxembourg (Guy de), comte de Ligni, etc., iii, 325.
Luxembourg (Henri de), iii, 327.
Luxembourg (Jean de), comte de Brienne, etc., iii, 325.
Luxembourg (Jean de), etc., iii, 325.
Luxembourg (Juste de), de Pontal, duc de Piney, etc., iii, 327.
Luxembourg (Louis de), cardinal, archevêque de Rouen, ii, 258, 263; iii, 325.
Luxembourg (Louise de), femme de Bernard de Béon du Massès, iii, 323, 326.
Luxembourg (maison de), iii, 326.
Luxembourg (maréchal de), iii, 347.
Luxembourg (Pierre de), cardinal, iii, 325.
Lyonne (M. de), iii, 329.

Mabillon (le P.), i, 74.
Mabon (Richard de), doyen de Jersey, iii, 43.
Macrin (Salomon), poète latin, iii, 65.
Madeleine, fille du roi de France, ii, 283.
Magneville (Etienne de), i, 247.
Magneville (Geoffroi de), iii, 82.
Magneville (Geoffroi de), écuyer, ii, 387.
Magneville (Guillaume de), i, 344.
Magneville (Jean de), iii, 82.
Magneville (Jean de), écuyer, ii, 387.
Magneville (Raoul de), i, 226.
Magneville (Roger de), i, 147, 388.
Maignard (Martin), archidiacre du Bauptois, iii, 129.
Mainard, archevêque de Rouen, i, 60.
Mainard, seigneur, ii, 232, 233.
Maingise, évêque d'Avranches, 112, 124.
Maisons (Robin de), bourgeois de Coutances, iii, 78.
Maisons (le marquis de), président au parlement, ii, 275.
Malaterra (Guillaume), i, 223.
Malatesta (Charles), père de l'évêque Pandolphe, ii, 207, 208.
Malatesta (Pandolphe), évêque de Coutances, ii, 207, 209, 210, 211, 218, 219.
Malatesta (Robert), ii, 211.
Malatesta (Sigismond), ii, 211.

Malenfant (Léonard), curé de Montpinchon, II, 375.
Malfillastre (Jean de), II, 23.
Malfillastre (Thomas de), II, 23.
Malherbe (Michel), curé de Sainte-Marie-de-Bourey, III, 196.
Malo (Guillaume), curé de la Sainte-Trinité-de-Jersey, II, 246.
Malopertuso (Guillelmus de), II, 93, 95.
Mangin (Michel), cordelier, II, 311.
Mangon (Bertin), curé de Valognes, archidiacre de Cotentin, III, 104, 117, 129, 204.
Manneville (Jean de), écuyer, sieur de la Languerie, II, 273.
Mansel (Fouque), I, 364.
Mansel (Michel), I, 362.
Marachaire ou Romachaire, évêque de Coutances, I, 36, 40, 41.
Maracharius, évêque d'Angoulême, I, 41.
Marcanbeio (Robertus de), I, 282.
Marcellin (S.), I, 64.
Marcouf (S.), I, 15, 16, 32, 35, 48, 90, 101, 358; III, 242, 244, 305.
Marguerite, comtesse, I, 242.
Marguerite, fille de Milo, comte de Hereford, I, 204.
Marie (sainte), I, 6.
Marie, I, 379.
Marle (Arnoul de), frère de Jean, évêque, II, 202.
Marle (Claude de), femme d'Augustin de Thou, II, 203.
Marle (Henri de), seigneur de Versigny, premier président au parlement de Paris, chancelier de France, II, 202.
Marle (Jean de), évêque de Coutances, II, 202, 202, 204, 205, 206, 209.
Marmenges (Jean de), chanoine de Coutances, III, 79, 98.
Marquetel (Jean), curé de Remilly, II, 376.
Marrast (Gabrielle de), femme de Bernard de Béon du Massès, III, 323.
Marsus, évêque de Nantes, I, 28.
Martainville (Guillaume de), abbé de Saint-Lo, I, 245, 288.
Martel (Anne-Madeleine), veuve de Louis Caillebot, marquis de La Salle, III, 97.
Martel (Etienne), curé de Montpinchon, puis évêque de Coutances, III, 73, 74, 86, 96 à 107, 109, 110, 125.
Martel (Guillaume), seigneur de Basqueville, III, 96.
Martel (Louis), seigneur de Cretot, III, 96.
Martel (Michel), archidiacre, III, 267.
Martel (Olivier), chevalier, seigneur de Cretot, III, 73, 96, 97.
Marthe, I, 279.
Martin (S.), I, 5, 6, 18, 56, 92, 202, 203; III, 199.
Martin, abbé de Cerisy, I, 260.
Martin, abbé de Longues, I, 266.
Martin, évêque de Nantes, I, 40.
Martin IV, pape, II, 58.
Martin V, pape, II, 204, 209, 217, 220.
Martin (Jacques), III, 69, 70.
Martin (Mro), II, 234, 235.
Martin (Richard), abbé de Cherbourg, I, 287, 288, 289.
Martinvast (Raoul de), I, 390.
Martre de Falaise, curé de Nacqueville, II, 28.
Masel (Guillaume, dit de). V. Guillaume.
Masserolle (Théodore de), femme de Raphaël de La Rovère, II, 309.
Masserville, (Pierre de), II, 36.
Masseville (de), I, 7.
Matheus, clericus, I, 263.
Mathieu (S.), I, 18; III, 341.
Mathieu, cardinal, évêque d'Albe, I, 170.
Mathieu, évêque d'Evreux, II, 400.
Mathieu Paris, I, 295, 297, 349, 357, 360.

Mathieu de Westminster, i, 268.
Mathilde, femme de Guillaume le Conquérant, i, 151, 167.
Mathilde, femme de Guillaume de Montigny, i, 378.
Mathilde, femme de Raoul Graffard, i, 333.
Mathilde, impératrice, i, 186, 187, 189, 233, 234, 259.
Mathurins (les), ii, 13 ; iii, 225.
Matibern, iii, 231, 232.
Matignon, iii, 231.
Matignon (abbé de), évêque de Lisieux, iii, 257.
Matignon (Anne de), fille du maréchal de Matignon, iii, 222.
Matignon (Bertrand Goyon, sieur de), iii, 231.
Matignon (Charles de), iii, 232, 257.
Matignon (François de), iii, 233, 257, 270.
Matignon (Goyon ou Gouyon, sire de), iii, 232.
Matignon (Guy de), iii, 232.
Matignon (Jacques de), maréchal de France, iii, 122, 134, 143, 146, 186, 187, 198, 199, 222, 232, 257.
Matignon (Jacques III de), iii, 232.
Matignon (Jean Goyon, sire de), ii, 117.
Matignon (Lancelot de), abbé de Cherbourg, nommé à l'évêché de Coutances, iii, 171, 186.
Matignon (Léonor de), évêque de Coutances, iii, 229, 230 à 257, 262, 295, 337, 359.
Matignon (M. de), iii, 291.
Matignon (les seigneurs de), comtes de Thorigny, ii, 117.
Matines (Nicolas), chanoine de Coutances, iii, 171.
Matinio, iii, 231, 232.
Maudestour (Thomas de), femme de Robert des Champs, ii, 190.
Mauduit (Jean), chapelain de Saint-Christophe, iii, 193.
Mauger, archevêque de Rouen, i, 112, 124, 125.
Mauger, frère de Geoffroi de Montbrai, i, 127.
Mauger (Guyon), ii, 349.
Mauny (Marguerite de), fille d'Olivier de Mauny, femme de Jean Goyon, sire de Matignon, ii, 117.
Mauny (Olivier de), ii, 117.
Maupas du Tour (Henri de), évêque d'Evreux, iii, 332, 358.
Mauregard (Geoffroi de), 1, 217.
Mauregard (Richard de), i, 217.
Maurice, archevêque de Rouen, i, 364, 367, 368.
Maurille, archevêque de Rouen, i, 123, 124, 125, 132, 136.
Maurusion, évêque d'Evreux, i, 13, 14.
Mauvoisin, i, 226.
Mauvoisin (Geoffroi), 1, 250.
Mauvoisin (Robert), i, 340.
Maxime, iii, 230.
Maximianus, i, 3.
Maximilien, empereur d'Allemagne, iii, 35.
Maximin, i, 4.
May (Robert de), curé de Hocquigny, et prieur de la Maison-Dieu de la Haye-Painel, ii, 63.
Mayenne (Clémence), i, 370.
Maynard, prêtre, ii, 4.
Mazarin (Jules), cardinal, iii, 260, 262, 272, 285.
Meautis (Roger de), i, 226.
Médée, ii, 355.
Médicis (cardinal de), iii, 36.
Médicis (Jean de), iii, 34. V. Léon X.
Médicis (Laurent de), iii, 34.
Médicis (maison de), iii, 34.
Méduse, ii, 355.
Mégnard (Jean), ii, 128.
Melaine (S.), évêque de Rennes, i, 13, 28, 29.
Melchiade, pape, i, 4.
Mellier (Robert), ii, 140.
Mellier (Roger), ii, 140.
Mellon (S.), évêque de Rouen, i, 4, 7.
Melos (don Francisco de), iii, 265.
Melun (Charles de), seigneur de Nantouillet, iii, 2.

TABLE DES NOMS D'HOMMES.

Melun (Jean de), ii, 333.
Même (M. de), abbé de Hambie, i, 376.
Ménage, i, 357, 370.
Merci (les religieux de la), ou de la Rédemption, ii, 5, 10, 13.
Méré (Richard de), abbé du Mont-Saint-Michel, i, 170, 173.
Merlet, iii, 244.
Merlet (André), abbé de Saint-Lo, iii, 345, 359.
Mersent. V. Quersent.
Meslier (Geoffroi), curé de Lingreville, ii, 101.
Meslier (Guillaume), chanoine de Saint-Surin, de Bordeaux, ii, 101.
Meslin (Robert), iii, 11.
Mesnildot (Geoffroi du), chevalier, i, 350.
Mesnildot (Jean du), ii, 140.
Mesnil-Grente (Geoffroi de), ii, 86.
Mesnilpéni (Georges), doyen de Villeneuve, ii, 310.
Meulan (Isabeau de), ii, 117.
Meurdrac (Guillaume), i, 376.
Meurdrac (Guillaume), écuyer, sieur de Coutrières, ii, 350.
Meurdrach (Guillaume), ii, 138.
Mézeray, i, 40, 43; ii, 205.
Michaut (Pierre), seigneur de Queux, ii, 364.
Michel, ii, 348.
Michel, abbé de Saint-Sauveur-le-Vicomte, ii, 194.
Michel, évêque d'Avranches, i, 145.
Michel, prêtre-cardinal du titre de Saint-Marc, i, 194.
Michel (Jean), chanoine de Coutances, iii, 79.
Michel (Nicolas), sieur du Hamel, iii, 248.
Michelle, ii, 383.
Midherse (les seigneurs de), i, 205.
Milanais (les), i, 178.
Milleio (Robertus de), i, 223, 280.
Milly (Richard de), i, 287, 342.
Milly (Roger de), chanoine, i, 238.

Milo, comte de Hereford, connétable d'Angleterre, i, 204.
Miron (Charles), évêque d'Angers, abbé de Cormery, iii, 194.
Mithon (Louis) de Froideville, prieur curé de Saint-Lo de Rouen, iii, 349, 350.
Molac (marquis de), du nom de Rasmadec, ii, 313.
Molé (Edouard), évêque de Bayeux, iii, 294.
Molé (Robert de), abbé de Saint-Lo, i, 288, 293.
Molina, jésuite, iii, 288.
Molinistes (les), iii, 288.
Molte (Robertus de), i, 231.
Molton (Thomas), i, 311.
Monfaut, iii, 188.
Montafié (Anne de), comtesse de Soissons, iii, 327.
Montaigu (Robert de), archidiacre, i, 219.
Montalembert (Liesse de), femme de Florimond du Val, iii, 313.
Montbrai (famille de), i, 117.
Monbrai (Jean de), de Axeholme, i, 119.
Montbrai (Geoffroi de), évêque de Coutances, i, 26, 117 à 147, 148, 206; ii, 126; iii, 333.
Montbrai (Robert de), i, 117, 118, 120.
Montbrai (Roger de), i, 118, 119, 135.
Montchal (Charles de), archevêque de Toulouse, abbé de Saint-Sauveur-le-Vicomte, iii, 255, 276.
Montchal (Jean), pénitencier, iii, 170.
Montcocq (Henri de), i, 239.
Montcocq (Roger de), i, 239.
Montcocq (Sanson de), fils de Roger, i, 209.
Montcocq (Sanson de), ii, 185.
Montcocq (Thomas de), fils de Roger, i, 239.
Montcocq (Thomasse de), i, 239.
Montenay (les), barons de Garencières, ii, 13.
Montenay (Eustache), femme de

TABLE DES NOMS D'HOMMES.

Guillaume du Hommet, ii, 12.
Montenay-Garencière (Guillaume, sire de), ii, 117.
Montferrand (Benoît de), évêque de Coutances, ii, 305, 306, 307, 308, 309, 310.
Montferrand (Bertrand de), ii, 305.
Montferrand (familles de), ii, 305.
Montfort (les marquis de), iii, 97.
Montgommeri (Gabriel de Lorges, comte de), iii, 114, 121, 122, 138, 139.
Montgommeri (Roger de), i, 167.
Montigny (Guillaume de), i, 378; ii, 34.
Montjeu (Philibert de), évêque de Coutances, ii, 243 à 256.
Montlouet (marquis de), iii, 328.
Montmartin (Richard de), i, 369.
Montmorency (famille et maison de), ii, 151, 162.
Montmorency (François II de), seigneur du Hallot, ii, 313.
Montmorency du Hallot (les), ii, 313.
Montmorency (Jean II de), iii, 2.
Montmorency (Philippine de), iii, 2.
Montvilliers (Jeanne de), ii, 382.
Morand, ii, 148.
Morel, i, 144; ii, 65, 79, 201, 268, 309, 371, 386; iii, 42, 264, 265.
Moréri, ii, 296; iii, 2, 33, 324.
Morice (Jean), lieutenant général du bailli de Cotentin, ii, 394.
Moriol (Raoul), ii, 38, 41.
Morna (Thomas), i, 390.
Mortain (Thomas de), chanoine de Coutances, i, 363, 398.
Mortaing (Nicolas), iii, 267.
Morville (Eudes de), i, 275.
Morville (Guillaume de), fils d'Eudes, i, 275.
Morville (Guillaume de), fils de Nicolas, i, 311, 374, 381.
Morville (Hébert de), i, 217, 311, 312, 374.
Morville (Hugues de), évêque de Coutances, i, 310 à 386, 387, 395, 396; ii, 26, 36, 70; ii, 28, 60, 83, 87, 145.
Morville (Hugues de), fils de Hébert, i, 311.
Morville (Hugues de), fils de Simon, i, 245, 310.
Morville (Hugues de), père de Simon, i, 310, 311.
Morville (Jeanne de), fille de Roger, i, 310.
Morville (Jeanne de), fille de Simon, i, 311.
Morville (Michel de), frère de Hugues, i, 274.
Morville (Nicolas de), fils de Hugues, i, 311.
Morville (Nicolas de), père de Hugues, i, 381.
Morville (Raoul de), cardinal, i, 311, 312, 365, 374.
Morville (Raoul de), frère de Hugues, i, 374.
Morville (Richard de), fils de Simon, i, 310, 311.
Morville (Roger de), fils de Simon, i, 310.
Morville (Simon de), fils de Hugues, i, 310, 311.
Mouchant (Raoul), i, 362.
Moulins (Jean), prieur de Bourg-Achard, iii, 346.
Mouy (Charles, marquis de), baron d'Amfreville, iii, 172.
Moyon (Guillaume de), i, 344.
Muneville (Néel de), i, 192.
Murdach (Henri), i, 307.
Murdrac (Henri de), i, 376.
Murdrac (Michel), i, 332.
Muriel, femme de Geoffroi du Mesnildot, i, 350.

Naboth, iii, 351.
Nabuchodonosor, i, 85.
Nagerel (Jean), i, 323.
Namptier (Remi), ii, 348.
Navarrais (les), ii, 183.
Navarre (Jeanne de), iii, 69.
Nay (Guillaume), frère prêcheur du couvent de Coutances, ii, 477.

TABLE DES NOMS D'HOMMES. 411

Neaufles (Nicole de), chantre de Coutances, II, 144.
Nectarius, I, 22.
Née (Jehan), II, 256.
Néel de Saint-Sauveur, vicomte du Cotentin, I, 113, 123, 129, 151; II, 69, 77.
Nepus, évêque d'Avranches, I, 14, 36, 37.
Nepveu, président au parlement de Rouen, II, 356.
Nesmond (François de), évêque de Bayeux, III, 332, 358.
Neufmesnil (Jourdain), chevalier, I, 370.
Neufville (de), III, 162, 167.
Neuville (Hugues de), I, 197.
Nicolas (S.), I, 209, 210.
Nicolas, abbé de Falaise, I, 339.
Nicolas, des comtes de Balneo, III, 294.
Nicolas, pape, I, 75.
Nicolas III, pape, II, 58.
Nicolas V, pape, II, 265, 268.
Nicolas, trésorier de Saint-Lo, I, 184.
Nicolas (Gilles), sieur du Jardin, II, 394.
Nicolas (Pierre), prêtre, II, 138.
Nicole, femme de Guillaume Carbonnel, II, 112.
Nicole (Jean), curé de la Trinité-de-Jersey, II, 347.
Nicolle, du Pont-Audemer, II, 105.
Nitard, frère de saint Bernard, I, 200, 201.
Noël (François-Jean), abbé de Cherbourg, II, 374.
Nomenoë, roi de Bretagne, I, 76.
Norbertins (les), I, 230, 239.
Norgotus, évêque d'Avranches, I, 105.
Normands (les), I, 9, 11, 22, 24, 33, 43, 51, 59, 62, 66, 68, 69, 70, 72, 78, 85, 86, 87, 88, 90, 91, 92, 93, 94, 96, 99, 100, 111, 114, 128, 134, 135, 151, 172, 186, 240, 358; II, 24, 31, 125, 285, 328.
Normanville (Marie de), femme de Guillaume Le Sueur d'Esquetot, III, 86.
Northmanni. V. Normands (les).
Novidella (la signora), III, 109.
Nuque (Robert), I, 248.

Octavien (antipape Victor), I, 228.
Octavien, évêque d'Ostie, I, 269.
Ogier (Benoît), II, 373.
Ogier (Gillette), II, 384.
Ogier (Marie), II, 384.
Ogier (Thomas), II, 384.
Oldebert, abbé de Maduin, I, 59, 61, 62.
Olive, femme de Guillaume de Saint-Jean, I, 229.
Olivier (les), II, 301.
Olivier (Jean), écuyer, II, 300.
Olivier (Richard), de Longueil, II, 300, 301.
Ollebec (Pierre d'), prêtre, III, 62.
Ollivarius (frater), I, 200.
Olonde (maison et famille d'), II, 115.
Onfroi, abbé de Saint-Sauveur, I, 361.
Onfroi, fils de Tancrède de Hauteville, I, 114, 123.
Onfroi Samson, I, 287.
Orange (prince d'), III, 173, 174.
Orderic Vital, I, 23, 102, 117, 121, 124, 134, 136, 137, 141, 146, 149, 153, 154, 157, 159, 161, 164, 171, 206, 207, 214.
Orebites (les), II, 232.
Orge (M. d'), conseiller à la cour des aides de Paris, III, 298.
Orgemont (Pierre d'), chantre de Coutances, II, 270, 273.
Orges (Hugues d'), archevêque de Rouen, II, 249.
Orglandres (Guillaume d'), prêtre, II, 68.
Orléans (bâtard d'), II, 217.
Orléans (duc d'). V. Louis XII.
Orléans (Charles, duc d'), II, 205.
Orléans (Henri d'), duc de Longueville, gouverneur de Normandie, III, 270, 274.

Orléans (Henri d'), marquis de Rothelin, III, 295.
Orléans (Léonor), duc de Longueville, III, 232.
Orléans (Léonore d'), fille de Léonore d'Orléans, duc de Longueville, III, 232.
Orléans-Longueville (Léonor d'), I, 195.
Orphanites (les), II, 233.
Ortaire (S.), I, 59.
Orval (Guerlin d'), I. 226.
Orval (Guillaume d'), I, 232.
Osmonville (Raoul d'), prêtre, I, 231.
Ossat (cardinal d'), III, 200.
Ostie (Jean d'), cardinal, II, 208.
Othon, I, 254.
Othon Ier, empereur d'Allemagne, I, 2.
Othon [de Brunswick], I, 357.
Ouen (S.), archevêque de Rouen, I, 34, 47, 48, 50.
Ouen, II, 382.
Ouri (Roger), I, 248.
Ouville (Philippe d'), le Jeune, II, 66, 67, 68.
Ouville (Richard d'), curé de Henneville, II, 112.
Ozeville (Guillaume d'), I, 342.

Pacary, greffier du chapitre de Coutances, III, 275.
Paillard, (Philibert, chancelier de Philippe, duc de Bourgogne, II, 173.
Painel (les), I, 169, 195.
Painel (Fouque), I, 196, 274, 376, 395; II, 117.
Painel (Guillaume), I, 195, 196, 197, 305.
Painel (Guillaume), II, 2, 215..
Painel (Hugues), I, 176.
Painel (Jacques), seigneur de Briqueville-la-Blouette, III, 15.
Painel (Jean), I, 196, 197.
Painel (Jean), archidiacre, I, 395; II, 29.
Painel (Jean), chevalier, chambellan du roi, gouverneur de Coutances, II, 181, 183.
Painel (Jeanne), I, 195; II, 215.
Painel (Nicolas), seigneur de Hambie. I, 195.
Painel (Silvestre), I, 197.
Painel (Thomas), I, 196, 197.
Paing (Jean), curé de Senilly, III, 107.
Pair (S.), évêque d'Avranches, I, 10, 11, 12, 29, 30, 31, 44; III, 97.
Paisant (Jean), chanoine et trésorier de Coutances, III, 144.
Paistel (Guillaume), II, 27.
Paléologue (Jean), empereur de Constantinople, II, 243.
Palus (Louis), curé de la Trinité-de-Jersey, II, 347.
Paniot (Charles), abbé de Saint-Sauveur-le-Vicomte, III, 75.
Pannevere (Nicolas), II, 91.
Pannier (Guillaume), conseiller au présidial de Coutances, III, 185.
Pantolf (Willelmus), I, 263.
Panvinio (Onofrio), II, 265.
Papillon (Thomas), receveur particulier de dîmes, II, 302.
Parfouru (Charles de), archidiacre du Bauptois, III, 204, 215, 226.
Parisiens (les), I, 70, 87, 88, 299.
Parme (duc de), III, 174.
Paroisse (Nicolas), III, 240, 243.
Pasquier, II, 217.
Passelaigue (Jean de), évêque de Belley, abbé de Hambie, III, 276.
Passemer (Florent), substitut du procureur du roi, III, 32.
Passemer (Renaud), prêtre, I, 371.
Passif, évêque de Seez, I, 29, 31.
Passote (Hugues), I, 201.
Pasté (Henri), chanoine, écolâtre de Coutances, II, 56.
Pasté (Nicolas), I, 395.
Paul (S.), III, 219, 340, 360, 363.
Paul, archevêque de Rouen, I, 72.
Paul II, pape, II, 295, 296, 298.
Paul III, pape, III, 63, 76, 77, 80.
Paul V, pape, III, 214.
Paulin (S.), I, 4, 5.
Paulmier (de), prêtre à Coutances, III, 244.

Paulmier (Jean), curé de Soule, II, 376.
Payen d'Esquetot, évêque de Coutances, III, 73, 74.
Pellet (Claude), femme de René Carbonnel, marquis de Canisy, II, 314.
Pénitents de Saint-Lo (les), III, 250.
Pépin, II, 125.
Pépin, roi de France, III, 1.
Percepied (Jean), II, 370; III, 9, 78.
Percy (les), I, 169.
Pereio (Robert de), chanoine, I, 222.
Péricard (François), évêque d'Avranches, III, 234.
Péricard (François), évêque d'Evreux, III, 263.
Péricard (Guillaume), évêque d'Evreux, III, 234.
Périers (Marie de), I, 248.
Perpetuus, évêque d'Avranches, I, 30.
Perreau (Mathurin), chanoine, III, 56, 95.
Perron (Richard), I, 282.
Petit (Guillaume), bourgeois de Coutances, III, 78.
Petiville (Roger de), I, 241.
Petrus, II, 348.
Philémon, III, 219.
Philippe, archidiacre, I, 197, 214, 219, 220, 221, 226.
Philippe, chantre de Coutances, I, 251.
Philippe, évêque de Seez, II, 100.
Philippe, vicaire, I, 369.
Philippe-Auguste, roi de France, I, 256, 266, 270, 271, 296, 297, 300, 301, 302, 303, 313, 314, 315, 316, 337, 348, 349, 350, 351, 378; II, 32, 33, 36, 349.
Philippe III, le Hardi, roi de France, II, 34, 50, 57.
Philippe IV, le Bel, roi de France, II, 65, 66, 77, 78, 79, 89, 90, 102, 354.
Philippe V le Long, roi de France, I, 126; II, 120.
Philippe VI de Valois, roi de France, II, 138, 140.
Philippe le Hardi, duc de Bourgogne, frère de Charles V, II, 173, 174, 180.
Philippe le Bon, duc de Bourgogne, II, 213, 280.
Philippe, femme de Robert de Briquebec, II, 82.
Philippe, fille du comte d'Alençon, I, 336.
Philippe, frère de saint Léon, évêque de Bayonne, I, 82.
Philippe le jeune (Guillaume), III, 78.
Photius, I, 22.
Picot (Jean), II, 75.
Picot (Jean), cordelier, II, 314.
Picot (Richard), II, 55.
Picot (Robert), écuyer, II, 55.
Pie II, pape, II, 214, 268, 280, 292, 295, 296.
Pie IV, pape, 179.
Pie V, pape, III, 127, 135, 179.
Pienne (Pierre de), pénitencier de Coutances, III, 72.
Pierre (S.), I, 64; II, 196, 299; III, 219, 354, 368.
Pierre, abbé de Blanchelande, I, 297, 337.
Pierre, abbé de Caen, I, 265.
Pierre, abbé de Cerisy, I, 393.
Pierre, abbé de Cluny, I, 176, 179, 217, 221, 222, 223.
Pierre, abbé de Lessay, I, 231, 245.
Pierre, abbé de Lessay, III, 204.
Pierre, chanoine de Coutances, I, 219.
Pierre, dit le Seigneur, chanoine de Coutances, II, 27.
Pierré, chapelain, I, 222, 223. 227.
Pierre, clerc de Villiers, II, 12.
Pierre, doyen de Sainte-Suzanne, I, 227.
Pierre, évêque d'Augsbourg, II, 229.
Pierre, évêque de Meaux, II, 194.
Pierre, prêtre, I, 352.

Pierre, scolastique de Coutances, ii, 94.
Pierre de Dreux, dit Mauclerc, duc de Bretagne, i, 357.
Pierre de Léon (antipape Anaclet), i, 178.
Pierrepont, iii, 172.
Pierrepont (Charles de), chanoine, iii, 102.
Pierrepont (Nicolas de), chanoine et scolastique de Coutances, iii, 123.
Pierrepont (le sieur de), iii, 121.
Pierreville (Richard de), archidiacre des Îles, i, 373, 377, 387.
Piet (Guillaume), i, 378.
Pigache (Robert), chanoine, ii, 273.
Pigeon (Jacques), bourgeois de Granville, iii, 76.
Pigeon, iii, 274.
Pignet (François-Guillaume), prieur des Jacobins de Coutances, ii, 177.
Pillegrain (Jacques), chanoine de Coutances, iii, 92, 93.
Pilles (de), iii, 144.
Pillois (David), curé de Mesnil-Hue, ii, 373.
Pinault (Jacquette), femme de Martial de Loménie, iii, 313.
Pinault (Jean), écuyer, seigneur de Villeneuve, iii, 313.
Pinchon (Pierre), curé de Saint-Romphaire, abbé de Hambie, évêque de Porphyre, iii, 54, 56, 70, 71, 72, 76, 77, 80, 89, 91, 93, 100, 103, 106, 116.
Pinel (Willelmus), i, 200.
Piris (Odo de), i, 272.
Pirou (Eustache de), chevalier, seigneur de Montpinchon et de Cerisy, ii, 99, 100.
Pirou (Jean de), ii, 144.
Pirou (Michel de), curé d'Amfreville, iii, 172.
Pirou (Olivier de), fils de Jean de Pirou, ii, 144.
Pirou (Olivier de), écuyer, iii, 116.
Pirou (Richard de), i, 226.
Planchon (Michel), iii, 94.
Plantegenest (Nicolas), ii, 346.
Plantegenest (Pierre), ii, 346.
Poesson (Jehan), chantre de Coutances, ii, 366, 387.
Poilley (Richard de), archidiacre, i, 276, 277, 279, 287, 305, 340, 341.
Poilly (maison de), ii, 163.
Poisson (Jean), chantre de Coutances, ii, 394; iii, 15.
Polan (Gilbert), i, 226.
Polignac (Melchior de), abbé de Montebourg, iii, 276.
Polmar (Jean), archidiacre de Barcelone, ii, 229, 236, 237, 240, 242.
Pommeraye (le P.), i, 6, 10, 105, 125, 253, 255, 268; ii, 18.
Pompée, ii, 356.
Pontin (Nicolas), ii, 148.
Portel (de), iii, 248.
Poses (Richard de), i, 282.
Possesseur (S.), évêque de Coutances, i, 10, 14, 15, 16, 17, 19, 23.
Postis (Robert), promoteur, iii, 9, 44.
Poterel (Guillaume de), ii, 68.
Potier, iii, 140.
Potier (Pierre), sieur de Bouillon, ii, 394.
Pottier (François), iii, 56.
Pottier (Julien), curé de Saint-Pierre-de-Coutances, iii, 63.
Poulain (Robert), archevêque de Rouen, i, 312.
Poullois (Guillaume), ii, 93.
Pouquet (Jean), chanoine d'Angers, iii, 243.
Pouvert (René), iii, 240, 243.
Poyet (Guillaume), chancelier de France, iii, 68.
Praguenards (les), ii, 232.
Pré (Jean de), chanoine de Blanchelande, ii, 175.
Préal (Jean), prieur de Lestre, iii, 268.
Prémontrés (les), i, 229; iii, 345.
Prétextat (S.), archevêque de Rouen, i, 36, 40, 41, 42.
Prétot (Robert de), i, 211.

TABLE DES NOMS D'HOMMES. 415

Preuilly (Alexis de), seigneur des Couves, III, 312.
Preuilly (Alison de), femme de Louis de Loménie, III, 312.
Préval (Nicolas), chapelain de Saint-Julien, III, 74.
Priapus, II, 355.
Primoldus, abbé de Saint-Aubin, III, 241.
Procope (les frères), II, 232.
Procopites (les), II, 233.
Prosper (S.), III, 288.
Pucelle d'Orléans. V. Jeanne Darc.

Querente (Richard), chanoine de Coutances, II, 301.
Querqueville (Richard de), II, 4.
Quersent (Julien) ou Mersent, archidiacre du Bauptois, III, 141, 189.
Quesnel (Richard), de Hambie, II, 345.
Quesnelée (Jean de), II, 374.
Quesney (Nicolas du), chanoine de Coutances, III, 170, 185.
Quetil (Guillaume), chanoine, vicaire général, II, 394; III, 13, 14, 34, 43, 44, 53, 56, 60, 61, 62, 63, 69, 189.
Quetil (Jacques), écuyer, III, 95.

Rabot (Nicolas), II, 376.
Radepont (Renaud de), bailli du Cotentin, II, 16.
Radulfus, capellanus, I, 263.
Radulphus, I, 243.
Radulphus, archidiacre, I, 272.
Radvariis (de), I, 206.
Raffin (Philippe), abbé de Saint-Sever, III, 182.
Ragenard, évêque de Coutances, I, 84.
Ragnericus, évêque d'Evreux, I, 47.
Ragnoardus, archevêque de Rouen, 65.
Ragnobertus, évêque de Bayeux, I, 53.
Raguse (cardinal de), II, 208.
Rampan (Renou de), II, 485, 186.

Rampan (Thomas de), chevalier, II, 35.
Rampon (Guillaume de), I, 239.
Ranulphe, abbé de Cerisy, 367.
Ranulphus Burgensis, I, 286.
Raoul, I, 268.
Raoul, abbé de Blanchelande, I, 232.
Raoul, abbé de Lessay, I, 224.
Raoul, archevêque de Cantorbery, I, 159.
Raoul, archidiacre, I, 276.
Raoul, archidiacre de Bayeux, I, 266.
Raoul, chanoine de Coutances, I, 388.
Raoul, clerc, I, 363.
Raoul, évêque d'Albe, légat, II, 24.
Raoul, évêque de Bayeux, I, 104, 105.
Raoul, évêque de Coutances, I, 148 à 158, 159, 216.
Raoul, évêque de Lisieux, I, 268.
Raoul, père de Jean, I, 369.
Raoul, prieur de Lessay, I, 241.
Raoul, seigneur, I, 217.
Ratbert, évêque de Valence, I, 80.
Raucher (Augustin), chanoine de Bayeux, III, 139.
Ravalet (de), III, 141.
Ravalet (Catherine de), II, 115.
Ravalet (Jean de), abbé de Hambie, grand vicaire de Coutances, III, 123, 125, 133, 136, 142, 143, 145, 148, 149.
Ravenel (Thomas), II, 56.
Refuge (marquis de), I, 170, 204; II, 202.
Reginaldus, capellanus, I, 244.
Réginon, abbé de Prüm, I, 24, 87.
Remi (S.), I, 21.
Remi, archevêque de Lyon, I, 75.
Remilly (Carbon de), II, 126.
Renaud, évêque de Bath et Wells, I, 247, 257.
Renaud Dursus, I, 245.
Renaud, fils Gilbert, II, 125.

René, duc d'Aujou, roi de Naples, ii, 292.
Reneaume (Guillaume), ii, 67.
Renouf. V. Ranulphe.
Renouf [de Saint-Gilles], chevalier, i, 368.
Renti (Jacques de), iii, 182.
Renty (le marquis de), i, 376.
Retz (cardinal de), iii, 285.
Reverio (Henricus de), i, 282.
Reviers (Richard de), i, 147, 158.
Revol, iii, 187.
Rhou. V. Rollon.
Ribaud (Jean), 34e abbé du Bec, iii, 4, 5.
Ricault (Jean), ii, 139.
Richard, abbé de Hambie, i, 274.
Richard, archidiacre de Cantorbery, i, 258.
Richard, archidiacre de Coutances, i, 220, 231, 233, 236, 238, 245, 248.
Richard, bâtard de Henri Ier, roi d'Angleterre, i, 163.
Richard l'Evêque, chanoine de Coutances, i, 220, 221, 223.
Richard, chantre, i, 254.
Richard, chapelain, i, 241.
Richard, comte de Mortain, ii, 124.
Richard Ier, Sans-Peur, duc de Normandie, i, 102, 103, 104, 105, 106, 109.
Richard II, duc de Normandie, i, 111, 112; iii, 96.
Richard III, duc de Normandie, i, 112.
Richard (II), évêque d'Avranches, i, 251, 257.
Richard (IV), évêque d'Avranches, ii, 18.
Richard, évêque de Bayeux, i, 159, 166, 171.
Richard, évêque d'Evreux, i, 229, 364.
Richard, évêque de Salisbury, i, 396, 397.
Richard fils, fermier, ii, 125.
Richard, frère de Geoffroi Le Fèvre, ii, 436.
Richard, mari de la fille de Guillaume du Hommet, ii, 11.
Richard, prieur de Brewton, i, 344.
Richard, prêtre, neveu de Thomas de Brix, i, 353.
Richard, vicaire général de Louis d'Erquery, ii, 153.
Richard Cœur-de-Lion, roi d'Angleterre, i, 257, 264, 267, 268, 269, 270, 271, 274, 295, 304.
Richard (Michel), ii, 46.
Richelieu (cardinal de), iii, 254, 260, 261.
Richilde, impératrice, i, 80.
Richouey (Julien), prébendé de Trelly, iii, 277, 278.
Richouey (Pierre), prébendé de Trelly, iii, 273, 278.
Rieux (René de), évêque de Léon, iii, 254, 255.
Rigault (Pierre), curé de Saint-Denis-le-Vestu, iii, 267.
Rigord (Richard), i, 349.
Rion (Paschal de), prêtre, ii, 382.
Riquier (François), curé d'Agneaux, ii, 374.
Riquier (Jean ou Pierre), curé de Montpinchon, ii, 317, 318.
Riveria (Robertus de), i, 200.
Rivers (Baudouin de), fils de Richard, i, 206, 207.
Rivers (Guillaume de), fils de Richard, i, 207.
Rivers (Guillaume de), chevalier, ii, 104.
Rivers (Richard de), père de Richard et de Beaudouin, i, 206.
Rivers (Richard de), i, 206, 207, 216.
Rivière (maison de), i, 206.
Riviers, ii, 364.
Riviers (Jehan de), clerc, notaire du roi, ii, 366.
Risemberg (Alzo de), ii, 232, 233.
Robert, i, 302. V. Rotrou.
Robert, abbé de Blanchelande, ii, 349.
Robert, abbé de Cerisy, i, 265.
Robert, abbé de Fécamp, ii, 119.
Robert, abbé de Hambie, ii, 30.

TABLE DES NOMS D'HOMMES.

Robert, abbé de Marmoutiers, I, 243, 244.
Robert, abbé de Montebourg, I, 287.
Robert, abbé de Saint-André-en-Gouffern I, 265.
Robert, abbé de Saint-Hélier et de Cherbourg, I, 188.
Robert, abbé du Val-Richer, I, 265.
Robert (de Normandie), archevêque de Rouen, I, 104, 105, 112, 116.
Robert (Poulain), archevêque de Rouen, I, 359.
Robert, archidiacre, I, 236, 238, 245, 248.
Robert, archidiacre de Bayeux, I, 26.
Robert, chantre, I, 251.
Robert, chanoine de Coutances, I, 219.
Robert, curé de Saint-Sauveur-de-la-Pommeraye, I, 275.
Robert, évêque de Bayeux, I, 300, 349, 359.
Robert Ier, évêque de Coutances, I, 110, 112, 114, 116, 120.
Robert, évêque de Lisieux, I, 109.
Robert, évêque de Rosse, abbé de Saint-Lo, III, 10.
Robert (Claude). I, 9, 168, 391; II, 86; III, 42, 55, 221.
Robert le Magnifique, duc de Normandie, I, 34, 112; II, 121, 122.
Robert Courte-Heuse, duc de Normandie, I, 144, 145, 146, 150, 151, 152, 160, 162, 163.
Robert, fils Edine, I, 299.
Robert, surnommé le Guichard, I, 114, 122, 123.
Robert, prieur de Saint-Fromond, I, 234.
Robert, prieur de Bohon, I, 244.
Robert, prieur de Saint-Lo de Rouen et abbé de Saint-Lo, I, 288.
Robert, prêtre d'Octeville, I, 298.
Robert, prêtre-cardinal, I, 194.

Robert de Torigni, ou du Mont, abbé du Mont-Saint-Michel, I, 228, 237, 249, 250, 255, 259, 264, 287, 288; III, 147.
Robertet, III, 25, 26, 36.
Robertus, apostolicus, I, 241.
Robillard (Jean), II, 382.
Rockizane (Jean), II, 232, 236, 238.
Rodbertus, comes Nordamhimbrorum, I, 137.
Roger, abbé de Lessay, I, 130, 145.
Roger, abbé de Montebourg, I, 145.
Roger, abbé de Saint-Sauveur-le-Vicomte, I, 237.
Roger, archidiacre, I, 197.
Roger, archidiacre, II, 4.
Roger, évêque de Coutances, I, 159, 167.
Roger, fils de Jean, I, 359, 360.
Roger, fils de Tancrède de Hauteville, I, 114, 123.
Roger (Pierre), cardinal. V. Grégoire XI.
Roger de Saint-Lo, II, 10, 11, 13.
Rogerius, præsul ecclesiæ Lisoïensis, I, 105.
Rohese, femme de Guillaume Harang, II, 46.
Roland de Gallway, I, 311.
Rollon, I, 66, 85, 86, 89, 92, 93, 94, 95, 98, 114; II, 76.
Rollos (Guillaume de), I, 285, 299, 347; II, 349.
Rollos (Richard de), I, 283, 284, 285, 354.
Rollos (les seigneurs de), I, 354.
Rolumud ou saint Frémond, évêque de Coutances, I, 50.
Romachaire, I, 36, 46.
Romacharius, I, 41, 42.
Romains (les), II, 299; III, 299.
Romilly (de). V. Courcy (de).
Romphaire (S.), évêque de Coutances, I, 36 à 45, 46, 96, 98, 237, 241, 244.
Romuald (dom), I, 44.
Romulus, II, 356.
Rosel (Guillaume), I, 274.

27

Rosel (Jean), seigneur de Parc-Rosel et d'Arrest, III, 115.
Rotalle, III, 196.
Rothade, évêque de Soissons, I, 78.
Rothardus, évêque de Soissons, I, 65.
Rotrou, archevêque de Rouen, I, 236, 237, 255, 256.
Rotrou, évêque d'Evreux, I, 205, 209, 214.
Rouault (Claude-Jean-Baptiste-Hyacinthe), comte de Cayeu, III, 328, 330.
Rouault (Henri-Joseph), III, 328.
Rouault (Joachim), maréchal de France, III, 328.
Rouault (Joseph-Emmanuel-Joachim), comte de Saint-Valery, III, 328.
Rouault (Nicolas-Joachim), marquis de Gamaches, III, 328.
Roumare (Guillaume de), I, 336.
Roussel (Rodolphe), archevêque de Rouen, II, 263, 265, 276.
Rouxelin (Philippe), muletier, II, 383.
Roze (Guillaume), II, 382.
Runeville (Luc de), I, 272.
Ruolz (Charles de), abbé de Saint-Sauveur-le-Vicomte, III, 276.
Ruth, III, 219.
Ruzé, III, 192.

Sabine, seigneur de la Hinaudière, III, 64.
Sabine (Jean), curé du Mesnil-Opac, III, 64.
Sablé (Marguerite de), I, 370.
Sablé (Robert de), I, 370.
Sacqueville (Jourdain de), I, 249.
Saint-André (Guillaume de), III, 185.
Saint-Antoine-de-Vienne (les religieux de), de la résidence de Rouen, II, 344.
Saint-Célerin (Julienne de), abbesse de la Trinité de Caen, I, 339.
Saint-Denis-le-Gast (les marquis de), III, 97.
Saint-Géran (le doyen de), III, 255.
Saint-Germain (Charles de), curé de Carentan, chantre de Coutances, III, 15, 54.
Saint-Germain (Henri), prêtre, III, 155.
Saint-Germain (Robert de), I, 221, 222.
Saint-Gilles (Jean de), chevalier, II, 35.
Saint-Gilles (Louis de), évêque de Porphyre, III, 133, 135, 136, 138, 144, 146, 149.
Saint-Gilles (Thomas de), I, 368, 369.
Saint-Jean-de-Jérusalem (chevalier de), I, 119.
Saint-Jean (Guillaume de), I, 229.
Saint-Jean (Robert), frère de Guillaume, I, 229.
Saint-Lo (Robert de), chanoine, I, 238.
Saint-Louet (Ambroise de), I, 342.
Saint-Marcouf (Jean de), I, 359, 360.
Saint-Martin (Guillaume de), I, 217.
Saint-Martin (Jean-Baptiste de), II, 52.
Saint-Michel (Richard de), archidiacre, I, 328.
Saint-Ouen (abbé de), président au parlement, II, 356.
Saint-Ouen (Nicolas de), abbé de Montebourg, III, 104.
Saint-Planchers (Jeanne de), II, 14.
Saint-Pélerin (Jean de), archidiacre du Cotentin, II, 61, 62.
Saint-Quentin (de), II, 358.
Saint-Romain (Jean de), procureur général au parlement de Paris, II, 293.
Saint-Sauveur (Liesse ou Lætitia de), II, 77.
Saint-Severin (Jeanne de), femme de Louis d'Anguyen, III, 325.
Saint-Simon (Jacques de), écuyer,

TABLE DES NOMS D'HOMMES.

lieutenant général du bailli du Cotentin, III, 268, 279.
Saint-Vigor (Osmond de), fils de Richard, I, 243.
Saint-Vigor (Richard de), I, 242, 243.
Saint-Vigor (Richard de), fils de Richard, I, 243.
Sainte-Marie (Amaury de), intendant de Geoffroi Herbert, II, 386.
Sainte-Marie (Eudes de), II, 46.
Sainte-Marie (les filles de), à Carentan, III, 250.
Sainte-Marie (Guillaume de), I, 306, 307.
Sainte-Marie (Jacques de), sieur d'Aigneaux, III, 197, 198.
Sainte-Marie (Robert de), clerc, II, 46.
Sainte-Marthe (MM. de), I, 6, 13, 112, 144, 168, 174, 201, 378; II, 48, 73, 86, 106, 114, 150, 152, 164, 174, 175, 189, 202, 210, 264, 268, 276, 282, 309, 312, 314, 340, 379; III, 2, 55, 211, 224, 235, 271.
Sainte-Mère-Eglise (Guillaume de), écuyer, II, 66, 67.
Sainte-Mère-Eglise (Nicole de), II, 66, 67, 68.
Salacon, évêque de Dol, I, 77.
Saladin, I, 266.
Salenal (Guillaume de), I. 342.
Salesberii, I, 189.
Salet (Thomas), grand vicaire de l'abbaye de Lessay, III, 233.
Salisbury (les comtes de), I, 170.
Salluste, II, 356.
Salmonville (Roger de), abbé de Saint-Sauveur-le-Vicomte, I, 248, 249, 261.
Salomon, évêque de Coutances, I, 58.
Salvage, III, 139.
Sanson (Claude), vicaire général de l'abbaye de Montebourg, III, 104.
Sanson (Michel), II, 138.
Sariac (Corbon de), III, 323.
Sarrazins (les), I, 114, 122.
Sauceio (Robertus de), I, 222.

Saussey (Guillaume de), III, 72.
Saussey (Jean de), écuyer, III, 78.
Saussey (Richard de), I, 238.
Sauver (Nicolas), curé de Magneville, III, 194.
Savari, archidiacre, I, 245, 248.
Savari, chantre de Coutances, I, 251.
Saveuse (Blanche de), femme de Jean de Crèvecœur, II, 176.
Savigny (Henri de), I, 352, 353.
Savoie (duc de), III, 223.
Savoie (Charles-Emmanuel de), III, 260.
Savoie (Louise de), duchesse d'Angoulême, III, 18.
Savoie (Marguerite de), femme d'Antoine de Luxembourg, III, 325.
Savoie (René de), comte de Villars et de Tende, III, 325.
Saxobod, évêque de Séez, I, 70.
Saxones, I, 137.
Say (Agnès de), I, 264.
Say (Enguerran de), I, 264.
Say (Gilbert de), I, 264.
Say (Guillaume de), I, 385.
Say (Jourdain de), I, 264.
Scipion, III, 87.
Scubilion (S.), I, 10, 11, 30, 31; III, 97.
Sebey (Jean de), II, 144.
Sedeville (Richard de), I, 305.
Séginand, évêque de Coutances, I, 62, 64, 75, 76, 77, 78, 79, 80, 81, 84, 85.
Sénéchal (Etienne), trésorier de Coutances, II, 271.
Senier (S.), évêque d'Avranches, I, 44, 45.
Sens (cardinal de), III, 78.
Sérapion, III, 86.
Sère (Guillaume de), I, 389.
Serène (S.), I. 2.
Serenestra (Radulphus de), I, 282.
Sérillac (Marguerite de), III, 322.
Serlon, évêque de Séez, I, 149, 153, 154, 155.
Serres (Jacques de), abbé de Montebourg, III, 203.

Serres (Pierre de), abbé de Montebourg, i, 51.
Sesnes (les), pirates, i, 66.
Sever (S.), i, 44, 107; iii, 305.
Sforza (Ludovic), duc de Milan, ii, 358.
Sichet (Guillaume de), i, 276.
Sidrel, official de Valognes, ii, 155.
Sigebert (continuateur de), i, 214, 228.
Sigibold, évêque de Séez, i, 7.
Sigismond, empereur d'Allemagne, ii, 208, 222, 226, 233, 235.
Signand. V. Séginand.
Silvestre, évêque de Séez, i, 300.
Simon, clerc, i, 378.
Simon, ermite, 283, 284.
Simon, patriarche d'Alexandrie, ii, 194.
Simon (Jean), chanoine de Coutances, ii, 274.
Sirenne (Geoffroi), i, 305.
Sirmond (le P.), i, 30, 47.
Sixte IV, pape, ii, 309.
Sixte V, pape, iii, 180, 193.
Sorent (Robert), official de Valognes, iii, 9.
Soret (Jean), ii, 274.
Sorteville (Robert de), i, 273.
Sottevast (Eudes de), i, 234, 235, 236, 276, 277, 278, 386.
Sottevast (Raoul de), i, 385, 386.
Sottevast (Thomas de), i, 386.
Soule (Guillaume de), i, 303.
Steill (Thomas), curé de Saint-Clément de Jersey, iii, 62.
Stigand, archevêque de Cantorbéry, i, 135, 137.
Stigandus, i, 339.
Stuard (Gautier), i, 169.
Stuard (Robert), i, 169.
Subligny (Richard de), i, 261.
Suen, roi de Danemark, i, 100, 133.
Suger, abbé de Saint-Denis, i, 201.
Suisses (les), iii, 12, 38.
Sully (Marie de), ii, 246.
Sulpice-Sévère, i, 24.
Surius, i, 11, 16, 31, 32, 48.

Surtainville (Raoul de), i, 110.
Susanne, évêque de Vannes, i, 77.
Sylvestre (S.), archevêque de Rouen, i, 8.

Taborites (les), ii, 232, 233.
Taisson (Jeanne), ii, 77.
Taisson (Jourdain), i, 151, 261, 262; ii, 77.
Taisson (les), i, 169.
Taisson (Raoul), ii, 77.
Taisson (Raoul), fils Jourdain, i, 261, 262.
Talvende (Philippine de), femme de Jehan de Manneville, ii, 273.
Talvende (Raoul de), i, 261, 275, 282.
Talvende (Robert de), i, 261.
Tancarville (Guillaume de), i, 363.
Tancrède, fils de Tancrède de Hauteville, i, 114.
Tanquerai (Vincent), bailli du Cotentin, ii, 74, 75.
Tarasius, i, 22.
Tardif (Landri), curé de Saint-Jean-des-Champs, ii, 142.
Tarin (Guillaume), cordelier, ii, 314.
Tarlati, iii, 33.
Taute (Jean), ii, 139, 140.
Tavel (Geoffroi), i, 238.
Tavel (Raoul), i, 238.
Taxquet (Guillaume), ii, 27.
Telot (Michel), iii, 181.
Templiers (les), i, 149; ii, 110, 111.
Tessé (marquis de), maréchal de France, i, 264.
Tesson (Jean), chevalier, ii, 139.
Tesson (Jean), seigneur de la Roche-Tesson, ii, 129, 130.
Tesson (Roger), curé de Théville, promoteur à Valognes, iii, 9, 34.
Théodoric, auteur, i, 48.
Théodoric ou Thierri, évêque de Coutances, i, 84 à 90, 94 à 98, 100, 183.
Théodoric, roi. (V. Thierri.)

Théodote, prêtre, I, 30.
Theudebaud, évêque de Lisieux, I, 30.
Thère (Jehan de), le jeune, baron de Tournebu, sieur de Livet et du Mesnil-Imbert, II, 272.
Thibout, tabellion à Coutances, III, 77.
Thibout (Nicolas), pénitencier de Coutances, II, 244.
Thiboutot (Pierre de), III, 106, 134.
Thierri, abbé de Saint-Lo, I, 180, 197.
Thierri. V. Théodoric, évêque de Coutances.
Thierri, évêque de Metz, I, 2.
Thierri, roi, I. 52, 54, 55, 56.
Thieuville (Diane de), dame de Guéhébert, III, 188.
Thieuville (Guillaume de), II, 64.
Thieuville-Bricquebost (maison de), I, 287.
Thiéville (Catherine de), fille de Henri de Thiéville, femme d'Olivier de Mauny, II, 147.
Thiéville (Charles de), II, 115.
Thiéville (François de), seigneur de Crosville, II, 115.
Thiéville (Guillaume de), évêque de Coutances, II, 115 à 149 ; II, 330.
Thiéville (Guillaume de), seigneur du Mesnil-Garnier, etc., II, 116.
Thiéville (Henri de), chevalier, II, 138.
Thiéville (Henri de), fils de Robert, II, 147.
Thiéville (Henri de), pénitencier de Coutances, II, 138.
Thiéville (Jacques de), abbé de Bricquebosc, II, 115.
Thiéville (Laurent de), II, 147.
Thiéville (Nicolas de), marquis de Bricquebosc, Héauville, Couville, Crosville, Helleville, Tracy, II, 115.
Thiéville (Nicolas de), frère de Guillaume de Thiéville, seigneur du Mesnil-Garnier, etc., II, 116.
Thiéville (Raoul de), II, 116.
Thiéville (Raoul de), évêque d'Avranches, II, 115, 116.
Thiéville (Richard de), II, 336.
Thiéville (Robert de), frère de Guillaume, évêque, II, 117.
Thiéville (Robert de), fils de Raoul, II, 116.
Thiom (François), doyen de Saint-Lo d'Angers, III, 240, 243.
Thoisnel (Jean), II, 188.
Tholon, du Dauphiné, II, 174.
Tholon (Nicolas de), évêque de Coutances, II, 173, 174, 175.
Thomas (S.), de Cantorbéry. V. Becket (Thomas).
Thomas (les religieux de S.), III, 294.
Thomas, fils d'Etienne Airard, I, 163, 164.
Thomassus (Robertus), I, 286.
Thou (Augustin de), II, 203.
Throsnel (Nicolas), conseiller au parlement de Normandie, prieur de Saint-Manvieu, III, 193, 198.
Tiébeau (Nicolas), curé d'Yvetot, III, 194.
Tiercelin (Guillaume), I, 356.
Tierget (Jean), II, 366.
Tilly (Guillaume de), curé de la Pernelle, III, 273.
Timon (Jean), chanoine de Coutances, II, 271.
Timothée, III, 340.
Tirel (Gautier), I, 150.
Tite, I, 379.
Tite-Live, II, 356.
Tobie, III, 32.
Toleto (cardinal de), III, 200.
Tollevast (Guillaume), comte de Ponthieu, I, 250.
Tollevast (Jean de), curé de Fermanville, III, 116.
Tollevast (Robert de), I, 280.
Tollevast (Thomas), I, 343.
Touchet (Marie de), II, 383, 384.
Tourlaville (Jean de), abbé de Hambie, III, 149, 169, 181, 185, 204, 214.

Tourlaville (Philippe de), prêtre, II, 22.
Tourlaville (Roger de), prêtre, I, 234.
Tournebu (Guillaume de), I, 254, 306, 332, 375 ; II, 349.
Tournebu (les), I, 256.
Tournebu (Robert de), archidiacre, I, 275, 282.
Tournebu-Lucet (MM. de), I, 256.
Toustain (Pierre), archidiacre d'Avranches, II, 84.
Tracy (Guillaume de), I, 245.
Trahé. V. Charibon.
Trahel (Léonard), curé de l'Hôtel-Dieu de Saint-Lo, III, 137.
Traisnel. V. Throsnel.
Tréauville (le seigneur de), II, 391.
Trecensis episcopus, I, 179.
Trecilleio (Andreas de), III, 11.
Trély (Guillaume de), chevalier, II, 35.
Trémoille (famille de la), III, 53.
Trépot (Jean), official de Coutances, III, 9.
Tresgoz (Guillaume de), I, 197, 238.
Tresgoz (Robert de), I, 274, 275.
Tresgoz (les seigneurs du nom de), I, 395.
Tresot, official et chanoine de Coutances, II, 387.
Tribou (Raoul), I, 225.
Tripehou (Raoul de), I, 238, 318.
Troarn (Guillaume de), neveu de Jean d'Essey, évêque de Coutances, II, 36.
Troismonts (Guillaume de), abbé de Notre-Dame-du-Vœu, II, 61.
Tronchey (Huguelin), II, 126.
Tropot (Jean), II, 372.
Trouede (Michel), prêtre, III, 106.
Troussey (Guillaume), pénitencier de Coutances, III, 141, 154.
Troussey (Philippe), abbé de Blanchelande et évêque de Porphyre, III, 149, 169, 170, 171, 175, 176, 184, 203.
Truffaut (Thomas), bénéficier de Carquebut, III, 273.

Tulles (Vincent de), évêque de Lavaur, abbé de Blanchelande, III, 277.
Turcs (les), II, 243, 267, 289, 302 ; III, 26, 35, 36, 37, 38, 41.
Turgis, évêque d'Avranches, I, 149, 159, 166, 171.
Turgot (Charles), conseiller au parlement de Rouen, scolastique de Coutances, III, 183, 195, 204.
Turgot (Georges), III, 171.
Turgot (Jean), sieur de la Ruaudière, III, 117.
Turnebus (Guillelmus de), chanoine de Coutances, II, 98.
Turoldus, prêtre, I, 241.
Turqueville (Roger de), I, 152.
Turstin (Richard), surnommé Haldup, I, 130.

Ubifride, évêque de Coutances, I, 58.
Ulphobert (S.), évêque de Coutances, I, 36, 46.
Uncini, III, 33.
Unfridus, decanus, I, 223, 231.
Urbain III, pape, I, 264 ; II, 264.
Urbain V, pape, II, 164.
Urbain VIII, pape, 234, 259, 262.
Ursin, prétendu évêque de Coutances, I, 36.
Urville (Robert d'), I, 390.
Urville (Roger d'), prêtre, I, 234.

Vadstoche (Thomas, comte de), I, 205.
Valdomar (S.), évêque de Coutances, I, 46, 47, 48, 49.
Valérien, I, 3, 4.
Vallée (Charles), chapelain de Saint-Eutrope, III, 227.
Vallée (Richard), chapelain de Saint-Eutrope, III, 227.
Vallin (Jean), abbé de Lessay, III, 10.
Vallois (M. de), I, 25.
Valz (Godardus de), I, 250.
Vandali, I, 35.
Vannes (Thomas), I, 226.
Varenne (Guillaume de), grand

TABLE DES NOMS D'HOMMES.

justicier d'Angleterre, I, 140.
Varre (Richard), curé de Saint-Denis-le-Vêtu, II, 210.
Varroc (Charles), écuyer, III, 13.
Varroc (Guillaume de), chanoine de Coutances, II, 267.
Varroc (Richard), chanoine de Coutances, II, 271.
Vasselin, II, 383.
Vatan. V. Hervé.
Vatin (Richard), curé de Geffosses, chanoine de Coutances, III, 128, 136, 140, 144.
Vatteville (Jourdain de), I, 260.
Vauborel (Gilles de), abbé de Hambie, III, 89.
Vaudôme (M. du), I, 7, 230; II, 1; III, 295, 299.
Vaughaine (Hugues), chevalier et gouverneur de Jersey, II, 375.
Vaugirard (René de), prébendé de Coutances, II, 101.
Vaumare (Guillaume de), chantre de l'église de Coutances, II, 86.
Vauquelin (Jean), seigneur de Beaumont, II, 347.
Vauville (Jean de), curé de Saint-Laurent-de-Naqueville, II, 336.
Vauville (Richard de), I, 231.
Vauville (Thomas de), I, 348, 389.
Vauvouillet (Jacques), curé des Sept-Frères, III, 106.
Vaux (maison de), III, 313.
Vely (Richard), I, 242.
Venator (Robertus), I, 222.
Vendi (Suzanne de), femme de Bernard Bailly, III, 313.
Vendôme (cardinal de), archevêque de Rouen, III, 111.
Vendôme (Charles de Bourbon, duc de), III, 78.
Vennes (Jean de), substitut du procureur du roi, III, 32.
Vennes (Pierre de), théologal de Vannes, et curé de Hennebont, III, 219.
Veranne (le seigneur de), du nom de Pellet de Languedoc,
gouverneur de Caen, II, 313.
Verdun (Guillaume de), I, 197.
Verena (Sancta), I, 2.
Vergetius (Ange), III, 104.
Vermase (Raoul), I, 368.
Vernon (Guillaume de), I, 208, 210, 216, 217, 222, 223, 273.
Vernon (Guillaume de), seigneur de Néhou, II, 50.
Vernon (Guillaume de), II, 104, 105.
Vernon (Mathilde de), dame de Varenguebec, femme de Richard de la Haye, I, 209, 210.
Vernon (Richard de), I, 217.
Vernon (Richard de), fils de Guillaume, I, 210.
Vernon (Richard dé), II, 104.
Véron (Jean), curé de Soule, II, 154.
Vesly (Amonde de), I, 225.
Veules (Robert de), I, 261, 262, 289, 297.
Vialart, III, 137.
Vic (Dominique de), archevêque d'Auch, III, 263.
Victor, évêque du Mans, I, 28.
Victorius, évêque de Rennes, I, 40.
Victrice (S.), archevêque de Rouen, I, 4, 5, 8.
Vienne (Guillaume de), archevêque de Rouen, II, 179.
Vieux-Châtel (Denis de), chevalier de Rhodes, III, 62, 63.
Vieux-Pont (Claude de), abbé de Saint-Sever, III, 123.
Vigeon (Guillaume), abbé de Saint-Sever, II, 375.
Vignet, III, 243.
Vignier, III, 324.
Vigor (S.), évêque de Bayeux, I, 13.
Villaine (Antoinette de), veuve de Guillaume Carbonnel, II, 344.
Villars (de), III, 368.
Villedieu (Bernard de), curé de Foucarville, I, 334.
Villenon (Jean), archidiacre du Cotentin, III, 89.
Villequin (Guillaume), chanoine de Coutances, II, 271.

TABLE DES NOMS D'HOMMES.

Villers (Lucine de), dame de Bellon, veuve de Guillaume d'Argouges, II, 164.
Villiers (Charles de), clerc du diocèse de Poitiers, III, 99.
Villiers (Nicolas de), bailli du Cotentin, II, 79, 84.
Villodon (le s^r de), III, 135.
Villon de Melun, lieutenant du bailli de Cotentin, II, 46.
Villy (Richard de), II, 57.
Vimont (Richard), III, 14.
Vindefontaine (Guerlin de), I, 226.
Virgile, II, 356.
Vitré (André de), I, 357, 358.
Vitré (famille de), I, 357.
Vitré (Léonore de), I, 358.
Vivien, abbé d'Aunay, I, 294.
Vivien, évêque de Coutances, I, 291 à 309, 332, 347, 376; II, 30, 44, 62, 63, 349.
Vivonne (André de), seigneur de la Châteigneraye, III, 316.
Vostre (Simon), III, 32.
Vrainville (Pierre de), I, 395.
Vulfran (S.), abbé de Saint-Wandrille, I, 146.
Vulfret (Antoine), chevalier, gouverneur de Jersey, III, 62.

Walsingham (Thomas), I, 136.
Walterius, abbas, I, 208.
Wandrille (S.), I, 61.
Wauvilla (Richardus de), I, 222, 223.
Wenceslas, roi de Bohème, empereur d'Allemagne, II, 192, 225.
Wenilon, archevêque de Rouen, I, 73, 75, 76.
Wenilon, archevêque de Sens, I, 73.
Wibilichaire, évêque de Vienne, I, 63.
Wiclef (Jean), II, 224, 225, 226.
Willard, évêque de Coutances, I, 64, 65.
Willebert, évêque de Coutances, I, 58.
Willelmus, archevêque de Rouen, I, 141.
Willelmus, comes. V. Guillaume.
Willelmus, dux Normanniæ. V. Guillaume.
Willelmus, filius Jocelini, I, 280.
Willelmus, filius Ozbern, I, 167.
Wubilichaire. V. Wibilichaire.
Wuilfrid, archevêque de Bourges, I, 75.
Wulphy (S.), III, 253, 254.
Wulstan, évêque de Vigorne, I, 140.

Xiphilin, III, 221.

York (Jacques, duc d'), III, 274.
Ysalguier (Marguerite), femme d'Arnauld de Castelbajac, III, 322.
Yvon (Laurent), notaire apostolique, II, 178.

Zacharie, II, 192.
Zacharie, pape, I, 62.

TABLE DES NOMS DE LIEU

Abbaye-Blanche de Mortain, ii, 30.
Abrincatini comitatus, i, 249.
Acqueville, i, 336, 388.
Agde, iii, 277.
Agen, iii, 224.
Agneaux, ii, 374.
Agon, i, 192, 370, 371 ; ii, 29, 123 ; iii, 7, 62.
Aigneaux, ii, 124 ; iii, 197.
Aix-la-Chapelle, i, 65, 178.
Aix (en Provence), ii, 314, 390 ; iii, 252.
Albane (cour d'), à Rouen, ii, 360.
Albe, i, 170 ; ii, 24.
Alberoli, ii, 309.
Albe-Royale, ii, 237.
Albe-Sabine, ii, 309.
Albi, iii, 3, 16, 29, 30, 40.
Albigeois (sénéchaussée d'), ii, 151.
Alençon, i, 336 ; ii, 202, 203, 280, 281 ; iii, 13, 182, 222, 234.
Alexandrie, ii, 194.
Aliermont (forêt d'), i, 281.
Allemagne, i, 87, 178, 186, 270 ; ii, 192, 267 ; iii, 179.
Allier, rivière, iii, 300.
Alnus, iii, 84.
Altavilla, iii, 84.
Altavilla-la-Guichard, iii, 84.

Ambie ou Hambie, i, 195.
Amboise, ii, 352.
Ambournay (abbaye), ii, 295.
Amfreville, iii, 172.
Amiens, i, 230 ; ii, 103 ; iii, 201, 202, 252, 253, 254.
Ancône, ii, 268.
Andelle, i, 74.
Andely, i, 281.
Anderville, iii, 57.
Andouville, iii, 74.
Anet, i, 313.
Angers. i, 28, 33, 40, 70, 221 ; ii, 333 ; iii, 148, 194, 239, 240, 243, 244.
Angleterre, i, 61, 142, 143, 147, 148, 149, 130, 133, 134, 135, 140, 142, 144, 146, 149, 150, 151, 153, 159, 160, 161, 163, 164, 169, 170, 172, 178, 186, 187, 192, 199, 204, 205, 206, 207, 208, 209, 210, 227, 228, 234, 235, 237, 241, 245, 252, 254, 256, 258, 259, 264, 267, 269, 270, 271, 272, 281, 293, 295, 297, 299, 302, 303, 304, 305, 310, 311, 314, 334, 344, 352, 353, 357, 364, 366, 370 ; ii, 23, 24, 25, 33, 76, 104, 142, 144, 149, 209, 213, 225, 261, 269, 374 ; iii, 47, 62, 145, 138, 177, 179, 234, 237, 271, 345.
Anglia, i, 118, 139.

Angoulême, I, 41; III, 18.
Angoumois, III, 323, 334, 357.
Angoville, I, 337, 373.
Anjou, I, 87, 152, 186, 209, 219, 220, 252, 297, 300; II, 173, 292; III, 54, 58, 98, 140.
Annandale, I, 169.
Anneville-en-Saire, II, 341, 360, 362, 363, 364, 365, 369; III, 17, 52.
Antioche, I, 114.
Anvers, III, 172, 173, 174.
Appeville, III, 92.
Apt, III, 252.
Apulia, I, 122.
Aquilée, II, 196.
Aquisgranense placitum, I, 65.
Aquitaine, I, 37, 234, 252; III, 1.
Aragon, II, 244, 292.
Ardennes (abbaye), I, 364.
Ariège, rivière, III, 321.
Arles, II, 244.
Armagnac, III, 13.
Arneville, I, 272.
Arras, I, 78; II, 90, 160, 161.
Arrest, III, 15.
Arteneium, II, 102; III, 84.
Arthenay, I, 374.
Artois, III, 79.
Arville, I, 336.
Astarac, III, 321.
Athènes, III, 324, 325.
Attigny, I, 73, 78.
Aube, rivière, III, 324.
Aubert-le-Vicomte (pré), II, 139.
Aubigny, I, 250.
Aubijoux, III, 326.
Auch, III, 263, 321.
Auderville, II, 148.
Audouville, I, 204; II, 394.
Audouville-le-Hubert, III, 52.
Audouvilliers (Audouville), II, 11.
Auge (pays d'), II, 301.
Augsbourg, II, 229, 235.
Augustins (couvent des Grands-), à Paris, III, 309.
Aules (seigneurie des), I, 294.
Aunay, I, 264, 265, 281, 282, 294; III, 145.
Aunis, III, 323.
Aurigny (île d'), I, 128; II, 125.

Autriche, II, 237, 270; III, 79, 262.
Autun, II, 174, 175, 213.
Auvergne, II, 305; III, 262, 300.
Auvers, II, 77.
Auvilla (ecclesia Sancti-Guingalocii de), I, 242, 243.
Auville, II, 47.
Auxais, III, 272.
Auxé, II, 163.
Auxerre, I, 29, 73, 252; III, 331, 357.
Avicularia, III, 84.
Avignon, II, 140, 164, 174, 179, 191, 192, 193, 301, 309; III, 67, 221.
Avranches, I, 12, 14, 29, 30, 44, 60, 72, 105, 112, 123, 125, 133, 136, 145, 146, 149, 159, 166, 171, 214, 229, 246, 251, 257, 268, 270, 291, 293, 207, 300, 312, 349, 364; II, 48, 91, 92, 100, 115, 116, 119, 180, 269, 297, 314, 324, 350, 366, 389, 390, 391, 324; III, 8, 82, 135, 148, 153, 222, 225, 234, 235, 294, 296.
Avrilly, II, 77.
Azincourt, II, 204, 276.

Babylone, I, 266; II, 102.
Bâle, II, 211, 217, 218, 219, 220, 222, 224, 227, 229, 230, 233, 236, 238, 243, 244, 258, 265.
Balshall (comté de Warwick), I, 118.
Barboc (hôtel), I, 247.
Barcelone, II, 229.
Barfleur, I, 38, 44, 112, 128, 149, 153, 163, 166, 264, 271, 304, 397; II, 9, 65, 162, 291, 296, 335; III, 7, 52, 64, 197, 198, 303.
Barneville, II, 291, 324; III, 7, 10, 52, 145.
Bar-sur-Aube, III, 13.
Basly (porte), I, 247.
Basville, II, 82.
Bath, I, 247, 248, 257, 344.
Baudre, I, 24, 27; II, 123, 186.
Baupte, III, 52.
Bauptois (le), I, 397; II, 4, 255, 324; III, 43, 129, 141, 142, 189, 204, 226.

Bayeux, I, 15, 27, 30, 43, 50, 56, 68, 69, 70, 72, 76, 94, 96, 104, 105, 112, 123, 125, 133, 134, 135, 140, 145, 149, 150, 166, 171, 189, 202, 205, 229, 233, 234, 235, 250, 255, 256, 257, 258, 259, 264, 265, 266, 268, 270, 271, 296, 300, 354, 363; II, 18, 19, 25, 36, 46, 107, 108, 110, 111, 119, 136, 161, 180, 272, 345, 347, 348; III, 64, 139, 144, 153, 182, 183, 206, 276, 294, 332, 358.
Bayonne, I, 82, 83; III, 225, 305.
Béarn, III, 320.
Beaubec, II, 257, 263, 287, 331.
Beauchamp, III, 16.
Beaulieu (prieuré), I, 292, 293, 365.
Beaumesnil, I, 326.
Beaumont, III, 188.
Beaumont-en-Auge, II, 7, 8.
Beaumont (fief de), paroisse de Carentan, II, 347.
Beaupré, I, 365; II, 487, 257, 263.
Beauquesne, III, 17.
Beauserie, II, 302.
Beauvais, I, 70; II, 150, 160, 161, 257, 276, 278; III, 202.
Bec (abbaye du), I, 109, 130; II, 333; III, 4, 5.
Bella Vallis, III, 81.
Bellême, I, 146, 200, 357.
Bellemont, I, 243.
Belley, III, 138, 235, 276.
Bellon, II, 164, 165.
Bellouse, I, 394.
Belval, I, 350, 354, 373; II, 38, 64.
Benesville, III, 227.
Benoîtville, I, 388.
Bény, III, 182.
Bernay, II, 294.
Bernet, III, 322.
Berneval, III, 13, 195.
Berneville, II, 67, 68.
Berry, II, 173, 189.
Besineurs (la sergenterie aux), III, 95.
Beslon, III, 7.
Besneville, II, 5, 132.
Bessin, I, 354; II, 126.

Besun, I, 68.
Beurant (terre de), II, 126.
Beuserie (la), II. 350, 394.
Beuzeville, II, 395.
Beuzeville-sur-le-Vey, II, 43; III, 181.
Beziers, II, 103.
Bibiane, III, 33.
Bicoque (la), III, 46.
Biscaye, I, 82; III, 305.
Bissupissis, I, 397,
Biville, I, 240; II, 51, 52; III, 13.
Blainville, I. 106, 127, 191, 193, 308; II, 122, 132, 354; III, 15, 103.
Blanchelande (abbaye), I, 203, 209, 210, 211, 224, 232, 233, 250, 272, 273, 297, 308, 321, 334, 335, 337, 339, 382, 394, 397; II, 4, 26, 27, 49, 62, 63, 73, 113, 147, 148, 175, 210, 291, 324, 349, 382; III, 123, 149, 169, 175, 181, 203, 204, 268, 277. 345.
Blois, III, 13, 25, 26, 106, 107, 187, 189.
Blosville, III, 74.
Bloutière (la), I, 282, 283, 284, 285, 286, 298, 299, 307, 308, 347, 354, 376, 377; II, 49, 63, 64, 85, 157, 158, 164, 165, 324; III, 75, 123, 169, 345, 346, 359.
Bloutière (bois), I, 284.
Bohême, II, 192, 225, 228, 230, 231, 232, 235, 236, 237, 238, 239, 241, 243, 244; III, 324.
Bohon (prieuré de). I, 204, 240, 241, 242, 243, 244, 369, 370; II, 5; III, 267.
Bois-Benastre, III, 182.
Bois-Hérou (le), III, 92.
Boissy, III, 2, 11, 59.
Boiteilles (*lisez* Bouteilles), I, 281.
Bolleville, II, 4; III, 104.
Bologne, II, 208, 209, 221; III, 42,
Bonfossé, I, 264, 303, 393; II, 44, 61, 63, 64, 99, 101, 103, 112, 124, 138, 141, 169, 289, 290, 337; III, 73, 94, 292.
Bonnavilla, III, 81.

Bonne-Nouvelle-du-Pré, église de Rouen, II, 88.
Bonneville (la), I, 372.
Bonnivet, III, 2.
Bordeaux, II, 101, 305, 372.
Bordes, III, 330.
Botteville (?), III, 92.
Bouillon, II, 394; III, 326.
Boulogne (Seine), III, 137.
Boulogne, I, 186.
Bourey, III, 101, 195, 196.
Bourg (fief du), à Sainteny, II, 394.
Bourg-Achard, I, 21, 33 ; III, 346, 359.
Bourg-Dieu, III, 4, 29.
Bourges, III, 194, 199.
Bourgogne, I, 67, 87 ; II, 106, 173, 174, 176, 180, 204, 213, 279, 280, 333 ; III, 316, 330.
Bourgueil, III, 4.
Boussaye (la), I, 336.
Bouteville, III, 145, 323, 326, 327.
Bouvines, I, 337.
Brabant, III, 172.
Brèche (la), III, 54.
Brehal, I, 274; II, 30; III, 181, 183.
Brescia, I, 168.
Bresse, II, 205.
Bretagne, I, 31, 66, 67, 295, 300, 357; III, 183, 313, 332; III, 230, 254.
Bretteville, II, 43, 55 ; III, 52, 81.
Breuil (le), I, 336.
Brevands, II, 374.
Brewton (prieuré de), I, 344, 345, 346; II, 23, 24, 25.
Bricquebosc, II, 115, 116.
Brie, II, 203.
Brie (forêt de), II, 302.
Brienne, III, 316, 323, 324, 325, 326, 330.
Brillevast I, 217.
Brion, III, 316.
Brioude, III, 300.
Briovère, I, 24, 26, 27, 30, 180.
Briquebec, II, 7, 8, 82, 106, 115, 215, 216, 363; III, 13, 52, 195, 196.
Briqueville-la-Blouette, I, 299; III, 15.

Briqueville, I, 193; II, 169.
Briqueville-sur-la-Mer, I, 195; III, 125, 126, 273.
Brisette (la), I, 336.
Brissac, III, 58.
Brix, I, 169, 237, 258, 353.
Brixium, III, 81.
Brucheville, II, 82.
Brucorch, I, 354.
Brucourt, I, 353 ; II, 394.
Bruis. V. Brix.
Bruis (forêt de), I, 166.
Brunn, II, 236, 239, 241.
Buglise, III, 86.
Bure, I, 235.
Burgh (baronnie de, — comté de Cumberland), I, 310.
Bussière (la), III, 54.
Buzevilla, III, 8.

Caen, I, 131, 138, 145, 189, 249, 264, 265, 296, 364; II, 313, 351; III, 119, 120, 126, 132, 147, 190, 222.
Cæsaris Burgus, III. 84.
Cahors, III, 317, 318.
Caillou (terre du), II, 123.
Caire (le), I, 266.
Cajarc, III, 317.
Calabre, I, 122.
Callou, III, 81.
Cambernon, I, 356; III, 98, 146, 222.
Cambor, II, 348.
Cambray, II, 193, 229; III, 351, 360, 361.
Cambridge, I, 140.
Cambringeham, I, 272.
Cametours, I, 326 ; III, 52.
Campolire ?, III, 317.
Canegeium, III, 81.
Canisy, I, 24, 356, 365, 373 ; II, 124, 314; III, 98, 222, 233.
Canteloup, I, 388.
Cantorbery, I, 135, 137, 138, 140, 143, 159, 228, 245, 247, 254, 258, 264, 310.
Canville, II, 364; III, 183.
Capella Engelgerii, III, 81.
Capoue, III, 76.
Carantilly, II, 345.
Carbonnière (la), II, 394.

Carcassonne, II, 194.
Cardet (rivière), II, 124.
Carentan, I, 84, 104, 149, 153, 154, 204, 209, 249, 224, 241, 258, 259, 361, 363 ; II, 10, 56, 120, 163, 277, 290, 291, 324, 330, 335, 347, 355; III, 7, 15, 52, 86, 104, 122, 123, 139, 181, 185, 198, 199, 219, 250, 305, 347.
Carnes, II, 384.
Carpentras, II, 309, 375.
Carquebut, III, 273.
Cars (les), III, 304.
Carteret, I, 170, 179.
Cartot, III, 129.
Casaubon, III, 326.
Casterie (clos de la), II, 140.
Castorie, III, 16, 40, 43, 44, 51, 56, 71.
Cathehumum, III, 84.
Cathevilla, III, 84.
Cats, I, 247.
Caux (pays de), III, 96.
Cavafraxinus, III, 84.
Cayeu, III, 330.
Celles, II, 309.
Celsoef (Collis Elicia), I, 152.
Cenilly, I, 264; II, 64, 324; III, 7, 52.
Ceraseium, III, 84.
Cerclée (chapelle de la), II, 171, 176.
Cerefracte, III, 321, 322, 323.
Cérences, II, 92, 93, 291, 300; III, 7, 84, 117, 130, 181.
Cerisy, I, 56, 112, 165, 169, 231, 260, 265, 280, 281, 307, 318, 350, 356, 358, 359, 367, 368, 389, 390, 393; II, 15, 16, 23, 99, 100, 245, 317.
Cervelle (terre de la), II, 163.
Cestre, I, 354.
Châlons, I, 47, 73; III, 315.
Champagne, I, 87; III, 265, 324.
Champeaux, I, 247.
Chantelou, I, 111, 195, 356; II, 28.
Chantore, II, 116, 117.
Chapelle (la), I, 244.
Chapelle-Enjuger (la), I, 243, 369, 370; II, 5.

Charité-sur-Loire (la), III, 301.
Charlieu (abbaye de), I, 80.
Charroux, I, 78.
Chartres, I, 92, 93; III, 199, 268, 290.
Chartreux (église des), III, 294.
Châtaigneraye (la), III, 316.
Château-Thierry, III, 174.
Châtelet (le Petit), II, 205.
Châtelet de Paris, II, 366.
Chaterase, rocher, I, 164.
Chaumont, II, 350; III, 195.
Chaussey (îles de), I, 10; III, 75, 76.
Chavigny, III, 330.
Chef-de-Caux (le), II, 204.
Chef-du-Pont, I, 27.
Cheffrêne (le), II, 128.
Chelles, III, 192.
Cherbourg, I, 61, 125, 128, 146, 166, 169, 186, 187, 188, 189, 202, 227, 233, 234, 235, 236, 256, 259, 262, 276, 277, 278, 279, 288, 297, 298, 304, 305, 306, 308, 313, 314, 315, 316, 317, 324, 332, 342, 359, 361, 362, 363, 364, 373, 378, 384, 390; II, 9, 14, 15, 29, 34, 48, 55, 56, 60, 61, 72, 82, 112, 114, 118, 124, 140, 142, 155, 182, 183, 218, 245, 246, 294, 296, 297, 324, 330, 335, 336; III, 7, 10, 31, 32, 43, 50, 51, 52, 62, 92, 100, 115, 121, 145, 171, 186, 277, 309, 345, 346, 359.
Chester, I, 146, 147.
Chiffrevast, II, 364.
Chinon, I, 263.
Chrétienté (doyenné de la), II, 324; III, 56.
Citeaux, I, 187, 200; II, 257; III, 54, 91.
Clairvaux, I, 264.
Clais, II, 363.
Clermont, I, 149, 150, 291; II, 305.
Clermont (collège de), à Paris, III, 220.
Cleuville, III, 195.
Clichy, I, 47.
Clitourp, II, 4.

Clos-Bis (le), I, 341.
Cluny, I, 170, 176, 177, 179, 219, 220, 221, 222, 223; III, 3, 70.
Clytorpus, III, 81.
Coligny, III, 182.
Collège royal, à Paris, III, 67.
Collis Clavi (V. Salsoif), I, 273.
Cologne, I, 73, 391.
Colombe (la), I, 152, 294; II, 69.
Colomby, I, 148, 388.
Commevilla, I, 243.
Comminge, II, 294.
Compiègne, I, 351.
Comté (la), III, 188.
Conac, III, 316.
Conches, II, 106.
Condé, III, 265.
Condeville, III, 176.
Condé-sur-Vire, II, 345.
Condom, III, 294.
Constance (en Allemagne), I, 2, 37, 168; II, 204, 207, 208, 217, 220, 221, 226.
Constance (*lisez* Coutances), II, 356, 366.
Constantinople, I, 114; II, 243, 267; III 324.
Contrières, II, 350; III, 184, 182.
Corbeni (abbaye de), I, 89, 90.
Corbie, I, 70.
Cormery, III, 4, 194.
Corneton, III, 323.
Cossé, III, 58.
Cotanville, III, 292.
Cotentin, *passim*.
Coucy-les-Aippe, II, 202.
Coudeville, II, 68, 69, 158.
Couperie (la), I, 152.
Coupperie (prieuré)) I, 294.
Courbeauville, I, 243.
Courcy, I, 18, 24; II, 122, 314, 341, 362, 383, 386, 387, 394.
Courçon, I, 334.
Courtray, II, 89.
Coutainville, I, 44.
Coutances, *passim*.
Coutances (collège de), II, 358.
Coutances (Hôtel-Dieu de), I, 203, 312, 319, 323, 324, 325, 326, 327, 328, 330, 331, 337, 341; II, 54, 159, 177, 214, 271, 272,
374; III, 6, 63, 104, 134, 142, 175, 212.
Couves, III, 312.
Couville, II, 414, 415.
Craon, II, 216.
Crapolt (terre), I, 128.
Crapot (terre de), II, 126.
Crasville, I, 247, 388, 389.
Crépon (terre de), I, 359.
Cressenville, I, 103.
Cretot, III, 74.
Cretteville, I, 225; II, 84.
Croisset, III, 197.
Crosville, II, 445.
Cruciatum, I, 106.
Cumberland, I, 310.

Dalmatie, I, 270.
Dammartin, II, 364.
Danemark, II, 76, 100, 103.
Dangy, I, 326.
Dauphiné, II, 174; III, 23, 24, 25.
Daye, III, 125.
Denneville, II, 23.
Derby, I, 205.
Derval, II, 348.
Déville (concile de), II, 100.
Desselar (hôtel), rue Quincampoix, à Paris, III, 104.
Dézert (le), II, 10, 13, 163; III, 81, 197.
Dieppe, I, 381; II, 275.
Digne, III, 202.
Digulleville, I, 234.
Dijon, III, 54.
Disteolar (hôtel), rue Quincampoix, à Paris, III, 88.
Dive, rivière, III, 93.
Dives, I, 103.
Docteurs (chapelle des), à Coutances, II, 92.
Dol, I, 77; III, 294.
Domfront, I, 146, 147; II, 125.
Douzenac, III, 318.
Dorobernensis ecclesia (Cantorbéry), I, 138.
Dorset, I, 136, 137.
Douzy, I, 78.
Doville, I, 232.
Dreux, II, 215.
Duccauville, I, 350.
Durham, I, 145.

TABLE DES NOMS DE LIEU. 431

Ecausseville, II, 115.
Ecoquencauville, I, 217.
Ecosse, I, 169, 170, 257; III, 102.
Eculleville, I, 231.
Egra, II, 227.
Elbeuf, II, 77.
Ely, I, 269.
Emondeville, I, 167, 217, 388; II, 291.
Enfer (porte d'), à Paris, II, 108.
Enghien, III, 265.
Enneville (chapellenie), III, 83.
Epte, I, 81.
Equeurdreville, I, 128, 233; II, 125.
Erquery, II, 151.
Esclassan, III, 323.
Espagne, I, 178.
Espagnols (les), III, 264, 265, 266, 267.
Esquenauville, I, 388.
Esquetot, III, 86.
Essey, II, 1.
Estampes, III, 3.
Estouteville, III, 13, 195, 270.
Etaville, I, 217.
Eu, II, 160, 301.
Eucquemont, III, 297.
Eure, I, 74.
Europe, I, 169, 267, 337; II, 76; III, 67, 319, 329.
Eventoth, I, 249.
Evrecy, I, 107.
Evreux, I, 7, 13, 14, 30, 47, 50, 56, 60, 68, 69, 72, 76, 94, 104, 105, 112, 125, 133, 136, 149, 173, 180, 205, 208, 214, 229, 248, 251, 258, 259, 300, 364, 380; II, 43, 108, 139, 160, 164, 180, 194, 249, 276, 333; III, 66, 153, 234, 263, 306, 307, 332, 358.
Exionense monasterium (Saint-Jouvin-de-Marnes), I, 10.

Falaise, I, 200, 228, 339, 364, 371.
Fatigna, III, 81.
Fauguernon, II, 106.
Fausse-Neuve (abbaye), I, 269.
Faye (la), III, 312, 313, 317, 327.
Fécamp, I, 101, 102, 104, 380, 384; II, 75, 100, 119, 257, 258, 259, 261, 263, 269; III, 4, 5.
Fermanville, II, 144; III, 116.
Ferrare, II, 211, 244, 258.
Ferrière-Hareng (la), II, 46.
Fervaches, II, 157, 348; III, 74.
Feugères, II, 344.
Feuillade (la), III, 2.
Feurs en Forez, II, 270.
Fierville, III, 69, 187, 188, 189.
Fife (bailliage de — en Écosse), I, 170.
Flandre, II, 90, 102, 306; III, 79, 172, 254, 261.
Flandria, I, 67.
Flavignac, III, 311.
Flavigny, III, 54, 55.
Fleury, I, 92, 299, 347, 354.
Florence, II, 244; III, 34, 37.
Floscel, I, 3.
Foix, II, 34, 35; III, 321.
Folligny, I, 307, 308, 376, 377.
Fontainebleau, III, 102, 162.
Fontanellensis ecclesia, I, 416.
Fontenay, I, 92, 260; II, 15; III, 54.
Forez, II, 270.
Forli, II, 195, 196.
Forteville, II, 124.
Forum Juvii, II, 196.
Forum Vibii, III, 34.
Foucarville, I, 344, 395; II, 71, 72.
Fougères, II, 269.
Fougier (la rue), I, 192.
Foulerie (la), III, 74, 88.
Fraguaire (le), II, 300.
France, passim.
Francfort, I, 60, II, 267.
Fresney-le-Puceux, I, 128; II, 126; III, 84.
Fumichon, II, 123.

Gacé, I, 195; III, 13, 195.
Gaillon, II, 135; III, 285, 286.
Galles, III, 274.
Galliæ, I, 37.
Gamaches, II, 285; III, 328.
Gap, III, 263.
Garencières, II, 13.
Garonne, I, 85.
Garros, II, 245.

Gatteville, I, 304, 332, 378, 397; II, 291; III, 81.
Gautier-Rosel (manoir), I, 247.
Gavray, I, 146, 166, 283; II, 63, 290, 291, 324, 334; III, 7, 52.
Gelfosse, III, 81, 128, 176.
Gênes, II, 308.
Genève, III, 112.
Gerville, I, 334.
Gève (village ou ménage), II, 11.
Gilleville, II, 291.
Gisors, I, 81, 162, 266, 269, 304, 315; II, 313.
Glasgow, III, 103.
Glatigny, III, 116.
Golleville, I. 148, 158, 388.
Gonfreville, I, 326, 334.
Gonnestorp (terre), I, 262.
Gonneville, III, 73, 273.
Gonneville (fief de), III, 111.
Gorges, II, 335; III, 7, 15.
Gouey, III, 188.
Gourfaleur, II, 124; III, 94.
Gouvets, III, 116, 226.
Gouville, II, 85.
Grand-Camp, I, 359.
Grand-Caux (archidiaconé du), III, 10.
Grange-Lessart (la), III, 313.
Granville, II, 291, 334, 347; III, 7, 52, 72, 75, 76, 77, 116, 117, 133.
Grasse, III, 222.
Gratot, II, 334.
Graville, I, 336.
Grèce, III, 336.
Gremonville, III, 87.
Grenneville, I, 336; III, 7.
Grestain, II, 55.
Gréville, III, 7, 52.
Grimouville, I, 127; II, 393.
Grimouville (terre de), II, 125.
Grouville, II, 4; III, 249.
Guéhébert, II, 116; III, 188.
Guentanum, I, 137.
Guerdes, II, 176.
Guernesey (île de), I, 128; II, 126, 324, 343; III, 8.
Guesnet (rue de), à Coutances, II, 138.
Gueudeville, I, 191.
Guibray, I, 339, 374.

Guillelmus (?), III, 81.
Guimont, III, 312.
Guyenne, II, 305; III, 198.

Hague (la), I, 64, 389; II, 51, 118, 149, 324; III, 47.
Haie-Comtesse (la), III, 107.
Ham (le), I, 54, 55, 59, 199, 239; II, 2.
Hambie, I, 195, 196, 197, 237, 238, 274, 289, 305, 318, 319, 321, 333, 334, 356, 375; II, 28, 30, 72, 117, 169, 194, 216, 291, 324, 345; III, 13, 51, 52, 56, 70, 80, 89, 123, 133, 136, 146, 149, 181, 183, 195, 204, 214, 225, 276, 345.
Hamel (le), III, 218.
Harcourt, II, 77, 106.
Harcourt (collège d'), à Paris, II, 107, 379, 385.
Hardinvast, I, 276, 277, 278; II, 82; III, 146.
Hauteville, II, 58, 291.
Hauteville-le-Guichard, I, 114, 373; II, 343; III, 7.
Hauville, III, 141.
Havre (le), I, 336.
Haya d'Equetot, III, 81.
Haye, I, 195, 376; II, 124.
Haye (hôpital ou Hôtel-Dieu de la), I, 376, 377; II, 63, 64, 85.
Haye-Hédouvinière (la), II, 385.
Haye-Hue (la), II, 392.
Haye-du-Puits (la), I, 60; II, 290, 324, 335; III, 7, 52.
Haye-Painel (la), I, 307, 357, 376, 377; II, 117, 291; III, 6, 7, 52.
Haye-Painel (Hôtel-Dieu de la), II, 63, 64, 85.
Haye-Piquenot (la), III, 64.
Héauville, I, 240; II, 145.
Hébécrevon, II, 386, 387; III, 8, 30.
Hebler, (?) III, 81.
Helleville, I, 225; II, 145, 291.
Hennebont, III, 220.
Henneville, II, 112.
Herbertolignum, (?) III, 82, 83.
Hereford, I, 140, 204.
Hérengueville, II, 5, 68.

TABLE DES NOMS DE LIEU.

Herm (île), II, 125.
Heugueville, I, 191, 303, 345, 346, 373; II, 5, 358.
Hiettes (les), II, 394.
Hinaudière (la), III, 64.
Hocquigny, I, 307, 376, 377; II, 63.
Hogue (la), II, 365.
Hogue-Saint-Vast (la), III, 9.
Holstein, III, 329.
Hometo (crypta quæ dicitur de), I, 233.
Homme (le), II, 124.
Homméel (le), III, 170.
Hommet (le), II, 101, 324; III, 7, 94.
Honfleur, II, 204.
Hongrie, II, 237, 283; III, 39.
Houéville, I, 356; III, 52.
Hougue-Saint-Vaast (la), II, 341, 360, 362, 363.
Huberville, II, 124, 132; III, 63.
Hugueville, III, 81.
Huillebardière (la), I, 167.
Hyverneaux, abbaye, III, 346.

Iglaw, II, 237, 240.
Igni (abbaye du diocèse de Reims), III, 91.
Ile (l'), III, 43.
Iles (archidiaconé des îles, plus tard du Bauptois), I, 387.
Ingelheim, I, 74.
Irlande, I, 170.
Isles (prieuré des), I, 368.
Issoudun, III, 29.
Italie, I, 2, 79, 114, 115, 122, 160, 168; II, 208, 209, 211, 351; III, 12, 35, 261.

Janopolis, II, 290, 296.
Jardin (le), II, 394.
Jarnac, III, 140.
Jersey (île de), I, 35, 42, 128, 166, 167, 187, 249, 259, 260, 280, 318, 342, 389; II, 125, 246, 324, 374, 375; III, 8, 10, 43, 62.
Jérusalem, I, 5, 150, 267; III, 63, 114, 324.
Jobourg, I, 236, 305; II, 148.
Joci (terra), III, 148.
Jolivet (le moulin), I, 128.

Jovis Burgus, III, 50.
Jugoust (terre des), III, 183.
Jumièges, I, 94, 130, 136, 351; II, 261.

Kiersy-sur-Oise, I, 72.
Kinloss, I, 170.

Labraha, I, 72.
Laigle, I, 359; II, 178.
Lande (la), II, 394.
Lande d'Airou (la), I, 213, 214, 363; III, 7.
Landelles, I, 59, 358; III, 7, 52, 182.
Langl (?), III, 81.
Langres, III, 104, 107.
Langronne, III, 117.
Languedoc, I, 335, 348; II, 151, 313.
Languerie (la), II, 273.
Laon, I, 78; II, 202.
Latran, I, 168, 220, 337.
Laune, I, 343, 345, 346, 355, 372, 373; II, 290, 335.
Lengronne, I, 265; II, 89, 131, 133.
Léon, III, 252, 254, 255.
Lessay, I, 130, 145, 211, 224, 231, 245, 272, 287, 321, 345, 346, 397; II, 9, 119, 132, 133, 170, 194, 291, 324, 335; III, 7, 10, 11, 16, 45, 51, 52, 66, 92, 104, 109, 124, 125, 128, 145, 148, 176, 186, 204, 245, 283, 345.
Lestre, III, 268.
Liches, III, 324.
Liencourt, III, 315.
Ligni, III, 325, 326, 327.
Lillebonne, I, 47.
Limoges, I, 258; III, 311, 317, 318, 319.
Limousin, III, 319, 323.
Lincoln, I, 258; II, 224.
Lingreville, I, 128; II, 14, 101, 126, 148; III, 15, 81, 154.
Linverville, III, 138.
Lisieux, I, 27, 30, 47, 50, 65, 70, 72, 105, 109, 110, 112, 116, 123, 125, 133, 136, 154, 159, 166, 171, 180, 202, 212, 229,

28

230, 250, 258, 268, 296, 300, 349, 364, 388 ; II, 18, 19, 91, 92, 100, 119, 161, 180, 194, 210, 218, 272, 276, 288, 294 ; III, 25, 26, 57, 153, 255, 256, 262, 273, 348.

Lisieux (colège de), à Paris, III, 220.

Lisoiensis ecclesia (Lisieux), I, 105.

Lithaire ou Varenguebec, I, 224.

Livet, II, 272.

Livourne, II, 194.

Loire, I, 85, 300.

Loiret, I, 70.

Loiselet, chapellenie, III, 83.

Loisellerie, I, 128.

Lombardie, I, 179.

Loménie, III, 311, 312, 313, 317.

Londres, I, 133, 135, 138; II, 159.

Longavilla, III, 81.

Longé, III, 188.

Longueil, II, 275.

Longues, I, 266.

Longueville, III, 195, 270.

Lorette, III, 41.

Lorraine, III, 259.

Loucelles, II, 126.

Louvain, I, 165; III, 287.

Louviers, I, 281; III, 286.

Louvre (le), à Paris, II, 143 ; III, 179.

Luçon, III, 59.

Lugdunensis secunda, I, 65.

Luthumière (la), I, 166, 384, 385.

Luxembourg, II, 280.

Luzerne (la), I, 229, 230, 278, 342, 353, 354; II, 68, 149, 261, 269.

Lyon, II, 73, 160, 278, 358, 372; III, 140, 300.

Macère (la), I, 299.

Madeleine de Marthe-l'Heureuse (chapelle de la), II, 344.

Maduin, I, 59, 61, 62.

Magneville, III, 194.

Magnoac, III, 322.

Maine, I, 144, 252, 300 ; III, 58.

Maître-Gervais (collège de), à Paris, III, 148.

Maljoie, II, 11.

Malles, II, 11.

Malleville, II, 39.

Malte, III, 330.

Mancellière (la), I, 24, 191 ; II, 39, 123, 132 ; III, 88, 143.

Manoir (le), près d'Yvetot, II, 61.

Manoir-l'Evêque (le), I, 128 ; III, 129.

Mans (le), I, 28, 267 ; II, 44, 161, 283 ; III, 104.

Mantes, I, 348.

Marcambie, III, 222.

Marchesieux, I, 240 ; III, 7, 63, 194, 198.

Marcilly, I, 192.

Mares (les), III, 183.

Marguery, I, 294.

Marignan, III, 12.

Marigny, I, 264 ; III, 182.

Marmoutiers, I, 240, 244, 370.

Marmyon, III, 92.

Marne, I, 87.

Marnes, I, 252 ; III, 98.

Marseille, III, 288, 318.

Marsillac, III, 316.

Martel, I, 258.

Martinville, II, 124.

Massès, III, 321, 322.

Matignon, III, 232.

Matrona, I, 88.

Maubuisson, II, 107.

Maulévrier, III, 2.

Maupertuis, II, 393, 394; III, 7.

Mayence, I, 62.

Méautis, III, 216.

Meaux, I, 69, 70, 73 ; II, 160, 164, 194 ; III, 121, 122.

Mégare, III, 43, 70, 89.

Melun, III, 54, 189.

Mende, II, 344.

Merderet, I, 51.

Mesle-Raoul (le), III, 13.

Mesnil-Auber (le), III, 8.

Mesnil-au-Bosc (le), I, 247.

Mesnil-au-Parc (le), V. Mesnil-Opac (le).

Mesnil-au-Roux, III, 182, 183.

Mesnil-Auvair (le), II, 42, 44.

Mesnil-Auval (le), II, 82.

Mesnil-Benoist (le), III, 272.

Mesnil-Bonand (le), I, 333.

Mesnildot (chapelle de), I, 369.

TABLE DES NOMS DE LIEU. 435

Mesnil-Garnier (le), II, 116, 117, 142, 148.
Mesnil-Hue (le) II, 373.
Mesnil-Imbert (le), II, 272.
Mesnil-Jean (le), II, 123.
Mesnil-Oger (le), II, 116.
Mesnil-Opac (le), I, 260; II, 256; III, 64, 73.
Mesnil-Osmond (le), II, 123.
Mesnilovaris, III, 84.
Mesnil-Raoult (le), II, 334.
Mesnil-Rethand (le), II, 123.
Mesnil-Rogues (le), I, 326; III, 47, 49.
Mesnil-Rouxelin (le), I, 27, 247; II, 124.
Messine, I, 269.
Metz, I, 2, 73.
Meuse, I, 86.
Miglos, III, 321.
Milan, II, 196, 197, 264, 267, 268.
Milanais (le), II, 358; III, 12, 35, 46.
Milly, I, 196.
Minimes (église des), à Rome, III, 261.
Mirebeau, I, 295; II, 366; III, 316.
Modène, III, 263.
Monçon, III, 261.
Moncontour, III, 98, 140.
Mondaye, I, 27.
Monjeu, II, 213.
Mons Acutus, III, 81.
Mons Jovis, II, 213.
Montagute (Sommerset), I, 136, 137.
Montaigne, III, 316.
Montaigu, I, 336; II, 42.
Montauban, II, 350.
Montbrai, I, 117, 118.
Montbray, I, 335; II, 324.
Montbreium, III, 81.
Montbrun, III, 316, 330, 331, 357.
Montchaton, I, 345; II, 125; III, 78.
Montchevreuil, III, 63.
Montebourg, I, 3, 51, 145, 152, 166, 199, 205, 206, 207, 208, 214, 215, 216, 217, 218, 219, 220, 221, 222, 223, 251, 263, 287, 297, 321, 368, 388, 397;
II, 104, 105, 111, 194, 324, 330, 335; III, 7, 43, 52, 56, 70, 89, 92, 104, 145, 149, 203, 206, 276, 345.
Montenay-Garencière, II, 147.
Montfarville, I, 217, 388, 397.
Montferrat, III, 260.
Montfort, III, 97, 99.
Monthuchon, I, 372, 374; III, 124, 133.
Mons Hugonis, III, 81.
Mons Pichonis, III, 81.
Montieray, II, 124.
Montjeu, II, 213.
Montmartin, I, 369, 370, 371, 396; II, 147, 291.
Montmartin-aux-Graignes, II, 136.
Montmorel, II, 269.
Montpellier, III, 347.
Montpinchon, II, 99, 100, 317, 375; III, 73, 74, 97, 98, 275.
Montreuil, I, 102; III, 253.
Montrond (forêt de), II, 104.
Mont-Saint-Michel (le), I, 94, 111, 112, 123, 146, 151, 170, 172, 179, 196, 215, 237, 249, 274, 287, 297, 338, 342; II, 14, 68, 69, 77, 84, 85, 104, 142, 148, 158, 159, 215, 269, 272; III, 66, 130, 131, 132, 133, 142, 143, 147, 148, 176.
Montsurvent, II, 291, 373.
Moravie, II, 237, 238.
Morsalines, I, 217, 219, 220, 221, 223, 252, 388.
Mortain, I, 127, 192, 214, 224, 252, 270; II, 33, 34, 84, 124.
Mortemer, I, 252.
Morville, I, 275, 312, 326; III, 81.
Motte (la), I, 127; II, 337, 340, 342, 348, 360, 372, 373, 375, 376, 383, 384; III, 11, 90, 94, 272.
Moulins, III, 13.
Moustier (le), II, 86.
Moustierneuf (le) de Poitiers, III, 60.
Moutier-Brûlé (le), I, 166, 167, 260, 280, 318.
Moutier-Hubert (le), I, 197.
Moutiers, 11, 308.

Moutons (prieuré de Sainte-Marie de), I, 224, 225; III, 296.
Moyon, I, 344, 345; II, 23, 24, 26, 169; III, 13, 81.
Muneville, I, 191; II, 123, 131, 132, 394; III, 102.
Muneville-le-Bingard, III, 16.
Muret, II, 294.

Nacqueville, I, 61, 279, 332, 363; II, 28.
Nantes, I, 28, 36, 40, 77, 90; III, 70, 285, 341, 342.
Nanteuil, I, 17, 48, 59, 90, 358; III, 305.
Nantouillet, III, 2.
Nantreuil (V. Nanteuil.)
Nantuum, I, 47.
Naples, I, 122; II, 173, 207, 292; III, 58.
Naqueville. (V. Nacqueville.)
Narbonne, II, 350.
Navarre, II, 65, 120, 138, 139, 140, 352; III, 79, 178, 190, 223, 288, 313, 322.
Navarre (collège de), à Paris, II, 179, 190, 191.
Nay, I, 374.
Néhou, I, 158, 206, 216; III, 149, 154, 240.
Nephtali, I, 4.
Neubourg (le), I, 209.
Neufchâtel, III, 195.
Neufmarché, I, 228.
Neustria, I, 39, 67, 68, 69.
Neuve (la rue), à Paris, III, 32.
Neuville, I, 27.
Nevers, II, 72, 174.
Néville, I, 388.
Neyum, III, 81.
Nicée, III, 165, 222.
Nicorps, I, 306; II, 5, 37, 350.
Nidus Corvi, III, 81.
Niorz, I, 297.
Nivernais, III, 223.
Noinvilla, III, 81.
Nonant, I, 27.
Nord (mer du), [La Manche], I, 61.
Nordanhimbri, I, 137.
Norfolk, I, 118, 140.
Normandie, *passim*.

Normania, I, 35; Northmannia, I, 67.
Northampton, I, 311.
Northumberland, I, 135.
Notre-Dame-d'Alençon, III, 234.
Notre-Dame-d'Allone, II, 15.
Notre-Dame-de-Coutances, II, 121, 176, 177, 387; III, 240.
Notre-Dame-de-Lorette, III, 41.
Notre-Dame-de-Montebourg, (église), I, 218.
Notre-Dame de Paris, I, 107; III, 198, 332, 358.
Notre-Dame-de-Pitié (chapelle de), à Coutances, II, 135.
Notre-Dame-de-Saint-Lo, II, 186, 217, 324; III, 224.
Notre-Dame-de-Saint-Pierre-d'Alonne, I, 273.
Notre-Dame-du-Puits (chapelle de) II, 393.
Notre-Dame-du-Puy de Rouen, I, 323.
Notre-Dame-du-Vœu (abbaye de), jouxte Cherbourg, I, 226, 233, 236, 259, 262, 277, 288, 363; II, 60, 82, 216, 297; III, 62.
Nottingham, I, 118.
Nouainville, I, 316, 317, 373.
Novæ, I, 397.
Noyon, I, 77; II, 103, 160, 161; III, 135, 334, 357.

Occitania, II, 154.
Octavilla Lavenel, III, 81.
Octeville, I, 298; II, 26.
Octeville-sur-Cherbourg, III, 171.
Octeville-la-Venelle, I, 339; II, 63.
Oiron, III, 2.
Oiselia, II, 123.
Oiselière (terre de l'), à Heugueville, I, 303; II, 5; III, 133, 134, 135, 142, 147, 154, 175, 176, 183, 184.
Oiselière (terre de l'), à Lingreville, II, 126.
Olonde, III, 188.
Ombrie, II, 296; III, 35.
Omonville, I, 345; III, 145.
Orange, III, 288.

TABLE DES NOMS DE LIEU.

Orglandeiz (paroisse de Barneville), II, 67.
Orglandes, II, 58, 144, 294 ; III, 81, 195.
Orleande, III, 81.
Orléans, I, 10, 14, 15, 22, 29, 37; II, 50, 161, 173, 358, 359.
Orne, I, 189.
Orval, I, 2, 225, 345 346 ; II, 29, 301 ; III, 11, 66, 222.
Ossonvilliers, II, 313, 314, 369, 390.
Ostie, I, 194, 269 ; II, 309.
Otevilla, III, 81.
Ourville, I, 345.
Ouville, II, 58, 255, 303.
Oxford, II, 224.
Oximini comitatus, I, 249.
Ozeville, I, 298, 388.

Palais-Cardinal (le), à Paris, III, 269.
Palestine, I, 270.
Pamiers, II, 102.
Papède (village), I, 247.
Parc (le), I, 336 ; III, 296.
Paris, I, 12, 32, 64, 70, 71, 77, 81, 82, 84, 87, 188, 335, 348, 358, 378, 391 ; II, 26, 34, 77, 84, 90, 107, 109, 110, 127, 151, 152, 160, 161, 163, 173, 178, 179, 180, 185, 190, 191, 194, 199, 202, 204, 257, 258, 259, 275, 277, 286, 294, 299, 324, 332, 333, 351, 354, 360, 366, 379, 384; III, 17, 32, 35, 36, 66, 67, 79, 88, 90, 95, 101, 102, 103, 104, 127, 135, 137, 138, 140, 144, 148, 149, 167, 179, 189, 191, 193, 203, 220, 223, 224, 225, 228, 233, 234, 242, 251, 256, 258, 268, 272, 275, 276, 278, 279, 282, 285, 288, 289, 294, 295, 297, 298, 299, 300, 301, 302, 303, 309, 314, 315, 316, 330, 332, 346, 348, 357, 358, 363, 364.
Parme, III, 174.
Pas (le), II, 364.
Pas-de-Jeu (le), III, 118, 119.
Passy, I, 348.
Pavie, I, 79 ; II, 217, 265, 267, 268, 276, 282, 295 ; III, 3
Pays-Bas (les), III, 172, 265.
Pays (le) entre deux mers, II, 305.
Perceyum, III, 81.
Perche (le), I, 200 ; III, 13.
Percy, II, 324 ; III, 7, 52.
Perdriac, III, 13.
Périers, II, 31, 291, 324, 335 ; III, 7, 52, 92.
Périers-sur-Andelle, I, 112.
Périgueux, II, 222, 223.
Pernelle (la), II, 34 ; III, 273.
Péronne, I, 309 ; II, 333.
Pérouse, I, 309 ; II, 298.
Perques (les), III, 195.
Perrine (la), I, 392 ; II, 10, 12, 48, 60, 72, 114, 291.
Phanum divi Laudi, I, 27.
Picardie, II, 103 ; III, 15.
Picauville, I, 225, 242, 243 ; II, 335 ; III, 7, 52, 192.
Piémont, II, 308 ; III, 222, 260.
Piennes, II, 176.
Pierrefite, II, 124, 186.
Pierrepont, I, 248.
Pierreville, I, 344, 345, 386, 388 ; II, 23, 24.
Pieux (les), I, 276, 332, 333, 362, 363 ; II, 56, 64, 103, 112, 141, 291, 335 ; III, 7, 103, 145, 272.
Pignol, III, 313.
Pilsen, II, 232, 233.
Piney, III, 327.
Pirou, III, 74,
Pise, I, 178, 179 ; II, 191, 194, 195, 196, 207 ; III, 67.
Pitres, I, 74.
Plain (le), I, 395 ; II, 54, 62, 70.
Plaine-et-Bois (terre de la), II, 337.
Poigny, III, 330.
Poissy, III, 112.
Poitiers, II, 333 ; III, 10, 43, 59, 60, 332, 358.
Poitou, I, 11, 126, 297, 299 ; III, 2, 98, 122, 313.
Pologne, II, 140, 155.
Pommeraye (la), II, 159.
Pont-Audemer, II, 17, 18, 22, 31, 88, 105.
Pont-d'Ouve, III, 116, 198.

Pont-Farcy, ii, 342 ; iii, 11, 220.
Pont-Flambart (le), i, 238.
Ponthieu, i, 102, 200, 250.
Pontion, i, 79.
Pont-l'Abbé, (le), i, 273.
Pontoise, ii, 210 ; iii, 263.
Pontorson, ii, 163.
Pont-Roger (le), ii, 394.
Porcheux, iii, 315.
Porphyre, ii, 329, 330, 334, 342, 343, 344 ; iii, 6, 7, 8, 15, 43, 71, 72, 76, 77, 80, 89, 91, 93, 100, 106, 116, 133, 135, 136, 144, 146, 149, 169, 170, 171, 175, 176, 203.
Porto, ii, 296.
Poterel, iii, 15, 81.
Poterne (la), à Rouen, i, 351.
Pougy, iii, 316.
Pouille, i, 122 ; iii, 324.
Poupeville (plus tard Sainte-Marie-du-Mont), i, 104 ; ii, 124.
Poupeville (moulin de), i, 226.
Prætotum, iii, 81,
Prague, ii, 225, 229, 231, 232, 233, 234, 235, 238, 283.
Préaux, i, 248.
Préaux (les), i, 107 ; ii, 341.
Préaux (bois de), à Saint-Jean-des-Champs, ii, 385.
Prémontré, i, 210, 229, 339.
Protection (couvent de la), à Valognes, iii, 250.
Provence, ii, 314 ; iii, 58.
Pyrénées, iii, 349.

Quatre-Nations (collège des), à Paris, iii, 59.
Querqueville, iii, 72.
Quesney, i, 334 ; iii, 182.
Quettehou, i, 166, 304, 373, 380 ; ii, 291 ; iii, 45.
Quettreville, ii, 131 ; iii, 53.
Queux, ii, 364.
Quibou, i, 192 ; ii, 39, 42, 123, 131, 132 ; iii, 73, 88, 189.
Quincampoix (rue), à Paris, iii, 88, 104.

Rabefrapeium (?), iii, 81.
Rabet (forêt de), i, 166, 350, 367.
Radulphi Villa. V. Rauville.

Ragnauvilla, iii, 84.
Raguse, ii, 208.
Rainneville, ii, 5.
Rampan, i, 214 ; ii, 185.
Ratisbonne, ii, 223, 233, 234, 235, 267.
Ravenoville, i, 232.
Rauville, i, 158, 166, 167, 307, 388 ; ii, 23.
Reims, i, 71, 72, 73, 75, 78, 109, 121, 164, 179, 349 ; ii, 159, 164, 193, 279, 292 ; iii, 91, 268.
Remilly, i 264 ; ii, 47, 376.
Rennes, i, 28 ; ii, 163 ; iii, 98, 110.
Renti, iii, 182.
Repas (chapelle du), i, 377.
Rétoville, i, 388.
Réville, ii, 111.
Rhodes, iii, 63, 322.
Rhône, i, 86.
Richelieu (porte), à Paris, iii, 294.
Rideauville, ii, 362.
Rignerolle, i, 247.
Rimini, ii, 207, 211.
Riquierville, iii, 86.
Rivière (baronnie de la), i, 206 ; ii, 301.
Roannez, iii, 2.
Roche-aux-Moines (la), i, 337.
Rochelle (la), i, 300 ; iii, 330.
Roche-Taisson (la), i, 152 ; ii, 129, 130.
Rocroy, iii, 265, 266.
Rodez, iii, 13, 348.
Roi-de-la-Halle (fief du), i, 332.
Rollos, i, 354.
Romagne, ii, 207.
Rome, i, 4, 75, 79, 123, 160, 212, 220, 245, 260, 297, 322, 364, 388 ; ii, 4, 19, 36, 52, 77, 102, 103, 192, 193, 199, 200, 206, 209, 210, 211, 217, 222, 243, 247, 268, 280, 282, 286, 292, 293, 295, 298, 299, 306, 307, 310, 331, 333, 334, 345 ; iii, 29, 34, 40, 41, 56, 64, 69, 85, 94, 101, 123, 124, 134, 145, 154, 186, 187, 190, 193, 194, 195, 200, 201, 208, 225, 233, 234, 255, 259, 261, 262, 263, 274,

TABLE DES NOMS DE LIEU.

275, 284, 285, 286, 296, 302, 305, 332, 356, 358.
Romilly, II, 5.
Roncey, I, 373; II, 27; III, 182.
Ronceyum, III, 84.
Rondehaye (la), II, 274.
Roque (la), II, 76.
Roquelle (chapelle de la), III, 216.
Ros (ténement de), I, 201.
Rosel (le), I, 238, 304, 340, 347; II, 4, 29, 62, 63; III, 52, 81.
Rosse, III, 10, 43.
Rothelin, III, 316.
Rouault (maison), I, 369.
Rouen, I, 4, 6, 7, 8, 13, 14, 20, 29, 33, 34, 36, 40, 42, 47, 49, 58, 60, 65, 68, 69, 72, 73, 75, 76, 84, 82, 83, 89, 94, 95, 96, 97, 98, 99, 100, 104, 105, 107, 108, 112, 116, 120, 123, 125, 132, 136, 141, 148, 149, 155, 159, 160, 161, 166, 170, 175, 179, 181, 182, 183, 184, 185, 200, 202, 205, 208, 213, 214, 219, 224, 229, 233, 236, 237, 254, 254, 255, 256, 258, 264, 267, 268, 270, 274, 284, 292, 293, 297, 300, 304, 302, 303, 343, 349, 354, 359, 364, 365, 366, 367, 368; II, 4, 17, 18, 19, 20, 21, 36, 54, 58, 60, 74, 73, 88, 92, 100, 107, 108, 110, 118, 123, 135, 143, 154, 155, 159, 160, 162, 170, 179, 185, 188, 189, 190, 200, 203, 210, 213, 219, 220, 224, 227, 244, 257, 258, 260, 261, 262, 263, 265, 276, 279, 280, 286, 287, 288, 306, 312, 313, 314, 316, 331, 334, 350, 351, 352, 353, 354, 355, 356, 357, 358, 359, 360, 372, 373, 376, 383, 398; III, 5, 10, 22, 45, 47, 48, 61, 84, 87, 90, 101, 112, 113, 138, 145, 153, 163, 168, 169, 170, 183, 194, 197, 205, 215, 236, 238, 239, 247, 248, 271, 272, 284, 285, 286, 287, 294, 296, 305, 348, 349, 350, 355, 356.
Rouense, III, 106, 120.
Roussi, III, 325.
Roussillon, II, 344, 366; III, 449.
Ruaudière (la), III, 147.
Rue (la), III, 253.
Runeville(Saint-Martin de), maintenant Arneville, I, 272.
Rupella, I, 297.
Rye (terre de), I, 358.

Sabins, I, 194.
Saceium, III, 84.
Saint-André, I, 238, 243.
Saint-André (chapelle de), II, 2, 206.
Saint-André, église dans la terre de la Haye, I, 124.
Saint-André-en-Gouffern, I, 200, 265.
Saint-Antoine (faubourg), I, 87.
Saint-Antoine (porte), à Paris, III, 294.
Saint-Antoine-de-Vienne, abbaye, II, 306.
Saint-Antoine-de-Vienne, à Rouen, II, 344.
Saint-Aubin, I, 250.
Saint-Aubin (Anjou), III, 241.
Saint-Aubin-des-Bois, III, 230, 231.
Saint-Aubin-des-Préaux, II, 334.
Saint-Augustin, Saint-Ambroise et Saint-Jérôme, docteurs (chapelle de), II, 96.
Saint-Barthélemy (chapelle de), I, 2.
Saint-Barthélemy-de-Hardinvast. V. Hardinvast.
Saint-Basile-de-Vaudreville, II, 74.
Saint-Bénigne-de-Dijon, III, 54.
Saint-Brieuc, I, 77.
Saint-Bris en Magnoac, III, 322.
Saint-Cande (église), de Rouen, II, 288.
Saint-Christophe, I, 237; III, 272.
Saint-Clair, III, 195.
Saint-Clair, chapelle, II, 28.
Saint-Clair-sur-Epte, I, 93.
Saint-Clair-de-Nacqueville. V. Nacqueville.
Saint-Clément, chapelle de l'abbaye de Saint-Denis, II, 179.

Saint-Clément-de-Jersey, I, 249; III, 62.
Saint-Cloud, I, 358.
Saint-Côme, I, 59, 219, 220, 221, 222, 223, 254; II, 375.
Saint-Côme-du-Mont, III, 52.
Saint-Côme (rue), à Paris, II, 107.
Saint-Corneille-de-Compiègne, II, 276.
Saint-Crespin-les-Soissons, III, 300, 301.
Saint-Crespin, proche Salignac, III, 348.
Saint-Cyprien-de-Poitiers, abbaye, III, 332, 358.
Saint-Cyr, I, 216.
Saint-Cyr-de-Laune, I, 343, 355.
Saint-Denis, I, 47, 71, 74, 94, 204; II, 164, 179, 307; III, 3, 122, 199, 332, 358.
Saint-Denis, III, 185.
Saint-Denis (chapelle de), à Coutances, II, 96.
Saint-Denis (moulins de), I, 238, 285.
Saint-Denis-le-Gast, III, 97.
Saint-Denis-de-Maisoncelles, III, 182.
Saint-Denis-le-Vêtu, I, 373; II, 58, 73, 85, 210, 349; III, 84, 220, 267.
Saint-Ebremond-de-Bonfossé, I, 303; II, 5, 44, 124, 248, 386; III, 134.
Saint-Eloi (chapelle de), à Coutances, II, 373.
Saint-Eloi-de-Noyon, abbaye, III, 331, 357.
Sainteny, I, 258; II, 291, 314, 335, 341, 383, 384, 394..
Saint-Eny, I, 373.
Saint-Ermerand, III, 267.
Saint-Etienne-d'Agen, III, 221.
Saint-Etienne-de-Caen, I, 124, 140, 141, 258.
Saint-Etienne-de-Dijon, III, 54.
Saint-Etienne-de-Saint-Lo, I, 180.
Saint-Eustache (chapelle de), à Coutances, III, 309.
Saint-Eutrope (chapelle de), à Coutances, III, 227.

Saint-Eutrope-de-Saintes, III, 70.
Saint-Evroul, II, 375.
Saint-Flor du diocèse de Saintes, III, 70.
Saint-Florent près Saumur, III, 4.
Saint-Floscel, I, 192, 247.
Saint-Flour, III, 262.
Saint-Fragaire, I, 60; II, 165.
Saint-François (chapelle de), à Saint-Denis-le-Vêtu, II, 73.
Saint-Frémond, I, 56, 231; II, 304, 324; III, 7, 56.
Saint-Fromond. V. Saint-Frémond.
Saint-Genez, III, 348.
Saint-Georges, I, 27, 243.
Saint-Georges-en-Bauptois, II, 42.
Saint-Georges-de-Cats, I, 247. V. Cats.
Saint-Georges-de-Colomby, I, 158. V. Colomby.
Saint-Georges-de-Montcoq, I, 238; II, 124, 186; III, 101.
Saint-Georges-de-Néhou, I, 158.
Saint-Georges-de-Reintembault, II, 163.
Saint-Georges-au-Voile-d'or, I, 194.
Saint-Germain-d'Auxerre, abbaye, III, 331, 357.
St-Germain-l'Auxerrois (église de), III, 330, 357.
Saint-Germain-sur-Ay, II, 85.
Saint-Germain-le-Gaillard, I, 250, 273; II, 28; III, 52.
Saint-Germain-le-Gréard, I, 237.
Saint-Germain-en-Laye, I, 338; III, 100, 139, 316, 331.
Saint-Germain au diocèse de Nantes, III, 70.
Saint-Germain-des-Prés, II, 160; III, 201.
Saint-Germain-de-Tallevende, II, 373.
Saint-Germain-de-Tournebu, I, 256, 336.
Saint-Germain-de-Varreville, I, 201; II, 62, 372.
Saint-Germain-des-Vaux, II, 118; III, 195.

TABLE DES NOMS DE LIEU.

Saint-Gervais, à Paris, III, 301.
Saint-Gilles, I, 24, 128, 368; II, 124, 132.
Saint-Gilles (chapelle de), à Coutances, II, 92.
Saint-Grégoire-de-Saussemesnil, I, 217.
Saint-Hélier-de-Jersey, I, 187, 259, 297; II, 343, 374.
Saint-Jacques, église à Montebourg, I, 218.
Saint-Jacques-du-Repas, I, 307, 377.
Saint-Jacques-du-Repas (hôpital de), I, 376.
Saint-Jean (chapelle de), à Coutances, II, 135, 255, 389; III, 45.
Saint-Jean-des-Baisans, III, 141.
Saint-Jean-des-Champs, I, 342; II, 84, 104, 142, 385.
Saint-Jean-en-Grève (église de), à Paris, III, 332, 358.
Saint-Jean-de-Jersey, II, 343, 344.
Saint-Jean-de-Monron (église de), à Néhou, I, 216; III, 240.
Saint-Jean-des-Prez, à Rouen, II, 143.
Saint-Jean-sur-Renelle (paroisse de Rouen), I, 97, 366; II, 17, 143, 144, 263, 286; III, 236, 349.
Saint-Josse (terre de), I, 225.
Saint-Josse-en-Bois-lez-Dammartin, I, 230.
Saint-Jouvin-de-Marnes, I, 10, 126; III, 3, 59, 70, 97, 98, 101, 107, 109, 118, 119, 132, 142, 154.
Saint-Julien (chapelle de), III, 74.
Saint-Julien-de-Brioude, III, 300.
Saint-Julien-de-Rodez, III, 318.
Saint-Laurent-de-Jersey, I, 274; II, 343, 374.
Saint-Laurent-de-Nacqueville, I, 332; II, 336.
Saint-Laurent-de-Rauville, I, 158. V. Rauville.
Saint-Lazare (église de) II, 174.
Saint-Lazare, à Paris, III, 269.

Saint-Lo (église de), à Angers, I, 33, 34; III, 70, 239, 240, 244.
Saint-Lo (ville, église et abbaye de), en Cotentin, I, 25, 26, 44, 54, 63, 88, 89, 95, 96, 107, 108, 109, 128, 175, 180, 181, 182, 183, 185, 186, 191, 197, 202, 203, 214, 238, 245, 247, 250, 260, 266, 293, 308, 321, 342, 351, 368, 382, 383, 384, 395; II, 10, 12, 32, 35, 36, 49, 93, 113, 123, 124, 128, 147, 154, 162, 163, 170, 176, 178, 186, 187, 192, 194, 289, 290, 291, 297, 314, 324, 334, 335, 336, 341, 342, 344, 345, 347, 348, 360, 371, 372, 376; III, 6, 7, 9, 10, 14, 43, 45, 51, 52, 53, 56, 75, 91, 92, 94, 99, 116, 121, 138, 139, 141, 146, 174, 179, 181, 186, 223, 224, 225, 233, 238, 242, 243, 248, 250, 291, 305, 341, 345, 359.
Saint-Lo (chapelle de), à Coutances, II, 170.
Saint-Lo-de-Foucarville, I, 395.
Saint-Lo (Hôtel-Dieu de), I, 113, 382, 383; II, 49, 75, 373; III, 14, 43, 137, 141.
Saint-Lo (paroisse et prieuré de), à Rouen, I, 33, 50, 97, 99, 100, 175, 182, 183, 184, 185, 202, 264, 288, 292, 293, 351, 365, 366, 367; II, 17, 18, 73, 123, 132, 143, 144, 152, 154, 155, 169, 170, 185, 197, 198, 199, 259, 261, 262, 263, 284, 285, 286, 287, 330; III, 64, 168, 169, 236, 239, 247, 349, 350.
Saint-Lo-de-Troisgots, II, 348.
Saint-Louet-sur-Sienne, II, 39, 123, 131; III, 11, 14,; III, 141, 274.
Saint-Louis (chapelle de), à Coutances, II, 92, 96, 97, 176; III, 56.
Saint-Maclou (église), à Rouen, II, 190.
Saint-Magloire, abbaye, II, 160.
Saint-Maixent, III, 3.
Saint-Malo, II, 351; III, 223, 224.

Saint-Manvieu-de-Marchesieux, II, 345; III, 194, 198.
Saint-Marcouf, I, 204, 346, 347, 358, 359; III, 7, 104.
Saint-Martin, I, 74, 359; III, 123.
Saint-Martin (chapelle de), I, 371; II, 7.
Saint-Martin (église de), à Pontoise, II, 119.
Saint-Martin-d'Andouville, III, 46.
Saint-Martin-de-Belval. V. Belval.
Saint-Martin-de-Bonfossé, II, 303.
Saint-Martin-de-Brillevast, I, 247.
Saint-Martin-de-Cambringeham I, 272.
Saint-Martin-de-Cenilly, I, 281, 283.
Saint-Martin-d'Escalleclif, I, 273.
Saint-Martin-de-Fontenay, I, 260; II, 16.
Saint-Martin-de-Golleville, I, 158.
Saint-Martin-de-Grouville, I, 352.
Saint-Martin-la-Hague, III, 195.
Saint-Martin-de-Jersey, II, 343.
Saint-Martin-de-Montaigu, II, 156.
Saint-Martin-d'Octeville-sur-Cherbourg, III, 174.
Saint-Martin-d'Ozeville (église), I, 298.
Saint-Martin-sur-Renelle, II, 17.
Saint-Martin de Saussey, I, 352.
Saint-Martin-de-Soule, II, 27.
Saint-Martin-de-Tollevast, II, 336.
Saint-Martin-de-Tours, II, 58.
Saint-Martin-d'Urville. V. Urville.
Saint-Martin-de-Varreville, I, 204, 334; II, 54, 62.
Saint-Martin-de-Vauville, I, 234.
Saint-Martin-le-Vieux (île de Jersey), I, 166, 167, 280, 318, 389; II, 343, 375; III, 10, 43.
Saint-Martin-le-Vieux (église de), à Limoges, III, 318.

Saint-Maur (chapelle de), à Coutances, III, 6, 104, 110, 144.
Saint-Maurice, II, 52.
Saint-Maurille-d'Angers, III, 148.
Saint-Médard, près Soissons, II, 331.
Saint-Melaine-de-Rennes, III, 98, 106, 110, 117, 125, 128, 130, 131.
Saint-Michel (chapelle de), dans l'église de Saint-Martin-de-Montaigu, II, 156.
Saint-Michel-du-Bosc, prieuré, I, 224, 225; II, 83; III, 295, 296.
Saint-Michel-d'Etoublon, I, 340.
Saint-Michel-en-l'Herm, III, 59.
Saint-Michel-du-Mont-de-Vauville, prieuré, I, 234, 393.
Saint-Michel-de-Vauville, I, 234.
Saint-Nicolas (prébende de), III, 199.
Saint-Nicolas-d'Angers, III, 4.
Saint-Nicolas-de-Blanchelande, II, 232, 233.
Saint-Nicolas-de-Coutances, I, 398; II, 80, 177, 330, 358; III, 10, 138, 189, 216, 240.
Saint-Ouen, III, 188.
Saint-Ouen-de-Catteville, II, 107.
Saint-Ouen-de-Jersey, II, 343, 375.
Saint-Ouen-de-Montreuil, II, 124.
Saint-Ouen-de-Rouen, I, 104, 112, 200; III, 90.
Saint-Ouen-de-Sideville, II, 103, 141.
Saint-Pair, I, 10, 31, 111, 173, 237, 339; II, 14, 75, 324; III, 133, 307, 308.
Saint-Paul, III, 325.
Saint-Paul (église de), à Paris, II, 160; III, 224.
Saint-Paul-de-Cormery, II, 118; III, 63.
Saint-Paul-du-Rosel, II, 82.
Saint-Père-en-Vallée-lez-Chartres, I, 51, 199, 240; II, 2.
Saint-Philibert (chapelle de), à Rouen, I, 351; II, 60.
Saint-Pierre (chapelle de), à Coutances, II, 376.
Saint-Pierre (église de), à Rome,

TABLE DES NOMS DE LIEU.

II, 214, 295, 298, 299, 300; III, 85, 244.
Saint-Pierre (prébende de), III, 15.
Saint-Pierre-d'Alonne, I, 273.
Saint-Pierre-d'Anneville, II, 119.
Saint-Pierre-d'Arthéglise, I, 297, 338.
Saint-Pierre-d'Arthenay, I, 372; II, 101. 102, 335.
Saint-Pierre-de-la-Chapelle, I, 350.
Saint-Pierre-de-la-Chapelle-Enjuger, I, 370.
Saint-Pierre-de-Coutances, I, 155, 191, 326, 327, 328, 396; II, 86, 123, 177, 214, 330, 391; III, 63, 246.
Saint-Pierre-de-Diguleville, I, 231.
Saint-Pierre-sur-Dives, I, 180; II, 294.
Saint-Pierre-Eglise, III, 7.
Saint-Pierre-de-Fontenay sur le Vay, I, 199.
Saint-Pierre-de-Jersey, III, 62.
Saint-Pierre-de-la-Luthumière (prieuré de), ou de Saint-Juin, ou de Saint-Jouvin, I, 152.
Saint-Pierre-du-Mont-Saint-Michel, II, 148.
Saint-Pierre-en-Vallée-lez-Chartres. V. Saint-Père, etc.
Saint-Pierre-le-Vif, I, 50.
Saint-Planchers, III, 133.
Saint-Pol, III, 195.
Saint-Pol (hôtel de), à Paris, II, 164.
Saint-Porcian, II, 284.
Saint-Quentin, I, 101.
Saint-Romphaire, I, 274, 375, 376; II, 169, 348; III, 51, 73.
Saint-Romphaire (chapelle de), II, 369; III, 83, 168.
Saint-Samson, I, 191; II, 39, 131; III, 195.
Saint-Samson-de-Hallon, II, 27.
Saint-Sauve-de-Montreuil, III, 253.
Saint-Sauveur (forêt de), II, 124.
Saint-Sauveur-de-Guernesey, II, 343.
Saint-Sauveur-de-Jersey, II, 125, 343, 344.
Saint-Sauveur-Lendelin, I, 345; II, 126; III, 148.
Saint-Sauveur-de-la-Pommeraye, I, 275, 326; II, 334.
Saint-Sauveur-de-Pierrepont, I, 59, 60, 61.
Saint-Sauveur-le-Vicomte, I, 95, 96, 98, 129, 130, 151, 152, 192, 199, 200, 216, 228, 237, 248, 261, 262, 275, 276, 289, 294, 297, 321, 338, 342, 352, 361, 377, 378, 384, 385, 387; II, 4, 49, 61, 69, 70, 73, 74, 77, 78, 85, 88, 91, 101, 106, 111, 112, 113, 114, 132, 194, 211, 291, 324, 335, 375; III, 7, 52, 92, 103, 116, 123, 145, 148, 149, 177, 195, 203, 276, 345.
Saint-Sébastien (chapelle de), à Coutances, II, 135, 176.
Saint-Sébastien (chapelle de), paroisse du Rosel, III, 52.
Saint-Sépulcre (chapelle du), à Coutances, II, 135.
Saint-Sever, I, 44, 59, 60, 106, 289, 321; II, 10, 57, 61, 291, 324, 334, 374; III, 7, 52, 56, 75, 92, 123, 182, 277, 345.
Saint-Surin-de-Bordeaux, II, 101.
Saint-Taurin-d'Evreux, I, 380; II, 132; III, 66.
Saint-Thomas (chapelle de), III, 101.
Saint-Thomas-de-la-Bloutière, I, 308.
Saint-Thomas-de-Saint-Lo, I, 288, 342; II, 186.
Saint-Vaast, II, 364; III, 117.
Saint-Valery, III, 328.
Saint-Vast, II, 75.
Saint-Victor-de-Paris, I, 187, 188, 252; II, 160.
Saint-Vigor-de-Cerisy, I, 231.
Saint-Vincent-de-Châlons, I, 47.
Saint-Vincent-de-Senlis, I, 252.
Saint-Wandrille, I, 58, 60, 116, 204, 334, 359, 380, 394, 395; II, 54, 62, 69, 70, 71, 72, 90, 91, 372.

Sainte-Anne (chapelle de), sur le fief de Beaumont, ii, 347.
Sainte-Anne (chapelle de), à Coutances, ii, 369; iii, 83.
Sainte-Anne-de-Vire (chapelle de), ii, 291.
Sainte-Apolline (chapelle de), à Coutances, ii, 96.
Sainte-Barbe en Auge, i, 175, 180, 182, 184, 240, 241, 283, 352.
Sainte-Catherine (chapelle), ii, 10, 11, 13.
Sainte-Catherine-de-l'Hôtel-Dieu de Saint-Lo, 347, 374; iii, 43.
Sainte-Catherine-de-la-Perrine, iii, 14.
Sainte-Chapelle (la), de Paris, ii, 106; iii, 194, 206, 279, 295.
Sainte-Colombe, i, 123, 388.
Sainte-Colombe (église de), à Golleville, i, 158.
Sainte-Colombe-de-Crasville, i, 217.
Sainte-Croix, i, 27, 211; ii, 126.
Sainte-Croix (chapelle de), ii, 7, 336.
Sainte-Croix-en-Bocage, ii, 144; iii, 146.
Sainte-Croix-de-la-Hague, ii, 318, 389.
Sainte-Croix-de-Montaigu, i, 336.
Sainte-Croix-de-Saint-Lo, i, 180.
Sainte-Croix et Saint-Etienne (église de), à Saint-Lo, i, 63.
Sainte-Croix-du-Vast, i, 200.
Sainte-Croix-de-Vauville, i, 231.
Sainte-Croix-de-Viraudeville, i, 152, 275; ii, 111, 112.
Sainte-Croix-de-Volta, iii, 70.
Sainte-Geneviève, i, 306, 307, 343, 381, 382, 382, 397; ii, 155.
Sainte-Geneviève de Paris, i, 252; ii, 160.
Sainte-Geneviève-en-Saire, ii, 141.
Sainte-Hélaine (prieuré de), iii, 195.
Sainte-Honorine-d'Audouville, i, 201; — le-Hubert, iii, 52.
Sainte-Marguerite-de-la-Bonneville, i, 372.
Sainte-Marguerite-de-Contrières, iii, 104.
Sainte-Marguerite-de-Theil, ii, 141.
Sainte-Marie-d'Allone, ii, 14.
Sainte-Marie-de-Ara-Cœli, iii, 41.
Sainte-Marie-d'Audouville, iii, 16.
Sainte-Marie-d'Aunay, i, 281, 282.
Sainte-Marie-de-Bourey, iii, 195.
Sainte-Marie-de-Brix, i, 237.
Sainte-Marie-de-Cenilly, i, 281, 282.
Sainte-Marie-du-Château, i, 247; ii, 124.
Sainte-Marie-de-Cherbourg, i, 235.
Sainte-Marie-de-la-Colombe, i, 294.
Sainte-Marie-de-Coutances, i, 344.
Sainte-Marie-d'Equeurdreville, iii, 34.
Sainte-Marie-de-Hambie, iii, 136.
Sainte-Marie-Laumont, ii, 46, 47, 291.
Sainte-Marie-de-Martinvast, ii, 61.
Sainte-Marie-du-Mont, i, 27, 104, 201; ii, 38, 91, 335, 348; iii, 7, 81, 92, 111.
Sainte-Marie-de-Montebourg, i, 215.
Sainte-Marie-de-Montfarville, i, 217.
Sainte-Marie-du-Moutier-Brûlé, à Jersey, i, 166, 318.
Sainte-Marie-du-Parc, ii, 83.
Sainte-Marie-des-Pieux, i, 276; ii, 141.
Sainte-Marie-de-Poupeville, i, 201.
Sainte-Marie-du-Puits, ii, 387.
Sainte-Marie-de-Ravenoville, i, 232.
Sainte-Marie-de-la-Salle, i, 336.
Sainte-Marie-de-Sortoville, i, 217.
Sainte-Marie-de-Théville, i, 216.
Sainte-Marie-de-Vasteville, i, 234, 235.

TABLE DES NOMS DE LIEU. 445

Sainte-Marie-du-Valdécie. V. Le Valdécis.
Sainte-Marie-de-Villeneuve, ii, 310.
Sainte-Marie-sur-Vire (chapelle de), ii, 348.
Sainte-Marie-du-Vœu-de-Cherbourg, i, 279, 332. V. Cherbourg.
Sainte-Mère-Eglise, i, 27.
Sainte-Monique (chapelle de), aux Grands-Augustins de Paris, iii, 309.
Sainte-Opportune, i, 130; ii, 347.
Sainte-Paix (église de), à Caen, i, 432.
Sainte-Pétronille, chapellenie, iii, 83.
Sainte-Rufine, ii, 296.
Sainte-Trinité-de-Caen, i, 338; ii, 336.
Sainte-Trinité-de-Fécamp, i, 104.
Sainte-Trinité-de-Jersey, ii, 246.
Sainte-Trinité-de-Lessay, ii, 170; iii, 142.
Sainte-Trinité-de-la-Luzerne, i, 278.
Sainte-Vierge (chemin de la), i, 92.
Saintes, iii, 70.
Saintonge, iii, 2, 323.
Saire (doyenné de), i, 361.
Salerne, i, 114.
Salignac, iii, 318.
Salisbury, i, 135, 170, 396, 397.
Salsoef, i, 273.
Saluces, iii, 328.
Sancta-Maria-de-Mergerei, i, 294.
Sanctus-Albinus Cosconum, iii, 234.
Sanctus-Fragasius, iii, 81.
Sanctus-Fraguerius, iii, 83.
Sanctus-Jacobus de Heremo, i, 243.
Sanctus-Martinus de Bellosa in Gameno, i, 394.
Sanctus-Pancratius, iii, 135.
Sanctus-Vigor de Montibus, iii, 81.
Sarlat, iii, 318.

Sauceium, i, 241.
Saultchevreuil, ii, 344; iii, 63.
Saumur, iii, 4.
Saussemesnil, i, 317, 388.
Saussey, i, 352; ii, 42.
Savigny, i, 240, 241, 265, 352, 396; ii, 30, 269, 303, 342, 344; iii, 52.
Savoie, ii, 244, 309; iii, 223, 261.
Savonnières, i, 73, 77.
Sciscy, i, 10, 11, 12, 14, 30, 44, 59, 60, 111, 171, 306.
Sedan, iii, 262.
Séez, i, 14, 29, 30, 47, 50, 70, 72, 76, 125, 133, 149, 153, 155, 171, 179, 200, 229, 258, 268, 270, 296, 300; ii, 19, 100, 119, 294, 341, 344, 383, 386; iii, 153, 287.
Seigneur (domaine du), à Bréhal, ii, 30.
Seine, i, 66, 85, 86, 87, 74.
Sénéchal (fief du), paroisse de Bréhal, i, 274.
Senilly, iii, 107.
Senlac (bataille de), 134, 135, 136.
Senlis, i, 351; ii, 154, 193, 205.
Sens (ville et diocèse), i, 50, 73, 348, 349; ii, 143, 160, 164, 373; iii, 25, 26, 78, 252.
Sept-Frères (les), iii, 107.
Serk (île), i, 128.
Servillac, iii, 318.
Sey (moulin de), i, 192.
Sicile, i, 114, 145, 122; ii, 292; iii, 58, 324.
Sideville, i, 390; ii, 143.
Sienne (rivière), i, 283; ii, 126.
Siouville, i, 388.
Soissons, i, 65, 71, 74, 75, 77, 78; ii, 154; iii, 261, 300, 301, 327.
Sola (terra de), i, 106.
Solignac, i, 77.
Sommerset, i, 136, 137.
Sorbonne, iii, 222, 252, 258, 268, 274, 300, 302, 331, 332, 353, 358, 361.
Sortoville, i, 247.
Sottevast, ii, 47.
Sotteville, i, 166, 167.

Soule, i, 338, 378; ii, 36, 122, 154, 291, 375, 384; iii, 73.
Soule (pont de), iii, 77.
Soule (rivière), ii, 123.
Souslemont (fief de), à la Pernelle, ii, 34.
Spolète, i, 2.
Stirling, i, 170.
Stockholm, iii, 329.
Strathern, i, 170.
Subligny, i, 264.
Suède, iii, 179, 329.
Suffolk, i, 140; ii, 215.
Surville, iii, 10.
Sussex, i, 205.

Talvende, ii, 294.
Tamerville, ii, 348.
Tancarville, iii, 195.
Tanu (le), ii, 85.
Tarantaise, ii, 308.
Tarse, iii, 225, 234.
Telleium, iii, 84.
Temple (manoir du), ii, 36.
Tende, iii, 325.
Tercet, iii, 272.
Tesseium, iii, 84.
Tessy, i, 344, 345, 353, 373; ii, 55, 56, 291, 334, 343; iii, 7, 52.
Tetfordum, i, 207.
Thar (ruisseau), i, 230.
Tharnet (ruisseau), i, 229, 230.
Thébaïde, 13.
Thérouanne, i, 5.
Théville, i, 128, 216; iii, 9, 31.
Thiéville, ii, 116, 117.
Thionville, 65, 70.
Thorigny, ii, 117, 157.
Thouars, iii, 98.
Thoué (rivière), iii, 98.
Thun, iii, 297.
Thury, i, 189.
Tinchebrai, i, 153, 154.
Toarz (Thouars), i, 297.
Tolède, ii, 220.
Tollevast, i, 343; iii, 84.
Tombelaine (le mont), ii, 297.
Torcy, ii, 351.
Torgistrop (manoir), i, 364.
Torigny, iii, 233.
Torlavilla, iii, 84.

Toscane, iii, 41.
Toul, i, 73.
Toulouse, ii, 154; iii, 222, 255, 276, 289.
Touque, ii, 204.
Toulest (chapelle), iii, 273.
Tour carrée (la), à Paris, ii, 315.
Tour de Londres, i, 371, 376.
Touraine, i, 252, 297, 300; ii, 173.
Tourlaville, i, 313, 316, 317, 373; ii, 23, 43, 44, 125, 374.
Tournebu, iii, 183.
Tournières, iii, 292.
Tours, i, 5, 18, 29, 68, 77, 92, 230, 254; ii, 35, 118, 161, 240, 241, 283; iii, 48, 199.
Tourville, i, 275, 277, 388; ii, 189, 190, 273.
Tous-les-Saints (chapelle de), iii, 83.
Tracy, ii, 145; iii, 92.
Trauts (les), ii, 350.
Tréauville, ii, 394; iii, 403.
Tréguier, i, 76.
Treilleium, iii, 84.
Trelly, i, 24, 191, 354; ii, 39, 122, 131, 132, 372, 373; iii, 141, 146, 181, 273, 277.
Trente, iii, 205, 246.
Trente-Cierges (chapelle des), iii, 67.
Tresgoz, i, 274, 375, 376; iii, 222.
Trinité (chapelle de la), à Saint-Maclou-de-Rouen, ii, 190.
Trinité-de-Caen (la), i, 339.
Trinité-de-Cherbourg (la), iii, 31.
Trinité-de-Jersey (la), ii, 347; iii, 62.
Tripehou, i, 238, 318, 319.
Triphée (roi), ii, 356.
Troarn, ii, 24, 25, 36, 132, 265.
Troisgots, ii, 348.
Tronville (terre), i, 262.
Troyes, ii, 103, 160, 161; iii, 324.
Trye, i, 266.
Tuileries (les), i, 87.
Tulle, i, 33.
Tunis, ii, 34.

TABLE DES NOMS DE LIEU.

Turqueville, i, 217, 386; ii, 111.
Turville, i, 278.
Tusculum, i, 194; ii, 36.
Tyr, i, 266.

Ulm, ii, 233.
Urville, i, 191, 234, 260, 261, 332, 368, 390; ii, 39, 67, 68, 123, 132; iii, 147.
Usson, ii, 366.
Utrecht, ii, 218.

Vacquerie (terre de la), ii, 124.
Vada (Le Vay), i, 199.
Vadstoche, i, 205.
Vains, ii, 116.
Val (le), ii, 343, 394.
Val (abbaye du), i, 189.
Valata, i, 233.
Valdécie (le), i, 297, 388.
Val-de-Pitan (le), i, 74.
Val-de-Saire (le), i, 166, 256; ii, 55, 324.
Val-de-Vire (le), i, 117; ii, 314, 324, 349, 387, 389, 390; iii, 44, 129, 130, 133, 141, 146, 154, 204, 226.
Valence, i, 80; iii, 222.
Vallemont (Valmont), iii, 13.
Valognes, i, 3, 54, 60, 128, 166, 169, 206, 219, 310, 313, 318, 333; ii, 16, 63, 66, 71, 75, 92, 93, 95, 105, 106, 117, 124, 155, 157, 212, 269, 277, 290, 291, 310, 311, 312, 328, 330, 335, 363, 364, 365, 366, 395, 396; iii, 7, 9, 31, 52, 92, 115, 116, 117, 145, 146, 152, 187, 226, 250, 270, 291, 303.
Val-Richer (le), i, 27, 200, 265.
Vannes, i, 77; iii, 220.
Varenguebec, i, 206, 209, 224, 226; ii, 4, 84; iii, 84, 295, 296, 316.
Varouville, i, 388.
Varreville, i, 395; ii, 62, 71, 90.
Vasteville, i, 234, 236, 384; ii, 112; iii, 154.
Vatican (le), ii, 152, 164, 299, 300.
Vaudemont, iii, 155.
Vaudreville, ii, 74.

Vaudrimesnil, i, 373; iii, 81.
Vaultier, iii, 88, 138, 189.
Vauterie (la), iii, 73.
Vautier (moulin), à Baudre, ii, 123.
Vauville, i, 234; ii, 335.
Vay (le), i, 199.
Veis (les), ii, 394.
Vélitre, ii, 309.
Vendelée (la), ii, 5, 255; iii, 81.
Vendôme, ii, 280.
Venise, ii, 207, 244.
Venley (ruisseau), i, 111.
Ver, ii, 335; iii, 9.
Verberie, i, 72, 78.
Verdun, i, 196; ii, 333.
Verneuil, i, 274.
Vernon, i, 70.
Veroli, i, 255.
Verrée (la), ii, 124.
Versailles, iii, 313.
Versey, ii, 126.
Versigny, ii, 202, 203.
Vesly, iii, 117, 124, 286.
Viceburn, i, 192.
Vicomte (bois le), ii, 56.
Vienne, i, 63, 75, 176, 178, ii, 110, 217, 220, 236; iii, 276.
Vierge (chapelle de la) ou des Trente-Cierges, iii, 67.
Vigeras, iii, 313.
Vigny (château de), iii, 90.
Vigorne (Worcester), i, 140.
Villa-Armois, iii, 123.
Villars, iii, 325.
Ville-aux-Clers (la), iii, 314, 315, 316, 327.
Villedieu, i, 60, 283; ii, 30, 141, 290, 291, 334, 344; iii, 7, 52, 63, 75.
Villendren-sur-Indre, iii, 29.
Villeneuve, ii, 310; iii, 313.
Villeray, ii, 364.
Villers, ii, 163.
Villiers, ii, 12.
Villiers-le-Bocage, iii, 296.
Villodon, ii, 136.
Vincennes, ii, 90; iii, 36.
Vira (fluvius), i, 27; ii, 345, 348.
Virandeville, i, 275.
Vire (rivière), i, 27, 44, 50, 128, 194, 274; ii, 123.

Vire (ville), I, 44, 59, 264, 354; II, 11, 334; III, 7, 72, 116, 183, 226.
Vire (Hôtel-Dieu-de), II, 134; III, 7.
Viria (fluvius), I, 26.
Viromandensis ecclesia, I, 77.
Viterbe, I, 326.
Vitry, I, 79.
Viviers, III, 203.
Viviers (les), III, 173, 174.
Vrétot, I, 226; III, 7.

Walachoria, I, 69.
Warwich, I, 118.

Wells, I, 247, 248, 257.
Westminster, I, 135.
Wight (île), I, 206.
Winchester, I, 135, 137.
Windsor, I, 138.
Winterburn-Slibellane, I, 396

Xaintes (Saintes), I, 360.

York, I, 169, 170; III, 271.
Ypres, III, 238, 290.
Yvetot, I, 110; II, 4, 61, 124, 132; III, 44, 90, 194.

Zabulon (terre de), I, 4.

ERRATA

Page 4, note 2, ligne 7, en, *lisez :* ne.
Page 10, ligne 13, commandataire, *lisez* : commendataire.
Page 10, ligne 16, commande, *lisez* : commende.
Page 47, note 1, ligne 4, diocèse, *lisez :* diocèse.
Page 73, note 5, ligne 5, p. 255., *lisez* : p. 255,.
Page 75, ligne 11, M. de la Roque, « dans, *lisez* : M. de la Roque, dans.
Page 79, ligne 12, Phillippe, *lisez :* Philippe.
Page 81, ligne 14, Canegero, *lisez* : Canegeio.
Page 123, lignes 19 et 21, commande, *lisez* : commende.
Page 138, note 4, ligne 5, ces, *lisez* : ses.
Page 150, note, ligne 1, commandan, *lisez* : commendam.
Page 152, ligne 2, irra, *lisez* : irra —.
Page 156, ligne 22, commençer, *lisez :* commencer.
Page 221, ligne 3, Nicolas de Bourgoing, *lisez* : Nicolas Bourgoing.
Page 224, ligne 6, M. de Bourgoing, *lisez* : M. Bourgoing.
Page 228, ligne 26.   id.,   id.
Page 229, ligne 4,   id.,   id.
Page 277, note 3, ligne 1, Rhodez, *lisez* : Rodez.
Page 287, note 4, plus bas, *lisez* : plus haut.
Page 296, ligne 14, d'Arelais de Montancis, *lisez :* d'Arclais de Montamis.
Page 296, ligne 18, d'Arelais, *lisez :* d'Arclais.
Page 341, ligne 13, mihit res, *lisez* : mihi tres.

Page 109. Dans le titre général de la cinquième partie, on lit : *qui comprend ce qui s'est passé sous douze prélats.* Nous avons laissé passer par inadvertance cette erreur des mss. ; il faut lire : *sous sept prélats,* comme on peut s'en convaincre en examinant la table des matières.

TABLE

QUATRIÈME PARTIE

		Pages.
Chapitre IV.	De Adrien Gouffier, cardinal	1
Chapitre V.	De Bernard de Bibiane, cardinal	33
	Le siège vacant. . . . . ;	44
	De René de la Trémouille de Brèche.	53
Chapitre VI.	De Philippe de Cossé.	58
Chapitre VII.	De Payen d'Esquetot.	86
	De Étienne Martel	96

CINQUIÈME ET DERNIÈRE PARTIE

Chapitre Ier.	De Arthur de Cossé.	109
Chapitre II.	De Nicolas de Briroy.	186
Chapitre III.	De Guillaume Le Blanc, nommé à l'évêché. .	221
	De Jacques Carbonnel, nommé à l'évêché . .	222
	De Nicolas Bourgoing	223
Chapitre IV.	De Léonor de Matignon. . . . . ;	230
Chapitre V.	De Claude Auvry.	258
Chapitre VI.	De Eustache de Lesseville.	297
Chapitre VII.	Mémoire pour la vie de messire Charles-François de Brienne, évêque de Coutances, de présent séant	314
	De la maison de Brienne.	314
	De la famille de Béon du Massès	320
	De Louise de Luxembourg, grand'mère de notre prélat Charles-François de Loménie de Brienne	323

	Pages.
Chapitre VII. De la postérité de messire Henri-Auguste de Loménie et de Louise de Béon du Massès. .	326
De Henri-Charles-François de Brienne, évêque de Coutances.	330

APPENDICE

Charles-François de Loménie de Brienne, 76ᵉ évêque de Coutances. 357

Table des noms d'hommes. 371
Table des noms de lieu. 424

www.ingramcontent.com/pod-product-compliance
Lightning Source LLC
Chambersburg PA
CBHW071621230426
43669CB00012B/2022